Uni-Taschenbücher 1987

UTB
FÜR WISSEN
SCHAFT

Eine Arbeitsgemeinschaft der Verlage

Wilhelm Fink Verlag München
Gustav Fischer Verlag Jena und Stuttgart
A. Francke Verlag Tübingen und Basel
Paul Haupt Verlag Bern · Stuttgart · Wien
Hüthig Fachverlage Heidelberg
Leske Verlag + Budrich GmbH Opladen
Lucius & Lucius Verlagsgesellschaft Stuttgart
Mohr Siebeck Tübingen
Quelle & Meyer Verlag · Wiesbaden
Ernst Reinhardt Verlag München und Basel
Schäffer-Poeschel Verlag · Stuttgart
Ferdinand Schöningh Verlag Paderborn · München · Wien · Zürich
Eugen Ulmer Verlag Stuttgart
Vandenhoeck & Ruprecht in Göttingen und Zürich

Inhaltsverzeichnis

Vorwort

Dieser Überblick über die europäische Union soll eine Lücke auf dem deutschsprachigen Büchermarkt schließen, nämlich das Fehlen einer problemorientierten Überblicksdarstellung über die Entstehung, die Entwicklung und den gegenwärtigen Zustand der Europäischen Union. Es gibt zwar – vor allem im angelsächsischen, weniger im französischen – Sprachraum zahlreiche einschlägige Arbeiten zu bestimmten Fragen der europäischen Integration bzw. Union, aber eine [illegible]amtdarstellung, die die wichtigsten Etappen der Entwicklung, [illegible]fte der Gestaltung und die Struktur sowie die Prozesse zu[illegible]end darstellen würde, fehlt. Diese Lücke wurde offensichtlich, a[illegible] mich im Rahmen des Jean-Monnet-Vorlesungszyklus mit der Europä[illegible]hen Union beschäftigt habe.

Dieses Buch ist denn auch aus Vorlesungen und Seminaren an den Universitäten Heidelberg und Krakau hervorgegangen und hat wichtige Impulse in einem Arbeitskreis innerhalb des „European Consortium for Political Research" erhalten. Insofern eignet es sich als einführende Überblickslektüre und als Vertiefung für alle diejenigen, die am Projekt Europäische Union interessiert sind. Die Union geht uns alle an, oder, etwas pathetischer formuliert, die Union ist unser Schicksal.

Das Buch versucht einen Mittelweg zu finden zwischen einer lesbaren einführenden Überblickdarstellung dieses neuartigen politischen Regimes einerseits, und es will andererseits doch präzise genug sein, um auch für Fachkreise attraktiv zu sein. Von einer Überfrachtung mit Fachterminologie soll daher abgesehen werden. Die Kenntnis der Besonderheiten von Entstehung und Entwicklung ist wichtig auch im Hinblick auf die Fragestellung nach dem Modellcharakter der Union für andere Regionen bzw. im Hinblick auf die Erweiterung mit Ländern aus Mittel- und Osteuropa.

Ohne die tatkräftige Hilfe von Timm Beichelt hätte das Manuskript nicht in der relativ kurzen Zeit fertiggestellt werden können. Ihm gilt daher mein besonderer Dank.

Europa der 15 in Zahlen (eurostat)	
Einwohner:	370,5 Millionen
Fläche:	3,2 Millionen km²
Einwohner je km²:	rund 115
11 Amtssprachen:	Dänisch, Deutsch, Griechisch, Spanisch, Französisch, Italienisch, Niederländisch, Portugiesisch, Finnisch, Schwedisch, Englisch
Währung:	European Currency Unit (ECU) (1 ECU: 1,90 DM)
Bruttoinlandsprod.:	5837,1 Milliarden ECU
BIP pro Kopf:	15951 ECU
Arbeitslosigkeit:	rund 10 Prozent

Einleitung

Die Europäische Union gilt landläufig als Erfolgsgeschichte einer regionalen Integration. Noch nie in der Geschichte hat es den Versuch gegeben, auf freiwilliger Basis einen solch engen Staatenzusammenschluß herzustellen. Was macht die Besonderheiten dieses regionalen Staatenzusammenschlusses aus?

Die europäische Gemeinschaft ist erstens entstanden aus einem Zusammenspiel und Zusammenklang einzelstaatlicher Interessen. Die eigenen nationalen Interessen haben die Regierungen der westeuropäischen Staaten ohne Druck von außen zusammengeführt.

Die Europäische Union ist zweitens ein politisches Gebilde, das weiterhin im Werden begriffen ist und noch lange nicht seine endgültige Form gefunden hat. Wir befinden uns mitten in einem Prozeß der Regimewerdung.

Die Union ist drittens dadurch gekennzeichnt, daß die politische Willensbildung und Entscheidungsfindung auf vielen unterschiedlichen Ebenen – national, regional und lokal – stattfindet. Nicht nur die staatlichen Akteure, auch die nichtstaatlichen Verbände und gesellschaftlichen Gruppen sind involviert.

Viertens macht es die Besonderheit der Union aus, daß es sich um einen freiwilligen Zusammenschluß demokratischer Staaten handelt.

Im Unterschied zu anderen regionalen Zusammenschlüssen versucht fünftens die Union die Vielfalt und Vielgestaltigkeit der sich zusammenschließenden Staaten zu einer Einheit zusammenzuführen. Zahlreiche Mechanismen sorgen dafür, daß bestehende Unterschiede zwischen und innerhalb der Staaten zum Ausgleich geführt werden können.

Sechstens kennzeichnet die Union, daß sie ein Zwittergebilde darstellt zwischen einer supranationalen Organisation mit eigenen Gemeinschaftsorganen und einer zwischenstaatlichen intergovernementalen Kooperation zwischen Staaten. Das Zusammenwirken dieser zwei Politikmuster charakterisiert den besonderen institutionellen Aufbau der Union.

Mit diesen Besonderheiten stellt die Union ein politisches Gebilde sui generis dar, das heißt ein politisches Regime, das ohne Vorbild in der Geschichte ist. Vergleiche mit existierenden staatlichen Organisationsformen dienen eher der Verdeutlichung der Unterschiede als analoger Gemeinsamkeiten.

Das Buch stellt die Geschichte dieses einzigartigen regionalen Zusammenschlusses dar, es behandelt die Interessen, Institutionen und einzelne Politikfelder des Staatenverbundes. Es fragt nach den Besonderheiten dieses Integrationsgebildes mit der alles übergreifenden Frage nach der europäischen Identität als einer wichtigen Voraussetzung für das Zusammenwachsen zu einem politischen Gemeinwesen.

Die besonderen historischen Entstehungsbedingungen und spezifischen politischen Konstellationen stehen am Anfang des Buches. Die Motive und treibenden Kräfte der Einzelstaaten werden herausgearbeitet. Die zusammenführenden Interessen der einzelnen Mitgliedstaaten werden dann im Kontext ihrer besonderen historischen und von nationalen Interessen bestimmten Lage analysiert; die Erwartungen der einzelnen Länder an einen regionalen Zusammenschluß gilt es herauszuarbeiten, denn nur von diesen lassen sich die Beweggründe für einen solchen Zusammenschluß erklären.

Zum Verständnis des spezifischen Charakters der Union wird das komplizierte Verfassungssystem und Institutionengefüge dargestellt und erklärt, indem immer wieder auf vertrautere Modelle nationaler Politiksysteme zurückgegriffen wird. Der duale Charakter der Union, nämlich einmal ein Gemeinschafts- bzw. supranationales Gebilde und andererseits ein zwischenstaatlich-intergovernementales zu sein, wird mit seinen Institutionen, Prozessen und Politikbereichen dargestellt. Die wichtige Frage nach der europäischen Identität wird in einem separaten Kapitel behandelt, denn von ihr hängt unter anderem die Zukunft der Union ab. Das folgende Kapitel behandelt die wichtigsten Politikbereiche der Union: die Agrar-, die Wirtschafts- und Währungspolitik, die Außen- und Sicherheitspolitik sowie die Zusammenarbeit in den Bereichen Justiz und Inneres; schließlich wird die Reformpolitik analysiert, wie sie sich zu Beginn des Jahres 1997 darstellt. Hier werden die Politikinhalte herauspräpariert und die einzelstaatlichen Interessen an der Union. Ihre Handlungsfähigkeit und ihre demokratische Legitimation bilden den Kern der Reformdiskussion insbesondere im Hinblick auf die Erweiterung um ca. weitere zwölf Staaten. Eine EU27 wird qualitativ etwas anderes sein als die ehemalige Sechsergründungsgemeinschaft.

Heidelberg, Sommer 1997

Kapitel 1

Zeitgeschichtliche Entstehungs- und Entwicklungsbedingungen

Europa kennt eine Vielfalt staatlicher Organisationsformen. Hinsichtlich der Friedenssicherung fallen prinzipiell zwei verschiedene Arten von Europaprojekten ins Auge, zwischen denen freilich auch Mischformen bestehen können:

- Die klassischen Allianz-„Föderationen", die das *europäische Gleichgewicht* zur Grundlage haben bzw. ein solches erzeugen wollen, verstehen Nationalstaaten als souverän verbleibende Einheiten. Der sogenannte realistische Ansatz in der Theorie der internationalen Beziehungen sieht in ihnen eine Gewähr für Friedenserhalt (Morgenthau 1966; Kissinger 1994). Durch Gegenmachtbildung soll verhindert werden, daß ein Staat zu mächtig wird und andere dominiert.
- Ein zweites Projekt läßt sich mit *Interdependenz durch Integration* bezeichnen. Staaten geben demnach souveräne Rechte an eine dritte Ebene ab. Dieser Fokus auf Interdependenz ist bei der liberalen Denkschule der internationalen Beziehungen zu finden (Keohane 1984).

Die Europäische Union ist nach dem zweiten Denkansatz organisiert worden. Nur Pläne mit einem solchen Gehalt können als Vorläufer für die europäische Integration in Form der EWG/EG/EU betrachtet werden. Historisch ging diese Linie immer mit dem Bestreben einher, die dominierende Rolle einer Nation durch Integration einzuschränken.

Bis zur Mitte des zwanzigsten Jahrhunderts prägte das Nationalstaatenmodell die historischen Erfahrungen Europas. Erst mit der Gründung des Völkerbundes wurde der Integrationsansatz praktizierte Realität, scheiterte aber auf Grund vieler Unzulänglichkeiten.

1.1. Historische Wegmarken

Gleichwohl kennt die Europäische Union, die sich heute als vielschichtig integriertes und interdependentes politisches Gebilde präsentiert, viele Vorläuferprojekte. Die Europäische Gemeinschaft des Mittelalters war bis zu einem gewissen Maß durch Gemeinsamkeit in Religion (katholische Kirche) und Sprache (Latein) geprägt. Mit der Kirchenspaltung, den Religionskriegen und dem Entstehen absolutistischer Staaten zerfiel diese Einheit, eine Vielzahl von innereuropäischen Kriegen werden seitdem registriert.

Als erster Verfechter eines auf der Machtbalance beruhenden Konzepts kann ein Berater und Minister Heinrichs IV., der französische Herzog Maximilien de Béthune Sully (1560–1641), gelten. Schon zu Beginn des siebzehnten Jahrhunderts entwarf Sully in seinem „grand dessein“ das Bild eines europäischen Gleichgewichts zwischen fünfzehn gleich starken Staaten als Wächter des Friedens. In Europa sollte nach dieser Konzeption eine Föderation in Form einer christlichen Republik – unter der Führung Frankreichs – errichtet werden. Im Jahre 1610 wurde Sully später selbst zum Leidtragenden europäischer Intrigen, als er nach der Ermordung Heinrichs IV. durch Maria von Medici als Finanzminister vom französischen Hof entfernt wurde. Von einer Union der Staaten und Völker sprach wenig später auch der holländische Völkerrechtler Hugo Grotius (1583–1645) in seinem Hauptwerk „De jure belli ac pacis libri tres“ („Drei Bücher vom Recht des Krieges und des Friedens“). Das dort zu verzeichnende Denken in gleichwertigen Souveränitätskategorien brachte Grotius den Titel „Vater des Völkerrechts“ ein.

Bei einem französischen Denker, mit dem sich später Jean-Jacques Rousseau intensiv auseinandersetzen sollte, überrascht die moderne Terminologie. Der Abbé de Saint Pierre (1658–1743) spricht bereits 1713 von einem föderativen Zusammenschluß souveräner europäischer Staaten. Von Rationalismus und Fortschritt geleitet, meint Saint Pierre, die europäischen Fürsten könnten von einer gegen die absolutistische Vorherrschaft Ludwigs XIV. gerichteten „europäischen Föderation“ überzeugt werden. Dieses Projekt geht von der Bildung einer ständigen Allianz („Europäische Republik“) und regelmäßigen Zusammenkünften in einem Bundestag oder Kongreß aus. Eine gegenseitige Garantie des territorialen und verfassungsrechtlichen Status quo, ein rotierender Vorsitz im Bundestag, eine Art kollektiver Sicherheit im Falle von Vertragsverletzungen sowie „europäische Senats- und Mehrheitsentscheidungen" werden von den fünf Artikeln des Projektes von Saint Pierre erfaßt (Saint Pierre, Abbé Castel de: Der Traktat zum ewigen Frieden (1713) Berlin 1922).

Ein Manuskript Rousseaus „Über die Föderation als Mittel, die Vorteile kleiner Republiken mit denen großer Staaten zu kombinieren", ist verlorengegangen. Dennoch kann als gesichert gelten, daß Rousseau von Saint Pierres Föderationsgedanken angetan war. Rousseau gibt sich aber mit der von Saint Pierre angenommenen Motivation der Fürsten zur Abtretung von Souveränitätsrechten nicht zufrieden. In seinem „Jugement sur le Projet de la Paix perpétuelle" (1761) nimmt Rousseau vielmehr an, dem Ehrgeiz der Fürsten auf Erweiterung ihres Herrschaftsgebietes nach außen und dem Drang auf Ausbau der Macht nach innen sei mit einem Föderationsprojekt nicht beizukommen. Die einzige Möglichkeit der Herstellung föderativer Strukturen sei, so Rousseau, die Durchführung einer ihrerseits aber wieder höchst fragwürdigen Revolution.

Eine weitere proföderative Position des achtzehnten Jahrhunderts findet sich bei Immanuel Kant. In seiner Schrift „Zum ewigen Frieden" (1795) gründet sich die Vorstellung einer „föderalen Organisation Europas mit republikanischen Staaten" auf zwei Definitivartikel, die den Zustand des Friedens begründen sollen: 1. Die bürgerliche Verfassung in jedem Staat soll republikanisch sein. 2. Das Völkerrecht soll auf einen Föderalismus freier Staaten gegründet sein.

Ebenfalls von normativem Charakter war im Jahre 1814 die Forderung des französischen Frühutopisten Graf von Saint-Simon (1760–1825), eine europäische Gemeinschaft mit supranationalem Parlament zu errichten. Saint-Simon, der mit bürgerlichem Namen Claude-Henri de Rouvroy hieß, setzt sich in seiner Broschüre „Die Reorganisation der europäischen Gesellschaft" für eine „allgemeine Macht" ein, die den Fortschritt und die „europäische Gemeinsamkeit" fördern solle (vgl. Theimer 1988: 20–23).

Als weiterer französischer Vorläufer der europäischen Idee läßt sich der Schriftsteller Victor Hugo (1802–1885) ausmachen, der auch als Poltiker umfangreiche Aktivitäten entwickelte. Der Abgeordnete in mehreren Gremien zu verschiedenen Zeiten (Pariser

Stadtversammlung; Nationalversammlung; Senat) beschwor als Vorsitzender des zweiten internationalen Friedenskongresses im Jahre 1849 die „Vereinigten Staaten von Europa“ herauf.

Im zwanzigsten Jahrhundert und insbesondere nach Beendigung des Ersten Weltkriegs gewannen Projekte eines geeinten Europa eine neue Dimension. Die Paneuropa-Bewegung, vom österreichischen Graf Coudenhove-Kalergi (1894–1972) ins Leben gerufen, sorgte unter anderem im Zusammenhang mit der Durchführung des Paneuropa-Kongresses in Wien 1926 für eine große Ausstrahlung der Europaidee. Auch bei Aristide Briand (1862–1932), dem französischen Journalisten, Advokaten und Politiker, findet sich parallel zu den Bemühungen um den Vertrag von Locarno und den Briand-Kellogg-Pakt die Vision einer „union fédérale européenne“, die einzelne Staaten in einen umfassenden Verbund treiben würde.

Während des Zweiten Weltkrieges stand das Bild eines föderativen Europa als Mittel zur Verhinderung zukünftiger Kriege den vor Hitler scheinbar machtlosen europäischen Politikern vor Augen. Der französische Ministerpräsident Léon Blum bemerkte am 14. Oktober 1939:

> Die Lösungen, an die wir Sozialisten denken, sind jene, die die Eingliederung Deutschlands in eine europäische Organisation zur Folge hätten – eine Organisation, die von sich aus sichere Gewähr gegen die Rückkehr von Gewaltanschlägen bieten und aus sich heraus die Elemente einer echten Sicherheit und eines dauerhaften Friedens schaffen würde. Wir kommen damit immer zu gleichen Formeln, zu derselben Schlußfolgerung: die Unabhängigkeit der Nationen im Schoß eines föderativen und abgerüsteten Europa (in: Gasteyger 1994: 32).

Auch der deutsche Widerstand setzte nicht allein auf die Beseitigung Hitlers und des Nationalsozialismus. Der deutsche Pfarrer Hans Schönfeld verlas am 31. Mai 1942 in Stockholm das Programm der „deutschen Opposition für Deutschland und Europa“, welches einer in „verantwortlicher Selbstverwaltung“ lebenden deutschen Nation eine wirtschaftliche Interdependenz durch „enge Zusammenarbeit unter freien Nationen“ verordnet. Dies münde nach Schönfeld in einen „europäischen Staatenbund freier Nationen“, mit gemeinsamer Regierung und einer europäischen Armee auch unter Beteiligung Großbritanniens, Polens und der „tschechischen Nation“ (in: Gasteyger 1994: 33).

Betrachtet man die bis hierher kursorisch genannten Wegmarken, können die Triebkräfte für Einigungsbestrebungen in Europa auf zwei unterschiedliche Motivationsstränge, das Streben nach Gleichgewicht und das Ziel der Einbindung, zurückgeführt werden:

1. Allianzen im klassischen Sinne des *Gleichgewichts* waren gegen das Erstarken einer dominierenden Hegemonialmacht gerichtet. So wandte sich beispielsweise Herzog Sully gegen die Einkreisung Frankreichs durch das Haus Habsburg, welches durch geschickte Nachfolgepolitik in Spanien, den Niederlanden und Österreich Fuß gefaßt hatte. Auch die Überlegungen des Abbé Saint Pierre zielten gegen die Beherrschung einzelner Staaten durch eine Macht.
2. Gleichsam die nächste Stufe eines Einigungsprojektes bildet die *Einbindung* einer dominierenden Macht in breitere Strukturen. Hier können die „union fédérale européenne" von Briand oder die Überlegungen Blums als Beispiele dienen. Auch spätere Gedankenspiele des Général de Gaulle zu einem Bündnis mit der Sowjetunion hatten beispielsweise das Ziel einer sanften Zähmung des Stalinschen Expansionsdrangs.

Nach 1945 und dem Ende des Zweiten Weltkriegs setzte – auch wenn sich eine genaue Trennlinie nicht bestimmen läßt – europapolitisch eine neue Epoche ein. Nicht nur der Wille einzelner Politiker, sondern unter der Protektion der USA und den zunehmenden Drohgebärden aus Moskau auch die politische Notwendigkeit sprachen für eine Konkretisierung europäischer Integrationspläne. Bis zum Zweiten Weltkrieg blieben europäische Projekte auf den Rahmen zwischenstaatlicher Handelsbeziehungen oder meist wenig dauerhafter Militärbündnisse beschränkt. Normativ begründete Forderungen nach einer europäischen Zusammenarbeit, wie sie von Kant, Hugo oder Saint-Simon entworfen worden waren, hatten sich mit der impliziten Annahme des freiwilligen Souveränitätsverzichts der machtpolitischen Realität entzogen und können daher auch als idealistisch bezeichnet werden.

Nähert man sich der Gründung der ersten transnationalen europäischen Organisation, der Europäischen Gemeinschaft für Kohle und Stahl (EGKS), rückt neben das Streben nach Gleichgewicht und Einbindung ein weiteres Motiv für eine europäische Integrationsbestrebung: die wirtschaftliche Prosperität. In ihrer Gesamtheit bildeten diese Motive in den vierziger und fünfziger Jahren die kritische Masse, die eine institutionelle Ausgestaltung des alten Gedankens europäischer Einheit ermöglichte. Zusätzlich zu den grundsätzlichen Motiven *Streben nach Gleichgewicht* und *Einbindung dominierender Mächte* sind folgende Triebkräfte anzuführen:

3. Die beiden wichtigsten Siegermächte des Zweiten Weltkrieges hatten ihren traditionellen Herrschaftsanspruch außerhalb des europäischen Kernlandes. Als Antwort auf den drohenden Verlust der europäischen Stellung entstand das Konzept des Europas der „Dritten Kraft" neben der USA und der Sowjetunion.
4. Von deutschen Politikern oder anderen Personen des öffentlichen Lebens wurden europäische Konzepte auch als Instrument zur Lösung der deutschen Teilungsfrage gesehen.
5. Der Nationalismus europäischer Länder, der zu zwei Weltkriegen geführt hatte, war nach 1945 weitgehend obsolet geworden und öffnete die Staaten in West- und zum Teil in Osteuropa hin zu transnationalen Organisationsformen.
6. Aus westlicher Perspektive wurde das Projekt Europa als Gegengewicht zum sowjetischen Expansionismus gesehen. Zu Beginn der fünfziger Jahre, als diese Gefahr am stärksten empfunden wurde, standen die westlichen Mächte einer deutschen Wiederbewaffnung skeptisch gegenüber. Eine eventuelle Verteidigung Westeuropas mußte jedoch auf deutschem Boden beginnen. Daher konnte nur ein europäischer Verbund zu einem echten Gegengewicht führen.

Diese sechs analytisch trennbaren Motivationsstränge traten freilich in der Realität selten in reiner Form auf. Häufig wurden vielmehr zwei oder mehrere dieser Ziele durch politische Vordenker vertreten. Einige Beispiele sollen kurz aufgezeigt werden.

Die Evolution von Großmächten, die außerhalb des klassischen europäischen Machtbereichs lagen, gab der europäischen Vernetzung einen neuen Schub. Mit dem Aufkommen der Sowjetunion, die auf Grund ihres militärischen Potentials eine Bedrohung für die europäischen Mittelmächte darstellte, gewann das Konzept von Europa als „Dritter Kraft" an Bedeutung. „Die Idee der ‚Dritten Kraft' – eines Europas, das sich in seiner gesellschaftlichen Ordnung und in seiner außenpolitischen Orientierung gleich weit von den USA wie von der Sowjetunion fernhielt und darum zwischen beiden vermitteln konnte – war im Nachkriegseuropa populärer als jede andere politische Leitidee" (Loth 1980: 194).

Nicht nur das Ziel eines geostrategischen Gegengewichts zu

den USA und der Sowjetunion, sondern auch die Verwirklichung eines sozialdemokratischen Weges zwischen Kapitalismus und Kommunismus schwebte einigen Nachkriegsdenkern für die zukünftige Rolle Europas vor. So hat die von Blum angestrebte „europäische Organisation" demokratischer Staaten nicht nur das Ziel der Zähmung der Sowjetunion, sondern auch die Perspektive ihrer Einbindung in einen nicht autoritär gefärbten Sozialismus. Ähnliche Töne klingen beim deutschen Politologen Richard Löwenthal an, wenn er die Verbindung des sozialistisch regierten Europa mit den westeuropäischen Staaten als „gewaltigen neutralen Puffer" zur Verhinderung des Zusammenstoßes der neuen Weltmächte bezeichnet (Löwenthal 1947).

Aus deutscher Perspektive wurden Konzepte des Dritten Weges gleichzeitig im Zusammenhang mit der Frage der deutschen Teilung entwickelt. Sowohl im christdemokratischen Lager als auch in der SPD fand in der unmittelbaren Nachkriegszeit die Idee eines postfaschistischen Deutschlands als Mittler zwischen den mehr und mehr konfrontativen Blöcken West- und Osteuropas Anklang. Zu nennen ist hier zum einen das *Brückenkonzept* des Vorsitzenden der Ost-CDU (einschließlich Berlin) Jakob Kaiser (1888–1961). Kaiser, der wie sein Stellvertreter Ernst Lemmer der christlichen Gewerkschaftsbewegung entstammte, prägte die Formel, Deutschland habe die „Brücke zu sein zwischen Ost und West" (Kaiser 1946: 17).

Die Parallelität zu sozialdemokratischen Positionen fand sich in Kaisers Vorstellung nach einem „eigenen Weg [...] zu neuer sozialer Ordnung". Ähnliches vertrat im Jahre 1945 Otto Grotewohl (1894–1964), damals noch Vorsitzender des Berliner Zentralausschusses der gesamtdeutschen SPD. Grotewohl forderte, „innenpolitisch eine mittlere Position zwischen den bürgerlichen und kommunistischen Parteien zu beziehen und außenpolitisch eine Mittlerrolle zwischen der Sowjetunion und den westlichen bürgerlichen Demokratien zu spielen". Auch der „mittlere Weg" von Kurt Schumacher (1895–1952) strebte einen Abstand zu beiden sich bildenden Blöcken an. Bei Schumacher zeichnete sich allerdings ein eigenständiger Weg mittels des „deutschen Provisoriums" ab, der von eher transnationalen als föderativen „Vereinigten Staaten von Europa" ausging (vgl. Pfetsch 1993: 148).

Trotz des von der SPD letztlich mitgegangenen Weges der deutschen Westintegration können aus dem sozialdemokratischen

Lager der unmittelbaren Nachkriegszeit eine Vielzahl von Verfechtern eines deutschen Mittel- bzw. Mittlerweges verzeichnet werden. Zum Beispiel sagte der SPD-Sprecher von Rheinland-Pfalz, Hans Hoffmann, in der verfassunggebenden Versammlung:

> Deutschland ist nicht nur nach der Geographie, sondern auch nach seiner Grundhaltung ein Zwischenland, ein Land der Übergänge [...] Der Grundsatz der persönlichen Freiheit als Kernstück der westlichen Demokratie hat für uns Deutsche nach dem Erlebnis des Dritten Reiches wieder erhöhte Bedeutung. Aber an der östlichen Staatsauffassung schätzen wir nicht weniger die Kunst der Einordnung der Einzelpersönlichkeit unter den Willen des Ganzen, die Disziplin, die erforderlich war in Rußland wie in Deutschland [...] Die große Chance Deutschlands aber, Mittler zwischen östlicher und westlicher Demokratie zu werden, hat Hitler vergeben. Uns aber bleibt der Zwiespalt. Wir wollen beides, Freiheit und Gemeinschaft, und es wird weiter die deutsche Mission bleiben, die Synthese beider Formen zu finden (zitiert nach Klaas 1978: 244).

Aus Kriegserfahrungen speiste sich auch die Haltung Winston Churchills, als er auf einer berühmten Rede in Zürich am 19. September 1946 ein europäisches Friedensprojekt entwarf: es gelte, „die europäische Familie in einer regionalen Struktur neu [zu] schaffen, die vielleicht die Vereinigten Staaten von Europa heißen wird“ (in: Gasteyger (Hrsg.) 1994: 40). Diese „Vereinigten Staaten von Europa“, von denen zuvor auch Konrad Adenauer gesprochen hatte, zeichneten sich nach Churchill durch eine regionale Organisation als Teil der Vereinten Nationen sowie durch die Bildung eines Europarates im Rahmen eines Bundessystems aus. Machtpolitische Interessen mischten sich mit europäischem Idealismus, der Großbritannien und den Commonwealth of Nations allerdings außerhalb des vorgeschlagenen Ordnungsrahmens beließ:

> Der erste Schritt bei der Neugründung der europäischen Familie muß eine Partnerschaft zwischen Frankreich und Deutschland sein. Nur auf diese Weise kann Frankreich die moralische Führung Europas wiedererlangen. Es gibt kein Wiederaufleben Europas ohne ein geistig großes Frankreich und ein geistig großes Deutschland. Die Struktur der Vereinigten Staaten von Europa, wenn sie gut und echt errichtet wird, muß so sein, daß die materielle Stärke eines einzelnen Staates von weniger großer Bedeutung ist. Kleine Nationen zählen ebensoviel wie große und erwerben sich ihre Ehre durch ihren Beitrag zu einer gemeinsamen Sache (in: Gasteyger (Hrsg.) 1994: 40).

General de Gaulle hingegen hatte noch 1945 eine gegen Deutschland gerichtete Allianz im Auge, als er ein wirtschaftliches „Ensemble“ Großbritanniens, Frankreichs, Belgiens, der Niederlande, Italiens und Schwedens beschwor. Der Bündnisvertrag von Dünkirchen, der im März 1947 zwischen Großbritannien und Frankreich mit dem Zweck einer Sicherung beider Staaten gegen die Wiederaufnahme einer deutschen Aggressionspolitik geschlossen wurde, sprach hier eine noch deutlichere Sprache.

Schon auf der Potsdamer Konferenz waren die Interessengegensätze der Alliierten deutlich zutage getreten. Mit dem Ausbruch des Kalten Krieges war es bald die Sowjetunion, die die ehemals deutsche Rolle einer neuen Gegenmacht übernahm. Im März 1946 hatte Winston Churchill auf einer Rede in Fulton in den USA zum ersten Mal einen „eisernen Vorhang“ zwischen Ost und West prophezeit. Nicht mehr das erneute Erstarken Deutschlands, sondern vielmehr der fortdauernde sowjetische Expansionsdrang zwang die westeuropäischen Staaten zu integrativen Gedankenspielen. Auch von deutscher Seite war die später von der Bundesrepublik vollzogene Westbindung wesentlich durch die von Stalin ausgehende Bedrohung geprägt.

Die von George Kennan, dem Chef eines US-amerikanischen außenpolitischen Planungsausschusses, ausgehende Strategie des „containment“ (= Eindämmung) einte die Kernstaaten Europas in dem Vorhaben, dem vordringenden Kommunismus Einhalt zu gebieten. Einer der wichtigsten europäischen Anhänger dieser Politik war Konrad Adenauer. Schon aus dem Jahre 1945 sind Äußerungen Adenauers überliefert, einem von Rußland beherrschten Osteuropa müsse ein starker westlicher Block entgegengesetzt werden (vgl. Pfetsch 1993: 144). Aus dem Jahre 1946 stammt folgende Aussage Adenauers:

> Asien steht an der Elbe. Nur ein wirtschaftlich und geistig gesundes Westeuropa, zu dem als wesentlicher Bestandteil der nicht von Rußland besetzte Teil Deutschlands gehört, kann das weitere geistige und machtmäßige Vordringen Asiens aufhalten.

Neben den Positionen der großen europäischen Staatsmänner, ohne deren Wirken ein entschlossenes Aufeinanderzugehen verfeindeter Nationen aus heutiger Sicht schwer vorstellbar erscheint, gelten als „Träger des Europagedankens in den ersten Nachkriegsjahren vor allem private europäischen Organisationen [...], [die] die Funktionen einer Avantgarde“ übernahmen (Gasteyger

Tab. 1.1: Europa-Bewegungen der unmittelbaren Nachkriegszeit

Juni 1946	„Europa-Liga für wirtschaftliche Zusammenarbeit" (unter dem belgischen Politiker Paul van Zeeland)
Sept. 1946	Hertensteiner Programm der Europäischen Föderalisten
Dez. 1946	„Union Europäischer Föderalisten" (Paris)
Jan. 1947	„Vereintes Europäisches Komitee" oder „United Europe Movement" (London; angeregt von Winston Churchill)
Sept. 1947	„Europäische Parlamentarier-Union" (Graf Coudenhove-Kalergi)
Mai 1948	Erster „Haager Kongreß" für europäische Einheit
Mai 1949	„Deutscher Rat der Europäischen Bewegung"
Sept. 1949	„Europa-Kolleg" (Brügge)

1990: 29). Diese „Avantgarde" läßt sich unter dem Etikett der „Europa-Bewegungen" zusammenfassen (Tabelle 1.1).

In ganz (West-)Europa organsierten sich zahlreiche föderalistische Gruppierungen, die sich im September 1946 auf das Hertensteiner Programm der europäischen Föderalisten einigen konnten. Als nationale Bewegungen sind hier etwa die „Europa-Union" (Schweiz), die „Europeesche Actie" (Niederlande), das „Movimento Federalista Europeo" (Italien) und die „Federal Union" (Großbritannien) zu nennen. Das Hertensteiner Programm, benannt nach dem Tagungsort am Vierwaldstädter See in der Schweiz, beinhaltet eine auf „föderativer Grundlage errichtete europäische Gemeinschaft", deren Grundsätze einen „demokratischen Aufbau von unten nach oben" sowie eine „Erklärung der europäischen Bürgerrechte" verlange. Eine solche „Europäische Union" füge sich ein in die Organisation der Vereinten Nationen; die einzelnen Mitglieder „übertragen einen Teil ihrer wirtschaftlichen, politischen und militärischen Souveränitätsrechte an die von ihnen gebildete Föderation". Offen ist die Union, immer dem Programm zufolge, „allen Völkern europäischer Wesensart". Dachverband der Föderalisten war die „Union Européenne des Fédéralistes" (UEF), die seit Dezember 1946 bestand. Bei ihrer ersten Tagung im April 1947 in Amsterdam gab die UEF neben einer Position, die Zukunft Deutschlands sei „nur innerhalb eines föderalistischen Europas“ denkbar, eine programmatische Erklärung ab:

> Wir wollen nicht ein dahinsiechendes Europa als Spielball widerstreitender Interessen, beherrscht durch entweder einen angeblich liberalen Kapitalismus, der die menschlichen Werte der Macht des Geldes unterordnet, oder einen Staatssozialismus, dem jedes Mittel recht ist, sein Gesetz auf Kosten der Menschenrechte und der Rechte der Gemeinschaften durchzusetzen. Wir wollen ein Europa als offene Gesellschaft, d. h. dem Osten wie dem Westen gegenüber freundschaftlich gesinnt, bereit, mit allen zusammenzuarbeiten.

Die Positionen der Föderalisten und Winston Churchills setzten sich klar gegeneinander ab. Allgemein werden heute die Föderalisten einer von *Idealismus* geprägten Einstellung zugeordnet, während der Standpunkt des englischen Premierministers mit *Pragmatismus* zu beschreiben ist. Die beiden Grundhaltungen widersprachen sich im wesentlichen bei der Frage des Weges, der zu einem Zusammenwachsen Europas einzuschlagen sei. Churchill beharrte – wie de Gaulle und auch Adenauer – im Kern auf einem Konzept souveräner Nationalstaaten, die unter einem europäischen Rat als Konsultations- und Entscheidungsschirm zusammenfinden würden. Die Blockbildung in Ost und West wurde somit ebenso als unvermeidlich hingestellt wie die mittelfristige Souveränisierung der von den westlichen Alliierten beherrschten deutschen Besatzungszonen. Der europäische Bundesstaat, den die Föderalisten propagierten, ging hingegen von einer Eingliederung und Kontrolle Deutschlands aus.

Als sich die Europa-Bewegung im Mai 1948 in Den Haag zum sogenannten Haager Kongreß traf, hatte die Realität der kommunistischen Machtergreifung in Prag, begleitet von den wachsenden Spannungen im Vorfeld der Berlin-Blockade, die hehren Motive der europäischen Föderalisten bereits fast eingeholt. Dennoch trafen die Grundpositionen auf dem Haager Kongreß durch die Anwesenheit von Léon Blum, Jacques Chaban-Delmas, Edgar Faure, François Mitterrand, Jean Monnet, Robert Schuman und Konrad Adenauer auch innerhalb nationaler Delegationen aufeinander. Die fast 1000 Delegierten aus 19 Staaten stammten unter anderem aus nationalen Parlamenten, Parteien, Gewerkschaften, Kirchen und Universitäten (vgl. Masclet 1994: 4). Die These, der Konflikt zwischen einer föderalistisch-sozialistischen und einer konservativ-nationalstaatlichen Europakonzeption habe die Auseinandersetzungen geprägt (Gasteyger 1990: 31), scheint vorschnell. Zumindest am deutschen Beispiel läßt sich zeigen, daß sich im konservativen Lager föderalistisch orientierte und bei der Sozialdemokratie eher nationalstaatliche Positionen finden lassen.

Wenn auch der immer deutlicher zutage tretende Ost-West-Gegensatz das Wirken der europäischen Föderalisten ausbremste, so gingen insgesamt von der Europabewegung doch wichtige Anstöße zum Europarat, zum Europäischen Gerichtshof für Menschenrechte und zum Europa-Kolleg in Brügge aus. Zwischen 1948 und 1949 erfolgte der Zusammenschluß der meisten in Tabelle 1.1 genannten Europaorganisationen zur Europäischen Bewegung (European Movement), die noch heute das Ziel der Schaffung von Vereinigten Staaten von Europa hat.

Betrachtet man die für die Entstehungsbedingungen einer Europäischen Gemeinschaft maßgeblichen Wegmarken, lassen sich drei Modelle europäischer Politik erkennen, die sich mit Domination, Gleichgewicht und Interdependenz/Integration zusammenfassen lassen.

a) Das Modell der *Domination*, das sich vor allem den Hegemoniebestrebungen der Sowjetunion zuordnen läßt, wurde nach 1945 für die Staaten Westeuropas obsolet. In Verbindung mit dem Pleven-Plan (siehe unten) versuchte Frankreich allerdings zu Beginn der fünfziger Jahre, auf militärischem Gebiet die dominierende Verteidigungsmacht in Westeuropa zu werden.
b) Die Allianz zwischen europäischen Nationalstaaten, wie sie in Dünkirchen von Großbritannien und Frankreich beschlossen (und mit dem Brüsseler Pakt im Jahre 1948 auf die Beneluxstaaten erweitert) wurde, entspricht dem Streben nach *Gleichgewicht*. Die Gegenmacht Deutschland wurde mit der weiteren Konsolidierung der kommunistischen Macht in Mittel- und Osteuropa bald von der neuen Gegenmacht Sowjetunion abgelöst.
c) Das Modell der *Interdependenz/Integration* geht auf mehrere Motive zurück. Außerhalb von Deutschland wurde eine Einbindung, innerhalb einer Wiedervereinigung Deutschlands angestrebt. Zusätzlich rückte ein starkes Europa als Gegengewicht zur Sowjetunion ins Blickfeld der pragmatisch denkenden europäischen Staatsmänner. Auf diese Weise verfolgten

nach Herkunft unterschiedliche Politiker wie Robert Schuman (Einbindung), Jakob Kaiser und Kurt Schumacher (deutsche Wiedervereinigung), Konrad Adenauer, George Kennan und Winston Churchill (containment, Dritte Kraft) dasselbe Ziel eines integrativen Staatengebildes auf dem westeuropäischen Kontinent.

Das Modell der Interdependenz kennt neben der europäischen eine US-amerikanische Variante. Schon im August 1945 wurden in der Foreign Economic Administration (FEA) Pläne für ein demokratisches Europa erarbeitet. Die internationale Verwaltung des Rhein-Ruhr-Gebietes sollte ein „international regime" ohne zeitliche Begrenzung werden. Eine US-amerikanische Quelle schrieb dem Regime die Zielrichtung vor: „[It] would work into a general restructuring of the European political system as a result of which national states as units would come to have drastically altered significance" (vgl. Gerhardt 1996: 28). Am Beginn für ein solches internationales Regime müsse der wirtschaftliche Wiederaufbau stehen, denn, so ein Memorandum des amerikanischen Soziologen Talcott Parsons vom 17. August 1945, „an expanding economy will, in general, facilitate political stability" (vgl. ebd.). Deutschland müsse demzufolge in eine liberale Marktwirtschaft einbezogen werden. Die Europaidee, die von einer Gruppe junger Ökonomen und Politikwissenschaftler im amerikanischen Außenministerium seit 1946 propagiert wurde, mündete etwas später mit der Perspektive der politischen Einigung Europas in das European Recovery Program (ERP) ein.

Einigungsinitiativen gingen in Europa im Vorfeld der ersten institutionellen Schritte von der Politik, insbesondere der Außen- und Sicherheitspolitik, aus. Erst später, als Fragen des wirtschaftlichen Neuaufbaus und der Erweiterung das Programm der europäischen Politik bestimmten, traten ökonomische Gesichtspunkte und Überlegungen über eine europäische Identität in den Vordergrund. Die Suprematie der Politik läßt sich bis in die Gründungsphase der ersten supranationalen Organisation verzeichnen. Die Europäische Gemeinschaft für Kohle und Stahl (1951) wurde von Robert Schuman aus politischen Überlegungen zur Beilegung des geschichtlich gehaltvollen Konfliktes um die Wiedererstarkung des Ruhrgebietes heraus initiiert.

1.2. Inkubationsphase (1945–1950)

Nachdem bisher die ideellen Grundlagen für den ab den fünfziger Jahren einsetzenden europäischen Einigungsprozeß vorgestellt wurden, sollen nun die historischen Umstände der unmittelbaren Nachkriegszeit skizziert werden. Die Phase zwischen dem Ende des Krieges und den ersten institutionell manifestierten Wegmarken des europäischen Integrationsprozesses wird hier als Inkubation einer sich später vertiefenden europäischen Einigung verstanden.

Fast alle europäischen Staaten hatten den Zweiten Weltkrieg auf eigenem Territorium erfahren müssen. Die kriegerische Selbstzerstörung ging mit einer Schwächung Europas auf Besiegten- und Siegerseite einher. Der Völkerbund hatte historische Erfahrungen mit einem ersten Versuch globaler und vor allem europäischer Sicherheit gebracht. Mit ca. 50 Millionen Toten während des Krieges war dieser Versuch mehr als gescheitert. Das alte System des nationalstaatlichen Egoismus, so die allgemeine Einschätzung, hatte die Desaster der beiden Weltkriege hervorgebracht. Nicht nur moralisch, sondern auch wirtschaftlich und politisch lag Europa darnieder. In beiden Bereichen hatten europäische Staaten die Führung an die „Flügelmächte“ USA und Sowjetunion abgegeben.

Im Europa der Nachkriegsperiode hatte sich innerhalb weniger Jahre ein Kalter Krieg an die Stelle des heißen Krieges gesetzt. Durch den Wegfall innereuropäischer Rivalitäten und die Einnahme des entstandenen Machtvakuums hatten die zwei Supermächte USA und Sowjetunion eine neue Machtverteilung durchgesetzt. Der Kalte Krieg erinnerte in seinem Dualismus an vergleichbare historische Konstellationen auf dem europäischen Kontinent: im siebzehnten und achtzehnten Jahrhundert Habsburg und Frankreich, im neunzehnten Jahrhundert Preußen und Österreich, im Ersten Weltkrieg die Mittelmächte und die Ententemächte, während des vor kurzem beendeten Krieges die Achsenmächte (Deutschland, Italien) und die Alliierten der Anti-Hitler-Koalition. Der neue Konflikt um die Vormacht in Europa zwischen den Supermächten und ihren Alliierten sollte die zweite Hälfte des zwanzigsten Jahrhunderts beherrschen.

Im Vordergrund der europäischen Staaten standen nach 1945 als unmittelbare Aufgabe der Wiederaufbau zur Sicherung der

Grundversorgung sowie die Schaffung von Strukturen jenseits des Nationalismus gegen das Wiederaufflammen des erlebten Desasters. Der deutsch-amerikanische Politologe Carl Joachim Friedrich führte drei Gründe für diese Zielsetzung der europäischen Staaten an, die zeitlich unterschiedlich wirksam wurden (Friedrich 1972: 7–25). Zum einen bestünde das Bedürfnis nach wirtschaftlicher Zusammenarbeit. Der technologische Fortschritt benötigte nach Friedrich einen entsprechend weitläufigen Markt. Weiterhin, so ein bereits bekanntes Argument, habe der Aufstieg der USA und der Sowjetunion zu einem Schwinden der europäischen Vormacht geführt, die sich auch in wirtschaftlichen Parametern niederschlage. Eine dritte Ursache für den Zusammenschluß Europas erkennt Friedrich im Zerfall der Kolonialreiche, durch den sich alte Gemeinschaften wie das britische Commonwealth oder die französische Communautée aufzulösen begannen oder an Bedeutung verloren. Dadurch konnten sich die europäischen Mächte allmählich stärker der europäischen Politik zuwenden.

Die Nachkriegspriorität des ökonomischen Wiederaufbaus bewirkte eine zunehmende europäische Zusammenarbeit. In dieser Periode entstand das sogenannte „Wirtschaftseuropa", unterstützt vor allem durch den Marshallplan. Dieser umfaßte insgesamt 13,15 Mrd. US$ (Logne 1965: 219). Eingebettet war der Marshallplan in das European Recovery Program (ERP), welches im Juni 1947 von der amerikanischen Administration ins Leben gerufen wurde (die Verabschiedung durch den US-amerikanischen Kongreß erfolgte erst im April 1948). Während die Durchführung und Verwaltung des Marshallplanes bei der Economic Cooperation Administration (ECA) in Washington verblieb, erfolgte der Vorschlag der Mittelverteilung für die einzelnen Empfängerländer durch die OEEC (Organization for European Economic Cooperation). Diese wurde am 16. April 1948 gegründet, während die Vorläuferorganisation, der Ausschuß für Europäische Wirtschaftliche Zusammenarbeit, schon seit Juli 1947 bestanden hatte.

Somit war das Wirtschaftseuropa institutionell mit den USA verbunden. Die Einbeziehung der europäischen Volkswirtschaften in das liberale Weltwirtschaftssystem, welches mit dem Währungssystem von Bretton Woods (1944) und der Gründung des GATT (1947/1948) vor allem von den USA gefördert wurde, verlief zeitgleich mit der europäischen wirtschaftlichen Integration. Auf europäischer Seite nahm das Projekt Europa eine erste umfassende institutionelle Form in Gestalt des Europarates an. Diese europäische Organisation sollte alle Gebiete außer der Verteidigungspolitik umfassen. Die Diskussionen im Kreis der Europapolitiker, wie der Europarat auszugestalten sei, ließen zum ersten Mal die unterschiedlichen institutionellen Vorstellungen zutage treten, die später auch die Entwicklung der Europäischen Gemeinschaften bzw. der Europäischen Union bestimmen sollten.

Carlo Schmid (1896–1979), selbst Mitglied des Europarats, berichtet in seinen „Erinnerungen", daß die Debatten im Europarat von drei Hauptgruppen bestimmt wurden, den Universalisten, den Konstitutionalisten und den Funktionalisten.

Die *Universalisten* verstanden unter Europa ein „Volleuropa" mit west- und osteuropäischen Ländern. Die *Konstitutionalisten* wollten die Verfassung der Vereinigten Staaten von Europa, die von einer konstituierenden Versammlung beraten und beschlossen sowie durch Volksabstimmungen in den einzelnen Staaten und durch ein Gesamtplebiszit der „Nation Europa" ratifiziert werden sollte. Die *Funktionalisten* schließlich sahen die Voraussetzung für eine europäische Verfassung nicht gegeben. Zuerst müßten die materiellen und politischen Voraussetzungen geschaffen werden. Erst ein Wirtschaftseuropa gebe das Fundament für einen europäischen Verfassungsstaat ab (Schmid 1979: 467–468).

Gleichermaßen offiziell fand diese Entwicklung später im Jahre 1961 ihre Vollendung, als die OECD (Organization for Economic Cooperation and Development) als Nachfolgeorganisation der OEEC gegründet wurde. Während der Inkubationsphase standen europaeigene Pläne daher nicht erstrangig auf der Tagesordnung. Die wirtschaftliche Integration Europas begann auf Grund politischer Überlegungen besonders von US-amerikanischer Seite Gestalt anzunehmen. Auf französischer Seite stand in erster Linie das Ziel der Einbindung Deutschlands in ein europäisches System. Dieses Motiv lag der von Robert Schuman initiierten Montanunion (der Europäischen Gemeinschaft für Kohle und Stahl), deren Ankündigung den Übergang der Inkubationsphase in die Gründungsphase bedingte, zugrunde. Während also die amerikanischen Interessen am Wiederaufbau Europas im Gegengewicht zur sowjetischen Blockbildung lagen, diente die europäische Integration der französischen Politik als Sicherheit gegen eine mögliche deutsche Aggression. Die deutsche Politik unter Konrad

Adenauer sah dagegen in der westeuropäischen Integration eine Möglichkeit, Souveränität zu erlangen und auf lange Sicht mit Hilfe eines starken Westens die Wiedervereinigung zu ermöglichen.

1.3. Gründungsphase 1950–1957

In einer Regierungserklärung des französischen Außenministers Robert Schuman (1886–1963) wurde am 9. Mai 1950, also genau fünf Jahre nach Beendigung des Zweiten Weltkrieges, die Gründung der Europäischen Gemeinschaft für Kohle und Stahl (EGKS, auch: Montanunion) angekündigt. Die Evolution eines Europa jenseits des Nationalismus rückte an den Horizont der Europapolitik. Mitglieder der EGKS wurden Frankreich, die Bundesrepublik Deutschland, Italien sowie die Beneluxstaaten Belgien, die Niederlande und Luxemburg. Ursprünglich sollte die Montanunion zusammen mit der Europäischen Verteidigungsgemeinschaft (EVG) die Europäische Politische Gemeinschaft (EPG) mit dem Ziel eines föderal aufgebauten Europa umfassen. Dieses Projekt scheiterte jedoch später, als die französische Nationalversammlung im August 1954 eine Diskussion über die EVG ablehnte und das Thema damit von der europäischen Tagesordnung verschwand.

Die Europäische Gemeinschaft für Kohle und Stahl (EGKS)

Bei der Europäischen Gemeinschaft für Kohle und Stahl handelt es sich um eine sektoral integrierte transnationale Wirtschaftsgemeinschaft, die noch heute innerhalb der EG/EU existiert. Der Zusammenschluß der jeweils nationalen Sektoren der Schwerindustrie wurde 1952, etwa ein Jahr nach der Vertragsunterzeichnung am 18. April 1951 in Paris, vollzogen. Als Hauptziel der Montanunion diente die schrittweise Beseitigung von Zöllen und Kontingenten als Instrumenten des internationalen Handels zwischen den an der EGKS beteiligten Nationen. Mit der angestrebten Überbrückung von Währungsbeschränkungen wurde ein Doppelpreissystem ins Leben gerufen, das mittels tarifärer Instrumente für Importe schwerindustrieller Güter andere Preise als für den Inlandsverkauf festlegte.

In der Präambel des EGKS-Vertrages werden als Motive für die

Gründung der Montanunion der Weltfriede, ein organisiertes Europa als Beitrag zur Zivilisation, eine gemeinsame Grundlage für wirtschaftliche Entwicklung, die Hebung des Lebensstandards sowie der Zusammenschluß anstelle jahrhundertalter Rivalitäten genannt. Zu den Aufgaben der EGKS zählen die Schaffung eines gemeinsamen Marktes für Kohle und Stahl und eine effektive Arbeitsteilung. Neben dem Verbot von Zöllen und Kontingenten untersagt der EGKS-Vertrag eine Diskriminierung ausländischer Anbieter sowie nationale Subventionen und wendet sich gegen die Monopolisierung im Schwerindustriesektor.

Als Exekutivorgan der EGKS setzte der Pariser Vertrag die aus neun Mitgliedern bestehende Hohe Behörde ein. Acht Mitglieder wurden durch die Regierungen eingesetzt, ein neuntes Wahlmitglied wurde von der Hohen Behörde selbst bestimmt. Dieses supranationale Organ, das 1967 mit der EG-Kommission verschmolzen wurde, entschied mit Stimmenmehrheit im Interesse der Gemeinschaft. Die Hohe Behörde, deren Entscheidungen und Empfehlungen verbindlich waren, hatte ihren Sitz in Luxemburg. Weitere Organe der EGKS waren der Beratende Ausschuß (später der Wirtschafts- und Sozialausschuß), die Versammlung (später das Europäische Parlament) sowie der Besondere Ministerrat (später Ministerrat der EG). Die Versammlung setzte sich aus von den nationalen Parlamenten ernannten Abgeordneten zusammen. Die Vertreter der Mitgliedsregierungen im Besonderen Ministerrat führten ihre Abstimmungen im allgemeinen mit Mehrheitsentscheid durch.

Europäische Verteidigungsgemeinschaft (EVG)

Da eine europäische Verteidigungsgemeinschaft zwangsläufig mit einer deutschen Wiederbewaffnung verbunden war, sahen sich in der Nachkriegszeit befürwortende Stimmen zum Teil heftigen Gegenreaktionen ausgesetzt. Im Jahre 1949 hatte der französische Sozialist Léon Blum als Schutz vor der Sowjetunion und Deutschland die Einbindung des deutschen Militärs in eine europäische Verteidigungsgemeinschaft gefordert. Winston Churchill hatte ein Jahr später deutsche Truppenkontingente im Rahmen einer europäischen Armee angesprochen. Auch der amerikanische Hochkommissar für Deutschland von 1949 bis 1952, John J. McCloy, hatte schon eine „European Defence Force“ mit amerikanischen, kanadischen und deutschen Truppen zur Sprache gebracht (vgl. Loth 1980: 269–275).

Der Plan des französischen Gaullisten René Pleven, der am 24. Oktober 1950 eine Integration deutscher Truppen auf Bataillons- und Regimentsebene vorschlug (Pleven-Plan), stellte einen Versuch dar, die Einbeziehung Deutschlands auf der kleinstmöglichen Flamme zu gewährleisten (vgl. Loth 1980: 275–281). Der Pleven-Plan enthielt vielfache „Diskriminierungen der Deutschen: [die] Beibehaltung von nationalem Generalstab und Verteidigungsminister aller nichtdeutschen Teilnehmer für Zwecke außerhalb des Nordatlantikpaktes, [die] erhebliche Erschwerung deutschen Zugangs zum integrierten Generalstab infolge der Integration der Truppenteile auf Bataillonsebene, [einen] europäischen Verteidigungsminister, der nach Lage der Dinge von Frankreich gestellt werden würde [und damit] den Ausschluß der Deutschen von den Entscheidungszentren der NATO und womöglich [eine] französische Vormachtstellung innerhalb der Organisation" (ebd.: 276). Das französische Parlament stimmte dem Pleven-Plan zu. Der Plan stieß jedoch auf die Ablehnung der meisten NATO-Staaten. Der Widerspruch zwischen „französischem Sicherheitsverlangen und deutschem Sicherheitsverlangen" (ebd.: 277) war nur durch die Bildung einer supranationalen Gemeinschaft zu lösen.

Auf Druck der USA war es schon vor dem Pleven-Plan im September 1950 auf einer Konferenz der westlichen Außenminister in Washington zu einer grundsätzlichen Einigung über einen deutschen Wehrbeitrag im Rahmen einer Verteidigungsgemeinschaft gekommen. Dem Generalvertrag zur Ablösung des Besatzungsstatus in der Bundesrepublik (Deutschlandvertrag) im Mai 1952 folgte kurz darauf in Paris die Unterzeichnung des Vertrages zur Gründung der Europäischen Verteidigungsgemeinschaft. An die Stelle eines supranationalen europäischen Verteidigungsministers trat ein neunköpfiges Kommissariat, das seine Entscheidungen jedoch zusätzlich mit dem Besonderen Ministerrat abstimmen mußte. Die EVG mußte allerdings noch von den nationalen Parlamenten ratifiziert werden.

Die EVG war damit ohne Beteiligung Großbritanniens entstanden. Immerhin hatte das Land jedoch die Beistandspflicht des Brüsseler Paktes auf Deutschland ausgeweitet. Frankreich konnte mit dem Scheitern des Pleven-Plans seine beabsichtigte Vormachtstellung nicht durchsetzen. Das Konzept der „Dritten

Kraft“ war also gescheitert: die Unabhängigkeit der Verteidigungskraft von den USA war nicht erreicht worden. Zwei grundlegende Motive des europäischen Einigungsprozesses konnten jedoch aufrechterhalten werden. Zum einen wurde durch die EVG die Gefahr des Wiedererstarkens nationalistischer Kräfte in Deutschland, deren Eindämmung vor allem im französischen Interesse gelegen hatte, vorerst gebannt. Zum anderen schien die geplante Verbindung von NATO und EVG ein Höchstmaß an westlichem Verteidigungspotential zu erreichen. Daran waren vor allem die USA interessiert gewesen.

Die Konzessionen, die die französische Regierung Deutschland gemacht hatte, gingen jedoch sowohl der französischen Linken (Kommunisten, traditionelle Deutschland-Gegner) als auch der Rechten (Gaullisten, große Teile der französischen Industrie) zu weit. Nachdem sich im Juni 1954 schon der Verteidigungsausschuß der Assemblée Nationale gegen die Ratifizierung des EVG-Vertrages ausgesprochen hatte, lehnte das französiche Parlament am 30. August 1954 mit 319 gegen 264 Stimmen eine Befassung mit dem Vertragstext ab. Auf diese Weise scheiterte die Europäische Verteidigungsgemeinschaft. Sicherheitspolitisch orientierte sich Europa daraufhin durch die Aufnahme der Bundesrepublik in die NATO ein Jahr später endgültig transatlantisch und damit an den USA.

Europäische Politische Gemeinschaft (EPG)

Das Projekt der Europäischen Politischen Gemeinschaft wurde im Jahre 1952 von Mitgliedern der Gemeinsamen Versammlung der EGKS auf einer Ad-hoc-Versammlung angeregt. Der Entwurf, der am 10. März 1953 von der Gemeinsamen Versammlung gebilligt wurde, enthielt ein Zweikammerparlament als zentrales Willensbildungsorgan der weitgehend föderalisierten Montanunion. Als Ziel galt die Verbindung der EGKS und der EVG zu einer politisch integrierten Organisation. Die Kompetenzen der Gemeinschaft sollten auf Außenpolitik, Verteidigung, wirtschaftliche und soziale Integration und den Schutz der Menschenrechte ausgedehnt werden.

Institutionell sah das Zweikammerparlament eine die Bürger repräsentierende Volkskammer und einen die einzelnen Mitgliedstaaten repräsentierenden Senat vor. Während die Volkskammer

Tab. 1.2: Projektiertes Parlament der Europäischen Politischen Gemeinschaft (EPG)

	Volkskammer	Senat
Deutschland	63	21
Italien	63	21
Frankreich	70	21
Belgien	30	10
Niederlande	30	10
Luxemburg	12	4
	268	87

also direkt gewählt würde, sollten Abgeordnete der nationalen Parlamente den Senat bilden. Die projektierte Sitzverteilung läßt sich aus Tabelle 1.2 erkennen. Als Regierung der EPG sollte eine dem Parlament verantwortliche Regierung, der Europäische Exekutiv-Rat, fungieren, dessen Präsident vom Senat zu wählen sei. Die zwölf Mitglieder des Exekutivrates sollten wie die Parlamentarier für fünf Jahre im Amt bleiben. Als weitere Organe der EPG waren ein Ministerrat mit Repräsentanten der nationalen Regierungen sowie ein Gerichtshof vorgesehen.

Da das Projekt der Europäischen Politischen Gemeinschaft im Rahmen der Montanunion und der geplanten EVG vorgesehen war, scheiterte mit der Verteidigungsgemeinschaft auch die EPG im August 1954 an der französischen Assemblée Nationale. Eine Außenminister-Konferenz Ende 1954 nahm die EPG folgerichtig nicht mehr in ihr Beratungsprogramm auf.

Während der europäischen Gründungsphase standen zwei Konzepte im Widerstreit. In Fortführung des grundsätzlichen Streites um die Tiefe der Integration, wie er in der Nachkriegszeit zwischen „Föderalisten" und „Pragmatikern" geführt wurde, bestand in den fünfziger Jahren eine neue Konstellation. Wie oben ausgeführt wurde, hatten sich die Pragmatiker auf Grund der realen Bedrohung durch die aggressiven Machtergreifungen der Kommunisten im östlichen Teil Europas durchsetzen können. Das politische Entscheidungsgewicht hatte sich also, erst recht im Zusammenhang mit der Gründung der Montanunion, stark zugunsten der pragmatischen Europapolitiker wie etwa Konrad Adenauer oder Robert Schuman verschoben. Dennoch war über die überaus bedeutungsvolle Frage, wie weit die Integration der Sechs gehen sollte, nicht prinzipell entschieden worden. Inbesondere die Aufgabe nationalstaatlicher Souveränitätsrechte fiel Regierungen wie Parlamenten, wie in der Ablehnung der EVG durch Frankreich verbildlicht wurde, schwer.

Grundsätzlich befand sich die deutsche Politik in einer Sonderposition. Auch nach der Aufhebung des Besatzungsstatus im Jahre 1952 wäre die Bundesrepublik nicht vollständig souverän gewesen, sondern hätte lediglich eine Verteidigungs- und Notstandsfragen ausschließende „volle Autorität" besessen. Da die Beendigung des Besatzungsregimes jedoch durch ein Junktim mit der EVG verbunden gewesen war, mußte eine neue Lösung für die Verankerung der Bundesrepublik im westlichen Staatensystem gefunden werden.

Das Streben der Außenpolitik Konrad Adenauers blieb in nicht geringem Maße auf die Erreichung der vollen Souveränität ausgerichtet. Hier gab es jedoch innerhalb der deutschen Politik, ja selbst innerhalb der CDU-Regierung, einen Meinungsgraben, dessen Ufer zum einen Adenauers Vision eines „politischen Westeuropa" und zum anderen die Erhardsche Position eines „wirtschaftlichen Großeuropa" darstellten. Konrad Adenauer (1876–1967), ab 1949 deutscher Bundeskanzler und von 1951 bis 1955 noch zusätzlich Außenminister, stand dabei für ein auf der Achse Bonn–Paris basierendes politisch integriertes Europa. Das Scheitern der EVG hatte diesen Bestrebungen einen empfindlichen Rückschlag versetzt. Schon einen Monat nach der Nichtentscheidung der französischen Nationalversammlung fanden – wesentlich auf das Betreiben Adenauers – in London (28. September bis 3. Oktober 1954) und Paris (9. bis 23. Oktober 1954) zwei Konferenzen statt, als deren Resultat der Brüsseler Pakt mit der Erweiterung um die Bundesrepublik und Italien zur Westeuropäischen Union (WEU) fortentwickelt wurde. Hiermit war die Voraussetzung zur NATO-Mitgliedschaft der Bundesrepublik geschaffen. Die Bundesrepublik unterwarf sich bestimmten Rüstungsbeschränkungen und verzichtete auf die Herstellung von atomaren, biologischen und chemischen Waffen. Das Gesamtpaket, welches auch unter der Bezeichnung „Pariser Verträge" geführt wird, trat am 5. Mai 1955 in Kraft. Es führte – mit der Ausnahme des weiteren Verbleibs der alliierten Truppen – zur völkerrechtlichen Souveränität der Bundesrepublik Deutschland. Die Pariser Verträge entsprachen der Zielsetzung Adenauers: einem politisch integrierten Westeuropa mit einem deutsch-französischen Kern.

Anders als Adenauer trat Ludwig Erhard (1897–1977), der von 1949 bis 1963 als Wirtschaftsminister der Bundesrepublik Deutschland fungierte, für ein „großeuropäisch globales Konzept [...] außenwirtschaftlicher Liberalisierung" ein (vgl. Pfetsch 1993: 159–161). Diese auf der Freiburger Schule des Ordo-Liberalismus beruhende Handelsmaxime vertrug sich nicht mit einer zunächst nur auf sechs Staaten beruhenden Wirtschaftsintegration. Erhard:

> Die deutsche Situation ist überdies dadurch gekennzeichnet, daß wir die Handelspartnerschaft mit allen Ländern anstreben müssen. Wir können uns mit keinem noch so weitgesteckten Regionalismus begnügen (Erhard 1994: 9).

Während der Marshallplan, das General Agreement on Tariffs and Trade (GATT), der Internationale Währungsfonds oder die Weltbank als prinzipiell offene universale Institutionen gegründet worden waren, war das Europa der Sechs nicht auf eine schnelle und vor allem umfassende Erweiterung bedacht. Dem Wirtschaftspolitiker Erhard hingegen schwebte ein Primat der Wirtschaft vor:

> Aus dieser meiner Schau wird aber auch deutlich, daß ich nicht geneigt bin, Europa als ein letztes und absolutes Ziel der ökonomischen Ordnung anzusehen. Hier mag sich der Wirtschaftspolitiker vom Außenpolitiker unterscheiden. Für mich bedeutet die Integration nur eine erste Station, die uns sichtbar vor Augen liegt und in der es zunächst gilt, alle Schranken des internationalen Warenaustausches abzubauen [...] Wenn wir die Hoffnung haben, daß unsere Bestrebungen zum wirtschaftlichen Zusammenschluß des Kontinents ein erster Schritt sind, um zu gegebener Zeit auch im politischen Bereich zu gemeinsamen Formen hinzufinden, dann wird der Geist, der die ökonomische Ordnung Europas gestaltet, auch bestimmend für die gemeinsame Politik (Erhard 1957: 309).

Die Vorstellungen Erhards wurden in Westeuropa von den Regierungen Großbritanniens, der skandinavischen Länder und der neutralen Alpenrepubliken geteilt. Als sich Dänemark, Großbritannien, Norwegen, Österreich, Schweden und die Schweiz im Mai 1960 jedoch zur European Free Trade Association (EFTA) zusammenschlossen, hatte die Integration der EGKS-Länder mit der Europäischen Wirtschaftsgemeinschaft (EWG) schon einen anderen Weg genommen. Nach dem Scheitern der EVG gingen neben den im wesentlichen auf den Status Deutschlands gerichteten Bemühungen im Rahmen der Pariser Verträge auch von den Gremien der Montanunion Impulse für eine sogenannte *relance européenne* – eine europäische Wiederbelebung – aus. Ganz im Sinne des ordoliberalen Gedankengutes wurde beispielsweise vom niederländischen Außenminister Johan W. Beyen im Jahre 1955 ausgeführt:

> Wenn wir zum politischen Zusammenschluß gelangen wollen, müssen wir an das Problem unter dem Gesichtswinkel der Gesamtwirtschaft herangehen; denn die Wirtschaftsmacht stellt die für die Aufrechterhaltung der politischen Einheit Europas notwendige Infrastruktur dar (zitiert nach Gasteyger 1994: 150–151).

Für eine Regierungskonferenz im Jahre 1957 wurde der belgische Außenminister Paul Henri Spaak (1899–1972), der von 1950 bis 1955 auch den Internationalen Rat der Europäischen Bewegung geleitet hatte, mit der Prüfung der Kriterien für eine Zollunion und für eine Organisation zu Entwicklung und Nutzung der nuklearen Energie beauftragt. Die Verhandlungen, in die neben Wirtschaftsexperten auch Vertreter der OEEC und des Europarates einbezogen waren, fanden im Februar 1957 auf einer Konferenz in Paris ihren Abschluß. Ausgearbeitet und beschlossen worden waren die Verträge bereits im Jahre 1955 im sizilianischen Messina. Die Unterzeichnung der Gründungsverträge zur Europäischen Atomgemeinschaft (EURATOM) und der Europäischen Wirtschaftsgemeinschaft (EWG) erfolgte am 25. März 1957 in Rom. Deshalb hat sich die Paraphrasierung „Römische Verträge" eingebürgert.

1.4. Konsolidierungs- und Krisenphase (1958–1969)

Als die Römischen Verträge im Januar 1958 in Kraft traten, bestanden die EGKS, die EURATOM (oder auch EAG) und die EWG, die sogenannten Europäischen Gemeinschaften. Hiervon entfaltete die EWG die weitaus größte Dynamik. Die Römischen Verträge hatten eine Wirtschaftsgemeinschaft geschaffen, die im Gegensatz zu Schwer- und Atomindustrie (die EURATOM befaßt sich im wesentlichen mit der friedlichen Nutzung der Kernenergie) viele Sektoren umfaßte. Die gleichzeitig geschaffene Zollunion liberalisierte einen Großteil des innergemeinschaftlichen Handels und baute – anders als die zwei Jahre später geschaffene Freihandelsgemeinschaft EFTA – schrittweise eine gemeinsame Zollbarriere gegen den Rest der Welt auf.

Die Präambel des EWG-Vertrages zählte die Ziele der EWG auf: den immer engeren Zusammenschluß der europäischen Völker, die Ausrichtung auf wirtschaftlichen und sozialen Fortschritt, die Verbesserung der Lebens- und Beschäftigungsbedingungen, die Einigung und harmonische Entwicklung der Volkswirtschaften sowie die Wahrung und Festigung des Friedens durch den Zusammenschluß der Wirtschaftskräfte. Als Aufgaben der EWG wurden die Errichtung eines Gemeinsamen Marktes innerhalb von zwölf Jahren und die schrittweise Annäherung der Wirtschaftspolitik der Mitgliedstaaten festgeschrieben. Neben der Errichtung der Zollunion wurden gewichtige Schritte wie die Beseitigung der Hindernisse für den freien Personen-, Dienstleistungs- und Kapitalverkehr zwischen den Mitgliedstaaten und gemeinsame Landwirtschafts-, Wettbewerbs- und Verkehrspolitiken eingeleitet. Als Organe (deren Wirken im Kapitel über die Institutionen weiter unten genauer behandelt wird) wurden das Europäische Parlament, der Rat, die Europäische Kommission, der Europäische Gerichtshof, der Wirtschafts- und Sozialausschuß sowie der Europäische Rechnungshof eingerichtet.

Die Absichtserklärungen der sechs Gemeinschaftsmitglieder implizierten in mehreren Politikbereichen einen Integrationsgrad, der mit der Einschränkung nationalstaatlicher Souveränitätsrechte einherging. Frankreich wehrte sich in Person des seit Ende 1958 mit der Fünften Republik wieder auf der politischen Bühne erschienenen Generals de Gaulle jedoch vehement gegen eine Beschneidung der eigenen Machtinstrumente. De Gaulle verfolgte die Politik einer europäischen Staaten-Union, die die supranationalen Ambitionen rückgängig machen wollte; hierzu nutzte er die gemeinschaftlichen Institutionen. Insbesondere wandte sich de Gaulle grundsätzlich gegen Föderalisierung, gegen die Aufgabe von Souveränität und gegen die Aufnahme Großbritanniens in die Gemeinschaft.

Eine Gipfelkonferenz in Bonn beauftragte im Juli 1961 eine Kommission unter der Leitung des Franzosen Christian Fouchet (1911–1974) mit der Ausarbeitung eines Projektes für eine weitergehende politische Integration. Der erste Fouchet-Plan vom 2. November 1961 sah eine „Union von Staaten" (Union d'États) vor, die auf dem „Respekt der Personalität der Völker und Mitgliedstaaten" basieren sollte. Die Union sollte sich also als Allianz unabhängiger Staaten ohne eigene Rechtskörperschaft darstellen. Als Institutionen sah Fouchet I einen zentralen, aus den Regierungschefs zusammengesetzten Rat, eine europäische parlamentarische Versammlung und eine nur mit administrativen Funktionen ausgestattete Kommission mit Sitz in Paris vor. Als Aufgaben der Union sah der Plan eine gemeinsame Außen-, Sicherheits- und Verteidigungspolitik in Fragen von gemeinsamem Interesse vor. Weiterhin würden eine Kooperation in Wissenschaft und Kultur sowie die Verteidigung einer auf Menschenrechte, Grundfreiheiten und Demokratie gerichteten Politik zu den Aufgaben der Union gehören.

Dem Projekt Fouchet I wurde mit schwerwiegenden Einwänden vor allem in bezug auf die angestrebte Supranationalität, auf die gemeinsame Verteidigungspolitik und auf den Beitritt Großbritanniens zu den Gemeinschaften begegnet (vgl. Masclet 1994: 41).

- Bezüglich der Supranationalität wurde die fehlende Spezifizierung des teilweisen Übergangs zur Mehrheitsregel angemahnt. Diese dürfe nicht, so eine Kritik der Europäischen Versammlung, zu einer Modifikation der Römischen Verträge führen. Um das grundsätzliche Ansinnen des Fouchetschen Projektes zu unterstreichen, wurde so eine Umbennenung der „Union von Staaten" in „Union der Völker" (Union des peuples) angeregt.
- Für die gemeinsame Verteidigung ergaben sich augenfällige Widersprüche mit der bestehenden westlichen Verteidigungskonstruktion in NATO und WEU. Besonders die Niederlande äußerten die Befürchtung, die NATO könne durch das vorliegende Projekt geschwächt werden.
- Im August 1961 hatte Großbritannien einen Beitrittsantrag zu den Gemeinschaften gestellt, dem bald Dänemark, Norwegen und Irland folgten. Durch das Problem der Verbindung Großbritanniens mit dem Commonwealth und der Sonderbeziehungen zu den USA prallte so von neuem die alte Frage der Errichtung einer großen, über den europäischen Kontinent hinausreichenden Handelszone mit der Konzeption eines politisch integrierten Europas aufeinander.

Verkompliziert wurde die Situation durch die etwas unklare Haltung Frankreichs, das auf der einen Seite via Fouchet Supranationalität anstrebte, andererseits aber mit de Gaulle über einen starken Vertreter der Beibehaltung nationalstaatlicher Politik verfügte. Belgien und die Niederlande setzten sich im Laufe der Diskussion um Fouchet I für ein eher lockeres Regime mit der Teilnahme Großbritanniens ein, indem sie das für eine supranationale Konzeption maßgebliche Sekretariat der „Union der Staaten“ ablehnten. Eine Rolle spielte hier auch die Furcht vor einer deutsch-französischen Hegemonie im Europa der Sechs. Diese Befürchtungen waren nicht ganz unberechtigt, wie der spätere Abbruch der britischen Aufnahmeverhandlungen durch de Gaulle am 14. Januar 1963 zeigte. Fast gleichzeitig (am 22. Januar 1963) brachte de Gaulle nämlich den deutsch-französischen Freundschaftsvertrag zur Unterschrift, der die Konzeption der grundsätzlich souverän verbleibenden Nationalstaaten nochmals unterstrich.

Der Plan Fouchet II, der am 18. Januar 1962 vorgelegt wurde, reagierte auf die Kritik an Fouchet I mit einer Spezifizierung der Politikbereiche, für die die neue Union Zuständigkeit erhalten sollte. Während der Bereich der Verteidigung durch die Nichterwähnung der NATO nach wie vor vage blieb, wurden ausdrücklich die Außen-, Wirtschafts- und Kulturpolitik in den Handlungskatalog aufgenommen. Weitere Änderungsvorschläge wie ein Ministerkomitee zusätzlich zum Rat der Regierungschefs oder die Zurücknahme der zunächst vorgesehenen Stärkung des Europaparlaments reichten jedoch nicht aus, um die in den Verhandlungen zutage getretenen tiefgreifenden Differenzen innerhalb der sechs Mitgliedstaaten zu überbrücken. Der Anstoß Fouchets verlief im Sande.

Während die Fouchet-Pläne die Zukunft der Europäischen Gemeinschaften betrafen, bildete die Agrarpolitik einen konkreten Politikbereich, in dem sich die Grundpositionen Integration versus nationale Souveränität einander gegenüberstanden. Umfang und Intensität der am 14. Januar 1962 beschlossenen Gemeinsamen Agrarpolitik hatten von Anfang an – z. B. bei der Einführung eines gemeinsamen Preisniveaus – nicht konsensual geregelt werden können. Im Jahre 1965 stand im Ministerrat der Übergang vom Einstimmigkeitsprinzip zu einer qualifizierten Mehrheitsregel an. Bei siebzehn Stimmen im Ministerrat (F 4; BRD 4; I 4; B 2; NL 2; L 1) sollten zwölf Stimmen, also etwa eine Zweidrittelmehrheit,

Schaubild 1.1: Aufgaben und Ziele der EG

- Steigerung des Lebensstandards
- Vollbeschäftigung
- Wirtschaftsausweitung

EAG

Förderung der Kernindustrie durch:

- Forschung und Verbreitung der Kenntnisse
- Einheitliche Sicherheitsnormen
- Investitionsförderung
- Versorgung mit Erzen und Brennstoffen
- Kontrollen
- Ausübung von Eigentum an Brennstoffen
- Schaffung eines gemeinsamen Kernenergiemarktes
- Förderung auswärtiger Beziehungen

EWG

Errichtung eines Gemeinsamen Marktes durch:

- Abschaffung der Zölle und mengenmäßigen Beschränkungen sowie der Maßnahmen gleicher Wirkung
- Einführung eines gemeinsamen Zolltarifes
- Gemeinsame Außenhandelspolitik
- Gewährleistung des freien Personen-, Dienstleistungs- und Kapitalverkehrs
- Gemeinsame Agrarpolitik
- Gemeinsame Verkehrspolitik
- Einführung eines gemeinschaftlichen Wettbewerbssystems
- Koordinierung der nationalen Wirtschaftspolitiken
- Rechtsangleichung

EGKS

Rationelle Verteilung der Güter durch:

- Sicherung der Versorgung des gemeinsamen Marktes mit Kohle und Stahl
- Sicherung des freien Zugangs zur Produktion
- Preisregulierung
- Ausbau des Produktionspotentials
- Verbesserung der Lebens- und Arbeitsbedingungen der Arbeiter
- Förderung des Handels
- Förderung der Investitionen

Quelle:
Teske 1990: 15

zur Entscheidung reichen. Vorschläge der EWG-Kommission hatten zudem vorgesehen, die Gemeinschaft könne künftig eigenständig Einnahmequellen erschließen, um nicht mehr ausschließlich auf die Beiträge der einzelnen Mitgliedstaaten angewiesen zu sein. Beides lief auf eine zunehmend supranationale Konzeption der Gemeinschaft hinaus. Der anstehenden Entscheidung, die eine Stärkung der Gemeinschaftsorgane gegenüber den Einzelstaaten impliziert hätte, entzog sich der Gaulle ab dem 30. Juni 1965 mit der „Politik des leeren Stuhls". Mit ihr sollte unzweideutig und von neuem klargemacht werden, daß Frankreich zu einer Aufgabe von Souveränitätsrechten nicht bereit war.

Die Politik des leeren Stuhls wurde von de Gaulle bis zum sogenannten Luxemburger Kompromiß vom 30. Januar 1966 fortgeführt. Der Kompromiß sah für die Zukunft bei für eine jeweilige Nation essentiellen Fragen („intérêts très importants") die Fortführung einer Problemdiskussion bis zur Erzielung von Einstimmigkeit vor. In der Praxis wurde fortan im Ministerrat kaum mehr mehrheitlich abgestimmt. Die Arbeit der Gemeinschaft konnte jedoch wieder aufgenommen werden. Zum 1. Juli 1967 konnte die bereits 1965 beschlossene Fusion der drei Gemeinschaften EWG, Euratom und EGKS zu einer Europäischen Gemeinschaft (EG) umgesetzt werden. Die Aufgaben und Ziele der Europäischen Gemeinschaft lassen sich mit Schaubild 1.1 zusammenfassen.

Insgesamt durchlief der europäische Einigungsprozeß ab April 1962 (Projekt Fouchet II) die schwierigste Zeit seiner Geschichte, Masclet (1994: 62) beschreibt die Zeit zwischen 1962 und 1969 als „l'étape la plus décevante de son itinéraire", als enttäuschendste Etappe des (Integrations-)Fahrplanes. Erst der Abtritt des Generals de Gaulle vom Amt des französischen Staatspräsidenten im April 1969 markiert eine Umdefinition der französischen Position. Im Mai 1967 hatte de Gaulle erneut ein Veto gegen den Beitritt Großbritanniens zur EG ausgesprochen. Später schien er sogar bereit gewesen zu sein, seiner Konzeption vom Europa der Vaterländer die Gemeinschaft zugunsten einer Freihandelszone und einer politischen Union der vier Staaten Frankreich, Bundesrepublik, Italien, Großbritannien zu opfern.

1.5. Erweiterung und Stagnation (1969–1985)

Im Jahre 1969 trat Charles de Gaulle von der politischen Bühne ab. Sein Nachfolger im Präsidentenamt, Georges Pompidou, verfolgte eine gemäßigtere Europapolitik. Ein erster Schritt, die Aufhebung des französischen Vetos gegenüber der Aufnahme Großbritanniens in die EG, gab auf einem Treffen der Staats- und Regierungschefs in Den Haag im Dezember 1969 Anlaß zu neuen Initiativen. Vor allem war dies der später sogenannten ersten Aufnahmewelle, die ab 1973 Großbritannien, Dänemark und Irland zu Mitgliedern der EG machte, abzulesen. Die Gemeinschaft umfaßte damit für die nächsten acht Jahre neun Mitglieder, bevor in einer zweiten Welle in den achtziger Jahren Griechenland (1981), Spanien und Portugal (beide 1986) in die Gemeinschaft aufgenommen wurden.

Die Europäische Politische Zusammenarbeit (EPZ)

Initiativen betrafen auch die Außenpolitik. Ein Außenministertreffen am 19. November 1969, welches die Möglichkeiten einer politischen Zusammenarbeit geprüft hatte, brachte die Europäische Politische Zusammenarbeit (EPZ) auf den Weg. Nach dem Scheitern früherer Versuche einer Integration der europäischen Außen- und Verteidigungspolitik (EVG, Fouchet-Pläne) stellte die EPZ mit dem bescheidenen Anspruch der losen Koordination den Nukleus für eine gemeinsame Außenpolitik dar. Die Entwicklung dieses in erster Linie als Konsultationsmechanismus zu verstehenden Instruments läßt sich von Den Haag (Dezember 1969) über Paris (im Oktober 1972 der Entwurf zur „Europäischen Union"), Kopenhagen (Dezember 1973) und London (Oktober 1981) ziehen.

Im Rückblick ist die Entwicklung der EPZ durch zweierlei gekennzeichnet. Zum einen fand eine Intensivierung der Koordination durch immer häufigere Treffen sowohl der Außenminister als auch der Regierungschefs statt. Zum anderen wurde die EPZ im Laufe der Jahre erheblich ausgeweitet, unter anderem auch auf die Sicherheitspolitik. Am 20. Juli 1970 konkretisierte ein von den Außenministern der Sechs in Auftrag gegebener Bericht des belgischen Diplomaten Étienne Davignon (Davignon-Bericht oder auch Bericht von Luxemburg) den Funktionsmechnismus der

EPZ. Danach sollten Standpunkte in wichtigen Fragen durch regelmäßige Konsultationen gefunden werden. Gemeinsame Positionen wurden daraufhin in den folgenden Jahren etwa in den Beziehungen zu den USA, im Nahost-Konflikt, im europäisch-arabischen Dialog, auf KSZE-Treffen, den Ost-West-Wirtschaftsbeziehungen, der Mittelmeerpolitik und der Kooperation mit den AKP-Staaten gefunden.

Im Rahmen der Einheitlichen Europäischen Akte (EEA) wurde 1986 die EPZ als Gemeinsame Außen- und Sicherheitspolitik (GASP) in die Verträge aufgenommen. Auch heute noch werden allerdings die Bezeichnungen EPZ und GASP teilweise nebeneinander verwendet. In den siebziger Jahren konnte sich die EPZ der Strukturen der Außenministerien besonders erfolgreich im Zuge der KSZE-Verhandlungen und in der Erarbeitung gemeinsamer Standpunkte zu internationalen Fragen bedienen. Sie kann somit aus heutiger Sicht als flexibles Element der Koordination und Harmonisierung der Standpunkte zu außenpolitischen Fragen verstanden werden. Als wenig erfolgreich erwies sich die EPZ hingegen im Krisenmanagement. Eine vertiefte historische und institutionelle Betrachtung der EPZ findet sich in Kapitel 5 („Politikbereiche").

Allmähliche Erweiterung der EG

Einen Meilenstein in der Geschichte der Europäischen Gemeinschaften stellt die erste Erweiterungswelle im Jahre 1973 dar. Als wichtigstes Beitrittsland galt zweifellos Großbritannien. Für den Inselstaat wurde die EG vor allem durch die Perspektive einer Erweiterung des politischen Betätigungsfeldes interessant. In ihrem „Weißbuch über den Beitritt zu den Europäischen Gemeinschaften" (in Gasteyger 1990: 289–293) aus dem Jahre 1971 legte die Regierung des Vereinigten Königreiches ihre Argumente für das Beitrittsgesuch dar. Darin wurden die gemeinsamen Interessen der Mitgliedsländer der EG im Hinblick auf äußere Sicherheit, Wirtschaft und Soziales betont. Stärke und Einfluß einer verbreiterten Europäischen Gemeinschaft würden nach Ansicht der Verfasser die Möglichkeiten der einzelnen Mitgliedstaaten übersteigen. Die Entwicklung gemeinschaftlicher Verfahren auch für Fragen der Außenpolitik wurde als Absicht der Gemeinschaft dargestellt, der Großbritannien nicht in jedem Fall folgen wollte. Vielmehr stellten die in der WEU festgelegten Bestimmungen für die britische Regierung das Höchstmaß an anzustrebender Integration dar. Wie auch bezüglich einer Wirtschafts- und Währungsunion war der Beitritt nach dem Text des Weißbuches vor allem vom Offenhalten zukünftiger Optionen motiviert:

> Wenn wir nicht beitreten sollten, würde das die Gemeinschaft der Sechs nicht davon abhalten, sowohl im wirtschaftlichen als auch im politischen Bereich weiter voranzuschreiten. Dadurch würden die Optionen, die zukünftigen Regierungen noch offenblieben, eingeschränkt werden, ohne daß ihnen dabei das geringste Mitspracherecht zustünde (Europa-Archiv 1971: D 360).

Teile des britischen Weißbuches können als noch heute lesenswerte Analyse der Europäischen Gemeinschaft gelten. Seine Verfasser sahen sich vor die schwierige Aufgabe gestellt, in Anbetracht einer in Jahrhunderten gewachsenen Rechtskultur, die wiederum ein spezifisches Selbstverständnis von Politik hervorgebracht hatte (vgl. hierzu Fetscher 1968), die Eingliederung in ein ansatzweise supranationales Gebilde zu begründen. Dem wesentlichen Einwand britischer Kritiker, mit dem EG-Beitritt sei eine Erosion nationaler Souveränitätsrechte verbunden, wurde im genannten Weißbuch die Regelung des Luxemburger Kompromisses, bei Fragen des vitalen nationalen Interesses nur einstimmige Ministerratsentscheidungen zuzulassen, entgegengehalten. Trotz des in Fragen des Gemeinschaftsrechts zuständigen Europäischen Gerichtshofes wurde die fortdauernde Gültigkeit des Common Law und des habeas corpus unterstrichen. Auch wurde auf die Freiwilligkeit der fortgesetzten Zustimmung zur Verpflichtung auf die Römischen Verträge verwiesen.

Noch vor seinem Eintritt in die EG strich Großbritannien also nachdrücklich seine Zurückhaltung gegenüber weitergehenden integrativen Tendenzen heraus. Es waren in erster Linie wirtschaftliche Gründe, die dennoch den britischen Beitrittswunsch motivierten. Während die Ausführung der politischen Ziele allgemein gehalten wurde, herrschten bezüglich der ökonomischen Zielwerte recht konkrete Vorstellungen:

> Die Kosten des Beitritts zur Gemeinschaft – wie sie im Weißbuch dargelegt sind – sind der Preis, den wir für die wirtschaftlichen und politischen Vorteile zu zahlen haben würden. Diese Vorteile würden die Kosten mehr als wettmachen, vorausgesetzt, wir nützen die sich uns eröffnenden Möglichkeiten eines viel umfassenderen Binnen-

marktes. Wenn wir das tun, werden wir ebenso wie die Sechs seit der Gründung der Gemeinschaft eine erhebliche Zunahme des Handels, einen Anreiz für Wachstum und Investitionen und einen größeren Zuwachs der Reallöhne und des Lebensstandards erzielen als in den letzten Jahren oder als möglich wäre, wenn wir den Gemeinschaften fernblieben (Europa-Archiv 1971: D 363).

Die gemeinsamen Interessen der EG-Länder sah Großbritannien vor allem auch im Zusammenhang mit dem rasant schwindenden Einfluß im Commonwealth. Allein in den sechziger Jahren hatten unter anderem Zypern, Jamaika, Trinidad, Tobago, Rhodesien, Nigeria, Sierra Leone, Uganda, Kenia und Gambia ihre Unabhängigkeit erklärt. Auch in Mittel-, Süd- und Ostasien hatte Großbritannien mit einigen Ausnahmen alle Schutzgebiete aufgegeben. So hatten – nach dem Weißbuch – schon 1970 die Exporte Großbritanniens in die EG-Staaten einen größeren Umfang als die Exporte in die Länder des Commonwealth. Die Erwartung der weiteren Zunahme des Handels innerhalb der Europäischen Gemeinschaft erforderte keine besonderen Sehergaben. Die in Aussicht stehende Integration der gemeinschaftlichen Märkte stellten also auch in historischer Perspektive eine vielleicht so schnell nicht wiederkehrende Chance dar, der sinkenden handelspolitischen Bedeutung Großbritanniens entgegenzuwirken.

Mit dem Beitritt von Dänemark, Irland und Großbritannien zum 1. Januar 1973 war aus dem Europa der Sechs ein Europa der Neun geworden. Auch Norwegen hatte beitreten wollen, aber die norwegische Bevölkerung hatte sich in einer Volksabstimmung im September 1972 gegen einen EG-Beitritt ausgesprochen. Der ersten Beitrittswelle folgten bald nach der Reetablierung der griechischen Republik (1974) erneute Verhandlungen um eine Erweiterung der EG, diesmal in Richtung Südeuropa. Nach ca. dreijährigen Verhandlungen wurde 1979, als auch schon Aufnahmegespräche mit Portugal und Spanien begonnen hatten, ein Beitrittsvertrag zwischen der Gemeinschaft und Griechenland unterschrieben. Dieser trat zum Jahr 1981 in Kraft. Eine Rede des griechischen Ministerpräsidenten Konstantin Karamanlis macht stellvertretend für die anderen südeuropäischen Beitrittskandidaten die stärker politische, aber auch wirtschaftliche Motivation der Beitrittsansinnen deutlich.

Griechenland tritt Europa bei in der Überzeugung, daß im Rahmen der europäischen Solidarität für alle Seiten die nationale Unabhän-

> gigkeit gefestigt, die demokratische Freiheit gesichert und die wirtschaftliche Entwicklung beschleunigt wird, so daß der soziale und wirtschaftliche Fortschritt durch allseitige Zusammenarbeit gesichert wird. [...] Der Isolationismus, die Zollwälle und die unerreichbare Autarkie sind historisch überholte Phasen der wirtschaftlichen politischen Aktion und sind eigentlich eine passive Art, den Ereignissen entgegenzutreten. Die heutigen Probleme Europas sowie der ganzen Menschheit setzen die Logik der größeren Räume und der größeren Zahlen voraus, um ihre richtige Lösung zu finden. Die Schwierigkeiten können nicht durch einen konkurrentiellen Isolationismus überwunden werden, sondern im Gegenteil durch eine Beschleunigung des Einigungsprozesses (Europa-Archiv 1979: D 456).

Während das britische Weißbuch als Verteidigung der von der Regierung angestrebten Entscheidung konzipiert war, klingt das Bekenntnis von Karamanlis entschieden euphorischer: er sah in der Einigung Europas „das größte politische Ereignis der Geschichte unseres Kontinents", welches „den Gang der ganzen Menschheit beeinflussen wird". Griechenland, so Karamanlis weiter, sei auch entschlossen, „die strukturellen Änderungen und die institutionellen Neuerungen zu unternehmen", welche für die „Verwirklichung der Idee des geeinten Europa" notwendig sind (in Gasteyger 1994: 296). Das Selbstverständnis Griechenlands in der EG beziehe sich auf die „Entwicklung engerer wirtschaftlicher und kultureller Beziehungen zum Balkan und dem Mittelmeerraum"; Griechenland als der „Vorposten an der europäischen Grenze" und mediterraner „Balkon des gemeinsamen Marktes" könne mit seiner mächtigen Handelsflotte zur „Promotion der europäischen Idee" beitragen.

Währungspolitik

Die EVG, die Pläne Fouchets für eine politische Union oder teilweise auch die EPZ wiesen ein gemeinsames Muster auf. Die Bemühungen einiger Europapolitiker um eine Integration in bestimmten Politikfeldern wurden durch gemeinsame Beschlüsse gewürdigt, scheiterten aber letztendlich an einzelnen Regierungen, die den entscheidenden Schritt zur Aufgabe nationaler Souveränitätsrechte nicht gehen wollten. Der Bereich der Währungspolitik, in dem sich die Gestaltungsräume auch der großen EG-Länder im Zeichen zunehmender internationaler Kapitalverflechtung immer mehr einschränkten, kristallisierte sich gegen Ende der sechziger Jahre als neuer Bereich der Europapolitik heraus, in dem Vorstöße in Richtung einer vertieften Integration unternommen wurden.

Nach dem vorbereitenden sogenannten Barre-Plan (1969) entstand im Jahre 1970 unter dem Vorsitz des luxemburgischen Premierministers Pierre Werner eine Sachverständigengruppe, die eine Wirtschafts- und Währungsunion erarbeiten sollte. Der Werner-Plan sah eine integrierte Wirtschaftspolitik als Voraussetzung für eine gemeinsame Währungspolitik, die nach einer Übergangszeit den Kern für eine Politische Union bilden sollte. Er vereinte verschiedene wirtschaftspolitische Konzeptionen (vgl. Gaddum 1994: 195):

- eine „ökonomistische“ Position, die vor allem von der Bundesrepublik und den Niederlanden vertreten wurde, sah eine Angleichung der nationalen Wirtschaftspolitiken als Voraussetzung für eine gemeinsame Wirtschafts- und Währungspolitik an („Krönungstheorie“, da die gemeinsame Politik eine Krönung schon vorher gewonnener Prinzipienübereinstimmung darstellte).
- Frankreich und Belgien versprachen sich von einer Festschreibung der Wechselkurse einen Anpassungsdruck auf den Wirtschaftssektor („Lokomotivtheorie“).

In einer abgeschwächten Variante, die für die Koordinierung von Geld- und Haushaltspolitik nur Empfehlungen beinhaltete, wurde der Werner-Plan 1971 durch den Europäischen Rat angenommen. Ab 1972 schlossen sich die Sechs – der Beitritt der neuen Mitglieder wurde erst ab 1973 wirksam – zu einem europäischen Wechselkursverbund, der sogenannten Währungsschlange, zusammen. Seit 1944 hatte die Weltwährungsordnung von Bretton Woods – einem kleinen Tagungsort im amerikanischen Nordosten – gegolten. Nach dem System von Bretton Woods fungierte der US-Dollar, dessen Wert durch Golddeckung gesichert war, als Leitwährung. Aus verschiedenen Gründen (unter anderem zunehmende Zahlungsbilanzdefizite der USA, Anfälligkeit von Nationalökonomien gegen importierte Inflation) war die Ordnung von Bretton Woods und somit das Prinzip der Golddeckung schon ab Ende der sechziger Jahre zunehmend in Zweifel gezogen worden. Als die Weltwährungsordnung 1973 zusammenbrach, verursachte dies für die Währungsschlange unvorhergesehene Schwierigkeiten. Die vereinbarte Bandbreite von 2,25 % war innerhalb der

Ordnung von Bretton Woods, die für einzelne Währungen lediglich einen Schwankungsbereich von einem Prozent zum US-Dollar vorsah, konzipiert worden. Mit der Ablösung von Bretton Woods konnten einzelne Währungen im Vergleich zum Dollar jedoch von nun an „floaten", das heißt, es herrschte ein System flexibler Wechselkurse. Durch den Wegfall der Leitwährung war auch den Paritäten der EG-Währungen untereinander ein stabilisierender Anker entzogen worden, so daß sich die Schwankungsbreite von 2,25 % schnell als zu gering erwies. Verstärkt wurden die neuen Unsicherheiten durch den Ölpreisschock von 1973, auf den die einzelnen Staaten verschieden reagierten und somit teilweise stark voneinander abweichende Inflationsraten induzierten.

Die neuen EG-Mitglieder Großbritannien und Irland wie auch Italien blieben der Währungsschlange fern. Nach einiger Zeit gehörten der Schlange nur noch Dänemark, die Benelux-Staaten und die Bundesrepublik an. Das Ziel der Währungsunion, das offensichtlich nicht erreicht werden konnte, wurde in einem Beschluß der Staats- und Regierungschefs von 1974 zurückgenommen. Auf eine etwas subtilere Weise als bei vorhergehenden Versuchen hatte sich wiederum die fehlende Bereitschaft zu integriertem Vorgehen nationalstaatlicher Regierungen niedergeschlagen. In der Währungsschlange waren nur diejenigen Länder verblieben, die direkt (Bundesrepublik) oder indirekt (Dänemark, Beneluxstaaten) in den Einflußbereich der Währungsautonomie der Deutschen Bundesbank fielen. Da die Regierungen dieser Staaten auf die eigene Währungspolitik nur beschränkten Zugriff besaßen, hatten sie mit der Währungsschlange auch keine Kernkompetenzen abgegeben. Aus dem Beschluß von 1972, auf der Grundlage einer abgeschwächten Variante des Werner-Planes bis zum Ende des Jahrzehnts die Gesamtheit der Beziehungen in eine Wirtschafts- und Währungsunion umzuwandeln, war durch die reservierte Haltung der meisten Staaten Deklarationspolitik geworden.

Im Jahre 1978 unternahmen der deutsche Bundeskanzler Helmut Schmidt (geb. 1918) und der französische Staatspräsident Valéry Giscard d'Estaing (geb. 1924) auf einem Treffen der Staats- und Regierungschefs eine Initiative zum Europäischen Währungssystem (EWS). Im Gegensatz zur prinzipiell offenen Währungsschlange stellte das EWS ein regionales, auf die EG-Staaten beschränktes System fester, aber anpassungsfähiger Währungs-

Tab. 1.3 Zusammensetzung des ECU beim Inkrafttreten des EWS (13.3.1979). Relativer Anteil im Währungskorb (in %) und Gegenwert von 1 ECU am 13.3.1979

Währung	DM	£GB	FF	Lira(I)	Hfl(NL)	BFr	Lfr	DänKr	£ IR
Anteil	32,9	13,4	19,9	9,5	10,5	9,2	0,4	3,1	1,1
Gegenwert	2,1	0,66	5,80	1148	2,72	39	39	7,09	0,66

paritäten dar. Als gemeinsamer Nenner für die Festlegung der Paritäten diente die neugeschaffene europäische Währungseinheit ECU (European Currency Unit). Der ECU ist – wie das Sonderziehungsrecht des Internationalen Währungsfonds – das Äquivalent eines Währungskorbes, in dem bestimmte feste Beträge der EG-Länder enthalten sind. Die jeweiligen Anteile werden durch die Wirtschaftskraft und den Außenhandelsanteil des einzelnen Landes bestimmt.

Änderungen bzw. Anpassungen der Paritäten im Währungskorb des EWS können nur durch gemeinsamen Beschluß im Ministerrat verwirklicht werden. Die einzelnen Währungen bewegen sich innerhalb einer Toleranz. Werden bestimmte Grenzen überschritten, sind die Notenbanken zum Eingreifen verpflichtet. Diese Interventionspolitik soll die Schwankungen der Devisennotierungen auf den Finanzmärkten innerhalb des Schwankungsbereiches (in der Regel 2,25 % des festgesetzten ECU-Kurses, für Großbritannien, Italien und Spanien galten zwischenzeitlich Ausnahmebandbreiten von 6 %) halten. Das Interventionssystem des EWS trat im März 1979 rückwirkend zum 1. Januar 1979 in Kraft und gilt im wesentlichen – seit 1993 allerdings mit einer Bandbreite von 15 % – bis heute. Auf die in den neunziger Jahren in Angriff genommene Wirtschafts- und Währungsunion wird in Kapitel 5 („Politikbereiche“) näher eingegangen.

Insgesamt hat die Währungspolitik der siebziger Jahre mit dem Scheitern der Währungsschlange und des Werner-Plans gezeigt, daß die Zeit für einen engeren Zusammenschluß auf wirtschafts- und währungspolitischem Gebiet noch nicht gekommen war. Partielle Fortschritte konnten nur bei institutionellen Vereinbarungen ohne direkte politische Auswirkungen erzielt werden.

Institutioneller Fortschritt und Eurosklerose

Am 10. Dezember 1974 beschlossen die Staats- und Regierungschefs in Paris, sich zukünftig regelmäßig alle sechs Monate zu treffen. Die Zusammenkünfte der Staats- und Regierungschefs hießen fortan „Europäischer Rat". Der Vorsitz dieses Gremiums sollte halbjährlich rotieren. Der Europäische Rat wurde in der Folge zum Promotor für die Weiterentwicklung der europäischen Institutionen und konnte als Wegweiser für die politischen Positionen der einzelnen Mitgliedsregierungen verstanden werden. In einer Fortentwicklung des Luxemburger Kompromisses wurde ein teilweiser Übergang zu Mehrheitsentscheidungen vollzogen. Der Verzicht auf Einstimmigkeit erstreckte sich freilich nach wie vor nicht auf Fragen des vitalen nationalen Interesses einzelner Mitgliedstaaten. Ebenfalls auf dem Pariser Gipfel wurde eine Volkswahl des Europäischen Parlaments – bisher waren die Abgeordneten von den nationalen Parlamenten entsandt worden – vereinbart.

Mit der Bildung einer Arbeitsgruppe um den belgischen Ministerpräsidenten Leo Tindemans (geb. 1922) wurde auf dem Pariser Gipfel auch ein erneuter Anstoß zu einer Politischen Union gegeben. Der im Jahre 1975 vorgelegte Tindemans-Bericht vertrat in Anbetracht der früher gescheiterten Anläufe eine pragmatische Position. Ohne auf ein konkret ausgestaltetes Endkonzept hinzuarbeiten, schlug der Tindemans-Bericht vor, die Kooperation der EPZ-Staaten durch eine gemeinsame Außenpolitik abzulösen. Um vorhersehbare Entscheidungsblockaden zu umgehen, sah Tindemans den Übergang zum Mehrheitsentscheid auch im Ministerrat vor. Der Bericht blieb jedoch ohne unmittelbare Folgen, da er vom Europäischen Rat nicht in eine entsprechende Initiative umgewandelt wurde.

Dieses erneute „kalte" Scheitern einer integrationsfördernden Initiative verdeutlichte die scheinbare Immunität der Gemeinschaftspolitik gegen Ausbaubemühungen. Ab der zweiten Hälfte der siebziger bis zur Mitte der achtziger Jahre wurde es üblich, von einer „Eurosklerose" zu sprechen. Die Sklerose (= krankhafte Verhärtung) war zum Teil auf die Erweiterung zurückzuführen. Sowohl Großbritannien als auch Dänemark hatten zu keiner Zeit ein Hehl daraus gemacht, daß sie ihre Bremsmacht gegenüber zu weit gehenden föderalen Projekten einsetzen würden. Die im Kern fortdauernde Gültigkeit des Luxemburger Kompromisses sicherte die bestehenden Institutionen von vornherein gegen einen weiteren Ausbau integrativer Arrangements ab.

Wie am Beispiel Griechenlands gesehen, waren die sich gegen Ende der siebziger Jahre abzeichnenden Beitrittsgesuche von der europäischen Südflanke vor allem politisch motiviert. Der Übergang zur Demokratie im Anschluß an die Ablösung autoritärer Regimes sollte abgesichert und eine beschleunigte Konsolidierung erreicht werden. Der Diskrepanz der Wirtschaftsdaten zwischen den Neun, die unter anderem infolge des Ölschocks von 1974 entstanden war, wurde ab 1981 ein Nord-Süd-Gefälle innerhalb der EG hinzugefügt.

Die Eurosklerose erstreckte sich vor allem auf schon teilweise integrierte Politikbereiche, weniger auf vollkommen neue Felder. In der Agrarpolitik kam es zu immer neuen Auseinandersetzungen. Haushaltsberatungen verliefen langwierig und litten immer wieder unter Nachverhandlungswünschen Großbritanniens. Die Wirtschaftsunion kam nicht voran. Auch in anderen Politikbereichen wie der Verkehrs-, Industrie- und Regionalpolitik konnten keine Fortschritte erzielt werden. Der auf dieser Ebene sichtbaren „Verhärtung“ standen institutionelle Erneuerungen gegenüber: Der Europäische Rat war als Lenkungsinstanz installiert worden. Die Direktwahl des Europaparlaments war beschlossen worden. Das EWS war als Ersatzlösung für die offenbar nicht zu erreichende Währungsunion geschaffen worden.

In den Bereichen, in denen eine echte Übertragung nationaler Kompetenzen auf gemeinschaftliche Organe notwendig gewesen wäre, wurden in den siebziger Jahren kaum Fortschritte erreicht. Die EPZ stand auf tönernen Füßen und war immer noch vom Willen einzelner Nationalstaaten abhängig. Die Weiterführung der wirtschaftlichen Integration mußte bis zum Vorschlag zur Vollendung des Binnenmarktes (im Jahre 1985 durch Jacques Delors) warten. Die feierliche Erklärung von 1972, die Gemeinschaft bis zum Ende des Jahrzehnts in eine Europäische Union umzuwandeln, konnte erst mit den Maastrichter Verträgen in den frühen neunziger Jahren wieder angeschoben werden.

1.6. Neuer Schub (ab 1986)

Die Phase der Eurosklerose und der damit einhergehenden Stagnation wurde mit der Verabschiedung der Einheitlichen Europäischen Akte (EEA) überwunden. Dieses Vertragswerk, welches am 28. Februar 1986 verabschiedet wurde und mit dem Jahr 1987 in Kraft trat, kann als Grundlage für den Vertrag von Masstricht im Jahre 1992 und die dritte Aufnahmewelle (Schweden, Österreich, Finnland) im Jahre 1995 gelten. Durch die EEA blieb es zwar bei einer intergouvernementalen Koordination der Außenpolitik und anderer Politikbereiche; der Europäische Rat konnte z. B. weiterhin keine internationalen Verträge abschließen. Die EPZ und der Europäische Rat erhielten aber mit der EEA immerhin eine rechtliche Grundlage.

Der neue Integrationsschub hatte sich ab Anfang der achtziger Jahre abgezeichnet. Eine gemeinsame Initiative der Außenminister Deutschlands und Italiens Hans-Dietrich Genscher (geb. 1927) und Emilio Colombo (geb. 1920) im Jahre 1981 hatte eine Stärkung der EPZ vorgeschlagen (Genscher-Colombo-Initiative). Etwa zwei Jahre später hatte der Europäische Rat auf einem Gipfel in Stuttgart, auf dem die mittlerweile zehn Mitgliedstaaten einmal mehr das Ziel eines einheitlichen Europa bestätigten, die „Feierliche Erklärung über die Europäische Union" unterzeichnet. Ein daraufhin in Auftrag gegebener Bericht eines Ausschusses unter dem Iren James Dooge sollte die Reform der europäischen Institutionen prüfen. Der Dooge-Bericht, der 1984 an den Europäischen Rat ging, verlief anders als viele seiner Vorgänger nicht einfach im Sande. Der Schlußbericht vom März 1985 sollte vielmehr zur Grundlage für die Verhandlungen über die Einheitliche Europäische Akte (EEA) werden.

Dieser von den Regierungen ausgehende Stoß in Richtung EEA wurde von einer Initiative des Europäischen Parlaments begleitet. Ein Parlamentsausschuß unter der Leitung des Italieners Altiero Spinelli hatte seit 1981 an einem Vertragsentwurf für eine Europäische Union gearbeitet (vgl. Toulemon 1994: 58–60). Dieses 81 Artikel umfassende Projekt wurde im Februar 1984 vom Europaparlament wie von einer Verfassunggebenden Versammlung angenommen. Es sah – darin ähnlich der EPG aus den fünfziger Jahren – die Föderalisierung der EG und damit insbesondere in der Außen- und Verteidigungspolitik die Verlagerung der politischen

Kompetenzen auf europäische Organe vor. Ein Parlament und der Europäische Rat bildeten dem Plan zufolge die europäische Legislative. Die Kommission als Exekutivorgan wurde wie in den einzelnen Nationalstaaten vom Parlament eingesetzt.

Spinelli, der über die Liste der italienischen Kommunisten ins Europaparlament gekommen war, sah außerdem einen interessanten Ratifikationsmechanismus für sein Projekt vor (vgl. Toulemon 1994: 60). Als angenommen sollte der Plan gelten, falls gemeinschaftsweit eine Zweidrittelmehrheit der Bevölkerung in einem Referendum für ihn stimmen sollte. An Staaten, deren Regierungen den Vertrag nicht ratifizieren wollten, sollte ein Assoziationsangebot gerichtet werden. Durch diesen Mechanismus sollte zum einen der Blockade durch ein einziges Land – hier war in erster Linie Großbritannien gemeint – entgegengetreten werden. Zum anderen sollte ein Zurück von der Integration zur Kooperation mittels der Legitimierung durch das Volk unmöglich gemacht werden. Wenn auch das Projekt Spinellis nicht ernstlich in Betracht gezogen wurde, so brachte es im Vorfeld der EEA besonders durch die Zustimmung des Europäischen Parlaments doch Bewegung in die grundsätzliche Debatte über den zukünftigen Verlauf des europäischen Einigungsprozesses.

Die EEA trat mit dem 1. Juli 1987 in Kraft. Der Vertragstext der Einheitlichen Europäischen Akte reflektiert die neue Dimension der politischen Integration. In der Präambel wird festgestellt, die angestrebte Europäische Union sei auf „die Gesamtheit der Beziehungen zwischen [den europäischen] Staaten" gerichtet. Die „Vertiefung der gemeinsamen Politiken" geschieht in dem Bewußtsein, „sich darum zu bemühen, immer mehr mit einer Stimme zu sprechen und geschlossen und solidarisch zu handeln". Das Ziel der Europäischen Union taucht auch in Art. 1 wieder auf:

Art. 1 EEA
Die Europäischen Gemeinschaften und die Europäische Zusammenarbeit verfolgen das Ziel, gemeinsam zu konkreten Fortschritten auf dem Wege zur Europäischen Union beizutragen. [...]

Die integrationsfördernde Wirkung der Akte kann auf drei Ebenen erfaßt werden.

Erstens verlieh die EEA der Gemeinschaft *neuen wirtschaftspolitischen Schwung*. Bis Ende 1992 sollte ein gemeinsamer Markt etabliert werden. Die Konzeption dieses Binnenmarktes sah vier

Freiheiten vor: für Personen, für Güter, für Kapital und für Dienstleistungen. Als treibende Kraft erwies sich bald der seit Januar 1985 fungierende neue Kommissionspräsident Jacques Delors. Er stellte in diesem Bereich der EEA in einem Weißbuch, welches im Juni 1985 276 den Binnenmarkt betreffende Maßnahmen auswies, den grundlegenden Fahrplan zum gemeinsamen Markt auf. Grundsätzlich sah der Binnenmarkt die Ausweitung der gemeinschaftlichen Kompetenz in den Bereichen Forschung und Entwicklung (FuE), Umwelt, Sozialpolitik, Regionalpolitik sowie der Wirtschafts- und Währungspolitik vor. Einen beträchtlichen Auftrieb für diese neue Dynamik der wirtschaftlichen Integration gab das wachsende innergemeinschaftliche Bewußtsein eines drohenden Zurückbleibens der europäischen Entwicklung gegenüber Japan und den USA. Eine gewisse Rolle spielte hier der von der Kommission in Auftrag gegebene Cecchini-Bericht, der 1988 vorgelegt wurde. Dieser wies darauf hin, daß bei einer Nichtverwirklichung des Binnenmarktes ein geringeres Wachstum, eine höhere Arbeitslosigkeit sowie eine erhöhte Inflation zu erwarten seien („the cost of non-Europe").

Zweitens wurde durch die EEA eine *größere institutionelle Effizienz* der gemeinschaftlichen Organe geschaffen. Der Ministerrat sollte bei Fragen, die den Binnenmarkt betrafen, in den meisten Fällen mit Mehrheit entscheiden können. Die Exekutivkompetenzen der Europäischen Kommission wurden ausgeweitet. Auch dem Europäischen Parlament wurden mehr Rechte als bisher zugesprochen. Zum einen mußte es nach Art. 8 der EEA bei der Neuaufnahme von Mitgliedern und bei internationalen Verträgen (Assoziationsverträge) seine Zustimmung geben. Zum anderen wurde das Parlament stärker an der Verabschiedung von Rechtsakten beteiligt. Für den Geltungsbereich des Binnenmarktes wurde ein Kooperationsverfahren zwischen der Exekutive (Kommission und Ministerrat) und der Legislative entwickelt, nach dem das Parlament in zwei Lesungen Einfluß auf Binnenmarkt-Rechtsakte nehmen konnte (vgl. Schmuck 1994: 189–190). Allerdings konnte nach dem Text der EEA der Ministerrat bei entsprechenden Mehrheiten das Parlament immer überstimmen. Weiterhin schuf die EEA ein dem Europäischen Gerichtshof (EuGH) im Oktober 1988 beigeordnetes „Gericht erster Instanz der EG" (Instanzgericht). Seine Einrichtung diente in erster Linie der Entlastung des EuGH, stärkte jedoch auch den Zielgedanken des in

Binnenmarktfragen europaweit geltenden Rechts. Schließlich griff die EEA auch in die Zusammensetzung des Europäischen Rates ein. Hier wurde die de facto schon existierende Praxis, den Regierungschefs die Unterstützung der Außenminister und eines Kommissionsmitglieds zu gewähren, in Art. 2 EEA justitialisiert.

Drittens konnten mit der EEA integrative *Fortschritte im Bereich der Außenpolitik* gemacht werden. Die Erklärungen von Luxemburg (Davignon-Bericht 1970), Kopenhagen (zweiter EPZ-Bericht 1973) und London (1981) wurden verbindlich festgeschrieben. Fragen der Verteidigung wurden erstmals offiziell in einem europäischen Dokument erwähnt. In Brüssel wurde ein der rotierenden EG-Präsidentschaft assistierendes EPZ-Sekretariat errichtet, an dessen Arbeit auch die Kommission beteiligt wurde.

Das Vertragswerk der Einheitlichen Europäischen Akte diente als Ausgangspunkt für die nun konkret auszugestaltenden integrativen Schritte. In erster Linie waren es mehrere Initiativen des Kommissionpräsidenten Jacques Delors, die durch Aktivitäten auf verschiedenen Politikfeldern institutionelle Reformen vorbereiteten. Das Delors-Paket I, das von der Europäischen Kommission im Jahre 1987 erarbeitet und vorgelegt wurde, regte Beschlüsse zur Reform der Agrarpolitik, zur Neuorientierung der Strukturpolitik sowie zu einer Haushaltsreform an. Das Paket diente einer Tagung des Europäischen Rates am 11./12. Februar 1988 in Brüssel als Grundlage. Dort wurde zur Behebung der europäischen Finanzkrise beschlossen, daß die Einzelstaaten zukünftig neben Anteilen aus der Mehrwertsteuer und anfallenden Zolleinnahmen 1,4 % des Bruttoinlandsproduktes an die Gemeinschaft abzuführen hatten. Die Agrarausgaben wurden per Ratsbeschluß begrenzt, der Strukturfonds aufgestockt.

Im Juni 1989 legte Jacques Delors einen Dreistufenplan zur Errichtung der in der EEA festgeschriebenen Wirtschafts- und Währungsunion vor. Der Europäische Rat beschloß den Einstieg in die erste Phase der Währungsunion für den 1. Juli 1990. Diese Phase (verstärkte Koordination) sollte bis zur Einführung des Binnenmarktes reichen. Die zweite Phase (Einrichtung einer europäischen Zentralbank) sollte von 1994 bis 1996, die dritte (Verwirklichung der Wirtschafts- und Währungsunion) von 1997 bis 1999 dauern. Auch die Konvergenzkriterien, die später im Maastrichter Vertrag festgeschrieben werden sollten, fanden Eingang in den Delors-Bericht (vgl. Kapitel 5: „Politikbereiche“).

Der Kommissionspräsident Delors stand jedoch nicht allein mit seinen Versuchen, die europäische Einigung voranzutreiben. Im Frühjahr 1990 folgte im Anschluß an die tiefgreifenden Umwälzungen in Europa, das heißt infolge des Zusammenbruchs der mittel- und osteuropäischen sozialistischen Staaten, eine neue deutsch-französische Initiative über die „politische Union". Der französische Präsident François Mitterrand und der deutsche Bundeskanzler Helmut Kohl regten eine Stärkung der demokratischen Legitimation, effizientere Institutionen, eine zu verfolgende Einheit und Kohärenz der Aktionen der Union in den Bereichen Wirtschaft und Währung sowie eine gemeinsame Außen- und Sicherheitspolitik an.

Am 19. Juni 1990 wurde in Luxemburg das zweite Schengener Abkommen – das erste stammte aus dem Jahre 1985 – unterzeichnet, das der in der EEA angestrebten Freizügigkeit von Personen durch den Wegfall der Personen- und Zollkontrollen an den gemeinsamen Grenzen eine konkrete Form geben sollte. Deutschland, Frankreich und die Beneluxländer waren die Unterzeichnerstaaten. Später traten dem Abkommen noch Italien, Spanien und Portugal bei. Schweden, Dänemark und Finnland folgten nach. Im Resultat legt das Schengener Abkommen die von den Vertragsstaaten zu erfüllenden Maßnahmen zum Inkrafttreten des Vertrages fest – endgültig geschah dies am 26. März 1995. Neben dem Abbau der Grenzkontrollen impliziert das Abkommen auch weitgehende Integration auf dem Gebiet der inneren Sicherheit, so z. B. bei der Asyl- und Migrationspolitik, beim Kampf gegen Verbrechen und Drogen, bei der Zusammenarbeit in bezug auf Zivil- und Strafrecht, polizeiliches Vorgehen und der Zollkooperation. Bei der Umsetzung des Abkommens in allen Unterzeichnerstaaten gibt es allerdings bis heute Probleme (vgl. Kapitel 5: „Politikbereiche").

Eine Tagung des Europäischen Rates in Rom im Dezember 1990 bekräftigte nochmals den allgemeinen Beschluß, die Weiterentwicklung der Europäischen Union zügig voranzutreiben. In dieser Phase vor dem Vertrag über die Europäische Union von Maastricht zeichneten sich zwei konkurrierende Konzeptionen der Integration ab, die häufig als „Baumansatz" und „Tempelansatz" bezeichnet werden. Belgien, die Niederlande, Deutschland und Italien strebten eine Ausweitung der Kompetenzen der Gemeinschaftsorgane mit unterschiedlichen Entscheidungs- und

Schaubild 1.2: Die drei Säulen des Maastrichter Vertrages

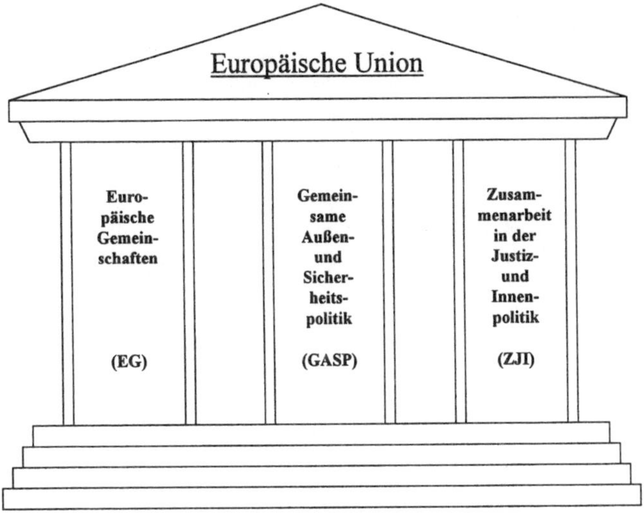

Ausführungsmodalitäten an. Die Außen- und Sicherheitspolitik, aber auch die Politik der inneren Sicherheit sollten wie Zweige eines Baumes organisch mit Institutionen wie der Kommission oder dem Parlament vernetzt werden. Den in den Verträgen verankerten Gemeinschaftsinstitutionen käme durch einen solchen organischen Aufbau erhöhte Bedeutung zu – kein Ast eines Baumes kann ohne Verbindung zum Baumstamm auf Dauer überleben.

Mitgliedstaaten wie Frankreich, Großbritannien, Dänemärk sowie die drei Südstaaten Griechenland, Spanien und Portugal sprachen sich hingegen für die Einbeziehung neuer Politikbereiche nach dem Modell von Säulen eines Tempels aus. Die intergouvernementalistische Dimension z. B. der Außen- und Sicherheitspolitik stand bei dieser Konzeption im Vordergrund. Im späteren Ergebnis des Maastrichter Vertrags setzten sich tendenziell die „Templer" gegen die „Botaniker" durch. Die Europäische Union nach dem Vertrag von Maastricht, wie er nach fast dreijähriger Beratung im Dezember 1991 verabschiedet wurde, kann demnach in Form eines Tempels mit drei Säulen graphisch dargestellt werden (siehe Schaubild 1.2).

Der EU-Vertrag wurde am 7. Februar 1992 unterzeichnet. Die Ratifizierung durch die zwölf EG-Staaten erwies sich als hindernisreicher als gedacht. In Dänemark lehnte das Volk am 2. Juni 1992 die Maastrichter Verträge in der ursprünglichen Form ab. Erst nachdem einige Dänemark betreffende Sonderregelungen zusätzlich in den Unionsvertrag aufgenommen worden waren, brachte ein zweites Referendum im Mai 1993 die Zustimmung des dänischen Volkes (vgl. Kapitel 2: „Die einzelnen EU-Staaten"). Aber auch bei einem Referendum in Frankreich und beim Ratifizierungsprozeß im britischen Unterhaus traf die Ratifizierung auf Probleme. Die Bundesrepublik Deutschland war das Mitgliedsland, in dem der Unionsvertrag zuletzt ratifiziert wurde. Dort hatte man ein Urteil des Bundesverfassungsgerichtes – das dann am 12. Oktober 1993 erfolgte – abwarten müssen. Das Urteil unterstrich vor allem die fortdauernde Bedeutung des Bundestages bei der durch die Maastrichter Verträge zwangsläufigen Verschiebung hoheitlicher Befugnisse auf gemeinschaftliche Organe. Endgültig ratifiziert wurden die Maastrichter Verträge durch die Zustimmung des Deutschen Bundestages am 1. November 1993.

Mit deren Inkrafttreten ruht die Europäische Union auf drei Säulen: den Europäischen Gemeinschaften (Titel II, III und IV EUV), der Gemeinsamen Außen- und Sicherheitspolitik (Titel V EUV) als Nachfolgerin der EPZ und der Zusammenarbeit in der Justiz- und Innenpolitik (Titel VI EUV). Die erste Säule (EG) bestimmt mit ihrem mehr supranationalen Prinzip das Gemeinschaftsverhalten vor allem in der Wirtschafts- und Währungspolitik. Die zweite und die dritte Säule beruhen hingegen auf dem Prinzip des Intergouvernementalismus. Die im Maastrichter Vertrag gefundene Verhandlungslösung stellt einen die Geschichte der europäischen Einigung widerspiegelnden Kompromiß dar: Der ökonomische Bereich, der seit dem Schuman-Plan, der EGKS und der EWG den Kern der europäischen Integrationsbemühungen ausgemacht hatte, blieb durch den Sprung zum Supranationalismus der am meisten fortentwickelte Bereich der Einigungsbestrebungen. Die seit dem Scheitern der EVG im Jahre 1954 stets strittigen Felder der Verteidigungs-, Außen- und Innenpolitik verblieben jedoch nach wie vor bei den einzelnen Regierungen.

Die Säule der europäischen Wirtschafts- und Währungsunion besteht aus fünf Institutionen: der Europäischen Kommission, dem Ministerrat, dem Europäischen Rat, dem Europäischen Par-

Tab 1.4: Die sieben Titel des EU-Vertrages

Titel I:	Gemeinsame Bestimmungen Art. A–F
Titel II:	Bestimmungen zur Änderung des EWG-Vertrages Art. G
Titel III:	Bestimmungen zur Änderung des EGKS-Vertrages Art. H
Titel IV:	Bestimmungen zur Änderung des EAG-Vertrages Art. I
Titel V:	Bestimmungen über die Gemeinsame Außen- und Sicherheitspolitik (GASP) Art. J, J.1–J.11
Titel VI:	Bestimmungen über die Zusammenarbeit in den Bereichen Justiz und Inneres (ZJI) Art. K, K.1–K.9
Titel VII:	Schlußbestimmungen Art. L–S

lament und dem Europäischen Gerichtshof. Dieses Institutionengefüge, das in gewisser Weise seit den Römischen Verträgen 1957 für die gemeinschaftliche Politik gilt, wurde durch die EEA und den EU-Vertrag nicht grundsätzlich geändert. Innerhalb der institutionellen Konfiguration läßt sich allerdings die zunehmende Bedeutung der Gemeinschaftsinstitutionen Kommission, Parlament und EuGH verzeichnen.

Wie die Einheitliche Europäische Akte ist der EU-Vertrag ein Mantelvertrag, der einzelne Elemente zusammenführt und eine Klammerfunktion besitzt. Formal ist der Vertrag im Anschluß an die Präambel in sieben Titel unterteilt (siehe Tabelle 1.4). Die Hierarchie der Bestimmungen ordnet die Artikel A bis S den einzelnen Titeln unter. Die einzelnen Artikel sind durch verschachtelte Numerierung nochmals unterteilt (Beispiel Art. K.8(2)). Weiterhin sind dem Vertrag 17 Protokolle – die unter anderem die Sonderregelungen bezüglich Dänemarks und die Satzung der Europäischen Zentralbank enthalten – sowie 33 Erklärungen angefügt.

Die Präambel des EU-Vertrags geht über die allgemeinen Erklärungen der EG-Verträge hinaus. Neben Bekenntnissen zu Freiheit, Demokratie, Menschenrechten, Solidarität zwischen den Mitgliedstaaten, wirtschaftlichem und sozialem Fortschritt weist sie eine gemeinsame Unionsbürgerschaft, die Identität und Unabhängigkeit Europas und das Subsidiaritätsprinzip als Grundlagen der Europäischen Union aus. In den Gemeinsamen Bestimmungen wird die EU als „neue Stufe bei der immer engeren Union der Völker Europas" (Art. A) bezeichnet. Weitere Formulierungen aus Titel I, die die neue Intensität des gemeinschaftlichen Zusammenwachsens unterstreichen sollen, sind die „einheitliche Währung", die „volle Wahrung des gemeinschaftlichen Besitzstands" sowie die Einführung einer „Unionsbürgerschaft" (alle Art. B), der „einheitliche institutionelle Rahmen" (Art. C) und die „gemeinsamen politischen Zielvorstellungen" (Art. D). Das Subsidiaritätsprinzip, eine der wichtigsten grundlegenden Bestimmungen, wird durch den neugefaßten Art. 3b des EG-Vertrages geregelt:

Art. 3b EGV
Die Gemeinschaft wird innerhalb der Grenzen der ihr in diesem Vertrag zugewiesenen Befugnisse und gesetzten Ziele tätig.
In den Bereichen, die nicht in ihre ausschließliche Zuständigkeit fallen, wird die Gemeinschaft nach dem Subsidiaritätsprinzip nur tätig, sofern und soweit die Ziele der in Betracht gezogenen Maßnahmen auf Ebene der Mitgliedstaaten nicht ausreichend erreicht werden können und daher wegen ihres Umfangs oder ihrer Wirkungen besser auf Gemeinschaftsebene erreicht werden können. [...]

Institutionelle Neuerungen durch die Maastrichter Verträge

Infolge des EU-Vertrags entstehendes neues Recht wurde im Vertrag ausgewiesen oder, in den Titeln II–IV, durch Änderung in den EG-Vertrag aufgenommen. Im Gemeinschaftsbereich, der „ersten Säule", ergeben sich mehrere Neuerungen, die die institutionelle Balance betreffen und zum Teil nachhaltig beeinflussen (siehe auch Kapitel 4):

- Das europäische Parlament wirkt künftig an der Bestellung der EG-Kommission mit.
- Durch ein in Artikel 189b des EG-Vertrages geregeltes Verfahren wird das Parlament in bestimmten Bereichen in ein gemein-

sames Entscheidungsverfahren mit dem Europäischen Rat eingebunden.

- Die Amtszeit der Kommission wird mit den Wahlperioden des Europaparlaments gekoppelt.
- Es wird ein Ausschuß der Regionen eingerichtet, der bei Beschlüssen mit regionalem Bezug zu hören ist.
- Mit der Unionsbürgerschaft wird das Recht, sich innerhalb der Gemeinschaft frei zu bewegen und niederzulassen, festgeschrieben. EG-Bürgern wird diplomatischer Schutz in Drittländern sowie ein aktives und passives Wahlrecht bei Kommunal- und Europawahlen am jeweiligen Wohnort innerhalb der EU gewährt. Jeder einzelne Bürger kann sich mit einer Petition an das Europaparlament (Art. 138 d EGV) oder aber mit einer Beschwerde an einen Ombudsmann, den von Parlament ernannten Bürgerbeauftragten (Art. 138 e), wenden.
- Die angestrebte Wirtschafts- und Währungsunion wurde unter der Bedingung bestimmter Konvergenzkriterien (ohne Großbritannien und Dänemark) für den 1. Januar 1997 beschlossen. Spätestens am 1. Januar 1999 sollen alle Länder, die bestimmte Konvergenzkriterien erfüllen – also notfalls auch nur ein Teil der EG-Mitgliedsländer – in einen gemeinsamen Währungsverbund mit dauerhaft festen Wechselkursen überwechseln. Als Name für die europäische Währung galt zunächst der ECU (European Currency Unit), der neben seiner Funktion als Verrechnungseinheit im Europäischen Währungssystem auch als Name einer alten französische Münze bekannt war. Alternativ wurden aber auch andere Währungsbezeichnungen ins Auge gefaßt. Auf einem Gipfel des Europäischen Rats im Dezember 1995 setzte sich schließlich der Kompromiß durch, mit dem „Euro“ die Möglichkeit der Namenserweiterung der Einzelwährungen in „Euromark“, „Eurofranc“, „Eurolire“ zuzulassen. Ob sich aber letztlich doch die einfache Bezeichnung „Euro“ durchsetzen wird, bleibt abzuwarten (ausführlich Kapitel 5: „Politikbereiche“).
- Die Europäische Zentralbank (EZB) wurde im Protokoll „über die Satzung des Europäischen Systems der Zentralbanken und der Europäischen Zentralbank“ von den Regierungen mit Unabhängigkeit bedacht. Ein Direktorium mit einem Präsidenten, einem Vizepräsidenten und vier weiteren Mitgliedern wird von den Regierungen der Mitgliedstaaten unter Mitwirkung des Ra-

tes, des Parlaments und dem EZB-Rat (der sich wiederum aus dem schon bestehenden Direktorium und den Präsidenten der nationalen Zentralbanken zusammensetzt) ernannt. Alle Direktoriumsmitglieder werden für einen Zeitraum von acht Jahren ohne Wiederwahlmöglichkeit berufen.

- Elf EG-Mitglieder (mit Ausnahme Großbritanniens) wollten mit dem Protokoll über Sozialpolitik den Weg der 1989 verabschiedeten Sozialcharta weitergehen. Als Ziele nennt das Protokoll in Art. 1 unter anderem die Förderung der Beschäftigung, die Verbesserung der Lebens- und Arbeitsbedingungen, angemessener sozialer Schutz, sozialer Dialog, ein hohes Beschäftigungsniveau sowie die Bekämpfung von Ausgrenzungen. In diesen Bereichen ist der Europäische Rat zum Erlaß von Mindestvorschriften berechtigt (Art. 2). Das Protokoll über Sozialpolitik enthält in Art. 4 für die europäischen Sozialpartner die Möglichkeit, ihre Beschlüsse verbindlich zu machen.

Die Sozialpolitik kann veranschaulichen, wie sich die EG im Bereich der „ersten Säule" (Gemeinschaftsbereich) organisatorisch umorientiert hat. Um der komplizierten Verschachtelung der nationalen Rechtslagen mit künftig geltendem EU-Recht gerecht zu werden, sieht Art. 2 des Protokolls über Sozialpolitik zwei Verfahren zur Verwirklichung seiner allgemeinen Ziele vor (vgl. auch Strohmeier (Hrsg.) 1994: 170–171). Mit qualifizierter Mehrheit entscheidet der Europäische Rat nach Art. 189 c des EG-Vertrages in Zusammenarbeit mit dem Europäischen Parlament über Fragen des sozialen Schutzes (Gesundheit, Sicherheit), der Arbeitsbedingungen, der Unterrichtung und Anhörung der Arbeitnehmer, der Chancengleichheit für Männer und Frauen sowie der beruflichen Eingliederung der aus dem Arbeitsmarkt ausgegrenzten Personen. Dagegen beschließt der Rat in folgenden Fragen einstimmig:

- soziale Sicherheit und sozialer Schutz der Arbeitnehmer;
- Schutz bei Beendigung des Arbeitsvertrages;
- Vertretung der Sozialpartnerinteressen einschließlich Mitbestimmung;
- Beschäftigungsbedingungen der Staatsangehörigen von Drittländern;
- finanzielle Beiträge zur Förderung von Beschäftigung.

Je stärker also ein Problemfeld in nationale Zuständigkeitsbereiche wie z. B. die deutsche Tarifautonomie hineinreicht, desto weniger wahrscheinlich unterliegt es in einem Gemeinschaftsgremium der Mehrheitsregel. Je allgemeiner und weniger verbindlich Problembereiche formuliert werden, desto eher ist man auch bereit, von der Einstimmigkeit abzurücken. Konkret entwickelt sich die Sozialpolitik – wie andere Politikbereiche der „ersten Säule“ – jedoch in Richtung Supranationalisierung: zunehmend stehen in einem Land allen EU-Bürgern soziale Leistungen zur Verfügung; soziale Regime lösen sich langsam vom nationalen Territorium ab (Leibfried/Pierson 1996: 196). Bevor der Europäische Rat im Bereich der Sozialpolitik – hier wiederum als Beispiel angeführt – eine endgültige Entscheidung fällen kann, sind je nach Fall die Kommission, das Parlament und der Wirtschafts- und Sozialausschuß beteiligungspflichtig.

Auch im Kooperationsbereich der Europäischen Union ergaben sich durch die Maastrichter Verträge institutionelle Neuerungen.

- Im Bereich der Gemeinsamen Außen- und Sicherheitspolitik („zweite Säule“) wurde, wie oben schon angesprochen, die Sicherheitspolitik mit dem Ziel einer gemeinsamen Verteidigungspolitik in den Aufgabenkatalog der Europäischen Einigung einbezogen. Auch die außenpolitische Zusammenarbeit wurde als Neuerung in den bestehenden institutionellen Rahmen aufgenommen, indem die Kommission durch ein Initiativrecht in das Vorfeld der gemeinsamen Entscheidungsfindung eingebunden wurde.
- Im Bereich Justiz und Inneres („dritte Säule“) wurden in Art. K.1 EU-V Maßnahmen hinsichtlich der Asylpolitik, des Überschreitens der EU-Außengrenzen, der Einwanderung, der Drogenbekämpfung, der Bekämpfung von Betrug, der justiziellen Zusammenarbeit in Zivil- und Strafsachen sowie der Zusammenarbeit im Zoll- und Polizeiwesen als Angelegenheiten von gemeinsamem Interesse festgeschrieben.

„Die Karawane zieht weiter“

Obwohl der Maastrichter Vertrag – genauer: der Vertrag über die Europäische Union – zweifellos einen wichtigen Einschnitt für das politische Europa bedeutet, muß auf die Kontinuitäten des europäischen Einigungsprozesses hingewiesen werden. Die Geburtswehen des Ratifizierungsprozesses, die Gewährung von Ausnahmeregelungen für Dänemark und Großbritannien (Verteidigung, Sozialpolitik, Wirtschafts- und Währungsunion) sprechen dafür, daß weiterhin unterschiedliche Vorstellungen über die Entwicklung der Gemeinschaft bestehen. In vielen Bereichen ist ein „Europa der verschiedenen Geschwindigkeiten" bereits Realität. Wichtigste Akteure beim Vorantreiben des europäischen Einigungsprozesses bleiben die Nationalstaaten mit ihren Regierungen. Geraten deren Interessen in bestimmten Politikbereichen mit gemeinschaftlichen Projekten in Konflikt, wird noch häufig im Sinne der Nationalstaaten entschieden.

Auch nach Maastricht verbleibt die Europäische Union in Fragen von nationaler Bedeutung beim Prinzip des Intergouvernementalismus. Ganz deutlich wurde dies bei den Verhandlungen um die Formulierung der Grundlagen und Aufgaben der Union. In Artikel A des Unionsvertrages sollte es ursprünglich heißen: „This treaty marks a new stage in the process leading gradually to a Union with a federal goal". Auf den Einspruch Großbritanniens wurde das Ziel des „federal goal" aus der Endfassung des Vertrags herausgenommen. Auch der beschlossene Kohäsionsfonds für ärmere Regionen oder etwa der Investitionsfonds für wirtschaftliches Wachstum – integrationsstärkende Neuerungen also – kehren den Trend der zögerlichen Aufgabe nationaler Souveränitätsrechte nicht um. Die Lösung anderer Fragen, wie z. B. der Ansässigkeit europäischer Institutionen (Beispiel EZB, die nach langem Kampf in Frankfurt am Main angesiedelt wurde) oder der Erweiterung der Gemeinschaft auf die neuen Demokratien in Mittel- und Osteuropa lassen erkennen, daß der europäische Einigungsprozeß seinen Endpunkt noch bei weitem nicht erreicht hat. Der Wille der Nationalstaaten und das Eigengewicht der europäischen Institutionen werden den Fortgang der Integrationsbemühungen bestimmen.

1.7. Zusammenfassung

Schritt für Schritt und in ständigen Wechselbädern zwischen Supranationalität und Intergouvernementalismus wurden Institutionen zusammengelegt, Kompetenzen ausgeweitet, neue Mitglieder integriert, die Parlamentarisierung vorangetrieben und neue Politikfelder in den Gemeinschaftsbereich aufgenommen, die vorher entweder einzelstaatlich organisiert gewesen waren oder sich institutionell parallel entwickelt hatten. Dieser Prozeß der allmählichen Anreicherung und Angliederung hat verfassungspolitisch zu Unübersichtlichkeiten geführt. Es ist zu erwarten, daß erst mit der wirtschaftlichen und politischen Konsolidierung ein einheitliches Verfassungsgerüst entstehen kann. Auch mit der Regierungskonferenz ab 1996 wird die Zeit zu einer weiteren verfassungsmäßigen Vereinheitlichung vermutlich noch nicht reif sein.

Das europäische Organisationensystem kann eher als Entscheidung einer Elite als ein von unten kommender Prozeß bezeichnet werden. Bei einer breiter angelegten Prozedur wäre eine derart weitreichende Integration unter Umständen nicht möglich gewesen. Auf der anderen Seite genoß der Integrationsprozeß bei der öffentlichen Meinung stets wohlwollende Akzeptanz. In der Zukunft wird der Druck auf die Eröffnung breiterer Partizipationsmöglichkeiten jedoch stärker werden. Das zeigen unter anderem die zunehmend knapperen Referendumsergebnisse in verschiedenen EU-Staaten. Die Union wird sich dem Bürger öffnen müssen.

Die ständige Erweiterung hat die Gemeinschaft zugleich heterogener und weniger effizient gemacht. Die Schwäche der EU im Hinblick auf die Konflikte in Ost- und Südosteuropa ist offensichtlich. Die Konzeption vom „Europa der verschiedenen Geschwindigkeiten", die Einführung der Mehrheitsentscheidung und die Inkorporation von Außen- und Sicherheitsfragen können als Antworten auf die Heterogenisierung der Gemeinschaft interpretiert werden. Der Weg zurück zu einer Straffung der Entscheidungsstrukturen scheint unvermeidlich, wenn angesichts der bevorstehenden Erweiterung die Nichtsteuerbarkeit vermieden werden soll.

Die Vorstellungen der Mitgliedstaaten über die politische Struktur der Union divergieren nach wie vor erheblich und zeigen Unterschiede in den Zielvorstellungen. Der Prozeß der Gemeinschaftsbildung in Europa war und ist gekennzeichnet von utopischen Visionen („Vereinigte Staaten von Europa") auf der einen und pragmatischer Politik – z. B. den „Berichten" im Auftrag von EG/EU-Institutionen – auf der anderen Seite. Angesichts der bisherigen Erfahrung ließe sich von einem „karolingischen Europa" sprechen, da vor allem die Kerneuropastaaten Frankreich, Deutschland, Italien sowie die Beneluxstaaten als Motoren des europäischen Ausbaus gelten müssen.

Die Antriebskräfte des europäischen Einigungsprozesses sind in der Anfangsphase vor allem in politischen Überlegungen zu suchen. Nach dem „Dreißigjährigen Krieg" von 1914 bis 1945 überwog der Wille zum Frieden durch Zusammenarbeit, Kooperation und Integration. Aus dem Gegeneinander der europäischen Nationalstaaten wurde mit der Zeit ein Miteinander. Institutionell setzte der Einigungsprozeß im wirtschaftlichen Bereich ein, denn der erste supranationale Zusammenschluß erfolgte mit der Kohle- und Stahlproduktion im wirtschaftlichen Sektor. Doch auch diese wirtschaftliche Integration war in erster Linie politisch motiviert.

Dieser neue Institutionstyp wurde auf die gesamte Wirtschaft ausgeweitet, wobei in den fünfziger Jahren auch rein ökonomische Gründe wie die Schaffung größerer Märkte oder die Ausnutzung der Möglichkeiten der economics of scale ausschlaggebend waren. Da aber nicht eine Freihandelslösung, sondern die Europäische Gemeinschaft eingeführt wurde, verschwand der Ansatz einer politischen Gemeinschaft nie aus dem Blickfeld.

In Kapitel 2 („Die einzelnen EU-Staaten") sollen die einzelnen Mitgliedsländer der Union näher betrachtet und deren Interessen im Hinblick auf die europäische Union untersucht werden.

Kapitel 2

Die einzelnen EU-Staaten

Welche Interessen haben die Mitgliedstaaten veranlaßt, der Gemeinschaft beizutreten? Diese Frage ist zentral, weil es sich bei der europäischen Gemeinschaft um einen freiwilligen Zusammenschluß souveräner Staaten handelt, die aus eigen verstandenem nationalem Interesse der Gemeinschft beigetreten sind, ohne daß sie dazu gezwungen worden wären. Unter nationalen Interessen versteht man Ziele, die von der politischen Führung eines Landes oder/und einer breiteren Öffentlichkeit als verbindlich angesehen werden und über eine bestimmte Zeit konstant gehalten werden (vgl. Pfetsch 1981: 174 ff.). Die Konstanz solcher Interessen folgt aus der Logik jeweiliger historischer Erfahrung, geopolitischer Lage, nationaler Ressourcenausrüstung, Vorstellungen über zukünftige Entwicklungen und Aufgaben etc., das heißt aus Gegebenheiten, die unabhängig von der jeweiligen Regierung eines Landes über Jahre konstant geblieben sind. Eine solche Konstanz weist der Gedanke der europäischen Integration als Ziel und/oder Mittel seit Ende des Zweiten Weltkriegs vor allem bei den von diesem Krieg betroffenen Staaten Europas (und Amerikas) auf und bildet die gemeinsame Grundlage für das Projekt Europa. Hinzu kommt ein sich perpetuierender Effekt des Erfolgs, den die Gemeinschaft zu verzeichnen hat und der zu einer „magnetischen" Anziehung geführt hat.

Man kann nationale Interessen als Hierarchie von allgemeinen bis zu speziellen Interessen darstellen. Die Gründe für einen Beitritt mögen von Land zu Land divergieren, konvergieren aber in ihrer Verpflichtung auf gemeinsame Werte, auf europäische Prinzipien wie Gewaltfreiheit, Demokratie, Menschenrechte, Marktwirtschaft, soziale Verpflichtungen sowie in ihrem Interesse an der Überwindung jahrhundertealter Feindschaften, das heißt an der Herstellung eines Zustandes von Frieden in Europa. Zu den je speziellen Interessen eines Landes rechnen die besonderen nachbarschaftlichen Verhältnisse, die jeweilige wirtschaftliche Lage, die Verpflichtung auf bestimmte nationale Prinzipien und Werte wie Neutralität, Solidarität, Subsidiarität, politische Kultur etc.

Deutschland

Traditionell ist Deutschland eines der stärksten Unterstützerländer des europäischen Einigungsprozesses. Europa war für die meisten Politiker der ersten Stunde der Bundesrepublik Dreh- und Angelpunkt außenpolitischer Orientierung. Zunächst stand die Überwindung aggressiver Nationalismen im Vordergrund der Überlegungen europäischer Politiker. Konrad Adenauer sah im karolinischen Kerneuropa eine Lösung, die vor allem den Ausgleich zwischen Deutschland und Frankreich zum Ausgangspunkt nahm. Friedenssicherung als allgemeines Ziel, dem im Zuge des ökonomischen Aufstiegs wirtschaftliche folgten: Schaffung größerer Märkte für die Exportindustrie, Konkurrenz gegenüber den USA, später Japan. Zu dem sicherheitspolitischen im innereuropäischen Rahmen kam im Zuge des Kalten Krieges das Sicherheitsbedürfnis gegenüber der aggressiven Sowjetunion hinzu. Ein starker Westen (zu dem zentral auch die USA gehörten) sollte als Gegengewicht auf- und ausgebaut werden (Politik der Stärke), die schließlich auch die kommunistischen Staaten in ihren Bann schlagen würde (Magnettheorie).

Schließlich muß das europäische Engagement der bundesdeutschen Politiker auch mit dem speziellen Interesse an der Wiedererlangung der Souveränität und dem Streben nach nationaler Einheit begründet werden. Die Formel „Wiedervereinigung im Rahmen der europäischen Integration“ kann als konstante Strategie aller deutschen Nachkriegspolitiker gelten. Seit dem Godesberger Programm 1959 und dem Bekenntnis der SPD zur Westbindung sprachen sich alle großen Parteien für eine fortschreitende europäische Integration aus. Viele Schlagworte der EG-Geschichte sind mit den Namen deutscher Politiker verbunden, so das „politische Westeuropa“ (Konrad Adenauer) oder das EWS, dessen politische Architekten Helmut Schmidt und Valéry Giscard d'Estaing waren. Die Europäische Politische Zusammenarbeit (EPZ) hätte ohne den aktiven Einsatz des Außenministers und späteren Bundeskanzlers Willy Brandt vermutlich ein anderes Aussehen gehabt. Ein anderer Außenminister, Hans-Dietrich Genscher, war 1981 mit der Genscher-Colombo-Initiative maßgeblich an den ersten strategischen Schritten hin zur Einheitlichen Europäischen Akte (EEA) im Jahre 1986 beteiligt.

Traditionell ist die Bundesrepublik eine Befürworterin möglicher Vertiefungen und Erweiterungen der Europäischen Gemeinschaft. In den sechziger Jahren trat sie – im Gegensatz zu Frankreich – für Vergrößerung und insbesondere für den Beitritt Großbritanniens ein. Die Süderweiterung und die zweite Norderweiterung wurden innerhalb wie außerhalb der Gemeinschaft propagiert. Auch bezüglich der künftigen Osterweiterung erweist sich die Bundesrepublik als Antreiber.

Frankreich

Die ersten Intiativen zu einem geeinten Europa nach 1945 gingen von französischer Seite aus. Trotz der nationalen Traumata von 1870 und trotz der erbitterten Schlachten zwischen Deutschland und Frankreich in den beiden Weltkriegen waren es mit Jean Monnet und Robert Schuman zwei Franzosen, die mit ihren Vorschlägen zur Montanunion die ersten Schritte der europäischen Integration einleiteten (vgl. Kapitel 1). Die französischen Motive trugen dabei keineswegs den Hauch des Altruistischen. Im Zentrum aller außenpolitischen Überlegungen Frankreichs im zwanzigsten Jahrhundert steht die Sicherheit vor Deutschland. Nachdem eine dominierende Position auf dem europäischen Kontinent nach dem Zweiten Weltkrieg nicht eingenommen werden konnte, blieb die Strategie der Einbindung des mächtigen Nachbarn. Fünf Jahre nach dem Krieg war Frankreich zu schwach, um den Bedrohungen durch den Kalten Krieg und der sich erneut abzeichnenden wirtschaftlichen Macht Deutschlands im Alleingang zu begegnen. In den frühen Jahren der Ost-West-Auseinandersetzung versuchten französische Politiker (wie im übrigen auch einige deutsche) einen „Dritten Weg" zwischen den europäischen Flügelmächten zu gehen: Europa also als Gegengewicht zu Amerika und zur Sowjetunion.

Die reinste Form der französischen Haltung spiegelte sich in der Person des Generals Charles de Gaulle. Dieser, von 1958 bis 1969 erster Präsident der Fünften Französischen Republik, trat für eine zentrale Stellung Frankreichs in Westeuropa und für ein Europa „vom Atlantik bis zum Ural" ein. Das karolingische Europa, das heißt das Europa der Sechs, sollte so zum Zentrum einer nach intergouvernementalen Gesichtspunkten funktionierenden europäischen Basisorganisation werden. Dieses Europa unabhängiger Staaten hatte nach den Vorstellungen de Gaulles unabhängig von den USA und offen nach Osteuropa zu sein. Eine dominierende Stellung Frankreichs wurde dabei immer vorausgesetzt.

Trotz dieser im Grunde integrationsfeindlichen Position wurde von französischer Seite in den fünfziger Jahren eine konstruktive Europapolitik (Montanunion, Europäische Verteidigungsgemeinschaft, Römische Verträge) getragen und vorangetrieben. Dies lag auch daran, daß de Gaulle sich in der Vierten Republik von der Politik zurückgezogen hatte. Mit der Rückkehr an die Macht im Jahre 1958 drehte sich der Wind. Die Konzeption des „Europa der Vaterländer" fand ihren Ausdruck in den Plänen Christian Fouchets. Charles de Gaulle selbst hat die Formel „Europa der Vaterländer" übrigens selbst so nicht benutzt; gemeint war ein Europa der Nationen bzw. der Nationalstaaten. Der in Fouchet I (1961) anvisierte Staatenbund – der im wesentlichen mit dem Instrument der Abstimmung zwischen den EWG-Mitgliedstaaten operierte – kann als Versuch interpretiert werden, den im Anschluß an die Römischen Verträge spürbaren Tendenzen zu einer weitergehenden europäischen Integration entgegenzutreten. Nachdem die Partnerstaaten verschiedene Änderungsvorschläge an den ersten Fouchet-Plan herangetragen hatten, sah Fouchet II (1962) eine wesentlich stärkere Stellung der Nationalstaaten vor als erwartet. Dies wurde von den Partnerstaaten als Rückschritt gewertet; die Initiative verlief im Sande (vgl. Kapitel 1).

Die Nachfolger de Gaulles, zunächst der Gaullist Georges Pompidou, später (und entschiedener) der Liberale Giscard d'Estaing und der Sozialist François Mitterrand, fanden zu einem pragmatischeren Umgang mit der europäischen Materie. Deutsch-französische Aktionen betrafen – anders als der Elysée-Vertrag aus dem Jahre 1963 – in erster Linie die Gemeinschaft, erst dann das bilaterale Verhältnis. Das Europäische Währungssystem sowie die Wirtschafts- und Währungsunion wurden von französischer Seite maßgeblich mitgeprägt. Im Falle der WWU zeigte sich Frankreich zunächst als Gegner der Konstruktion der Europäischen Zentralbank (EZB) nach dem Modell der Deutschen Bundesbank. Letztendlich siegte jedoch die Einsicht, daß mit dem Ausbau der anvisierten Wirtschaftsunion zu einer politischen Union die ökonomische Dominanz Deutschlands in Europa eingeschränkt werden könne.

Großbritannien

Weltpolitisch kämpft Großbritannien bis heute mit einer Diskrepanz zwischen der Einschätzung seiner politischen Macht und seiner wahren Stärke. Der Verlust der Weltstellung des British Empire im zwanzigsten Jahrhundert wurde durch die Zugehörigkeit zu den Gewinnerallianzen der beiden Weltkriege überdeckt. Obwohl Großbritannien seit 1945 auch mit einem ständigen Sitz im Sicherheitsrat der Vereinten Nationen vertreten ist, übernahmen spätestens seit dem Zweiten Weltkrieg die USA die Hegemonialstellung, die das Empire einmal innegehabt hatte. Europa stellt nur einen Kreis von Interessensphären dar (siehe Schaubild 2.1)

Winston Churchills „Vereinigte Staaten von Europa", die dieser 1946 auf seiner berühmten Züricher Rede propagiert hatte, sahen eine kontinentaleuropäische Vereinigung ohne Beteiligung Großbritanniens vor. Da der britische Staat genauso wie die britische Nation durch die beiden Kriege nicht angetastet worden war, sah die britische Nachkriegspolitik keine Notwendigkeit, an Abgabe oder Übertragung von Souveränitätsrechten zu denken. Folglich fand die Gründung der Montanunion ebenso wie die Unterzeichnung der Römischen Verträge ohne die Briten statt. Einzig dem Europarat und der WEU – die aus dem 1948 als verteidi-

Schaubild 2.1: Interessensphären Großbritanniens

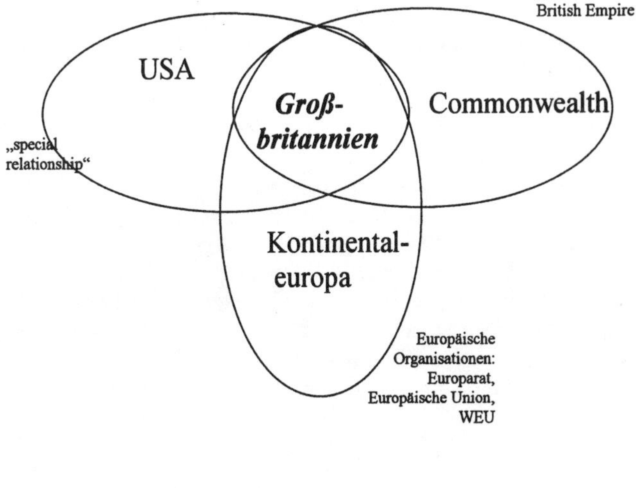

gungspolitisches Beistandsbündnis gegen Deutschland (Brüsseler Pakt) hervorgegangen war – gehörte Großbritannien an.

Anfang der sechziger Jahre kam Bewegung in die britische Europapolitik. Zunächst erfolgte im Jahre 1960 zusammen mit einigen anderen europäischen Nicht-EG-Staaten die Stockholmer Konvention zur Gründung der European Free Trade Association (EFTA). Entsprechend den britischen Vorstellungen verfügte diese Freihandelszone über lose und strikt intergouvernementale Institutionen ohne supranationale Beigaben. Bereits im Jahre 1961 erfolgte dann der formelle Beitrittsantrag an die EWG. Die Gründe für den Gesinnungswandel, der Gemeinschaft jetzt doch beizutreten, wurden mit dem Ausdruck „policy of the last resort" umschrieben. Durch die Dekolonialisierung drohten der britischen Außenhandelswirtschaft auf der einen Seite viele der ehemaligen Commonwealth-Länder zu entgleiten. Auf der anderen Seite war die wirtschaftliche Macht der EWG durch den Boom der Nachkriegsjahre immer weiter gestiegen. So sahen sich die Briten auch in Europa mit generell sinkenden Einflußmöglichkeiten außen vor. Zum Ansinnen, der EWG trotz deren ansatzweise supranationaler Struktur beizutreten, gab es letztlich keine Alternative (vgl. auch Kapitel 1).

In den sechziger Jahren wurde der britische Beitritt jedoch durch die Blockadehaltung des französischen Präsidenten de Gaulle verhindert. Erst nach dessen Rücktritt im Jahre 1969 konnten die Aufnahmeverhandlungen neu aufgerollt werden. Im Oktober 1971 kam es im britischen Unterhaus zu einer Kampfabstimmung über den Beitritt zur EG. Beim Abstimmungsergebnis von 356:244 für den Beitritt zeigten sich beide Parteien gespalten. 69 Labour-Abgeordnete folgten der Vorgabe der Partei, die sich im Vorfeld auf einem Parteitag mit großer Mehrheit gegen Europa ausgesprochen hatte, nicht und votierten für den EG-Beitritt. Im Gegenzug stimmten auch 39 Konservative gegen die eigene Regierung und deren Position, der EG beizutreten. Das Referendum im Juni 1975, das den 1973 erfolgten Beitritt Großbritanniens nachträglich zur Abstimmung stellte, brachte mit 67,2 % eine unerwartet hohe Zustimmungsquote für den Verbleib in der EG.

In den achtziger Jahren sorgte die Premierministerin Margaret Thatcher für eine Polarisierung der britischen Europa-Position. Gegen Ende ihrer Amtszeit präsentierte Frau Thatcher hierzu fünf „guiding principles":

- Der Wille unabhängiger europäischer Staaten zur Kooperation sollte gestärkt werden, damit Europa mit einer Stimme sprechen könne.
- Die Gemeinschaftspolitik sollte effizienter werden.
- Die Gemeinschaftspolitik – dieser Punkt war aus Sicht der britischen Regierung eng mit dem vorhergehenden verbunden – sollte auf Deregulation und generell weniger Regierung („less government") bauen. In bezug auf die Pläne des Kommissionspräsidenten Jacques Delors zur Errichtung einer Wirtschafts- und Währungsunion äußerte sich Thatcher skeptisch gegenüber der Errichtung einer Europäischen Zentralbank.
- Die Gemeinschaft müsse sich gegen Protektionspolitik wenden.
- Die europäische Verteidigungspolitik sollte mittel- und langfristig durch die und mit der NATO durchgeführt werden. Dem Projekt der deutsch-französischen Brigade stand die britische Politik reserviert gegenüber. Die WEU sollte als ein Pfeiler in die NATO integriert werden.

Das Europa nach der Konzeption Margaret Thatchers sah sich als „family of nations" und wandte sich scharf gegen föderalistische Tendenzen. Selbst der Föderalstaat USA wurde einmal als Unterform der Zentralisierung bezeichnet und „federalism" fälschlicherweise mit einem Brüsseler Zentralismus identisch gesetzt. Als Leitprinzip der europäischen Nationenfamilie sahen die Thatcherschen Ausführungen das Subsidiaritätsprinzip, das durch die Zuständigkeit der jeweils untergeordneten Ebene als „bottom up"-Prinzip bejaht wurde.

Der Maastrichter EU-Vertrag enthält zwei Zusatzprotokolle, die die Abseitsstellung Großbritanniens gegenüber einigen Vertiefungsbereichen verdeutlichen. Das Protokoll „Über einige Bestimmungen betreffend das Vereinigte Königreich Großbritannien und Nordirland" enthält die Klausel des sogenannten „opting out" bezüglich der Wirtschafts- und Währungsunion. Großbritannien ist demnach nicht „gezwungen oder verpflichtet [...], ohne einen gesonderten diesbezüglichen Beschluß seiner Regierung und seines Parlaments in die dritte Stufe der Wirtschafts- und Währungsunion einzutreten". Ungeachtet ihrer Gegnerschaft gegenüber dem Plan Delors II tritt die britische Regierung für den Fall eines Eintritts in die dritte Stufe für die Einhaltung der Konvergenzkriterien ein.

Der andere Bereich, in dem Großbritannien der Gemeinschaftspolitik unter keinen Umständen folgen wollte, ist die Sozialpolitik. Auch hier wurde den Briten mit dem „Protokoll über die Sozialpolitik" ein „opting out" gewährt. Das Protokoll, das 1992 nur elf anstatt alle zwölf EG-Staaten umfaßte: „Das Vereinigte Königreich Großbritannien und Nordirland ist nicht beteiligt, wenn der Rat über die Vorschläge, welche die Kommission [zur Sozialpolitik] unterbreitet, berät und diese annimmt."

Benelux-Staaten

Schon seit Januar 1948 sind Belgien, Luxemburg und die Niederlande in einer Zollunion zusammengeschlossen. Belgier und Luxemburger benutzen seit der Kriegszeit mit dem belgischen Franken sogar eine gemeinsame Währung. Schon das Abkommen aus dem Jahre 1921 bezog sich auf eine gemeinsame Wirtschaftspolitik. Zu Beginn des europäischen Integrationsprozesses speiste sich das Interesse der drei Länder zu einem engeren Zusammengehen aus zwei Quellen. Zum einen waren alle drei Staaten von Hitler-Deutschland überrannt und besetzt worden. Langfristige Sicherheit vor dem übermächtigen Nachbarland, so hatten die Verträge von Versailles gezeigt, konnte von einem wirtschaftlich dauerhaft geschwächten Deutschland nicht erwartet werden. Da mit dem Marshallplan vor allem die USA und Großbritannien den Weg der wirtschaftlichen Stützung Nachkriegsdeutschlands einschlugen, fiel die Befürwortung des Kooperations- und Integrationskurses streng genommen nicht in den Verfügungsbereich der Benelux-Staaten. Schließlich gehörte man selbst zum Empfängerkreis der ERP-Zahlungen. Zum anderen gehörten die Benelux-Staaten schon bald nach dem Krieg zu den europäischen Ländern mit der höchsten Außenverflechtung. Mit der Erleichterung des Außenhandels, der sich die Montanunion und erst recht später die EWG verschrieben, erfüllte der europäische Integrationsprozeß ein ureigenes Interesse. Die nationalen Interessen der drei Länder an Europa beziehen sich auf die politisch-institutionelle Absicherung der wirtschaftlichen Außenverflechtung sowie auf die Erwartung größerer politischer Handlungsspielräume.

Im Rückblick können die drei Länder als maßgebliche Unterstützer der sukzessiven Vertiefung der Gemeinschaften gelten. Im richtungweisenden „Benelux-Memorandum" vom Mai 1955 schlugen die drei Länder den anderen Mitgliedern der Montanunion vor, ebenfalls eine Zollunion einzurichten. Dieser Standpunkt beeinflußte die im Hinblick auf die Römischen Verträge maßgebliche Außenministertagung in Messina (Juni 1955), auf der die Weichen in Richtung EWG gestellt wurden. Während die ökonomischen Interessen der Benelux-Staaten keine großen Unterschiede aufweisen, lassen sich allerdings im Sicherheitsbereich Differenzen ausmachen. Tendenziell haben sich die Niederlande seit 1945 mehr am atlantischen Bezugsrahmen orientiert als Belgien und Luxemburg. Dies resultiert im wesentlichen aus tendenziell unterschiedlichen Bewertungen der US-amerikanischen Truppenpräsenz in Europa (die Niederlande befürworten diese stärker als andere) und der unvermindert starken Rolle der NATO, trotz WEU und GASP. Auch gegenüber der EVG blieben die Niederlande zu Anfang der fünfziger Jahre skeptisch eingestellt.

Trotz dieses Unterschiedes können die Positionen der drei Benelux-Staaten zu einem Standpunkt zusammengefaßt werden (siehe auch Kapitel 6). Dies äußert sich auch darin, daß Belgien, die Niederlande und Luxemburg am 7. März 1996 ein gemeinsames Memorandum zur Turiner Regierungskonferenz vorgelegt haben.

Italien

Italien, ebenfalls eines der Gründungsmitglieder der EGKS, gilt traditionell als gemeinschaftsfreundlich. Der Vorschlag des damaligen Außenministers Sforza zu einer französisch-italienischen Zollunion stammt schon aus dem Jahr 1947. Das Treffen von Messina, das 1955 den Weg zu den Römischen Verträgen ebnete, ging von Italien aus. Auch die Genscher-Colombo-Initiative 1981/82 und der Mailänder Gipfel (1985) auf dem Weg zur Einheitlichen Europäischen Akte bleiben als italienische Aktiva im Gedächtnis.

Dem italienischen Integrationswillen kann auf einer idealistischen und einer pragmatischen Ebene nachgegangen werden. Zu den idealistischen Gesichtspunkten gehört die Vorstellung Italiens als der Wiege der europäischen Kultur. Der Erhalt des gesellschaftlich-kulturellen Erbes der Antike und der Renaissance sei, so die Konsequenz dieses Standpunktes, gesamteuropäische Aufgabe. Die Wiederherstellung der italienischen Glaubwürdigkeit nach der faschistischen Vorkriegs- und Kriegsperiode hinge so mit der kulturellen Verfassung Gesamteuropas zusammen. Neben die idealistische Europakonzeption treten jedoch auch pragmatische Aspekte. So konnte nach innen wie nach außen vermittelt werden, daß durch eine europäische Einbindung innere Gefahren wie etwa die gesellschaftliche Destabilisierung oder die Machtübernahme der Kommunistischen Partei in Grenzen gehalten werden konnten. Man wird den Italienern nicht zu nahe treten, wenn man auf einen gewissen Widerspruch zwischen Wollen und Umsetzung dieses Willens in konkrete Europapolitik hinweist. Den kategorischen Bekenntnissen zu Europa konnten in der Vergangenheit immer wieder Nachlässigkeiten bei der Umsetzung europäischer Entschlüsse entgegengestellt werden (Nicoll/Salmon 1994: 320).

Die bisweilen zu konstatierende Unfähigkeit Italiens, Gemeinschaftspolitik auch umzusetzen, ist zum Teil auf innere Probleme zurückzuführen. Seit der Gründung der Republik hat es in Italien über fünfzig Regierungen und in jüngerer Zeit auch institutionelle Neuerungen gegeben (vgl. Freund 1995). Obwohl zwar die Regierungschefs seltener wechselten als die Regierungen, kann von häufig verzögerten Implementationszeiträumen ausgegangen werden. Interne Koordinationsprobleme werden auch dafür verantwortlich gemacht, daß – von den genannten Eckpunkten des europäischen Einigungsprozesses wie Messina oder Mailand abgesehen – die italienische Europapolitik letztlich häufig eher reaktiv als aktiv agierte.

Dänemark

Zusammen mit Großbritannien hat sich Dänemark in den letzten Jahren den Ruf eines Euroskeptikers innerhalb der Gemeinschaft angeeignet. Kurzfristig war dafür sicherlich das dänische „Nein" im Referendum zur Ratifizierung der Maastrichter Verträge im Jahre 1992 verantwortlich. Es wirken aber auch langfristige Gründe. Geographisch und historisch liegt Dänemark zwischen Skandinavien, dem Baltikum, Großbritannien und dem westlichen Kontinentaleuropa. Eine aus der geographischen Logik folgende Bewegung zum Mitgestalten der Montanunion und später der EWG bestand nicht automatisch. Das Europa-Engagement Dänemarks richtete sich eher auf den europäischen Norden. 1952 gehörte man zu den Gründungsmitgliedern des Nordischen Rates, eines losen und nach intergouvernementalen Prinzipien funktionierenden Gremiums, und 1959/60 zu dem Mitinitiatoren der

Freihandelsorganisation EFTA. Als Gründungsmitglied der OEEC (1948) und des Europarates (1949) wirkte Dänemark allerdings nicht vollkommen außerhalb des europäischen Integrationsprozesses.

Zum Mitglied der EG wurde Dänemark wie Großbritannien und Irland erst 1973, da die gegen den britischen Beitritt gerichtete Politik de Gaulles in den sechziger Jahren auch den dänischen Beitrittsantrag miterfaßte. Den Antrag auf Mitgliedschaft zur damaligen EWG hatte Dänemark quasi im britischen Gefolge im Jahre 1961 gestellt. Hinter dieser strategischen Neuorientierung der dänischen Europapolitik standen handfeste wirtschaftliche Interessen. Vor allem für die Landwirtschaft sollten neue Absatzmärkte geschaffen werden, nachdem sich in der zweiten Hälfte der fünfziger Jahre innerhalb der Gemeinschaft die Bereitschaft zu einer Gemeinsamen Agrarpolitik (GAP) herausgebildet hatte. Die politischen Motive der europäischen Integration standen für Dänemark im Hintergrund. Hinzu kam, daß die dänische Verfassung für einen Transfer von Kompetenzen von den eigenen zu europäischen Insitutionen eine Fünfsechstelmehrheit des Parlaments (Folketing) oder eine einfache Mehrheit bei gleichzeitiger Durchführung eines Referendums erfordert. Diese Hürde schaffte – und schafft bis heute – eine Verfassungsbarriere für grundsätzliche Entscheidungen, da die dänischen Regierungen anders als in anderen europäischen Staaten Europafragen in Parlamentswahlen nicht mit anderen Themen verbinden konnten. In der Praxis wurden so die großen europäischen Grundsatzentscheidungen durch die dänische Bevölkerung getroffen (vgl. Tab. 2.1). Bemerkenswert ist dabei auch, daß die Beteiligung bei den Wahlen zum eu-

Tab 2.1: Dänische Europa-Referenden (alle Werte in %)

	Ja	Nein	Wahlbeteiligung	Beteiligung bei EP-Wahlen
EG 1972	63,3	36,7	90,1	47,8 (1979)
EEA 1987	56,2	43,8	74,8	52,3 (1984)
EU 1992	49,3	50,7	82,3	46,1 (1989)
EU 1993	56,8	43,2	86,2	52,9 (1994)

Quellen: Nicoll/Salmon (1994: 239); Bulletin der EG.

ropäischen Parlament immer wesentlich geringer war als bei den Referenden.

Mit einer Marge von etwa 46 000 Nein-Stimmen drohte das erste Referendum zur Ratifizierung der Maastrichter Verträge im Juni 1992 einen schweren Stein auf den Weg zur Europäischen Union zu legen. Der Vertragstext legte nämlich fest, daß zum Inkrafttreten der Verträge die Ratifizierung in allen Nationalstaaten vonnöten sei. Sollte das dänische „Nein" die integrationswilligen übrigen Staaten behindern können? In zwei Zusatzprotokollen zum EU-Vertrag wurden aber die Bedenken der dänischen Bevölkerung zum Teil ausgeräumt, so daß sich im Mai 1993 56,8 % der Abstimmenden zu einem „Ja" durchringen konnten. Die beiden Protokolle betrafen den Erwerb von Immobilien in Dänemark – die gesetzliche Einschränkung des Ferienhauserwerbs von Ausländern – und den Eintritt in die dritte Stufe der Wirtschafts- und Währungsunion.

Die Maastricht-Gegner bezogen sich weniger auf den europäischen Einigungsprozeß insgesamt als vielmehr auf die Weiterführung der Gemeinschaft in eine Politische Union („Ja til Europa, nej til unionen"). Im Rückblick lassen sich fünf wesentliche Argumente ausmachen, die letztlich für das vorübergehende „Nein" verantwortlich waren (Nicoll/Salmon 1994: 244):

- Mit einer zu großen Kompetenzübertragung an das Europäische Parlament ginge ein Verlust an Demokratie einher.
- Zu einer politischen Union bestünde anders als zum Binnenmarkt keine Notwendigkeit.
- Die Maastrichter Verträge enthielten nicht genügend fortschrittliche Bestimmungen in den Bereichen Umwelt und Soziales. Die Implementierung der Brüsseler Gesetzesakte würde einen Rückschritt für die dänische Gesellschaft darstellen.
- In bezug auf Staatsbürgerschafts- und Unionsbürgerschaftsrechte gingen die Bestimmungen des Unionsvertrages zu weit.
- Eine in der Konsequenz einer Gemeinsamen Außen- und Sicherheitspolitik stehende europäische Armee werde von der Jugend, die sich nicht an einem Wehrdienst beteiligen wolle, gefürchtet.

Nicht alle diese Punkte wurden in den Verhandlungen, die zu den Korrekturen am Unionsvertrag führten, berücksichtigt. Neben der Einschränkung des Immobilienerwerbs und den Bestimmungen zur WWU wurde den Dänen aber zusätzlich zugesichert, der

WEU auch weiterhin fernbleiben zu können. Außerdem sollen höhere dänische Standards in den Bereichen Umwelt und Soziales mittelfristig auch zu EU-Standards werden.

Griechenland

Als einziges Mitgliedsland verfügt Griechenland über keine gemeinsame Grenze mit einem anderen EG-Staat. Als Gründungsmitglied der OEEC und des Europarats, durch den frühen Beitritt zur NATO (1952) und durch das Assoziationsabkommen mit der EWG 1961 gehörte Griechenland aber schon vor seinem Beitritt 1981 zum Einflußbereich des westlichen Europa. Die EWG galt in Griechenland als Gegengewicht zur „kommunistischen Gefahr", die sich in den fünfziger Jahren auf einen Rückhalt von etwa 25 % der griechischen Bevölkerung stützen konnte. Trotz des Bürgerkrieges in den vierziger Jahren – auch im Zusammenhang mit der deutschen Besetzung – gab es in allen politischen Lagern Stimmen, die die Aufgabe von Souveränitätsrechten und die gemeinsame Sache mit den „imperialistischen Mächten" bekämpften. Den Aufnahmeantrag zur EG stellte Griechenland im Jahre 1975. Ein Jahr nach der Beendigung der Militärjunta sah man in der europäischen Integration nicht zuletzt eine Stütze für die dauerhafte Demokratisierung des Landes.

Die griechische Politik erhoffte sich von der Aufnahme in den „Klub" auch Vorteile durch den Zufluß auswärtiger Investitionen und durch finanzielle Hilfen, speziell im Rahmen der Gemeinsamen Agrarpolitik. Mit dem Wahlsieg der PASOK, der Pan-Hellenistischen Sozialistischen Bewegung, kam allerdings just im Jahre 1981 eine stärker nationalistisch orientierte Regierung an die Macht. Diese sprach sich während der Debatten um die EEA immer wieder tendenziell gegen eine politische Union, gegen die Mehrheitsregel bei der EPZ und auch gegen erweiterte Rechte von Kommission und Parlament aus. Mit dem „Fehlschlag von Athen" von 1983, einem ergebnislosen Treffen des Europäischen Rates, fiel einer der größten Mißerfolge des europäischen Einigungsprozesses in die Zeit der griechischen Präsidentschaft.

Das Memorandum vom Mai 1990, in dem die griechische Position markante Fortschritte bei der Überwindung des rein intergouvernementalen Ansatzes machen konnte, wurde von einer neuen, europafreundlicher ausgerichteten Regierung verfaßt. Angesichts sich abzeichnender Destabilisierungen in Mittel- und Osteuropa wuchs auch in der Bevölkerung der Wunsch nach einer engeren Anbindung an Europa mittels einer Politischen Union. Seit dem Memorandum hat die generelle Europafreundlichkeit griechischer Regierungen deutlich zugenommen.

Portugal

In Portugal herrschte von 1932 bis 1974 ein nationalistisch-konservatives autoritäres Regime. Wegen dessen antikommunistischer Haltung konnte Portugal trotzdem dem westlichen Machtbündnis zugerechnet werden. Die Mitgliedschaften in der OEEC (später OECD), in der NATO und auch in der EFTA belegen dies. Durch das Freihandelsabkommen zwischen der EG und der EFTA gehörte Portugal seit 1972 zum handelspolitisch integrierten Europa. Nach der Nelken-Revolution im Jahre 1974 folgten schnell von europäischer, besonders auch von deutscher Seite Versuche, das Land demokratisch zu konsolidieren. Dem Antrag auf EG-Mitgliedschaft von 1977 wurde zwar erst 1986 endgültig entsprochen. Schon ab 1980 aber unterstützte die EG den portugiesischen Staat finanziell.

Die EG-Mitgliedschaft hat sich für Portugal sowohl ökonomisch als auch politisch bezahlt gemacht. Von 1980 bis 1992 konnte das Land stets ein reales Wirtschaftswachstum von mindestens fünf Prozent (Gabriel/Brettschneider (Hrsg.) 1994: 521) verzeichnen. Eine nennenswerte Opposition gegen die EG kann daher in der Bevölkerung nicht registriert werden, wenngleich manchmal von einer relativen Gleichgültigkeit gegenüber Europa berichtet wird.

Spanien

Wie Portugal herrschte in Spanien bis weit in die siebziger Jahre ein autoritäres Regime. Unter dem Diktator Franco blieb Spanien – hier anders als Portugal – weitgehend außerhalb der europäischen (Marshallplan, OEEC, Europarat) und internationalen Organisationen (NATO). Nach einer Phase der einseitigen, durch die koloniale Vergangenheit erklärbaren Ausrichtung auf Lateinamerika und Nordafrika trat Spanien lediglich 1955 der UNO bei. Noch zu Beginn der sechziger Jahre konnte sich die Gemeinschaft der Sechs nicht dazu durchringen, mit dem francistischen Spanien einen Assoziationsvertrag abzuschließen.

Angesichts der fehlenden politischen Freiheiten im eigenen Lande wurden während der Diktatur-Epoche vor allem wirtschaftliche Aspekte mit dem europäischen Einigungsprozeß verknüpft. Mit einzelnen Ländern wie etwa Großbritannien (das aber erst 1973 der Gemeinschaft beitrat) bestanden zwar bedeutende Handelskontakte. Wesentliche Fortschritte konnten aber erst im Jahre 1970 erzielt werden, als ein Präferenzielles Abkommen zwischen Spanien und der EG geschlossen wurde. Dieses sah verstärkten Freihandel, angesichts der für die EG nicht akzeptablen politischen Verhältnisse aber keinen spanischen Zugang zum institutionellen Rahmen der Sechs vor.

Nach dem Tode Francos im November 1975 erfolgte mit dem Übergang zur konstitutionellen Monarchie die außenpolitische Kehrtwende. Der Beitrittsantrag, der im Juli 1977 gestellt wurde, sah nicht mehr ökonomische, sondern politische Motive im Vordergrund. Die Absicherung der noch jungen Demokratie war ein Hauptanliegen für eine EG-Mitgliedschaft. Auch der Zugang zu dem größeren europäischen Markt dürfte ein Beweggrund gewesen sein. Die spanischen Eliten sahen in der Hinwendung zu Westeuropa einen wichtigen Stützpfeiler für die dauerhafte Demokratisierung des Landes. Trotz der beträchtlichen wirtschaftlichen Gewinne besonders durch die Gemeinsame Agrarpolitik betonten auch anläßlich des tatsächlichen EG-Beitritts im Jahre 1986 alle Parteien die hauptsächlich politische Dimension des spanisch-europäischen Integrationsprozesses. Im Verlauf der achtziger Jahre verwestlichte sich Spanien zusehends. Der Beitritt zur NATO fand im Jahre 1982 nach einem Referendum statt, in dem sich 52,5 % der Abstimmenden für das Militärbündnis (Gegenstimmen: 39,8 %) ausgesprochen hatten. Dem folgte 1989 der Beitritt zur WEU als letzter Höhepunkt.

Auftretende wirtschaftliche Probleme wie Inflation und ein infolge des rapiden Wirtschaftswachstum hohes Zinsniveau konnten die generelle Europafreundlichkeit der Spanier kaum beeinträchtigen. Trotz der mit Belastungen verbundenen Transformation des Gesellschaftssystems war Spanien ein aktiver Fürsprecher der Maastrichter Verträge. Konkret drückt sich dies in der spanischen Unterstützung für die europäische Staatsbürgerschaft, für die Einbeziehung neuer Politikbereiche (Soziales, Gesundheit, Erziehung, Umwelt, Verbraucherschutz) und für die Wirtschafts- und Währungsunion aus.

Irland

Im Gegensatz zu Großbritannien und Dänemark, den beiden Partnerländern der Norderweiterung von 1973, gilt Irland als grundsätzlich gemeinschaftsfreundlich. Mit dem Beitritt wurde die Neutralitätspolitik, die Irland seit dem Zweiten Weltkrieg betrieben hatte, aufgegeben. Die enge wirtschaftliche Bindung an Großbritannien verbot es den irischen Politikern, bei einer EG-Mitgliedschaft der Briten „außen vor" zu bleiben. Die europäische Gemeinschaft bot sich den Iren als Weg an, von britischer politischer wie wirtschaftlicher Abhängigkeit loszukommen. Auch finanzielle Erwartungen hinsichtlich ihrer strukturschwachen Landwirtschaft müssen als Motive für ein Europaengagement angeführt werden. Nach einer Phase der Protektionspolitik in den fünfziger Jahren sahen irische Politiker gegen Ende der sechziger Jahre auch endgültig ein, daß ein größerer Wirtschaftsraum von gesamtwirtschaftlichem Vorteil ist. Das Referendum, das über den Beitritt entschied, ging bei etwa 70%iger Wahlbeteiligung mit großer Mehrheit zugunsten Europas aus.

Bei diesem ersten Referendum wurden neben der Bindung an Großbritannien und der Gefahr des Handelsverlustes weitere Argumente angeführt. Die beiden großen Parteien Fianna Fail und Fine Gael sahen im EG-Beitritt auch ein willkommenes Instrument, dem britischen Einfluß durch die Einbindung in eine übergeordnete Ebene zu entkommen. Mittelbar erhoffte sich die Regierung Irlands auch eine Verbesserung der Situation in Nordirland, die bilateral kaum beeinflußbar erschien. Konkrete Vorteile erhoffte man sich von der Gemeinsamen Agrarpolitik (GAP), von

Tab. 2.2: Referenden in Irland (alle Werte in Prozent)

	Ja	Nein	Wahlbeteiligung
EG 1972	83,1	16,9	71
EEA 1987	69,9	30,1	44
Maastricht 1992	68,7	31,3	57

Quelle: Nicoll/Salmon 1994: 234

zusätzlichen auswärtigen Investitionen und von der EG-Regionalpolitik. Als Gegner des EG-Beitritts erwiesen sich die Irische Labour Party – die sich von größeren Märkten für industrielle und landwirtschaftliche Güter keine Vorteile versprach – sowie mit Provisional Sinn Fein und Official zwei marginale Gruppierungen.

Nach dem erfolgten Beitritt erlebte Irland in den ersten Jahren der EG-Mitgliedschaft einen europäischen „honeymoon" (Nicoll/Salmon 1994: 234), der durch beträchtliche Transfergelder vor allem für die irische Landwirtschaft versüßt wurde. Die niedrige Wahlbeteiligung von 44 % zum Referendum über die EEA (1987) wird an gleicher Stelle als Indiz für eine in den achtziger Jahren gewachsene Enttäuschung über die Gemeinschaft gewertet. Die Plausibilität dieser Annahme kann jedoch angezweifelt werden, da Irland seit seiner Aufnahme bis 1987 über 5 Mrd. Irische Pfund an europäischen Beihilfen erhalten hatte. Im Jahre 1986, ein Jahr vor dem Referendum, betrugen die Transfers aus Brüssel 13,5 % des nationalen Sozialprodukts (Nicoll/Salmon 1994: 235). Allein im Jahre 1985 hatte Irland 1,1 Mrd. ECU überwiesen bekommen (Williams 1991: 78).

Angesichts dieser massiven Hilfen aus Brüssel wuchs bei den irischen Eliten die Einsicht, die Fortentwicklung der EG/EU aktiv zu betreiben. Obwohl das Referendum 1987 – das mit der EEA auch die hier vertraglich erstmal fixierte EPZ zur Abstimmung stellte – mit der Frage der irischen Neutralität ein heikles Thema berührte, versicherte die irische Regierung die Europäer der vorbehaltlosen Zustimmung. Im Vorfeld der Diskussionen über die Maastrichter Verträge trug Charles Haughey, der damalige Premierminister, vier Eckpunkte der irischen Europapolitik vor (nach Nicoll/Salmon 1994: 236):

- Zwischen der politischen Integration und der sozialen und ökonomischen Integration solle die bestehende Verbindung erhalten und gestärkt werden;
- Die EU bzw. die damalige EG solle nach innen wie nach außen eine größere politische Rolle spielen;
- Die EG solle institutionell vertieft werden, um zu einer Effizienzsteigerung zu gelangen;
- Die Kohäsion der EG, also deren innerer Zusammenhalt, bleibe eines der wichtigen Themen der EG-Reform.

Irische Regierungen sehen damit in der politischen Integration immer auch einen Schutz der kleinen EG-Staaten vor den größeren.

Österreich

Im Zuge des EU-Beitritts hat sich die außenpolitische Doktrin Österreichs allmählich geändert. Die Neutralitätspolitik, die Österreich seit dem Zweiten Weltkrieg vor allem durch Abstinenz von militärischen Bündnissen führte, wirkte sich bis in die späten achtziger Jahre auf die Europapolitik aus (vgl. Pelinka 1996). Zwar hatte Österreich am Marshallplan und an der Gründung der OEEC teilgenommen, gehörte seit 1956 dem Europarat an und zählte zu Beginn der sechziger Jahre zu den Gründungsmitgliedern der EFTA. Der Weg in die Europäische Gemeinschaft galt jedoch wegen deren Nähe zu NATO und WEU als nicht gangbar. Der Beitrittsantrag Österreichs im Jahre 1989 wurde denn auch in einer eigenen Klausel neutralitätspolitisch abgesichert.

Der Zusammenbruch des Warschauer Paktes änderte jedoch die Voraussetzungen für die Neutralitätspolitik grundlegend. Den Maastrichter Vertrag mit seinen Klauseln zur Gemeinsamen Außen- und Sicherheitspolitik (GASP) konnten die österreichischen Delegationen schon mittragen. Auch die Einbeziehung der WEU als „integralen Bestandteil der Entwicklung der Europäischen Union" (Art. J.4 EUV) erregte keinen grundsätzlichen Widerspruch mehr. Folglich erhielt Österreich – ebenso wie Irland, Schweden und Finnland – einen Beobachterstatus in der WEU; ebenso trat man 1995 der „Partnerschaft für den Frieden der NATO" bei. Bislang blieb der Neutralitätsstatus Österreichs offiziell aufrechterhalten. Nach dem Beitritt zur EU wird Österreich diesen Status auf lange Sicht nicht beibehalten können. Besonders die früher oder später zu erwartende Belebung der GASP und damit der Aufbau einer europäischen Sicherheitsstruktur stehen zur „neutralen" außenpolitischen Ausrichtung eines Mitgliedslandes im Widerspruch.

Das lange Beiseitestehen Österreichs im europäischen Einigungsprozeß läßt sich allerdings nicht allein mit dem Neutralitätsstatus begründen. Die wichtigsten Determinanten des politischen Systems, die sich mit den Schlagwörtern „Proporz-" oder „Konkordanzdemokratie" verbinden, spielten ebenfalls eine Rolle. Als wesentlich für ein solches System gilt die Ausschaltung des Prinzips der Mehrheitsentscheidung und dessen Ersetzung durch konsensual geprägte Entscheidungsfindungen. Ein „solches ‚gütliche[s] Einvernehmen' als Konfliktregelungsmuster erfährt seine institutionelle Sicherung in der Regel so, daß die wichtigsten Gruppen in der Exekutive vertreten sind und durch umfangreiche Ämterpatronage ihren Einfluß auf die politischen Entscheidungen sicherstellen" (Lehmbruch 1967: 8). In der Frühphase der EWG betraf die Gemeinschaftspolitik im wesentlichen Zoll- und Handelsfragen in bezug auf industrielle und landwirtschaftliche Güter. In der „Paritätischen Kommission für Lohn- und Preisfragen" sowie im „Beirat für Wirtschafts- und Sozialfragen" rückte die Notwendigkeit des Beitritts zur EWG dennoch nie in den Mittelpunkt (Schneider 1990: 24–30).

Zu Beginn der sechziger Jahre unternahm der zeitweilige Handelsminister Fritz Bock (ÖVP) Schritte zu einem „Alleingang nach Brüssel". Diese auch innenpolitisch umstrittene Initiative verlief aber von Anfang an im Sande, unter anderem weil die Blokkadepolitik gegenüber Großbritannien durch den französischen Präsidenten de Gaulle den Weg in die EWG faktisch sowieso verbaute (Schneider 1990: 63–64). Freilich nahm der damit einhergehende Fortbestand der EFTA Österreich auch einen wichtigen Grund, die Mitgliedschaft in der Wirtschaftsgemeinschaft anzustreben. An diesem war zeitweise nicht einmal die Industrie mehrheitlich interessiert – eine Folge des konkordanzpolitischen Konsenses in der österreichischen Sozialpartnerschaft, der Vollbeschäftigung eher mit einer protektionistischen Politik erreichbar sah. Eine schockartig wirkende Vergrößerung von Absatz- und Importmärkten hätte im öffentlichen Sektor immer auch potentielle Verlierer – z. B. die Eisen- und Stahlindustrie – zur Folge gehabt. Formell scheiterte der „Alleingang" an einem italienischen Veto vom 30. Juni 1967, das mit Hinweisen auf die österreichische Südtirol-Politik eine Annäherung an die EWG verwehrte. Österreich hatte allerdings durch innenpolitische Meinungsverschiedenheiten ein Scheitern mit herbeigeführt – die SPÖ hatte z. B. mit der innenpolitisch motivierten Forderung, an der EFTA-Mitgliedschaft auch im Falle eines EWG-Beitritts festzuhalten, die Bemühungen des eigenen Außenministeriums torpediert (ebd.: 61–68).

Welche Gründe führten Österreich ab Mitte der achtziger Jahre schließlich in die EG? Zunächst schlugen hier sicherlich die generellen Vorteile der economics of scale – die Möglichkeiten zur Kostensenkung bei einer größeren Ausbringungsmenge in einem vergrößerten Markt – zu Buche. Wie alle europäischen Länder, die nicht der EG/EU angehören, befürchtete Österreich in den achtziger Jahren eine Abkopplung von der wirtschaftlichen Entwicklung Resteuropas. Auch der österreichische Industriellenverband schätzte schließlich die Gefahr der generellen Abkoppelung von Wachstumsprozessen höher ein als die Anpassungsschwierigkeiten einzelner Unternehmen oder Branchen und unternahm im Mai 1987 den ersten Vorstoß in Richtung Beitrittsantrag (Kaiser 1995: 412).

Neben dem grundsätzlichen Motiv des Marktzugangs existierten im Falle Österreich eine Reihe von Einzelaspekten, die mit dem Beitritt verbunden wurden. Eines dieser Themen war der österreichische Agrarsektor. Tendenziell durch die Höhenlagen benachteiligt, konnten die österreichischen Bauern von höheren Subventionen profitieren als ihre Kollegen innerhalb der Gemeinschaft. Daher stand einem EG-Beitritt eine relativ starke Agrarlobby entgegen. Deren Sorgen konnte jedoch durch die Ausweitung der strukturstützenden Maßnahmen auf Regionen, in denen weniger als acht Einwohner pro Quadratkilometer leben, entgegengetreten werden (Granell 1995: 129). In einigen Schlüsselsektoren der österreichischen Landwirtschaft hatte sich die Affinität zum europäischen Markt in den achtziger Jahren ohnehin verbessert. Die einheimische Landwirtschaft war nämlich trotz des Systems von Preisstützungen immer mehr unter Druck geraten. Insgesamt schienen die strukturellen Maßnahmen des europäischen Agrarfonds ein Instrumentarium gegen die zunehmende Auszehrung zu bieten. Als weiteres Zeichen für die besondere Einsicht Brüssels in die Strukturschwierigkeiten der österreichischen Landwirtschaft zählt die Ernennung des Österreichers Franz Fischler zum EG-Agrarkommissar.

Ein anderer Diskussionspunkt betraf den Gütertransit auf den wenigen Nord-Süd-Verkehrsadern. Seit 1992 hatte es hier ein Transitabkommen mit der EG gegeben, das den Österreichern eine Restringierung des Alpenverkehrs ermöglichte. Erst die Einigung über den grundsätzlichen Fortbestand des Transitabkommens ermöglichte den Abschluß der Beitrittsverhandlungen (Granell 1995: 131–132). So enthält der einheitliche Markt auf dem Territorium Österreichs regulative Verkehrsbegrenzungen, die die Anwohner der Hauptverkehrsstraßen vor übermäßigen Belastungen des EG-internen Transitverkehrs schützen sollen.

Da im Herbst 1994 nationale Wahlen anstanden, hielt Öster-

Tab. 2.3: Das österreichische Referendum zum EU-Beitritt am 12. 6. 1994

Ja-Stimmen	66,5 %
Nein-Stimmen	33,6 %
Wahlbeteiligung	81,3 %

Quelle: Pelinka 1996: 17

reich das Referendum, das nach den am 1. März 1995 abgeschlossenen Beitrittsverhandlungen fällig war, relativ früh ab. Die Zustimmung zum Referendum am 12 Juni 1994 fiel mit einem Zweidrittelanteil von Ja-Stimmen eindeutig aus. In allen Bundesländern konnte eine absolute Mehrheit für den Beitritt erreicht werden. Zum Teil war dies auf umfangreiche regionale Sonderregelungen zurückzuführen, die – ähnlich den Ausnahmebestimmungen des EU-Vertrages für Dänemark – in Tirol und Salzburg den Erwerb von Eigenheimen durch Ausländer für eine Übergangszeit erschweren (Kaiser 1995: 414).

Der Beitrittsentschluß Österreichs kann weitgehend als Einsicht in die Notwendigkeit gesehen werden, die innere „Austrosklerose" (Schneider 1990: 98) durch einen Durchbruch zu konkurrenzorientierteren Verhandlungsmustern zu überwinden oder zumindest einzudämmen. Der strukturellen Krise, deren man sich in den achtziger Jahren bewußt wurde, konnte aus Sicht der österreichischen Konkordanzeliten nur durch eine vollständige Öffnung zum europäischen Markt entgegengewirkt werden. Im Falle des Nichtbeitritts sähe man sich den weiterhin zunehmenden Wettbewerbsverschärfungen der internationalen Märkte ausgesetzt, ohne von den positiven Seiten des Binnenmarktes profitieren zu können (Schneider 1990: 97–113; Kaiser 1995). Durch den österreichischen EU-Beitritt veränderten sich auch einige innenpolitische Konfliktlinien. Die föderale Balance und das Verhältnis zwischen Parlament und Regierung sind Bereiche, in den sich das binnenpolitische System seit 1995 noch nicht endgültig austariert hat.

Schweden

Wie Österreich war auch Schweden in der Zeit seit dem Zweiten Weltkrieg einer Neutralitätsposition verpflichtet, die das Land außerhalb der westlich orientierten europäischen Institutionen EG, WEU und NATO ließ. Schweden war allerdings Mitglied in der OECD, im Europarat und gehörte auch zu den Gründungsmitgliedern der EFTA. Die Neutralitätspolitik des Landes läßt sich historisch bis zum Wiener Kongreß zurückverfolgen, als Schweden mit Pommern, Rügen und Wismar seine letzten Besitzungen auf dem westeuropäischen Kontinent abgab (vgl. für den ganzen folgenden Abschnitt Huldt 1996). Seitdem war Schweden in keinen einzigen der europäischen Kriege als aktive Partei verwickelt. Im schwedischen Selbstbewußtsein verbindet und verband sich daher der Neutralitätsbegriff mit einer für Resteuropa eher untypischen Friedenserfahrung.

Gerade nach dem Zweiten Weltkrieg, der Europa in Schutt und Asche gelegt hatte, sah Schweden daher keinen unmittelbaren Anlaß, sich in europäischen oder transatlantischen Allianzen zu engagieren. Während die Montanunion eher als Organisation zur Überwindung der deutsch-französischen Erbfeindschaft gesehen wurde und deshalb aus schwedischer Sicht zur Einigung des europäischen Kontinents nicht geeignet erschien, gehörte Schweden 1952 zu den Gründungsmitgliedern des Nordischen Rates. Dieser verfolgte das Ziel einer „alltäglichen“ Integration und verwirklichte lange vor dem Gedanken an das Schengener Abkommen die Abschaffung von Paßkontrollen und einen prinzipiell offenen Arbeitsmarkt zwischen den skandinavischen Staaten. So entstand aus schwedischer Sicht lange Zeit zumindest kein unmittelbarer Handlungsdruck zum Gemeinschaftsbeitritt, zumal die Gründung der EFTA zu Beginn der sechziger Jahre einen Wirtschaftsraum geschaffen hatte, der durch das EG-Freihandelsabkommen ab 1973 noch zusätzlich vergrößert worden war.

Ebenfalls von Bedeutung für die lange europäische Abstinenz Schwedens ist die konsequente Ausrichtung der lange Zeit allein regierenden Sozialdemokratischen Partei auf soziale Sicherung und Vollbeschäftigung. Zu jeder Zeit hätte das Einklinken in den europäischen Integrationsprozeß eine Infragestellung schwedischer Standards, die im Harmonisierungsdschungel der Brüsseler Bürokratie zumindest bedroht schienen, bedeutet. Allerdings war das „schwedische Modell“ in den achtziger Jahren auch zunehmend von innen unter Druck geraten, da der Versorgungsstaat nur durch übermäßige Neuverschuldung aufrechtzuerhalten zu sein schien.

Ähnlich wie in Österreich geriet die europäische Front erst ab Mitte der achtziger Jahre in Bewegung. Die Einheitliche Europäische Akte und die Aussichten auf Maastricht schienen die europäische Integration auch aus der Außensicht auf eine neue Ebene zu heben. Gleichzeitig signalisierte das Ende des Kalten Krieges eine weitere Öffnung der EG nach Osteuropa und damit neue Produktions- und Absatzmärkte. Von dieser Entwicklung mußten Nicht-Mitgliedstaaten befürchten abgekoppelt zu werden. Die bürgerliche Opposition trat mit Nachdruck für einen EG-Beitritt ein. Auch die regierenden Sozialdemokraten änderten ihre langjährige ablehnende Haltung. Der Beitrittsantrag vom 1. Juli 1991 wurde von der großen Mehrheit der politischen Elite und der Bevölkerung getragen. Zum Zeitpunkt des Beitrittsreferendums am 13. November 1994 – also nach den abgeschlossenen Beitrittsverhandlungen – fiel die Zustimmung mit ca. 52 % (bei 46 % Gegenstimmen) allerdings relativ knapp aus.

Der schwedische Geschichts- und Politikwissenschaftler Bo Huldt charakterisiert die schwedischen Erwartungen an die Europäische Union folgendermaßen: „Die Debatten der Jahre 1990/91 über den schwedischen EU-Beitritt konzentrierten sich eindeutig auf die Probleme des Wirtschaftswachstums und des freien Zugangs zu den internationalen Märkten. Die Wirtschaft, d. h. die Integration in der EU auch als eine Form der Verteidigung gegen jene globalen Finanzmärkte, die jetzt eine kleine Staatswirtschaft bedrohen, war das Hauptargument zugunsten der Union. Ein zweites Thema, das für eine Mitgliedschaft sprach, war ‚Frieden‘ – die Union als langfristiges europäisches Friedensprojekt, das seinen Mitgliedern Sicherheit und Europa Stabilität bringt. [...] Argumente gegen die Mitgliedschaft konzentrierten sich eher auf Begriffe wie ‚Neutralität‘ und ‚Souveränität‘. Beides war angeblich durch die Union bedroht; daneben standen bei den Gegenargumenten auch Probleme im Zusammenhang mit den Chancen für Frauen, Verbraucherfragen und die Umwelt im Vordergrund“ (Huldt 1996: 22).

Anders als in Österreich scheint der Neutralitätsstatus in Schweden fester verwurzelt und langfristig auch gewollt zu sein.

Die Aussage des zeitweiligen Ministerpräsidenten Carl Bildt „Nur Schweden verteidigen Schweden, und Schweden verteidigen nur Schweden“ steht allerdings nach schwedischer Ansicht nicht im Gegensatz zu den Verpflichtungen der Gemeinsamen Außen- und Sicherheitspolitik. Diese folgt nämlich einer allgemeinen Auffassung zufolge den Grundsätzen der Charta von Paris (1990) und den Prinzipien der KSZE (jetzt OSZE), denen sich der schwedische Staat schon vor dem Beitritt zur EU verschrieben hatte. Die militärische Blockfreiheit Schwedens soll sich innerhalb der Union zunächst so niederschlagen, daß die schwedische nationale Verteidigung außerhalb der GASP verbleibt, das Land aber an gemeinsamen Aktionen wie z. B. friedenserhaltenden Maßnahmen teilnimmt. Wie hier im Zweifelsfall auftretende Konflikte gelöst werden, bleibt derzeit noch abzuwarten.

Finnland

Neben Schweden und Österreich beendete auch Finnland mit dem Beitritt zur Europäischen Union eine seit dem Zweiten Weltkrieg dauernde Phase der Neutralität. Stärker als bei den beiden übrigen Beitrittskandidaten der Norderweiterung trug die Neutralitätspolitik allerdings einer konkreten Bedrohung – durch die Sowjetunion – Rechnung. Mit dieser bestand seit dem Ende des „Winterkrieges“ aus dem Jahre 1940 ein „Beistandspakt“, der Finnland zu einer gemäßigten Haltung gegenüber dem sowjetischen Expansionsstaat gezwungen hatte. So gilt für Finnland um so mehr, daß erst das Ende des Kalten Krieges eine Annäherung an die Gemeinschaft ermöglichte. Sicherheitspolitisch zeigt sich die Revision der Neutralitätspolitik in der Mitgliedschaft der „Partnerschaft für den Frieden“ mit der NATO, die Finnland im Jahre 1994 eingegangen ist.

Durch seine Mitgliedschaft im Nordischen Rat ist die finnische Bevölkerung an gewisse Vorteile einer in Teilbereichen integrierten Staatengemeinschaft gewöhnt. Zwischen Dänemark, Schweden, Norwegen, Finnland und Island hatten zum Teil schon lange vor ähnlichen Bestrebungen in der EG ein gemeinsamer Arbeitsmarkt, gemeinsame Sozialversicherungen und auch Paß- und Visumsfreiheit bestanden. Das in einer wenig aufgeregten Atmosphäre verlaufene Referendum zum EU-Beitritt brachte im Oktober 1994 eine solide Mehrheit von Befürwortern zutage.

Tab. 2.4: EU-Referendum in Finnland am 16. 10. 1994

Ja-Stimmen	57 %
Nein-Stimmen	43 %
Wahlbeteiligung	74 %

Quelle: Karppinen 1996

Welche Beweggründe wurden in Finnland für den Beitritt zur Europäischen Union genannt? Der ehemalige Botschafter Finnlands in Bonn Antti Karppinen nennt eine strategische Überlegung an erster Stelle: „Zunächst stellte sich die Frage, ob man den EWR [den Europäischen Wirtschaftsraum] verlassen sollte, um Vollmitglied in der EU zu werden. Man war sich im klaren, daß der EWR Beschlüsse der EU nur interpretieren konnte und sie zu akzeptieren hatte, er aber keinen direkten Einfluß auf die unmittelbare Beschlußfassung in den verschiedenen Organen der EU besaß. Außerhalb der EU und ihrer Normenbildung zu stehen würde für die lebenswichtige Exportindustrie Finnlands objektiv eine Schwächung durch vermehrte Markthindernisse bedeuten" (Karppinen 1996: 29). Als wichtigstes Beitrittsmotiv für alle Kandidaten der Norderweiterung scheinen also weniger Hoffnungen auf konkrete Vorteile, sondern eher die strategische Entscheidung für Mitwirkungsmöglichkeiten in einer im europäischen Kontext immer dominanter werdenden Union gewirkt zu haben.

Nichtsdestoweniger existieren auch in Finnland einige spezifische Interessen, die den EU-Beitritt über grundsätzliche Überlegungen hinaus attraktiv gemacht haben. An erster Stelle ist hier wohl die Stellung der Agrarwirtschaft zu nennen, die in einem dünnbesiedelten Land wie Finnland zusätzlich eine Sicherheitsfunktion innehat. Gerade entlang der Grenze zur Russischen Föderation ist man gewillt, auch die wenig produktiv arbeitenden landwirtschaftlichen Ansiedlungen um jeden Preis zu halten, um eine die Grundversorgung sichernde Mindestpopulation auch in den entlegenen Gebieten zu gewährleisten. Zu den agrarischen Besitztümern gehört in Finnland auch der Wald, der sich zu über 80 % in den Händen der bäuerlichen Bevölkerung befindet. Zu den 8 % landwirtschaftlich genutzter Fläche läßt sich mithin ein Großteil des Holzbestandes von 356 qm pro finnischem Einwohner rechnen (Daten: Karppinen 1996: 30). Da die finnische Holzwirtschaft mit der Öffnung der ehemaligen Sowjetunion für Exporte beträchtliche Einbußen hinnehmen mußte, verweben sich EG-typische landwirtschaftliche Probleme mit dem spezifisch finnischen Problem der Krise eines Hauptwirtschaftszweiges. Konkret angegangen wurde die Strukturkrise in den dünnbesiedelten Gebieten durch die Schaffung neuer kleiner und mittelständischer Betriebe mit Unterstützung des Regionalfonds der EU.

Bei einer Arbeitslosenrate von etwa 18 % (in der EU ist die Arbeitslosigkeit nur in Spanien höher) ist Finnland bestrebt, das Thema Beschäftigungslosigkeit innerhalb der europäischen Institutionen zu einem Hauptthema zu machen. Hier bieten sich die Instrumente des Strukturfonds an – von dem der oben angesprochene Europäische Fonds für Regionale Entwicklung (EFRE) den Löwenanteil ausmacht. Diese ist nämlich zum Großteil auf Strukturanpassungen in Land- und Holzwirtschaft, die beide nur noch je etwa 3 % des BSP – verbunden mit sinkenden Beschäftigungszahlen – verantwortlich zeichnen. Da die nachgeordneten Industrien wie Holzverarbeitung (Papier und Zellstoff) und Maschinenbau (besonders Papiermaschinen und Spezialschiffe) mit Rationalisierung auf die Probleme der Holzwirtschaft reagierten, kommt weiteren Strukturanpassungen eine zusätzliche Bedeutung zu. Der schon jetzt mit 65 % der Beschäftigten recht große Dienstleistungssektor wird durch den Binnenmarkt noch weiter wachsen.

Eine andere Besonderheit, die das nördlichste EU-Land kennzeichnet, sind die wirtschaftlichen Sonderbeziehungen zur Russischen Föderation und zu den drei baltischen Staaten Estland, Lettland und Litauen. Neben einem Vertrag über den Ausbau der russisch-finnischen politischen Beziehungen aus dem Jahre 1992 und weiterer Rahmenprogramme unterhält Finnland regionale und lokale Kooperationsprogramme unter anderem mit Archangelsk, Petrosavodsk, Wologda, Novgorod, Pskov und St. Petersburg. In dieser Millionenstadt beteiligt man sich auch an einem Programm zur Sanierung der Kanalisation (Karppinen 1996). Mit dem Baltikum unterhält Finnland wie die anderen skandinavischen Staaten besondere Beziehungen. Diese drücken sich insbesondere durch die Zusammenarbeit der Länder des Nordischen Rates mit den Ländern des Baltikums („5 + 3“-Staaten). So hat Finnland auf dem Europäischen Rat in Madrid (1995) nachdrücklich die Gleichstellung der baltischen Staaten mit den übrigen Beitrittskandidaten erreichen können. Gemeinsam mit der Russischen Föderation versuchen die skandinavischen und die baltischen Länder, Sicherheitsaspekte im Rat der Ostseeanrainerstaaten aufzubringen. So wird der Ostseeraum als EU-Region (Altmitglieder Dänemark, Deutschland; Neumitglieder Schweden, Finnland; Beitrittskandidaten Polen, Litauen, Lettland, Estland; dazu die Russische Föderation) zu einem interessanten Brennpunkt der zukünftigen Entwicklung der EU, in dem Finnland mit der Hauptstadt Helsinki eine bedeutende Brückenfunktion zukommt.

Synopse 2.1: Vorherrschende Beweggründe für die europäische Integration aus der Sicht einzelner Staaten

	Wille zur politischen Integration	Zugang zum europäischen Markt	Aussicht auf Strukturhilfen der EG	Außenpolitische Beweggründe	Konsolidierung der Demokratie
Frankreich (1958)	x	x		„Dritte Kraft"	
Bundesrepublik (1958)	x	x		Ost-West-Konflikt	(x)
Italien (1958)	x	x			(x)
Belgien (1958)	x	x		Größerer Aktionsrahmen	
Niederlande (1958)	x	x		Größerer Aktionsrahmen	
Luxemburg (1958)	x	x		Größerer Aktionsrahmen	
Großbritannien (1973)		x		Größerer Aktionsrahmen	
Irland (1973)	x	x	x	Unabhängigkeit von GB	
Dänemark (1973)		x			
Griechenland (1981)		x	x		x
Spanien (1986)		x	x		x
Portugal (1986)		x	x		x
Schweden (1995)		x		Wegfall des Ost-West-Konflikts Neutralitäts-vorbehalt)	
Finnland (1995)		x	(x)	Unabhängigkeit von Rußland	
Österreich (1995)		x		Wegfall des Ost-West-Konflikts Neutralitäts-vorbehalt)	

Kapitel 3

Die Frage der europäischen Identität

Die Frage der europäischen Identität spielt im Vertrag über die Europäische Union eine zentrale Rolle. Bereits die Präambel zitiert den Begriff, der in Artikel B in den Zielkatalog der Union aufgenommen wird:

Präambel EUV

[Die Unterzeichnenden], [...] entschlossen, eine gemeinsame Außen- und Sicherheitspolitik zu verfolgen, wozu auf längere Sicht auch die Festlegung einer gemeinsamen Verteidigungspolitik gehört, die zu gegebener Zeit zu einer gemeinsamen Verteidigung führen könnte, und so die Identität und Unabhängigkeit Europas zu stärken, um Frieden, Sicherheit und Fortschritt in Europa und der Welt zu fördern, [...] haben beschlossen, eine Europäische Union zu gründen.

Art. B EUV

Die Union setzt sich folgende Ziele: [...] die Behauptung ihrer Identität auf internationaler Ebene, insbesondere durch eine Gemeinsame Außen- und Sicherheitspolitik, wozu auf längere Sicht auch die Festlegung einer gemeinsamen Verteidigungspolitik gehört, die zu gegebener Zeit zu einer gemeinsamen Verteidigung führen könnte.

Art. F EUV

(1) Die Union achtet die nationale Identität ihrer Mitgliedstaaten, deren Regierungssysteme auf demokratischen Grundsätzen beruhen.

Alle drei Formulierungen deuten darauf hin, daß sich der Identitätsbegriff der an der Gemeinschaft beteiligten Staaten eher als außenpolitische Selbstbehauptung denn als positive Selbstbestimmung nach innen definiert. Der Text des EU-Vertrages bezieht die europäische Identität auf gemeinsame Außen-, Sicherheits- und Verteidigungspolitik der einzelnen Staaten, die ihrerseits über nationale Identitäten verfügen.

Als eine heute noch gültige offizielle Aussage über die europäische Identität kann ein im Jahre 1973 von den EG-Außenministern verabschiedetes „Dokument über die europäische Identität" gelten (in Gasteyger 1990: 302–305). Auch diese Verlautbarung sieht ihren Zweck in der näheren Bestimmung der Beziehungen der EG zu „den übrigen Ländern der Welt". Im Zentrum der europäischen Identität stehen „das gemeinsame Erbe, die eigenen Interessen, die besonderen Verpflichtungen [der Gemeinschaft]" sowie die Feststellung der Verantwortlichkeit der EG durch „den bereits erreichten Grad des Zusammenhalts gegenüber der übrigen Welt." Weiterhin heißt es:

> Das Europa der Neun ist sich der weltpolitischen Verpflichtungen bewußt, die ihm aus seiner Einigung erwachsen. Diese Einigung ist gegen niemanden gerichtet und entspringt auch keinerlei Machtstreben. Die Neun sind vielmehr überzeugt, daß ihr Zusammenschluß der gesamten Völkergemeinschaft nützt, weil er ein Element des Gleichgewichts und ein Pol der Zusammenarbeit mit allen Nationen ungeachtet ihrer Größe, ihrer Kultur und ihres Gesellschaftssystems ist. Sie wollen in der Weltpolitik eine aktive Rolle spielen und so unter Achtung der Ziele und Grundsätze der Charta der Vereinten Nationen dazu beitragen, daß die internationalen Beziehungen sich auf mehr Gerechtigkeit gründen, daß Unabhängigkeit und Gleichheit der Staaten besser gewahrt, der Wohlstand besser verteilt und die Sicherheit des einzelnen besser gewährleistet werden. Dieser Wille soll die Neun schrittweise dazu führen, auf dem Gebiet der Außenpolitik gemeinsame Positionen zu erarbeiten.

Weiter legt das Dokument über die europäische Identität den Handlungshorizont der Gemeinschaft als „eigenständiges Ganzes" innerhalb Europas und gegenüber vielen Ländern in unterschiedlichen Weltregionen fest. Herausgehoben werden die Vereinigten Staaten von Amerika, mit denen die „engen Bande" durch „die einem gemeinsamen Erbe entspringenden Werte und Ziele" begründet sind. Explizit erwähnt werden auch Japan, Kanada und China. Die Dynamik des europäischen Einigungswerks, der der dritte Teil des Dokuments gewidmet ist, bestimmt nach Ansicht des Dokuments die Evolution einer europäischen Identität:

> Die Entwicklung der europäischen Identität wird sich nach der Dynamik des europäischen Einigungswerks richten. In den Außenbeziehungen werden die Neun vor allem bemüht sein, ihre Identität im Verhältnis zu den anderen politischen Einheiten schrittweise zu bestimmen. Damit stärken sie bewußt ihren inneren Zusammenhalt und tragen zur Formulierung einer wirklich europäischen Politik bei. Sie sind überzeugt, daß die fortschreitende Verwirklichung dieser Politik ein wesentlicher Faktor sein wird, der es ihnen erlaubt, die weiteren Stadien des europäischen Einigungswerks mit Realis-

> mus und Vertrauen in Angriff zu nehmen; diese Politik erleichtert auch die vorhergesehene Umwandlung der Gesamtheit ihrer Beziehungen in eine Europäische Union.

Mit der Frage nach der Identität ist „das elementare Konstruktionsprinzip moderner Gesellschaften" (Weidenfeld 1985: 14) thematisiert. Europa ist und muß mehr sein als ein Konsumenten- und Produzentenmarkt, will es von den Bürgern akzeptiert und damit legitimiert werden; die europäische Identität müßte als eine kollektive Identität entstehen, die die identitätsstiftenden Kräfte des Nationalismus und Rassismus überwindet, ohne in puren Konsumismus oder in anonymen Institutionalismus zu verfallen (vgl. Delanty 1995: viii).

Mit dem Begriff der Identität sind mehrere Dimensionen und Analyseebenen angesprochen; die philosophische (das Mit-sich-eins-Sein), die psychologische (Identitätsbewußtsein, Zusammengehörigkeitsgefühl, emotionale Bindung), die geographische (Grenzen: wo beginnt das Andere?), die kulturelle (Sprache, Religion, materielle und ästhetische Kultur) oder die historisch-politische (historisches Bewußtsein, Nationalismus, Europa als gegen andere abgrenzbare Idee und Realität).

Identität fragt nach der Verbundenheit des einzelnen zu einem Kollektiv, nach dem Zusammenklang persönlicher Eigenschaften und Eigenarten von Individuen mit denen anderer. Dabei werden im allgemeinen mehrere Bezugseinheiten und Loyalitätsebenen angesprochen. Identität beginnt beim Individuum und seiner Familie bzw. Verwandtschaft und kann im Rahmen politischer Gemeinschaftsbildung über die Gemeinde, das Land und die Nation auf ganz Europa oder universelle Werte (Universal-Kultur) ausgeweitet werden. Somit spricht man von einer Persönlichkeitsidentität, einer Stammesidentität, einer lokalen oder regionalen Identität, einer nationalen Identität, einer europäischen Identität oder einer Identität als Weltbürger. Bei diesem Aufstieg von kleinen zu großen Einheiten können Loyalitäten verschieden und gleichzeitig gelagert sein, wobei für jeden einzelnen bestimmte Loyalitäten wichtiger sind als andere. Auch muß der Aufstieg nicht unbedingt linear dieser Loyalitätslinie folgen – es können mehrere sehr unterschiedliche Ebenen gleichermaßen wichtig sein. Symbol hierfür sind die nationalen Autokennzeichen, die zugleich europäische Plaketten tragen. Gegenwärtig dürften die lokalen und die nationalen Identitäten die bei weitem tragfähigsten sein, denen gegenüber der europäischen Identität eine viel geringere Bedeutung zukommt. Die Gründe für die viel stärkere emotionale Bindung des einzelnen an die Nation liegen nach Anthony D. Smith in Gegebenheiten nationaler Identität: historisches Territorium als Heimatland, gemeinsame Mythen und geschichtliche Erinnerungen, eine gemeinsame Massenkultur, gemeinsame Rechte und Pflichten für alle Bürger und ein gemeinsamer Wirtschaftsraum mit territorialer Mobilität (vgl. Smith 1992). Diese Merkmale seien lebendig, zugänglich, lange etabliert und popularisiert.

Je nachdem, welches nationenprägende Merkmal man als das wichtige in den Vordergrund stellt, kann man von einer Kulturnation, einer Staatsnation, einer Klassennation oder einer Staatsbürgernation sprechen (vgl. Lepsius 1991).

Drei Referenzebenen liegen diesen Nationenkonzepten zugrunde: ein nationales (Hegel), ein intra- und transnationales (Herder) und ein internationales (Marx). Bei sehr heterogenen politischen Gemeinschaften und solchen, bei denen ethnisch-kulturelle Merkmale nicht mit staatlichen übereinstimmen, stehen das Kultur- und das Staatsnationenkonzept in einem Spannungsverhältnis, das nur – will man gewaltsames Vorgehen ausschalten – in einem Staatsbürgerkonzept aufgehoben werden kann. Übertragen auf die Europäische Union mit sehr heterogenen Staatsnationen, kann somit politische Identität nur in einer europäischen Staatsbürgerschaft (vgl. Schaubild 3.1) gefunden werden. Die vertraglich festgeschriebene europäische Staatsbürgerschaft, die z. B. der Europapaß juristisch verkörpert, ist ein erster Schritt zur Herstellung eines europäischen Staatsbürgerbewußtseins, das allerdings noch in weiter Ferne liegt.

West- und Osteuropa – dies wird im Zuge der Erweiterung der EU nach Mittel- und Osteuropa wichtig – kommen 1945 bzw. 1989 aus entgegengesetzten Richtungen, obwohl sie in ihrer Transition von totalitären/autoritären Regimes zu Demokratien in ähnlicher Lage waren. Während im Westen nach 1945 der Nationalismus auf Grund seiner Übersteigerung in den beiden Weltkriegen obsolet geworden war und sich transnationalen Orientierungen öffnete, wurde der im Osten nach 1989 als aufgezwungen empfundene proletarische Internationalismus obsolet, und die Nation bot sich als neuer Referenzrahmen für Identität an. Westeuropa löst sich vom Nationalen und öffnet sich zum Internationalen, Osteuropa entfernt sich vom Internationalismus und sucht im Nationa-

Schaubild 3.1: Europäische Identitätsmuster

(1) Vorherrschende Konzeption

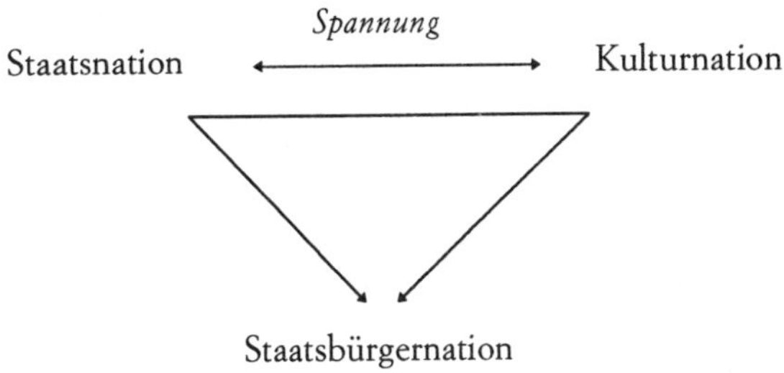

(2) Konkretisierung im Rahmen der EU

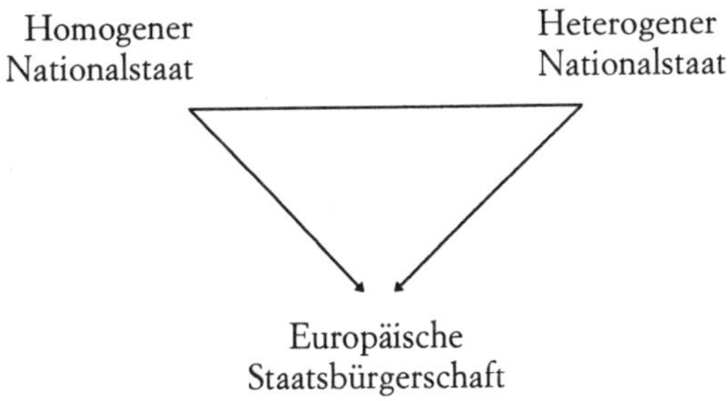

lismus neue Identitäten. In Zukunft wird dies die Integration erschweren.

Auf der Suche nach einer europäischen Identität lassen sich ein historischer, ein genetischer und ein sozialpsychologischer Identitätsbegriff unterscheiden.

1. Ein Weg der Identitätssuche geht von einer historischen Betrachtungsweise aus (*historischer Identitätsbegriff*). Dabei werden drei zeitliche Komponenten wichtig (vgl. Weidenfeld 1985: 16): Zum ersten ist Identität determiniert durch das Verhältnis zur Vergangenheit. Gedächtnis, Geschichte, erinnerungswürdige Ereignisse oder auch Herkunftsbewußtsein sind Begriffe, die Identität konstituieren können. Hierzu gehören auch Ursprungsmythen, die in fast allen Nationen zu finden

sind. Ein Zitat des deutschen Philosophen Karl Jaspers, „Europa, das ist die Bibel und die Antike", steht für diesen Identitätsbegriff. Als zweite zeitliche Komponente der Identität läßt sich die existierende Umwelt, das heißt die ökonomische, soziale, politische und kulturelle Ortsbestimmung in der Gegenwart begreifen. Drittens können auch in die Zukunft gerichtete gemeinsame Absichten und Ziele auf die Identitätsbildung einwirken.

2. Ein zweiter Weg der Identitätssuche geht von einem *genetischen Identitäsbegriff* aus. Nach Richard Münch (1993: 15–42) entsteht Identität a) durch Gemeinsamkeit und Wir-Gefühl (innere Homogenisierung), b) durch Abgrenzung gegenüber anderen, c) durch Einbeziehen von Peripherem ins Zentrum (Inklusion) und d) durch Ausgleich innerer Spannungen. Diesem Argumentationsstrang folgend, sollen weiter unten Merkmale einer europäischen Identität entwickelt werden.
3. Beim *psychologischen oder sozialpsychologischen Identitätsbegriff* geht es um die affektive Bindung einzelner Bürger bzw. Nationen zu einer politischen Gemeinschaft. Da Identität mit emotionaler Bindung des einzelnen zu einer Gruppe oder Gemeinschaft zu tun hat (Bloom 1990), ist die Frage nach der Transformation von individueller in eine kollektive Identität von Bedeutung. Die europäische Identität richtet sich auf Gemeinsamkeiten, die von den Europabürgern auch als solche empfunden und wahrgenommen werden. Die Einstellung vor allem der Bevölkerung zum europäischen Gemeinschaftswerk läßt sich unter anderem über Befragungen in Erfahrung bringen.

3.1. Der historische Identitätsbegriff

Historisch-politisch war Europa nie eine Einheit, sondern war seit der Dreiteilung des Reiches Karls des Großen immer durch Gegensätze gekennzeichnet. Davon zeugt der hundertjährige Krieg zwischen Frankreich und England, die Rivalität um die Vorherrschaft in Europa zwischen Frankreich und Habsburg mit Spanien, den Niederlanden und Österreich. Während des Dreißigjährigen Krieges stand das katholische Europa dem protestantischen Europa gegenüber, im neunzehnten Jahrhundert die Heilige Allianz des Europa der Restauration gegen das revolutionäre Europa. Im Ersten Weltkrieg kämpften die Mittelmächte gegen die Entente-Mächte, eine Konstellation, die sich zwischen den Achsenmächten und der Kriegsallianz im Zweiten Weltkrieg wiederholte. Schließlich rivalisierte nach 1947 das Europa des kommunistischen Ostens im Kalten Krieg mit dem Europa der westlichen Demokratien.

Von außen gesehen, erhält Europa verschiedene Abgrenzungen. In weiten Teilen des russischen Geisteslebens wird Europa als Synonym zum Westen gebraucht. Aus dieser Perspektive gehört Rußland nicht zu Europa. Von London aus gesehen, zählte lange Zeit allein das kontinentale Westeuropa zu Europa. Noch Winston Churchill sah in seiner berühmten Züricher Rede von 1946 die „Vereinigten Staaten von Europa" ohne Großbritannien. Aus amerikanischer, asiatischer oder afrikanischer Sicht hingegen wird Europa viel eher als Einheit wahrgenommen.

Geographisch lassen sich mit eurasischen, mediterranen und atlantischen Bezugsräumen drei Vorfelder des europäischen Kontinents ausmachen. Jeder Mitgliedstaat bringt seine eigene, durch die Geschichte geprägte Orientierung mit. Deutschland und die skandinavischen Länder erinnern sich der früheren geopolitischen Ausrichtung ihrer Außenpolitik nach Osteuropa, die Mittelmeeranrainerstaaten Spanien, Italien oder Griechenland ihrer mediterranen Politik und Großbritannien oder die Niederlande ihrer transatlantischen Vergangenheit. In die Außenpolitik der Mitgliedstaaten mischt sich die Erinnerung an frühere Großmachtpositionen, die zum Teil selbständig weiterbetrieben wird wie z. B. die Afrikapolitik Frankreichs, zum Teil aber auch als vergemeinschaftete EU-Außenpolitik betrieben wird.

Identität im Sinne zur Deckung gebrachter staatlicher Organisation und kultureller Einheit hat es in Europa erst etwa im achtzehnten Jahrhundert in England, Frankreich, Spanien, Portugal, Dänemark, Schweden, den Niederlanden, zum Teil auch in Polen und Rußland gegeben. In diesen Ländern fielen Volk, Sprache, Kultur, Religion und Staat einigermaßen zusammen. Nationalgefühl und Nationalbewußtsein konnten sich im Rahmen staatlicher Organisation entwickeln. Die aristokratischen Eliten waren zuvor schon europaweit durch Heirat, Annexion und gemeinsame Verteidigung – z. B. gegen Türken und Mauren – verbunden und konnten in den gemeinsamen Sprachen italienisch und französisch kommunizieren; im Laufe der Französischen Revolution ist das Volk „zu sich gekommen“ und avanciert zum Träger nationaler Einheit. Im Heiligen Römischen Reich Deutscher Nation behinderte die dynastische Rivalität zwischen Preußen (mit slawischen Einsprengseln) und Österreich (noch buntscheckiger) die Ausbildung einer deutschen Nation.

Historisch ist somit Europa durch eine große Vielfalt von Kulturen, Nationen oder Staaten gekennzeichnet, die in den vergangenen Jahrhunderten innerhalb und außerhalb Europas rivalisierten, ja sich bekriegten. Zu gemeinsamen europäischen Aktionen kam es nur vereinzelt, z. B. bei den Kreuzzügen oder bei gemeinsamer Bedrohung durch außereuropäische Mächte.

3.2. Der genetische Identitätsbegriff

Dieser Begriff kommt aus der Gruppenpsychologie und formuliert identitässtiftende Elemente der Gruppenkohäsion. Diese entsteht nach Münch (1993) vor allem durch Homogenisierung nach innen, durch Abgrenzung nach außen, durch Inklusion der Peripherie ins Zentrum und durch Ausgleich innerer Spannungen.

3.2.1. Gemeinsamkeit

Das lateinische identitas, auf das der Identitätsbegriff etymologisch zurückzuführen ist, bedeutet „vollkommene Gleichheit“. „Identität“ wird hier jedoch weniger im allgemeinen Sinne einer vollkommenen Übereinstimmung gebraucht. Maßgeblich ist vielmehr die Verbundenheit des Individuums mit einem Kollektiv, das heißt die Stellung des einzelnen in einer größeren gesellschaftlichen und politischen Bezugseinheit und die Abgrenzung dieser Bezugseinheit zu anderen Bezugseinheiten. Das „christliche Abendland“ z. B. wurde von Adenauer, De Gasperi und Schuman, den Gründungsvätern der europäischen Integration, als einzige Alternative zum kommunistischen Osten gesehen. De facto lag die Betonung allerdings eher auf „katholisch“ als auf „christlich“.

Kulturell stehen die griechischen Stadtstaatenkulturen mit ihren wissenschaftlichen und philosophischen Zentren neben dem römischen Imperium, das mit seiner Rechtsordnung, seiner Armee und nicht zuletzt seinen Institutionen und Ämtern mit praktischen Schöpfungen auf den europäischen Kulturkreis einwirkten.

Die römisch-katholische Kirche ermöglichte durch das Lateinische als Universalsprache eine länderübergreifende Kommunikation. Gewissermaßen oberhalb des Nationalstaatensystems existierten durch Heirat und Eroberung dynastisch-aristokratische Verbindungen. Die Ausbildung der Klosterkultur mit der Verbindung von Kontemplation und Arbeit („ora et labora") oder die Gründung von Universitäten zählen zu den frühen Leistungen einer in verschiedenen Regionen Europas wirksamen Kultur.

Historisch läßt sich eine sukzessive Folge von Kulturen und jeweils führenden Zentren beobachten. Als Referenzkulturen dienten in verschiedenen Epochen Griechenland, Rom, das Italien der Renaissance, Deutschland/Österreich als Wissenschafts- und Kulturnation (Musik, Literatur) der Aufklärung und Romantik; diese Liste ließe sich fortsetzen. Durch die europäischen Auswanderungen hat sich in den Vereinigten Staaten ein zivilisatorisch führendes Zentrum herausgebildet.

Das europäische literarische Erbe gilt als Erbe der ganzen Menschheit. Die Tradition der autonomen Wissenschaft scheint ein europäisches Phänomen zu sein. Menschenrechte als Ausdruck des autonomen Subjekts wurden in Europa entwickelt. Das Unternehmertum als Ausfluß des kapitalistischen Geistes ist seit Max Weber („Die protestantische Ethik und der Geist des Kapitalismus", 1904) der europäischen Sphäre zuzurechnen. Der demokratische Verfassungsstaat und der daraus erwachsende Verfassungspatriotismus und die Nationalstaaten als territoriales Prinzip gingen von Europa aus.

Zu den gemeinsamen Symbolen Europas sind die Bauwerke der Römer (Limes, Aquädukte, Kastelle, Kolosseen, Straßen) oder der Sieg über den Islam bei Tours und Poitiers zu zählen. Auch die Kreuzritter, die ab dem elften Jahrhundert zur Verteidigung und Ausbreitung des Christentums zu den mittlerweile islamisch beherrschten „heiligen" christlichen Stätten auszogen, waren eher gesamteuropäischen als nationalen Ursprungs. Die italienische Renaissance mit Malerei, Skulpturen, Schriften, Musik und die Französische Revolution mit Menschenrechten, später aber auch mit der Guillotine und dem Code Napoléon bestimmten den Lauf der gesamteuropäischen Geschichte. Die imperiale Politik, als Kolonisation gebrandmarkt und als Transfer von Zivilisation befürwortet, prägte das europäische Bewußtsein. Auch in der jüngeren Zeit lassen sich in der Politik der Europäischen Union mit Europaflagge, Europakennzeichen, Europapaß, europäischer Staatsbürgerschaft oder dem europäischen Geld Symbole für europäische Gemeinsamkeit finden.

Kulturell darf man im Zeitalter weltweiter Medien an Einheitlichkeit im europäischen Sinne zweifeln. Heute bestimmen als Träger der Moderne weitgehend der amerikanische Film, die amerikanischen TV-Clips und die amerikanischen Fernsehserien – von der englischen Sprache und vor allem der Technologie ganz abgesehen – die europäische Szene. Die westliche Zivilisation schließt den anglo-amerikanischen Bereich mit ein, so daß man eher von einer pan-atlantischen als von einer europäischen Kultur sprechen kann. Europa wird dabei aber weiter ein inspiratives Zentrum bleiben. Pan-amerikanische und europäische Kultur entspringen der gleichen Wurzel. Man könnte formulieren: Europa wächst durch eine von außen vorangetriebene Universalkultur der US-amerikanischen Zivilisation zusammen, während im Innern die angelsächsisch-skandinavische, germanische und romanische Kultur jeweils weitgehend selbständig blieben. Nicht eine dieser europäischen Kulturen wird dominieren, sondern – so die These – die atlantische, die westliche, die von Europa ausgehende wissenschaftlich-technische Kultur.

Die Moderne als überlagernder Begriff einer Weltkultur wird dabei durch die von Europa ausgehende wissenschaftliche Kultur geprägt. Nach den beiden polnischen Soziologen und Philosophen Ossowski und Ossowska (1936) ist die Überlegenheit der westlichen Zivilisation durch die Universalität der wissenschaftlichen Kultur gekennzeichnet, die auf Dauer keine Konkurrenz zuläßt, da sie die gemeinsame Sprache und die Regeln der Logik von Zeit und Raum unabhängig macht. Da die Umgebung des Menschen im Zeitalter der Wissenschaft nicht mehr schicksalhaft von außen gegeben ist, kann sie bewußt beeinflußt werden. Durch das wissenschaftliche Weltbild werden Begriffe wie Veränderung, Evolution, Fortschritt und Weiterentwicklung zu den Grundbegriffen einer sich ständig wandelnden Welt. Die durch Wissenschaft und Technik hervorgerufenen Veränderungen sind nicht nur marginal, sondern betreffen den Menschen unmittelbar und in umfassender Weise.

Kulturell bleibt Europa der bunte Teppich von National- oder

Tab. 3.1: Sind Sie „stolz“ oder „sehr stolz“, ein Bürger ihres Landes zu sein?

Europa	B	F	D	GB	IRL	I	NL	P	E
78,9	74,1	80,4	58,9	85,3	92,1	87,5	72,7	90,6	84,5

Quelle: Kerkhofs 1994: 48

Regionalkulturen, deren Vereinheitlichungstendenzen gleichzeitig Vervielfältigungstendenzen der Regionen auslösen. Europa lebt in seinen Mythen, Bildern, Bauwerken, Dichtern und Denkern, in der Welt des Glaubens und der Wissenschaft.

Ökonomisch wird das Europa der EU immer mehr zu einer Einheit in Abgrenzung gegenüber und in Konkurrenz mit den Wirtschaftspolen der NAFTA (mit den USA), der APEC (mit Japan) und später eventuell dem Mercosur (mit Brasilien). „Aus der Ära der Geopolitik treten die fortgeschrittenen Industrieländer in eine Ära der geopolitischen Ökonomie. Wo die ‚großen Mächte‘ einst um Territorium, Kolonialreiche und Einflußsphären kämpften, da kämpfen sie jetzt um technologische Führerschaft und Beherrschung der globalen Technologiemärkte“ (Seitz 1992: 4–5). Fraglich ist, ob diese geopolitische und geoökonomische Lage „auf die Herausbildung einer kollektiven Identität der Europäer hinwirkt“ (Münch 1993: 19). Entgegenzuhalten ist, daß die Ökonomie nicht – oder allenfalls indirekt – zur Identitätsbildung führt. Ökonomische Prosperität geht allerdings mit Legitimation einher: Legitim ist, wer den Lebensstandard erhöht. Wohlstand wirkt magnetisch anziehend, wie der starke und prosperierende Westen gezeigt hat. Die Bildung wirtschaftlicher Wachstumszonen führt zu Wanderungsbewegungen oder Flüchtlingsströmen von Süd- nach Nordeuropa, von Ost- nach Westeuropa oder von der damaligen DDR in die Bundesrepublik.

3.2.2. Abgrenzung

Die Abgrenzung gegenüber dem anderen kann in Europa auf eine lange Tradition zurückblicken. Schon die Griechen versuchten sich von den Barbaren abzugrenzen. Die seit Karl dem Großen in Europa bestehende Einheit der Christenheit sah sich im Gegensatz zu Ungläubigen, Sarazenen, Heiden, andersgläubigen Christen. Ab dem zehnten Jahrhundert etwa kann man von der Idee des christlichen Europa in Opposition zum Islam sprechen. Zur Verteidigung des Glaubens wurden im elften und zwölften Jahrhundert Kreuzzüge unternommen, an denen neben dem Heiligen Römischen Reich Deutscher Nation, England und Frankreich auch italienische Städte und Fürstentümer beteiligt waren. Diese Zusammenführung zu einer „Armee Gottes" angesichts eines gemeinsamen Feindes war das erste Gemeinschaftswerk europäischer Länder in dieser Zeit. Der Begriff des Kalten Krieges, der im dreizehnten Jahrhundert geprägt wurde, brachte das Spannungsverhältnis zwischen Muslimen und Christen zum Ausdruck. Im weiteren Verlauf der Geschichte bildeten sich im fünfzehnten Jahrhundert zwei europäische Identitäten heraus: die eine durch Abgrenzung im Osten Europas gegenüber dem Islam mit dem Fall von Konstantinopel 1453 und die andere durch die Bildung westlicher Grenzen nach 1492 mit dem Aufstieg der europäischen Seemächte (vgl. Delanty 1995: 47). In der Folgezeit war Europa politisch durch die Rivalität je zweier Mächte bzw. Machtbündnisse gekennzeichnet, Frankreich und Habsburg, das revolutionäre Frankreich und das restaurative Metternich-Europa, sowie im Ersten und im Zweiten Weltkrieg die Achsen- oder Mittelmächte und die Ententemächte. Nach dem Zweiten Weltkrieg schließlich hat der Gegensatz zwischen den westlichen Demokratien und den östlichen kommunistischen Regimen den zweiten Kalten Krieg bestimmt. Einigkeit und Vielfalt waren und sind somit in Europa kein Gegensatz, sondern vielmehr europäische Realität, wobei die Abgrenzungen nach außen von Epoche zu Epoche variierten.

3.2.3. Inklusion der Peripherien ins Zentrum

In Europa gab es schon immer Zentrum-Peripherie-Verhältnisse. Handel und Gewerbe blühten an unterschiedlichen Orten, meist Stadtstaaten. Wanderungen von den Peripherien in die Zentren setzten ein. Industrielle Zentren entstanden, Peripherien proletarisierten. Dies geschah erst auf nationalstaatlicher und später auf europäischer Ebene. Innerhalb von Italien beispielsweise steht ein reicher Norden dem ärmeren Süden gegenüber. In dem Dreieck um die Zentren Turin–Genua–Mailand liegen die industriellen Wachstumszonen. Im Verhältnis zu den peripheren ärmeren Ländern Griechenland, Portugal, Spanien und Irland kann man Italien als Zentrum bezeichnen. Durch Europa hindurch gibt es von Nord nach Süd, beginnend in Großbritannien über die Niederlande, Belgien, Deutschland, Schweiz, Norditalien bis nach Nordspanien ein Band industrieller Zentren, die magnetisch von Kapital und Arbeitskräften angezogen werden.

Generell läßt sich dabei beobachten, daß die Kultur des Zentrums im Zeitverlauf bestimmend wird. Einkommensverhältnisse im Zentrum laufen den Einkommensverhältnissen in der Peripherie davon. Als Folge entstehen ungleiche Bevölkerungswachstumszentren. Nationale Eliten im Zentrum sind die politisch maßgebliche Kraft. Ihre Sprache und ihre Kultur setzen sich durch – in Frankreich beispielsweise verdrängte das Pariserische langsam die sechs übrigen Sprachen. Durch den zentralen Verwaltungsaufbau überzogen die Eliten das ganze Territorium, so daß Regionalsprachen, Regionalkulturen und Rechtstraditionen sich mit der Zeit verlieren. In anderen zentralistisch organisierten Staaten wie Spanien oder Großbritannien sind die Nationenbildungsprozesse in etwa ähnlich verlaufen.

Auf Gesamteuropa übertragen, wird sich diese Entwicklung jedoch nicht wiederholen. Das Zentrum wird im Falle Europas durch interne Multipolarität der größeren Staaten und durch extern wirkende Polarität zu den USA ausbalanciert.

3.2.4. Ausgleich innerer Spannungen

Die Zentrum-Peripherie-Konstellation wird durch Ausgleichsmechanismen, die vor allem in föderativ organisierten Gemeinwesen ausgeprägt sind, gewissermaßen abgefedert. Die Gleichheit der Ungleichheit schlägt sich im EU-Rahmen in Abstimmungsmodalitäten, Ausgleichszahlungen, Rechtsgleichheit sowie Regional-, Struktur-, Sozial- und Agrarfonds nieder. So, wie in der Bundesrepublik Deutschland die Schaffung gleicher Lebensverhältnisse in den Ländern ein Grundgesetzgebot ist, so sollen auch die Mitgliedsländer der Europäischen Union einen vergleichbaren Lebensstandard erhalten.

3.3. Der sozialpsychologische Identitätsbegriff

Die Wurzeln des sozialpsychologischen Identitätsbegriffs liegen in philosophischen Systemen, die eine einheitsstiftende Identität zwischen dem Individuum und seinem Umfeld herzustellen versuchen. Philosophiegeschichtlich beginnt die Identitätsfrage erstmals in der neueren Zeit bewußt zu werden mit der Entdeckung der Subjektphilosophie im ausgehenden achtzehnten Jahrhundert. Das Individuum wird als widersprüchliche Existenzform erkannt. „Wir sind Ich – folglich identisch und getheilt – folglich mittelbares und unmittelbares Ich zugleich", schreibt Novalis in Auseinandersetzung mit Fichte (Novalis 1965: 127).

In sechs Ansätzen findet dieses neue Bewußtsein seine Ausprägung, nämlich im kategorischen Imperativ Kants, in Humboldts Erziehungsideal, in Hegels Staatsnation, in Herders Kulturnation, in Rousseaus Staatsbürgernation und schließlich in Marx' Klassennation. In diesen Konzepten wird der einzelne auf verschiedenen Bezugsebenen mit dem Allgemeinen verbunden:

1) Immanuel Kant (1724–1804) bestimmt das Individuum als sittliches Wesen, für das als Richtschnur des Verhaltens die Verallgemeinerungsfähigkeit seines Handelns steht. Im Sittengesetz von Kant wird der moralische Wille des einzelnen mit dem allgemeinen Willen kongruent (kategorischer Imperativ). Bezugsebene ist das Moralsystem.
2) Wilhelm von Humboldt (1767–1835) plädiert für die volle Entfaltung individueller Veranlagungen, für die der Staat lediglich die Ermöglichung zu erbringen habe. Das Individuum als verbesserungsfähiges Wesen steht dabei absolut im Mittelpunkt. Der Weg zur Entfaltung der Talente führt über die ganzheitliche Bildung.
3) Georg Wilhelm Friedrich Hegel (1770–1831) sieht einen Widerspruch zwischen der bürgerlichen Gesellschaft und dem Staat mit der Maßgabe, daß letztlich der sittliche und vernünftige Staat die Maximen des Handelns vorgebe. Bei Hegel kommt die Vernunft des einzelnen Staates zu sich selbst und nähert sich gleichzeitig der universalen Vernunft an. Bezugsebene ist der sittliche Vernunftstaat.
4) Bei Johann Gottfried von Herder (1744–1803) ist der einzelne Teil des Volksgeistes; in der Kulturnation kommen die kulturellen Eigenarten des Individuums mit dem Volk zur Deckung. Bezugsebene ist die Kultur- bzw. Volksgemeinschaft.
5) Nach Jean-Jacques Rousseau (1712–1778) wird im Idealfall der Einzelwille (volonté particulière) mit dem Gemeinwillen (vo-

lonté générale) identisch. Dies könne nur basisdemokratisch in einer partizipatorischen Gesellschaft erfolgen.

6) Bei Karl Marx (1818–1883) wird in der sozialistischen bzw. kommunistischen Gesellschaft die Entfremdung des einzelnen durch Arbeitsteilung und Ausbeutung aufgehoben, die Klassenspaltung beseitigt. Marx sieht in der Aneignung der Produktionsmittel durch die Arbeiterschaft das revolutionäre Mittel der Aufhebung der Entfremdung. Für die utopische kommunistische Gesellschaft gilt das Ideal der Mehrfachbeschäftigung, des Vielzweck-Verhaltens. Letztlich soll diese Entfremdung durch vormoderne Arbeitsformen aufgehoben werden.

Die Autonomie des Individuums kann somit auf unterschiedlichem Wege hergestellt werden. Bei politischen Gemeinschaften ist der Bezug des einzelnen zur kulturellen, ökonomischen, sozialen oder politischen Umwelt von allergrößter Bedeutung für die Identitätsbildung. Im europäischen Kontext überwiegen die lokalen, nationalen bzw. regionalen Loyalitäten bei weitem die europäischen (vgl. Tab. 3.2). Bei Konfrontation mit anderen außereuropäischen Identitäten kann sich allerdings ein europäisches Bewußtsein stärker ausbilden; auch hat sich im Brüsseler Apparat ein europäischer Corpsgeist eingefunden. Eine europäische Willensbildung wird tagtäglich in den Brüsseler Institutionen praktiziert. Die historische Erinnerung an „kollektive Gefühle des Stolzes und der Scham, der Freude und des Leides“ (J. S. Mill) dürfte durch die gemeinsam erlebte bzw. durchlittene Geschichte ein europäisches Band abgeben. Viele Denkmäler und Gebäude erinnern an eine gemeinsame kulturelle Herkunft. Das Wertesystem, auf das sich die europäische Gemeinschaft festgelegt hat, bildet eine gemeinsame Basis. Die Klassengegensätze sind durch Wirtschafts- und Sozialpolitik gemildert worden und bilden kein identitätsstiftendes Kriterium.

Der sozialpsychologische Identitätsbegriff – die affektive Bindung zu einer sozialen Bezugseinheit – kann nicht an einem einzigen Kriterium festgemacht werden. Eine ethnische Übereinstimmung oder Ähnlichkeit ist nicht gegeben. Die kulturelle Heterogenität Europas entspricht in ihrer Vielfalt eher einer Dialektik von Einheit und Differenz. Das Nebeneinander verschiedener christlicher Religionen läßt auch eine einheitliche religiöse Identität kaum vorstellbar erscheinen. Auch Mythen können allenfalls begrenzt europäische Identität schaffen. „Ebensowenig wie die

Tab. 3.2: Von welchen der folgenden geographischen Einheiten haben Sie das Gefühl, ihnen anzugehören? (in %)

	Europa 1981		Europa 1990	
	1. Wahl	2. Wahl	1. Wahl	2. Wahl
Stadt/Kommune	42	19	39	17
Provinz/Region	15	28	17	27
jeweiliges Land	27	30	26	29
Europa	4	8	5	12
die ganze Welt	9	7	9	8
weiß nicht	4	8	2	4

Quelle: Kerkhofs 1994: 41

pure Geographie vermag die Mythologie die Frage nach Wesen und Grenzen Europas zu beantworten" (Münkler).

Eine Assoziation zu Rousseaus „Zivilreligion" verschiebt die Akzente auf den Glauben an die Rechtmäßigkeit einer Grundordnung. Ein solcher „Verfassungspatriotismus" (Dolf Sternberger) umfaßt den Glauben an ein bestimmtes Verfassungssystem, das aus Werten und Institutionen besteht. Die Pariser Charta der KSZE von 1990 schreibt z. B. die Werte Demokratie, Gewaltverzicht, Menschenrechte und Marktwirtschaft vor. In spezifizierter Form gibt der eingangs zitierte Art. F des EU-Vertrages Regierungssysteme auf demokratischen Grundsätzen, die Grundrechte der Konvention zum Schutz der Menschenrechte und gemeinsame Verfassungsüberlieferungen an.

Art. F EUV

(1) Die Union achtet die nationale Identität ihrer Mitgliedstaaten, deren Regierungssysteme auf demokratischen Grundsätzen beruhen.

(2) Die Union achtet die Grundrechte, wie sie in der am 4. November 1950 in Rom unterzeichneten Europäischen Konvention zum Schutze der Menschenrechte und Grundfreiheiten gewährleistet sind und wie sie sich aus den gemeinsamen Verfassungsüberlieferungen der Mitgliedstaaten als allgemeine Grundsätze des Gemeinschaftsrechts ergeben.

(3) Die Union stattet sich mit den Mitteln aus, die zum Erreichen ihrer Ziele und zur Durchführung ihrer Politiken erforderlich sind.

Als Kriterien zur Aufnahme in die Europäische Union – die als ge-

Tab. 3.3: Wenn es ein Referendum über Zustimmung zu den Maastrichter Verträgen gäbe, würden Sie für oder gegen der Verträge stimmen?

	dafür	dagegen	unentschieden
Belgien	53	11	35
Dänemark	43	48	9
Deutschland	44	30	26
Griechenland	58	15	28
Spanien	34	16	50
Frankreich	45	38	17
Irland	55	24	22
Italien	55	10	35
Luxemburg	56	22	23
Niederlande	62	18	20
Portugal	43	11	47
Großbritannien	26	43	31
EG 12	43	27	30

Quelle: Eurobarometer, November 1992

meinsame Identitätsmerkmale der Mitgliedstaaten mit den Beitrittsanwärtern verstanden werden können – gelten die institutionelle Stabilität von Demokratie und Rechtsstaatlichkeit, die Wahrung der Menschenrechte, der Schutz von Minderheiten und eine funktionsfähige Marktwirtschaft. Eine für den politischen Zusammenschluß maßgebliche europäische Identität ergibt sich damit nicht über Begriffe wie Kulturnation, Klassennation oder Volksnation, sondern über eine „Staatsbürgernation" (Rainer Lepsius), denn die Merkmale werden vor allem über politische Entscheidungsprozesse hergestellt. Die europäische Multikulturalität, die als ein Nebeneinander vieler Kulturen aus dem gleichen Raum grundsätzlich Toleranz für anderes impliziert, findet aber auch Grenzen. Mit dem islamischen Fundamentalismus beispielsweise reibt sich die säkulare Staatsauffassung des Westens.

Anders als im Schmelztiegel Amerikas sind in Europa räumlich abgeschlossene Nationalkulturen entstanden. Die US-amerikanische Dominanz der „wasp"-Kultur (white, anglo-saxon, protestant) kann daher nicht als multikulturelles Beispiel dienen. Es ist

Tab. 3.4: Wenn man Ihnen morgen sagen würde, die EG existiere nicht mehr, täte Ihnen das sehr leid, wäre Ihnen das egal oder wären Sie erleichtert?

	täte mir leid	wäre mir egal	wäre erleichtert	weiß nicht
Belgien	41	43	6	9
Dänemark	48	29	16	8
Deutschland	44	32	12	12
Griechenland	53	33	5	10
Spanien	45	41	8	6
Frankreich	47	32	14	8
Irland	53	34	7	6
Italien	58	29	4	10
Luxemburg	60	28	5	7
Niederlande	55	31	6	9
Portugal	44	43	3	10
Großbritannien	25	41	28	7
EG 12	45	34	12	9

Quelle: Eurobarometer; November 1992

nicht zu sehen, daß die „Vereinigten Staaten von Europa nach dem Modell der Vereinigten Staaten von Amerika" gebildet werden könnten. Münch (1993: 311) geht mit seiner Aussage, „die multikulturelle Gesellschaft [sei] nur auf Kosten des langsamen Abbaus der Kulturunterschiede lebensfähig, wodurch sie sich langsam selbst" aufhebe, zu weit. Münch schreibt: „Die Kulturen der Welt fangen wir in einer Einheitskultur ein, die sich Multikulturalität als eine Sammlung partikularer, in die Privatsphäre verbannter Kulte unter dem Dach ihres eigenen Universalitätsanspruches leistet" (ebd.: 320). Wahrscheinlich denkt Münch hierbei an stehengebliebene „Kulte" ausgewanderter Italiener oder Deutscher in die USA. Die Nationalkulturen sind in Europa viel zu ausgeprägt, als daß sich daraus Kulte entwickeln könnten.

Europäische Identität drückt sich in äußerer Handlungsfähigkeit und innerer Solidarität aus. Als Politikmodell kommt hierfür, soweit ich sehe, nur der Föderalismus in Frage, auch wenn dieses Politikmodell vielen europäischen Staaten fremd ist oder für frem-

Tab. 3.5: Halten Sie die Europäische Union für eine gute oder für eine schlechte Sache?

	gute Sache	schlechte Sache	unent-schieden	keine Angaben
Belgien	61	7	29	3
Dänemark	53	22	23	2
Deutschland	61	10	24	5
BRD – Ost	52	8	33	7
BRD – West	63	11	22	4
Griechenland	65	8	22	5
Spanien	48	18	28	6
Frankreich	58	12	27	3
Irland	82	5	10	3
Italien	70	5	17	8
Luxemburg	80	5	13	2
Niederlande	77	4	15	4
Portugal	56	11	28	5
Großbritannien	43	22	28	7
EG 12	58	12	25	5

Quelle: Eurobarometer

de Zwecke eingesetzt wird. Einige britische Politiker z. B. sehen im europäischen Föderalismus lediglich ein Aufblähen der Brüsseler Bürokratie. „Federal" bedeutet im angelsächsischen Kontext bundes- bzw. zentralstaatlich. Regionalistische Politiker z. B. in Katalonien oder Irland verbinden mit dem europäischen Föderalismus ein Instrument, um von der nationalen Zentrale wegzukommen oder die Dominanz der ehemaligen Referenzkultur abzustoßen. Beide Impulse haben mit dem Grundgedanken des Föderalismus nichts zu tun, der in der Einheit der Vielfalt besteht und ein abgestuftes System von Loyalitäten, Institutionen und horizontalen wie vertikalen Verflechtungen kennt.

Europa, so muß das Resümee lauten, lebt aus Spannung, Vielfalt und Veränderung. Die Spannungen und Gegensätze äußern sich in Dualismen wie Stadtstaaten versus Imperien, Rationalismus versus Irrationalismus, Kleinflächigkeit versus Großflächigkeit oder Verteidigung versus Aggression. Die europäische Vielfalt besteht aus dem Pluralismus unterschiedlicher Kulturen, unterschiedlicher Sprachen – im Europa der Fünfzehn existieren elf offizielle Sprachen –, der Pluralität der Nationen und politischen Regierungssysteme. Die europäischen Veränderungen sind in der Idee des Fortschritts und der Akzelleration von Ereignissen zu sehen. Mit anderen Worten: Gegensätze, Vielfalt und Veränderungen sind das Kennzeichen Europas. Zusammengeführt bzw. zusammengehalten wird das Ganze durch gemeinsame historische Erfahrungen und Erinnerungen, durch die Verpflichtung auf gemeinsame Werte, durch die Kongruenz von Interessen und durch die gemeinsame Bedrohung von außen.

Kapitel 4

Das Institutionensystem der Europäischen Union

Es ist schon gesagt worden, daß das europäische Institutionensystem *zwischen Intergouvernementalismus und Supranationalismus* liegt. Es gibt zwischenstaatliche Zusammenarbeit und vergemeinschaftete Politikbereiche. Die angestrebte politische Union befindet sich auf dem äußersten Extrem politischer Vergemeinschaftung. Auch die ökonomische Integration wird mit der Wirtschafts- und Währungsunion eine Integrationstiefe erreichen, die weder von einer Freihandelszone noch von einer Zollunion oder einem einheitlichen Binnenmarkt erreicht wird (siehe Schaubild 4.1).

Die Verbindung von zwischenstaatlicher Kooperation und gemeinschaftlicher Politik ergibt ein *originäres institutionelles System* sui generis. Im Gegensatz zu nationalen und transnationalen Institutionen ist eine „dritte Ebene" mit genuin eigenen Befugnis-

Schaubild 4.1: Leitbilder der europäischen Integration

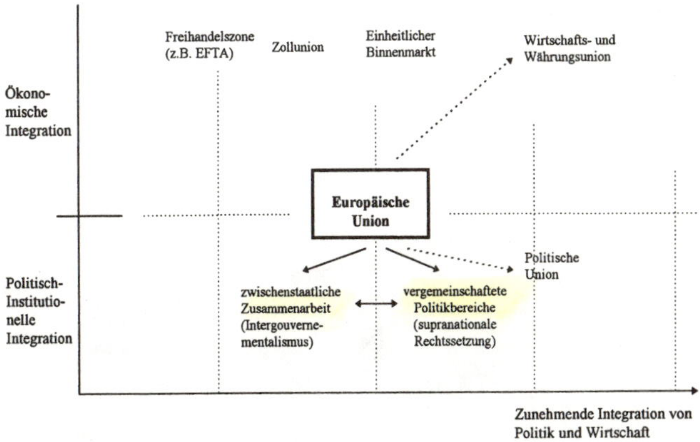

Nach Platzer 1992: 36.

sen entstanden. Die EU markiert auch ein *vielschichtiges politisches System*. In diesem Mehrebenensystem stehen staatliche (z. B. im Ministerrat), nichtstaatliche (z. B. im Wirtschafts- und Sozialausschuß) und regionale (im Ausschuß der Regionen) Akteure nebeneinander. Das heutige Gebilde kann in seiner Komplexität am besten mit dem Begriff „Netzwerk" erfaßt werden. Die Europäische Union gleicht eher einem komplizierten mechanischen Gebilde als einer hierarchisch gegliederten (wie z. B. die chinesische Gesellschaft) oder anarchisch zusammengesetzten (wie z. B. die arabische Welt) politischen Gemeinschaft (siehe auch Schaubild 4.2). Vor der Diskussion der Institutionen im einzelnen sollen ei-

Schaubild 4.2: Typische Organisationsformen

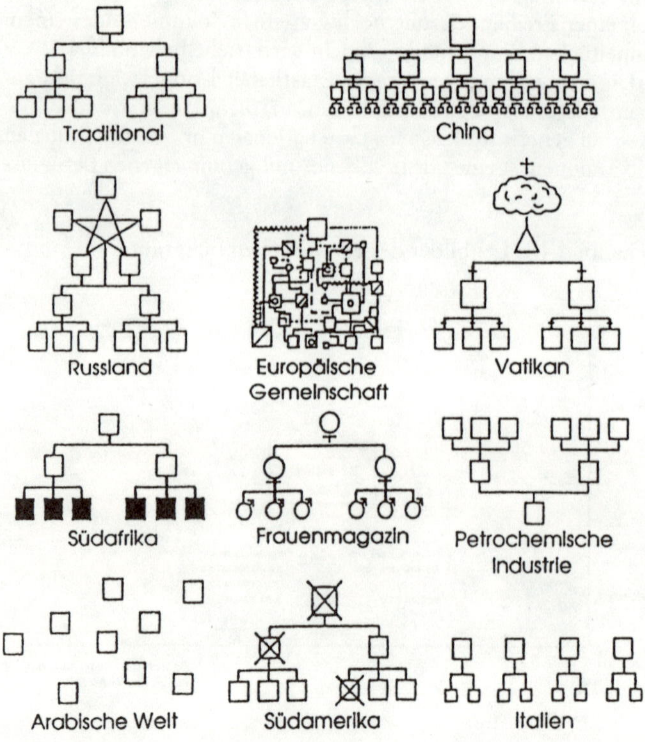

Sehr wichtig!

nige allgemeine Problemkreise unter der Leitfrage angesprochen werden: Um welche Art von Union handelt es sich?

Die vier charakteristischen Merkmale der Europäischen Union

Betrachtet man die Entwicklungsbedingungen des europäischen Integrationsprozesses bis hierher, fallen vier Merkmale ins Auge: Prozeß, Institutionen, Mehrebenenstruktur, Gleichheit bei Ungleichheit.

1. *Prozeß:* Die Entwicklung von einem sektoralen zu einem gemeinsamen Markt, später zu einer Wirtschaftsgemeinschaft und schließlich zur Europäischen Union kann als kontinuierlicher Verhandlungsprozeß mit einem noch immer offenen Ende verstanden werden. Bestimmte Stufen der Institutionalisierung und verschiedene Phasen können identifiziert werden (vgl. Kapitel 1). Perioden mit ernsthaften Krisen- und Stagnationszeichen standen dabei visionären Entwürfen von intellektuellen und politischen Führungskräften, die neue Entwicklungsstufen eines geeinten Europas vorwegnahmen, gegenüber. Viele dieser Prozesse verliefen nacheinander oder parallel auf unterschiedlichen Politikebenen. Der Unterschiedlichkeit der Politikbereiche stand jedoch personelle Konstanz entgegen. Diese Form der Interaktion derselben politischen Akteure in verschiedenen Rollen ermöglichte im historischen Rückblick einen besseren Informationsfluß und ein größeres Verständnis für die Interessenlage des jeweiligen Verhandlungspartners. Durch erhöhte Kommunikation konnten Verhandlungskosten entscheidend verringert werden (vgl. Griffith 1995). Darüber hinaus erlaubten die zunehmend vernetzten Entscheidungsstrukturen der europäischen Politik die kollektive Stärkung der gemeinsamen Werte, Prinzipien, Normen und Erwartungen, die für die Evolution eines Verhandlungsregimes unerläßlich sind.

2. *Institutionen:* Die Europäische Union stellt im Hinblick auf die vorgegebene Verhandlungsstruktur ein in seiner Art einmaliges institutionelles Gefüge dar. Sie kombiniert mit der Kommission, dem Europäischen Parlament und dem Europäischen Gerichtshof, dem Europäischen Rat, dem Ministerrat und der EPZ supranationale und intergouvernementelle Institutionen. Dieses Nebeneinander von supranationalen und intergouvernementellen Elementen determiniert die innergemeinschaftlichen Verhandlungsprozesse in einer von internationalen Organisationen sehr unterschiedlichen

Art und Weise. Die Gemeinschaftsinstitutionen (Parlament, Kommission, EuGH) stehen für den supranationalen Charakter der Union. Die Existenz von Organen, die unabhängig von den einzelnen Nationalstaaten sind, erlaubt ein Vorantreiben der Integration und stellt in Verhandlungssackgassen gegebenenfalls die Rolle eines unabhängigen Schiedsrichters zur Verfügung. Diese Institutionen ermöglichen zudem ein mit wenig Koordinationskosten verbundenes Nachkommen internationaler Verpflichtungen und reduzieren mittels der geschaffenen Transparenz durch mangelnden Informationsfluß verursachte Risiken. Ebenso kann eine supranationale Organisationsform mit einem unabhängigen zentralen Organ wie der Europäischen Kommission – die mit einer Initiativfunktion in bezug auf Gesetzesakte und Themensetzung ausgestattet ist – schneller und flexibler auf Krisenentwicklungen reagieren als eine rein intergouvernementelle Körperschaft. Der Europäische Gerichtshof als drittes großes Gemeinschaftsorgan ist darüber hinaus befähigt, mittels der Implementierung von Gemeinschaftsrecht und der daraus resultierenden Erosion der Grenze zwischen nationalem und gemeinsamem Recht eine aktive Rolle für eine engere Integration zu spielen (Griffith 1995).

3. *Mehrebenenstruktur:* Als drittes Charakteristikum der Europäischen Union kann deren Mehrebenensystem gesehen werden. An dieser Stelle fließen die Ansätze mehrerer integrationstheoretischer Schulen ineinander. Nach der realistischen Schule ist die europäische Arena von rationalen und einheitsstaatlichen (unitarischen) Akteuren beherrscht (Morgenthau 1946; Aron 1967), die bei den Neorealisten darüber hinaus auf gleicher Ebene miteinander kooperieren können (Gilpin 1981; Waltz 1979; Stein 1990). Die neoliberale Schule geht von den Vorteilen von Kooperation zwischen den nationalen Regierungen und den Gemeinschaftsinstitutionen aus (Keohane 1984, Haas 1990). In der funktionalistischen Gedankenschule spielen die subnationalen und nichtgouvernementalen Akteure eine große Rolle (Mitrany 1975; Haas 1958; Lindberg 1963). Aus Sicht des Neofunktionalismus wird durch Problemlösungsansätze in Teilbereichen (low politics) über spill-over-Effekte der Weg zur Kooperation im Bereich der high politics bereitet (Haas 1964). Schon bei einer oberflächlichen Betrachtung läßt sich feststellen, daß alle hier genannten Ansätze jeweils nur für Teile des europäischen Einigungsprozesses Erklärungskraft besitzen. Der politische Prozeß der EU beruht auf ver-

schiedenen, sich vermischenden Politikebenen, auf unterschiedlichen Akteuren und auf diversifizierten Themenbereichen. Er kann als Multiebenen-, Multiagenten- und Multithemenunternehmen charakterisiert werden. Aus verhandlungstheoretischer Sicht verheißt das Nebeneinander einer begrenzten Entscheidungselite und mehrerer Ebenen der Entscheidungsfindung ein weites Kompromißpotential, welches durch persönliche Verflechtung und beträchtliche Nebeneffekte (side-payments) gesichert ist. Die Europäische Union ist über die Jahre zu einem „komplexen Organisationsnetzwerk“ (Powell 1988) mit entsprechenden Interdependenzen und Interaktionen geworden (Keohane/Hoffmann (Hrsg.) 1991). Das System der überlappenden Autoritäten und multiplen Loyalitäten ist als „New Medievalism“ bezeichnet worden (Bull 1984: 13). In den Vordergrund sind allerdings eher die sich eröffnenden Chancen durch einen leichteren Informationsfluß, die Möglichkeit von Paketlösungen, Log-rolling (= Stimmen-Handel) etc. zu rücken.

4. *Gleichheit bei Ungleichheit:* Als weitere charakteristische Eigenschaft der EU können deren homogenisierende und ausgleichende Prinzipien beim Schutz von Minderheiten gelten. Diese werden durch institutionelle Prozeduren und durch Umverteilung von Ressourcen gewährleistet (Shackelton 1991: 591). Das Schutz- und Ausgleichsprinzip kann auf die föderalistische Denkschule zurückgeführt werden (Laufer 1974; Pfetsch 1985: 78). Es beeinflußt Verhandlungsprozeduren innerhalb der EU durch seine Ausrichtung auf Solidarität. Hier ist die Basis des vielzitierten Gemeinschaftsgeistes zu suchen. Entscheidend ist die Trennung von wirtschaftlichem Gewicht und Entscheidungsmacht: „The Community combines equal votes with unequal contributions, and thereby prevents larger states from monopolizing the policy agenda. [...] The commitment to the search for consensus, however long it takes, the resistance to any forms of differentiation between members, and the dislike of leadership are important sources of stability and serve to hold the group together“ (Shackelton 1991: 591).

Formaljuristisch besteht das Institutionensystem der EU aus fünf Organen: (1) dem Ministerrat und Rat der Europäischen Union (zusammengefaßt zu einer Institution), (2) der Europäischen Kommission, (3) dem Europäischen Parlament, (4) dem Europäischen Gerichtshof und (5) dem Europäischen Rechnungshof. Hinzu kommen weitere Institutionen, die politisch von Bedeutung sind, aber nicht als EU-Organe im engeren Sinne zählen. Hierzu sind der Wirtschafts- und Sozialausschuß (WSA), der Ausschuß der Regionen (AdR) und die Europäische Investitionsbank (EIB) zu rechnen. Weitere Institutionen, die in Verbindung mit den Maastrichter Verträgen geschaffen wurden und zum Teil an entsprechender Stelle näher behandelt werden, sind das Europäische Währungsinstitut (EWI) mit Sitz in Frankfurt, das Zentrum für die Förderung der Berufsbildung (CEDEFOP), die Europäische Umweltagentur, das Europäische Polizeiamt (EUROPOL) und eine ganze Reihe weiterer neuer Institutionen.

4.1. Das Verfassungs- und Normensystem der EU

Als Basis eines europäischen „Grundgesetzes" dienen die Gründungsverträge von EGKS, Euratom und EWG sowie die Änderungen durch die Einheitliche Europäische Akte und den Vertrag über die EU (Maastrichter Vertrag). Als primäres Gemeinschaftsrecht bestehen die drei Gründungsverträge auch nach dem Inkrafttreten des EU-Vertrages fort. Rechtsakte müssen nach geltendem EU-Verständnis aus den Gründungsverträgen folgen. Die neuen „Säulen" des EU-Vertrages, die Gemeinsame Außen- und Sicherheitspolitik (GASP) und die Zusammenarbeit in den Bereichen Justiz und Inneres (ZJI) gelten so nur als gemeinsame Beschlüsse, deren Aktionen und Standpunkte zeitlichen Umständen, nicht aber einer verfassungsgemäß festgelegten allgemeingültigen Norm entsprechen.

Aus juristischer Sicht kann der EG-Vertrag als verfassungsähnlich – wie z. B. die Satzung der Vereinten Nationen – verstanden werden. In einem Urteil des (deutschen) Bundesverfassungsgerichtes heißt es: „Der EWG-Vertrag ist gewissermaßen die Verfassung der Gemeinschaft". Auch der Europäische Gerichtshof hat den Vertrag als „Verfassungsurkunde" der Gemeinschaft bezeichnet. Eine Verfassung muß nicht im engen Sinn einen Verfassungstext implizieren. Allgemeiner kann von einer Verfassung als der „in eine besondere Rechtsform gekleideten politischen Grundordnung eines Staates" (Schmidt 1995: 990) ausgegangen werden.

Von Charles de Gaulle stammt die Aussage: „Une constitution, c'est un esprit, des institutions, une pratique". Hier wird ein für den europäischen Einigungsprozeß wesentliches Verfassungsverständnis angesprochen. Verfassungen umfassen demnach Werte, Grundrechte und eine Wertordnung („esprit"), die im europäischen Fall mit Frieden und Freiheit umrissen werden könnten. Neben Organen („institutions") sind mit der europäischen Verfassung zudem noch Prozeduren und Verfahren („pratique") verbunden.

Als Besonderheit der Verfassung der EU ist deren Flexibilität hervorzuheben. Da den bisher nur in großen Abständen erfolgten Vertragsrevisionen (z. B. Maastricht) fortlaufende Entscheidungen im Ministerrat und vor allem auf den Treffen der europäischen Staats- und Regierungschefs im Europäischen Rat entgegenstehen, kann eine fortwährende Verfassungsentwicklung konstatiert werden. Der Passage der Präambel des EWG-Vertrages, den „immer engeren Zusammenschluß der europäischen Völker zu schaffen", ist somit im historischen Rückblick Genüge getan worden. Dieser Tendenz wird auch institutionell entsprochen:

Art. 235 EGV

Erscheint ein Tätigwerden der Gemeinschaft erforderlich, um im Rahmen des Gemeinsamen Marktes eines ihrer Ziele zu verwirklichen und sind in diesem Vertrag die hierfür erforderlichen Befugnisse nicht vorgesehen, so erläßt der Rat einstimmig auf Vorschlag der Kommission und nach Anhörung des Europäischen Parlaments die geeigneten Vorschriften.

Der fortwährende Verfassungsgebungsprozeß in der Europäischen Union kennt fünf Ziele (Bieber 1991: 400):

- die Artikulation eines Mindestkonsenses über eine Wertordnung,
- die Bereitstellung von Institutionen und damit einer „Organstruktur",
- die Gewährleistung von Verfahren zur fortdauernden Legitimitätsgewinnung und Konfliktschlichtung,
- die Erhaltung der Flexibilität der Verfassung, also der Möglichkeit zu Verfassungsänderung,
- die Gewährleistung der Befolgung der Verfassung.

Aus politologischer Sicht sind die Institutionen, die Politikbereiche und bestehenden Fonds wichtige Bestandteile der EG-Verträge. Damit wären die Organe, Verfahren und die Finanzierungsdi-

Schaubild 4.3: So funktioniert die EU

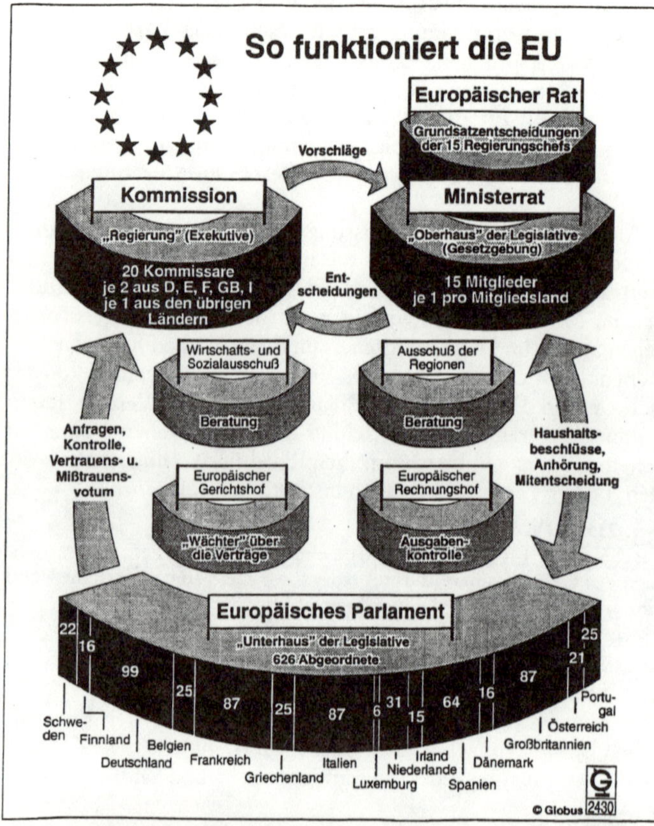

mension (Fonds, Finanzierungsinstitute und Europäische Zentralbank) des europäischen Einigungsprozesses erfaßt.

Dem Verfassungsrecht nachgeordnet sind die Rechtsakte der europäischen Union, die drei Typen aufweisen:

1. *Verordnungen* (engl. regulations) dienen der Rechtsvereinheitlichung, gelten für alle EU-Mitglieder und stehen über nationalem Recht. In der EGKS wurden diese Akte als „allgemeine Entscheidungen" bezeichnet. Die Parlamente der Mitgliedstaaten können EU-Verordnungen nicht ändern.

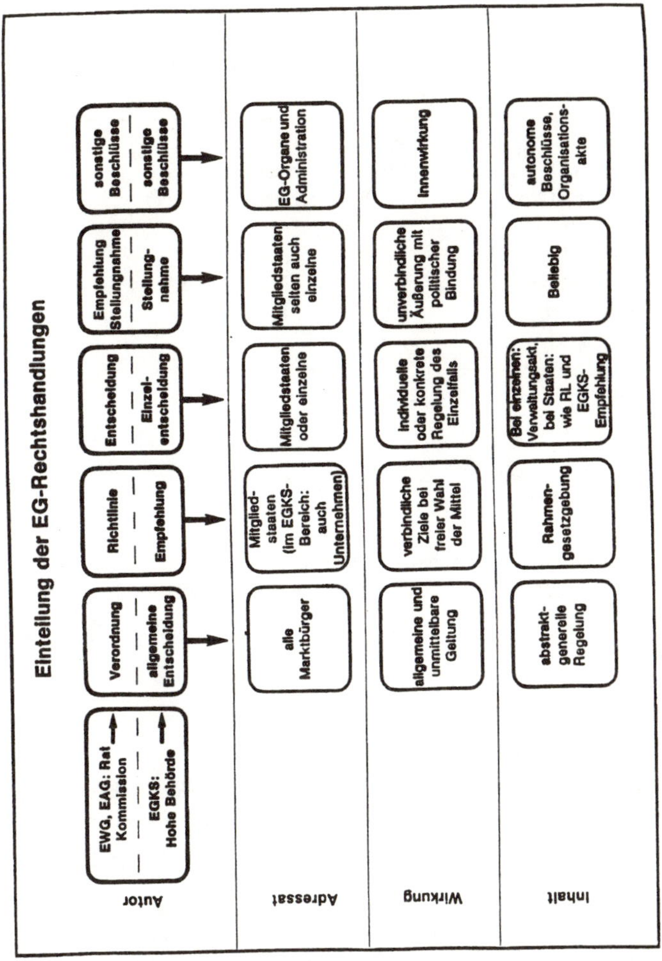

Schaubild 4.4: Einteilung der EG-Rechtshandlungen

2. Das Ziel von *Richtlinien* (engl. directives) ist die Rechtsangleichung. Als verbindlich wird nur das angestrebte politische Ziel erklärt. Über die anzustrebende Verwirklichung bestimmen die

Tab. 4.1: Umsetzung von Richtlinien in nationale Gesetze bis Ende 1995

Land	%	Land	%
Dänemark	97,9	Frankreich	92,7
Italien	88,7	Spanien	93,1
Großbritannien	95,0	Portugal	90,0
Belgien	89,5	Luxemburg	94,2
Niederlande	97,2	Irland	92,8
Deutschland	92,9	Griechenland	89,8
Schweden	93,0	Österreich	84,2
Finnland	70,5		

Quelle: Das Parlament Nr. 42, 11. 10. 1996

Parlamente mit. Die Richtlinien entsprechen den „Empfehlungen" der EGKS.

3. In *Entscheidungen* (engl. decisions) werden Einzelfälle verbindlich geregelt. Entscheidungen – in der EGKS hieß diese Art von Festlegung „individuelle Entscheidung" – gelten unmittelbar, können jedoch von den nationalen Staaten individuell umgesetzt werden.

Gemeinschaftsrecht versus nationales Recht (Beispiel Bundesrepublik Deutschland)

Da das heutige Verfassungsrecht sich in den europäischen Staaten im Rahmen des geschlossenen Nationalstaates des neunzehnten Jahrhunderts entwickelte, ist die nationale Souveränität noch heute das konstituierende Verfassungselement aller EU-Staaten. Seit dem Zweiten Weltkrieg wurde das Prinzip der nationalen Souveränität in zweifacher Hinsicht modifiziert. Zum einen wurde internationales Recht zum Bestandteil nationaler Verfassungen. Zum anderen wurde in einigen Verfassungen die Möglichkeit festgeschrieben, nationalstaatliche Kompetenzen an internationale Organisationen zu transferieren.

In fast allen Verfassungen findet sich der Hinweis, internationales Recht fließe in die Verfassung ein oder sei dieser sogar übergeordnet. Bis auf die belgische Verfassung erlauben auch alle Verfassungen der EU-Staaten einen Transfer von Kompetenzen. Manche Verfassungen drücken die Möglichkeit allerdings klarer aus als andere. Ausdrücklich regeln die Verfassungen der Bundesrepublik (Art. 23, Art. 24.2 GG), Dänemarks (Art. 20), Griechenlands (Art. 28), Irlands (Art. 29.3/4), Italiens (Art. 11), der Niederlande (Art. 92), Portugals (Art. 8,3) und Spaniens (Art. 93) die Übertragung nationalstaatlicher Kompetenzen. In einigen Ländern erstrecken sich die entsprechenden Artikel nur auf Teilbereiche der Transferierung (prozedurale Bestimmungen in Frankreich, nur vorübergehende Transfers in Luxemburg), in wieder anderen ist die Frage der Übertragung von Kompetenzen gar nicht geregelt (vgl. Pfetsch 1994 b).

Die Maastrichter Verträge hatten in Fragen der Visum-Politik, der Staatsbürgerschaft und des Wahlrechtes rechtliche Harmonisierungen und Anpassungen in den beteiligten Ländern Frankreich, Belgien, Luxemburg, Irland, Spanien, Portugal und Deutschland erforderlich gemacht. In der Bundesrepublik wurde das Grundgesetz mehrfach modifiziert. In der Präambel beispielweise wird seit dem 23. September 1990 das deutsche Volk „als gleichberechtigtes Glied in einem vereinten Europa" angeführt. Gleich an sechs verschiedenen Stellen wurde das Grundgesetz am 21. Dezember 1992 geändert:

Art. 23 GG (Prinzipen der EU)
Zur Verwirklichung eines vereinten Europas wirkt die Bundesrepublik Deutschland bei der Entwicklung der Europäischen Union mit, die demokratischen, rechtsstaatlichen, sozialen und föderativen Grundsätzen und dem Grundsatz der Subsidiarität verpflichtet ist und einen diesem Grundgesetz im wesentlichen vergleichbaren Grundrechtsschutz gewährleistet. Der Bund kann hierzu durch Gesetz mit Zustimmung des Bundesrates Hoheitsrechte übertragen.

Weiterhin ist im neuen Artikel 23 GG festgehalten, daß für die Begründung der EU und deren vertragliche Grundlagen die Ewigkeitsklausel, die in Art. 79 Abs. 3 GG unter anderem die grundsätzliche Mitwirkung der Länder bei der Gesetzgebung für unveränderbar erklärt, Anwendung findet. Für Änderungen des Grundgesetzes durch andere die europäische Einigung tangierende Fragen ist eine Zweidrittelmehrheit im Bundesrat und im Bundestag erforderlich (Art. 79 Abs. 2 GG).

In Artikel 24 (Übertragung von Hoheitsrechten auf zwischenstaatliche Einrichtungen) wurde Abs. 1 a eingefügt:

Art. 24 Abs. 1 a GG
Soweit die Länder für die Ausübung der staatlichen Befugnisse und die Erfüllung der staatlichen Aufgaben zuständig sind, können sie mit Zustimmung der Bundesregierung Hoheitsrechte auf grenznachbarschaftliche Einrichtungen übertragen.

Artikel 28 (Bundesgarantie für Landesverfassungen; Gewährleistung der kommunalen Selbstverwaltung) Abs. 1 legt ein aktives und passives Wahlrecht für EU-Bürger auf kommunaler Ebene fest:

Art. 28 Abs. 1 GG
Bei Wahlen in Kreisen und Gemeinden sind auch Personen, die die Staatsangehörigkeit eines Mitgliedstaates der Europäischen Gemeinschaft besitzen, nach Maßgabe von Recht der Europäischen Gemeinschaft wahlberechtigt und wählbar.

Artikel 45 GG (Ausschuß für die Europäische Union)
Der Bundestag bestellt einen Ausschuß für die Angelegenheiten der Europäischen Union.

Artikel 50 GG (Aufgabe des Bundesrates)
Durch den Bundesrat wirken die Länder bei der Gesetzgebung und Verwaltung des Bundes und in Angelegenheiten der Europäischen Union mit.

Art. 52 Abs. 3 a GG (Präsident, Geschäftsordnung des Bundesrates)
Für Angelegenheiten der Europäischen Union kann der Bundesrat eine Europakammer bilden, deren Beschlüsse als Beschlüsse des Bundesrates gelten.

Art. 88 GG (Europäische Zentralbank)
Der Bund errichtet eine Währungs- und Notenbank als Bundesbank. Ihre Aufgaben und Befugnisse können im Rahmen der Europäischen Union der Europäischen Zentralbank übertragen werden, die unabhängig ist und dem vorrangigen Ziel der Sicherung der Preisstabilität verpflichtet.

Besondere Aufmerksamkeit galt im Vorfeld einem Beschluß des Bundesverfassungsgerichts, das am 8. Oktober 1993 über die Anwendbarkeit der Ewigkeitsklausel in Art. 79,3 GG zu entscheiden hatte. Im Kern ging es den klageführenden Ländern um Beteiligung am Einigungsprozeß. In den föderalen Einheiten ging die Sorge um, bei wichtigen Entscheidungen übergangen zu werden. Nach dem Urteil des Bundesverfassungsgerichtes steht der Maastrichter Vertrag jedoch in seiner bestehenden Form in Einklang mit dem Grundgesetz und vor allem mit dessen neugefaßtem Artikel 23. Im Urteil heißt es: „Die Bundesrepublik ist [...] auch nach dem Inkrafttreten des Unions-Vertrages Mitglied in einem Staatenverbund, dessen Gemeinschaftsgewalt sich von den Mitgliedstaaten ableitet und im deutschen Hoheitsbereich nur kraft des deutschen Rechtsanwendungsbefehls (d. h. Zustimmungsgesetzes) verbindlich wirken kann." Deutschland ist „einer der Herren der Verträge, die ihre Gebundenheit an den auf unbegrenzte Zeit geschlossenen Unions-Vertrag mit dem Willen zur langfristigen Mitgliedschaft begründet haben, diese Zugehörigkeit aber letztlich durch einen gegenläufigen Akt auch wieder aufheben könnten". Es ist allerdings zu unterstreichen, daß der EU-Vertrag keine Ausstiegsklausel enthält. Laut Vertrag sind die Gemeinschaftsorgane an den „gemeinsamen Willen" der in der EU zusammengeschlossenen Staaten gebunden (Kollektivkraft). Möchte somit ein Land die EU verlassen, müssen alle übrigen Mitgliedstaaten dazu ihre Zustimmung geben.

Der Problematik der europäischen Institutionen vorgelagert ist die Frage, aus welchen Gründen und Motiven sich Staaten überhaupt zusammenschließen. Es können verschiedene Schulen aufgeführt werden, die Zusammenschlüsse von Staaten zu erklären versuchen (vgl. Pfetsch 1994: 193–200). Ansätzen wie dem (Neo-) Funktionalismus, dem Kommunikationsansatz Karl Deutschs, dem Föderalismusansatz, dem Konzept der Dritten Kraft oder der Magnettheorie kann jeweils eine gewisse Erklärungskraft zugeschrieben werden. Zur alleinigen theoretischen Untermauerung des europäischen Einigungsprozesses führt jedoch keiner dieser Ansätze.

Überblick über die europäischen Institutionen

Aus politologischer Sicht bestehen in der EU vier politische Institutionen im engeren Sinne: der Rat, die Kommission, das Parlament und der Europäische Gerichtshof. Da die formaljuristisch fünfte Institution, der Rechnungshof, keine wichtigen Befugnisse hat, soll an dieser Stelle von ihr abgesehen werden.

1. Als zwei Ausprägungen einer zentralen Institution gelten der *Ministerrat* (auch „Der Rat" oder „Rat der Europäischen Union") und der *Europäische Rat*, bestehend aus jeweils fünfzehn Mitgliedern. Der Ministerrat besteht aus den nationalen Fach-

Schaubild 4.5: Aufgaben der EG-Organe

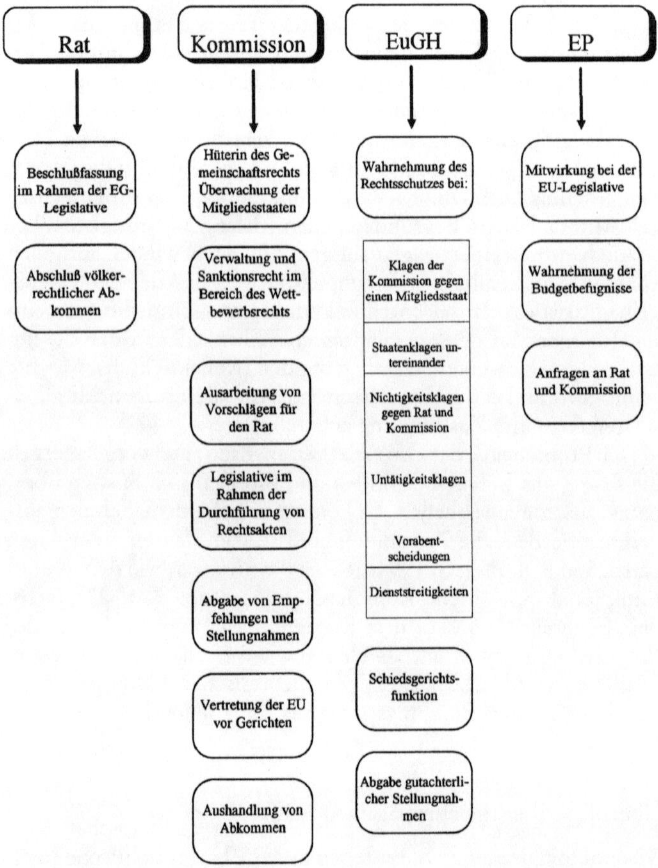

ministern und gilt als wichtigstes gesetzgebendes Organ der EU. Es umfaßt die nationalen Fachminister unterschiedlicher Ressorts. Es gibt also viele Ministerräte, so den Außenministerrat, den Agrarministerrat, den Rat der Postminister etc. Der Europäische Rat setzt sich aus den Staats- und Regierungschefs der Mitgliedstaaten zusammen. Der Europäische Rat trifft sich auf zweimal jährlich stattfindenden EU-Gipfeln und legt die großen Leitlinien der Gemeinschaftspolitik fest. Beschlüsse des Europäischen Rates stellen oft Aufträge an den Ministerrat dar.

2. Die *Europäische Kommission* (oder einfach die Kommission) mit zwanzig Kommissaren repräsentiert den Gemeinschaftsgeist der Union. Von der Kommission gehen Gesetzesinitiativen aus. Weiterhin übernimmt sie die Aufgaben der europäischen Verwaltung und repräsentiert die EU in internationalen Gremien.
3. Das *Europäische Parlament* (auch Europaparlament, EP) mit 626 Europaabgeordneten beteiligt sich in unterschiedlichen Verfahren an der Ausarbeitung der Rechtsakte der Union.
4. Der *Europäische Gerichtshof* (EuGH) sorgt für die Einhaltung von EU-Recht. Vor dem EuGH können Mitgliedstaaten, die EU-Organe, Unternehmen und einzelne Bürger klagen. Der Gerichtshof übt richterliche Kontrolle aus und sorgt durch Auslegung des Vertragsrechts für die gemeinschaftskonforme Weiterentwicklung der EU.

Darüber hinaus lassen sich drei weitere Organe als europäische Institutionen bezeichnen:

5. Der *Wirtschafts- und Sozialausschuß* (WSA) umfaßt 222 Vertreter nichtstaatlicher Organisationen. Der Wirtschafts- und Sozialrat kann als beratendes Gremium zu Gemeinschaftsentscheidungen herangezogen werden.
6. Der *Ausschuß der Regionen* (AdR) besteht aus ebenfalls 222 Vertretern europäischer Gebietskörperschaften, die dem Rat und der Kommission beratend zur Seite stehen.
7. Der *Europäische Rechnungshof* überwacht die Haushaltsführung. Formaljuristisch macht der Rechnungshof das fünfte Organ der Europäischen Union aus.

Der Europäische Rat, die Kommission, das Europäische Parlament, der Europäische Gerichtshof sowie der Europäische Rechnungshof sind durch die Verankerung in den europäischen Vertragstexten als Organe der EU zu bezeichnen. Die prominenteste Stellung innerhalb des Institutionengefüges kommt allerdings dem Dreieck Europäischer Rat/Ministerrat–Kommission–Europaparlament zu. Als Vertreterin der Gemeinschaftsinteressen hat die Kommission eine dominierende Stellung inne. Der Rat als legislatives Organ und Vertreter der Mitgliedstaaten übt ebenfalls beträchtlichen Einfluß auf die Geschicke der Gemeinschaft aus. Das

Europaparlament, welches über die Europawahlen die europäischen Bürger repräsentiert, wirkt dagegen in einem geringeren Maße auf Gemeinschaftsentscheidungen ein. Der WSA und der AdR stehen dem Dreieck mit lediglich beratender Funktion bei.

Im Doppelcharakter zwischen Intergouvernementalismus und Supranationalität besteht ein wesentliches Merkmal der Union. Im engen Kreis der gemeinschaftlichen Entscheidungsorgane überwiegen mit der Kommission, dem Parlament und dem EuGH die eher als supranational zu bezeichnenden Gemeinschaftsorgane. In diesen hat sich im Laufe der Zeit ein ungeschriebener prozeduraler Codex, die sogenannte *Gemeinschaftsmethode*, herausgebildet. Nach Lindberg und Scheingold beinhaltet die Methode die folgenden Erwartungen und Praktiken:

- Die Mitgliedsregierungen unterstützen die Gemeinschaft, betonen die Vorteile und spielen die Möglichkeiten des Scheiterns herunter.
- Die Regierungen erkennen die Kommission als legitimen Verhandlungspartner und Sprecher ihrer kollektiven Interessen an.
- Verhandlungen werden im Sinne lösungsorientierten Verhandelns geführt und nicht im Sinne des Sieges eines Mitglieds oder einer Gruppe von Mitgliedern über andere.
- Alle Regierungen der Gemeinschaft gehen auf die Bedürfnisse und Interessen der anderen ein. Unakzeptables wird vermieden, kontroverse Themen werden verschoben.
- Regierungen und die Kommission sind kompromißbereit und in der Lage, Positionen im Sinne des gemeinsamen Interesses zu ändern.
- Alle Beteiligten stimmen darin überein, daß Konsens in allen strittigen Fragen gefunden werden soll und Verhandlungen so lange geführt werden, bis ein Übereinkommen erreicht ist (Lindberg/Scheingold 1970: 96–97).

Je nach Politikbereich kann ein gewisses Übergewicht entweder der supranationalen oder der intergouvernementalen Institutionen beobachtet werden. Vor allem in der Wirtschaftspolitik, aber zunehmend auch in anderen Bereichen gehen Kompetenzen an die Gemeinschaft über. In der Regel absorbiert hier – zumindest über das Initiativrecht in allen Rechtsaktfragen – die Kommission zusätzliche Primärkompetenzen, während im intergouvernementalen Rat nationale Kompetenzen dominieren. Das europäische Institutionensystem kennt drei Legislativorgane (Rat, EP, Kommission),

Tab.4.2: Stimmen und Stimmengewichtung in den EU-Organen

	Mitglieder der Kommission	Mitglieder im Parlament	Stimmen im Rat bei Mehrheitsentscheidung	Stimmen im Rat bei qualifizierter Mehrheit	Mitglieder im Wirtschafts- und Sozialausschuß	Mitglieder im Ausschuß der Regionen
Belgien	1	25	5	5	12	12
Dänemark	1	16	3	3	9	9
Deutschland	2	99	10	10	24	24
Griechenland	1	25	5	5	12	12
Spanien	2	64	8	8	21	21
Frankreich	2	87	10	10	24	24
Irland	1	15	3	3	9	9
Italien	2	87	10	10	24	24
Luxemburg	1	6	2	2	6	6
Niederlande	1	31	5	5	12	12
Österreich	1	21	4	4	12	12
Portugal	1	25	5	5	12	12
Finnland	1	16	3	3	9	9
Schweden	1	22	4	4	12	12
Großbritannien	2	87	10	10	24	24
	20	626	87	87	222	222

zwei Exekutivorgane (Kommission, Rat) und ein Jurisdiktionsorgan (EuGH).

Ein beträchtliches Demokratie- bzw. Legitimationsdefizit besteht in der Tatsache, daß weder die Kommission noch der Rat vor dem Europäischen Parlament verantwortlich sind. Während der Rat über die nationalen Parlamente indirekt legitimiert ist, unterliegen seine Entscheidungen keiner gebündelten parlamentarischen Kontrolle. Das Demokratiedefizit wird auch durch das Fehlen der erforderlichen Transparenz des politischen Prozesses auf europäischer Ebene verursacht. Da ein kollektives europäisches

Bewußtsein und der daraus resultierende „europäische Bürger“ bislang noch als Fiktion zu betrachten sind, kann auch eine europäische öffentliche Meinung noch nicht existieren.

Das Argument, Brüssel habe eine große Bürokratie aufgebaut, kann zumindest mit der Zahl der Beschäftigten nicht belegt werden. 1995 beschäftigte die Kommission 19 667, der Rat 2379, das Parlament 3827, der Gerichtshof 837 und der Rechnungshof 458 Personen, zusammen 27 168.

4.2. Europäischer Rat und Rat der Europäischen Union (Ministerrat)

Im EG-Vertrag behandeln die Artikel 145–154 die Rolle des Rates innerhalb der Gemeinschaft.

Art. 145 EGV

Zur Verwirklichung der Ziele und nach Maßgabe dieses Vertrages

- sorgt der Rat für die Abstimmung der Wirtschaftspolitik der Mitgliedstaaten;
- besitzt der Rat eine Entscheidungsbefugnis;
- überträgt der Rat der Kommission in den von ihm angenommenen Rechtsakten die Befugnisse zur Durchführung der Vorschriften, die er erläßt. Der Rat kann bestimmte Modalitäten für die Ausübung dieser Befugnisse festlegen. [...]

Art. 146 EGV

Der Rat besteht aus je einem Vertreter jedes Mitgliedstaats auf Ministerebene, der befugt ist, für die Regierung des Mitgliedstaats verbindlich zu handeln.

Der Vorsitz wird von den Mitgliedstaaten nacheinander für je sechs Monate wahrgenommen, und zwar in einer vom Rat einstimmig festgelegten Reihenfolge.

Kommen die Staats- und Regierungschefs zu einem Gipfeltreffen zusammen, nennt sich dieses Gremium Europäischer Rat.

Art. D EUV

Der Europäische Rat gibt der Union die für ihre Entwicklung erforderlichen Impulse und legt die allgemeinen politischen Zielvorstellungen für diese Entwicklung fest.

Im Europäischen Rat kommen die Staats- und Regierungschefs der Mitgliedstaaten sowie der Präsident der Kommission zusammen. Sie werden von den Ministern für auswärtige Angelegenheiten der Mit-

Schaubild 4.6: Der Europäische Rat

gliedstaaten und einem Mitglied der Kommission unterstützt. Der Europäische Rat tritt mindestens zweimal jährlich unter dem Vorsitz des Staats- oder Regierungschefs zusammen, der im Rat den Vorsitz innehat.

Der Europäische Rat erstattet dem Europäischen Parlament nach jeder Tagung Bericht und legt ihm alljährlich einen schriftlichen Bericht über die Fortschritte der Union vor.

Die Europäischen Verträge trennen also recht deutlich zwischen dem Ministerrat und dem Europäischen Rat. Der wesentliche Unterschied zwischen den beiden Organen liegt jedoch in der unterschiedlichen politischen Bedeutung und Zielsetzung. Während die Fachministerräte jeweils in ihren Ressortbereichen Entscheidungen fällen, kommt dem Europäischen Rat die Funktion zu, die Leitlinien der Union festzulegen und langfristige Ziele zu bestimmen. Institutionell funktionieren Ministerrat und Europäischer Rat ähnlich. Der halbjährlich wechselnde Vorsitz gibt der jeweils vorsitzenden Regierung sowohl im Europäischen Rat als auch in den Ministerräten Gelegenheit, eigene Initiativen einzubringen und konferenzdiplomatisch durchzusetzen. Da im Rat durch das jeweilige Regierungsmitglied – im Europäischen Rat der Regierungschef – letztlich immer die Interessen einzelner Nationalstaaten vertreten werden, handelt es sich um ein intergouvernementales Gremium.

Art. 148 EGV

(1) Soweit in diesem Vertrag nichts anderes bestimmt ist, beschließt der Rat mit der Mehrheit seiner Mitglieder.

(2) Ist zu einem Beschluß des Rates die qualifizierte Mehrheit erforderlich, so werden die Stimmen der Mitglieder wie folgt gewogen:

Belgien	5
Dänemark	3
Deutschland	10
Griechenland	5
Spanien	8
Frankreich	10
Irland	3
Italien	10
Luxemburg	2
Niederlande	5
Österreich	4
Portugal	5
Finnland	3
Schweden	4
Vereinigtes Königreich	10

Beschlüsse kommen zustande mit einer Mindeststimmenzahl von

- 62 Stimmen in den Fällen, in denen die Beschlüsse nach diesem Vertrag auf Vorschlag der Kommission zu fassen sind;
- 62 Stimmen, welche die Zustimmung von mindestens zehn Mitgliedern umfassen, in allen anderen Fällen.

(3) Die Stimmenthaltung von anwesenden oder vertretenen Mitgliedern steht dem Zustandekommen von Beschlüssen des Rates, zu denen Einstimmigkeit erforderlich ist, nicht entgegen.

Initiativen für die auf verschiedenen Ebenen wirksamen Gesetzesverordnungen können ausschließlich von der Europäischen Kommission ausgehen (Vorschlagsmonopol). Der Rat kann aber immerhin die Kommission formell auffordern, Vorschläge für Rechtsakte zu erarbeiten:

Art. 152 EGV

Der Rat kann die Kommission auffordern, die nach seiner Ansicht zur Verwirklichung der gemeinsamen Ziele geeigneten Untersuchungen vorzunehmen und ihm entsprechende Vorschläge zu unterbreiten.

Im Rat bestehen Einstimmigkeitsregel und Mehrheitsprinzip nebeneinander. Mit der Einstimmigkeit ist ein hoher Minderheitenschutz verbunden. Da bei der Einstimmigkeitsregel jeder Staat de facto über ein Vetorecht verfügt, ist zur Entscheidungsfindung grundsätzlich eine hohe Kompromißbereitschaft erforderlich. In langwierigen Verhandlungen können dadurch aber häufig nur suboptimale Lösungen vereinbart werden. Da alle Mitgliedstaaten einen eventuellen Beschluß unterstützen, steigen dagegen die Implementationschancen. In der Praxis werden Entscheidungen zu einzelnen inhaltlichen Punkten oft in Paketlösungen zusammengefaßt, die für einzelne Staaten eine Ablehnung erschweren.

Bei der Anwendung des Mehrheitsprinzips sind tendenziell schnellere Entscheidungen zu erwarten. Die Umsetzung von EG-Beschlüssen in Staaten, die überstimmt wurden, kann allerdings zögerlicher als erwünscht erfolgen, falls dessen Interessen betroffen sind. Der Ministerrat beschließt in den Fällen mit der Mehrheit seiner Mitglieder, in denen der Vertragstext dies vorsieht (Art. 148 EGV). Leider läßt sich keine generelle Aussage darüber treffen, in welchen Politikbereichen oder nach welchen Regeln der Vertrag die Mehrheitsregel vorschreibt. Als grobe Faustregel kann gelten, daß Einstimmigkeit um so eher gefordert wird, je stärker das substantielle Interesse eines oder mehrerer Mitgliedstaaten betroffen ist. In der Praxis stellen Abstimmungen mit qualifizierter Mehrheit eher eine Ausnahme dar, da Bedenken einzelner Staaten im Vorfeld auszuräumen versucht werden. Die einfache Mehrheitsregel, die bei fünfzehn Mitgliedstaaten eine Mehrheit von mindestens acht zu sieben Stimmen impliziert, kommt noch seltener zum Tragen, da die Rechtsakte – das heißt Verordnungen, Richtlinien, Entscheidungen, Empfehlungen und Stellungnahmen – in der Regel entweder den verschiedenen Verfahren der Zusammenarbeit nach Art. 189 EG-Vertrag unterliegen oder aber der Vertrag für bestimmte Fragen die Quoren im Ministerrat explizit vorgibt. So wird in der EG sehr häufig einstimmig entschieden. Der typische Entscheidungsfindungsprozeß wird auch als „Konsensmaschinerie" bezeichnet (Weidenfeld/Wessels (Hrsg.) 1995: 283).

Hier hat die am 1. Juli 1987 in Kraft getretene Einheitliche Europäische Akte (EEA) den Luxemburger Kompromiß, der einstimmige Beschlüsse bei sehr wichtigen Interessen eines betroffenen EG-Mitgliedstaates forderte, nivelliert. In Verbindung der Artikel 148, 149, 189a und 189c balanciert das seitdem gültige

Schaubild 4.7: Verfahren der Zusammenarbeit nach Art. 189 c EGV

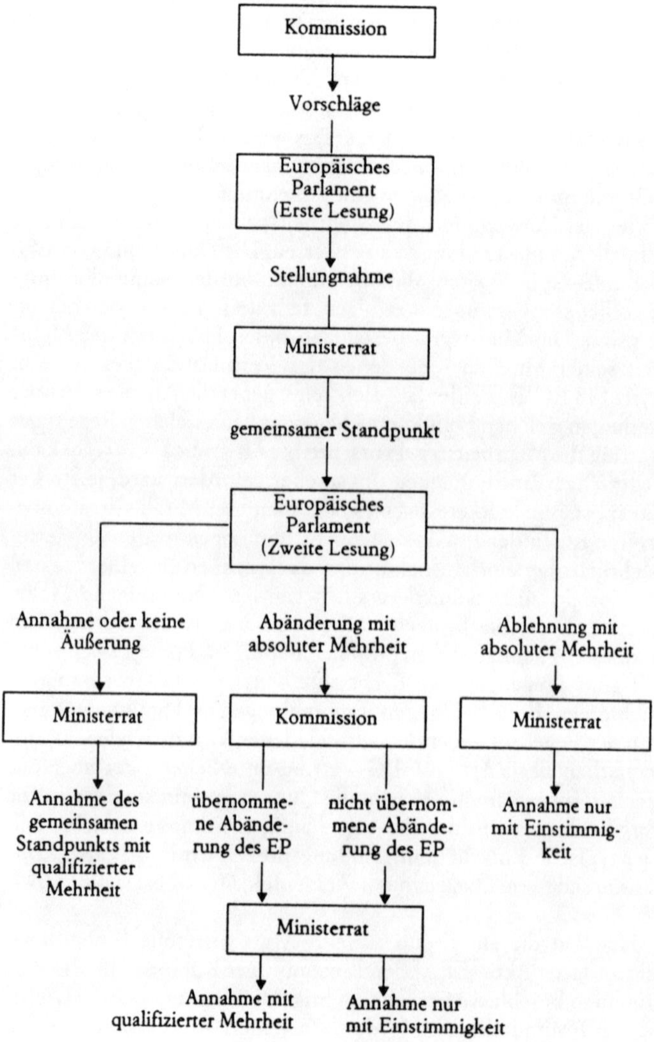

Entscheidungsverfahren im Kern nicht mehr die Interessen einzelner Staaten, sondern die Standpunkte der EG-Institutionen Rat, Parlament und Kommission (siehe Schaubild 4.7). Der von der Kommission vorgelegte Vorschlag wird nach der Stellungnahme des Parlaments und der Erarbeitung eines gemeinsamen Standpunktes durch den Rat wiederum dem Parlament zugeleitet. Die Reaktion des Parlaments auf diesen gemeinsamen Standpunkt entscheidet über den Abstimmungsmodus im Rat:

- Wird der Standpunkt des Ministerrates vom Parlament gebilligt, entscheidet der Rat abschließend mit qualifizierter Mehrheit.
- Wird der gemeinsame Standpunkt vom Parlament abgelehnt, kann lediglich eine einstimmige Entscheidung im Ministerrat die Position des Parlaments überstimmen.
- Wird der gemeinsame Standpunkt abgeändert, kann die Abänderung von der Kommission in veränderter oder unveränderter Form dem Ministerrat zugeleitet werden. Bleibt die Abänderung des Parlaments in der Kommission unangetastet, entscheidet der Rat mit qualifizierter Mehrheit. Verändert die Kommission hingegen die Änderung des Parlaments nochmals, kann der Ministerrat den Rechtsakt nur unter Berücksichtigung der Einstimmigkeitsregel verabschieden. Hier wird die Neuerung gegenüber dem Luxemburger Kompromiß am deutlichsten: nicht die partikulären Interessen eines Landes sorgen im Ministerrat für ein Vetorecht, sondern der horizontale Ausgleich zwischen dem Entscheidungsdreieck Rat–Kommission–Parlament. Lassen sich die Standpunkte dieser drei Institutionen nicht intern vereinen, kann nur ein einstimmiger Beschluß aller im Ministerrat repräsentierten Regierungen eine rechtsverbindliche Entscheidung fällen.

Beim Entscheidungsverfahren mit qualifizierter Mehrheit findet die in Art. 148 EGV dargestellte Stimmengewichtung statt. Die großen EU-Staaten Großbritannien, Frankreich, Deutschland und Italien verfügen im Ministerrat über je zehn Stimmen, während das Gewicht aller kleineren Staaten zwischen zwei (Luxemburg) und acht (Spanien) Stimmen beträgt. Eine qualifizierte Mehrheit stellen 62 von insgesamt 87 Stimmen (= 71,26 %) dar. Anders herum betrachtet, reichen für eine Sperrminorität 26 von 87 Stimmen (29,89 %).

Im Europa der Zwölf hatte die Sperrminorität bei 76 Gesamtstimmen insgesamt 23 Stimmen umfaßt – eine Mehrheit bestand also aus 54 Stimmen. Die Stimmengewichtung entsprach einem Bemühen um funktionale Gleichheit. Wegen der Sperrminorität von 23 Stimmen konnten zwei große und ein kleiner Staat im Ministerrat nicht überstimmt werden. Weder die vier Großen noch die sechs Gründungsmitglieder, noch die sechs neuen Mitgliedstaaten konnten eine qualifizierte Mehrheit erzielen. Das Entscheidungsverfahren diente also vor allem dem Schutz gegen die Dominanz einer bestimmten Gruppe (funktionale Gleichheit).

Die Festsetzung der für eine qualifizierte Mehrheit erforderlichen Schwelle geriet im Zuge der Erweiterung der EU durch Schweden, Österreich, Finnland und (zunächst) Norwegen im Jahre 1995 zu einem Politikum zwischen den einzelnen Nationalstaaten. Spanien und Großbritannien befürworteten die Beibehaltung der Sperrminorität von 23 Stimmen, während die restlichen Staaten eine Erhöhung auf 26 Stimmen befürworteten. Der angenommene Kompromiß bestand in einer neuen Sperrminorität von 26, wobei Entscheidungen aber aufgeschoben werden sollen, wenn es mindestens 23 Gegenstimmen gibt. In einem solchen Fall sollen Neuverhandlungen aufgenommen werden, bis eine Lösung mit einer Befürwortung durch mindestens 68 Stimmen erreicht werden kann. Die Schwierigkeiten bei der Konsensbildung haben demnach durch die zweite Norderweiterung zugenommen, da durch die nicht proportionale Erhöhung der Sprerrminorität die kleinen Staaten an relativem Gewicht gewonnen haben. Nach dem Scheitern der norwegischen EU-Mitgliedschaft wurden die für ein Europa der sechzehn konzipierten Mehrheitsschwellen nicht nochmals modifiziert.

Zur Unterstützung des Rates existiert seit dem Fusionsvertrag (Art. 4) – dem Vertrag zur Einsetzung eines gemeinsamen Rates und einer gemeinsamen Kommission der Europäischen Gemeinschaften aus dem Jahre 1965 – der Ausschuß der ständigen Vertreter COREPER (franz. „Comité des Representants Permanents"; engl. „Committee of permanent representatives of member states").

Art. 151 EGV
Ein Ausschuß, der sich aus den Ständigen Vertretern der Mitgliedstaaten zusammensetzt, hat die Aufgabe, die Arbeiten des Rates vorzubereiten und die ihm vom Rat übertragenen Aufträge auszuführen.

Das Gremium dient der Koordination zwischen den Regierungen

der einzelnen Mitgliedstaaten. Der Ausschuß steht formal an der Spitze von etwa 180 Arbeitsgruppen. Das COREPER bereitet für den Rat entscheidungsreife Entwürfe vor; alle Punkte der Tagesordnungen von Ministerratssitzungen werden hier vorher erarbeitet. Somit kommt dem Ausschuß eine wichtige Funktion im Entscheidungsprozeß des Rates zu (über Punkte, die nicht auf der Tagesordnung auftauchen, kann auch nicht entschieden werden). Der Ausschuß, der aus Beamten der nationalen Fachministerien zusammengesetzt ist, steht mit seinen zahlreichen Koordinierungsfunktionen im Zentrum vielfältiger horizontaler und vertikaler Verflechtungen. Das COREPER arbeitet weitgehend im dunklen. Die administrative Struktur des Rates ist insgesamt durch Intransparenz gekennzeichnet. Auf demokratischem Wege werden die Regierungen der einzelnen Mitgliedstaaten, kaum aber das Innenleben des Rates kontrolliert.

4.3. Die Europäische Kommission

Die Europäische Kommission gilt als „Hüterin der Verträge" und „Herrin des Verfahrens". Zu den Aufgaben der Kommission zählen die Durchführung von Gemeinschaftsrecht (Exekutivfunktion) und die Abgabe von Empfehlungen und Stellungnahmen. Der Rat kann Entscheidungen nur auf Grund einer Initiative der Kommission treffen (Initiativmonopol). In internationalen Organisationen wird die EU von der Kommission vertreten. Der Präsident der Kommission repräsentiert die Gemeinschaft nach außen. Durch diese Ausstattung mit wichtigen Funktionen ist die Kommission die wichtigste supranationale Institution der Union.

Art. 155 EGV

Um das ordnungsgemäße Funktionieren und die Entwicklung des Gemeinsamen Marktes zu gewährleisten, erfüllt die Kommission folgende Aufgaben:

- für die Anwendung dieses Vertrags sowie der von den Organen auf Grund dieses Vertrags getroffenen Bestimmungen Sorge zu tragen;
- Empfehlungen oder Stellungnahmen auf den in diesem Vertrag bezeichneten Gebieten abzugeben, soweit der Vertrag dies ausdrücklich vorsieht oder soweit sie es für notwendig erachtet;
- nach Maßgabe dieses Vertrags in eigener Zuständigkeit Entscheidungen zu treffen und am Zustandekommen der Handlungen des Rates und des Europäischen Parlaments mitzuwirken;

Schaubild 4.8: Die Europäische Kommission

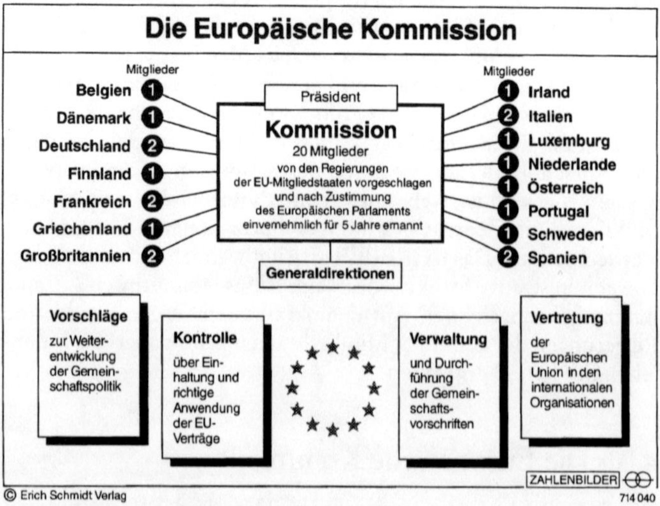

–die Befugnisse auszuüben, die ihr der Rat zur Durchführung der von ihm erlassenen Vorschriften überträgt.

Art. 156 EGV

Die Kommission veröffentlicht jährlich, und zwar spätestens einen Monat vor Beginn der Sitzungsperiode des Europäischen Parlaments, einen Gesamtbericht über die Tätigkeit der Gemeinschaft.

Art. 157 EGV

(1) Die Kommission besteht aus zwanzig Mitgliedern, die auf Grund ihrer allgemeinen Befähigung ausgewählt werden und volle Gewähr für ihre Unabhängigkeit bieten müssen. [...]

Der Kommission muß mindestens ein Staatsangehöriger jedes Mitgliedstaates angehören, jedoch dürfen nicht mehr als zwei Mitglieder der Kommission dieselbe Staatsangehörigkeit besitzen.

(2) Die Mitglieder der Kommission üben ihre Tätigkeit in voller Unabhängigkeit zum allgemeinen Wohl der Gemeinschaft aus.

Sie dürfen bei der Erfüllung ihrer Pflichten Anweisungen von einer Regierung oder einer anderen Stelle weder anfordern noch entgegennehmen. Sie haben jede Handlung zu unterlassen, die mit ihren Aufgaben unvereinbar ist. Jeder Mitgliedstaat verpflichtet sich, diesen Grundsatz zu achten und nicht zu versuchen, die Mitglieder der Kommission bei der Erfüllung ihrer Aufgaben zu beeinflussen.

Die Europäische Kommission setzt sich also aus mindestens einem Staatsangehörigen jedes Mitgliedslandes zusammen. Großbritannien, Deutschland, Frankreich, Spanien und Italien besetzen je zwei Kommissionsposten. Die übrigen Staaten stellen je einen EG-Kommissar, so daß die Kommission im Europa der 15 über 20 Mitglieder verfügt (Schaubild 4.8). Die Kommissionsmitglieder werden von den nationalen Regierungen vorgeschlagen. Vor der endgültigen Besetzung bedarf es einer Anhörung durch das Europaparlament, das allerdings nur über das Kommissionskollektiv, nicht aber über einzelne Kommissionsmitglieder befinden kann. Der Kommissionspräsident wird vom Europäischen Rat vorgeschlagen und nach einer Anhörung im Parlament ernannt.

Art. 158 EGV

(2) Die Regierungen der Mitgliedstaaten benennen nach Anhörung des Europäischen Parlaments im gegenseitigen Einvernehmen die Persönlichkeit, die sie zum Kommissionspräsidenten zu ernennen beabsichtigen.

Die Regierungen der Mitgliedstaaten benennen in Konsultation mit dem benannten Präsidenten die übrigen Persönlichkeiten, die sie zu Mitgliedern der Kommission zu ernennen beabsichtigen.

Der Präsident und die übrigen Mitglieder der Kommission, die auf diese Weise benannt worden sind, stellen sich als Kollegium einem Zustimmungsvotum des Europäischen Parlaments. Nach Zustimmung des Europäischen Parlaments werden der Präsident und die übrigen Mitglieder der Kommission von den Regierungen der Mitgliedstaaten im gegenseitigen Einvernehmen ernannt.

Rat und Kommission sind nicht nur bei der Ernennung (oder einer Amtsenthebung, die in der Geschichte der EG allerdings noch nicht vorgekommen ist), sondern allgemein zur Zusammenarbeit verpflichtet. Über die einzelnen Kommissare ist die Kommission bei allen Verhandlungen des Rates präsent. Art. 162 beschreibt die Zusammenarbeit mit dem Rat:

Art. 162

(1) Der Rat und die Kommission ziehen einander zu Rate und regeln einvernehmlich die Art und Weise ihrer Zusammenarbeit.

Die Amtszeit der Kommissionsmitglieder und auch des Präsidenten beträgt fünf Jahre. Jedes Kommissionsmitglied ist für bestimmte Fachbereiche zuständig. Administrativ ist die Kommission in 24 Generaldirektionen (GD), einer Art europäischer Ministerien, und einigen weiteren Einheiten wie z. B. dem Generalse-

Schaubild 4.9: Die Generaldirektionen der Europäischen Kommission

GD I: Auswärtige Beziehungen: Handelspolitik und Beziehungen mit Nordamerika, dem Fernen Osten, Australien, Neuseeland GD IA: Auswärtige Beziehungen: Europa und Neue Unabhängige Staaten, Außenpolitik, Gemeinsame Sicherheit GD IB: Auswärtige Beziehungen: Südliches Mittelmeer, Mittlerer und Naher Osten, Lateinamerika, Süd- und Südostasien, Nord-Süd-Kooperation GD II: Wirtschaft und Finanzen GD III: Binnenmarkt und Gewerbliche Wirtschaft GD IV: Wettbewerb GD V: Beschäftigung, Arbeitsbeziehungen und Soziale Angelegenheiten GD VI: Landwirtschaft GD VII: Verkehr GD VIII: Entwicklung GD IX: Personal und Verwaltung GD X: Audiovisuelle Medien, Information, Kommunikation, Kultur	GD XI: Umwelt, Nukleare Sicherheit und Katastrophenschutz GD XII: Wissenschaft, Forschung und Entwicklung GD XIII: Telekommunikation, Informationsindustrie und Innovationen GD XIV: Fischerei GD XV: Finanzinstitutionen und Gesellschaftsrecht GD XVI: Regionalpolitik und Kohäsion GD XVII: Energie GD XVIII: Kredite und Investitionen GD XIX: Haushalt GD XX: Finanzkontrolle GD XXI: Zoll und Indirekte Steuern GD XXII: Erziehung, Ausbildung und Jugend GD XXIII: Unternehmenspolitik, Handel, Tourismus und Sozialwirtschaft GD XXIV: Verbraucherpolitik

kretariat, dem Übersetzungdienst oder dem Statistischen Amt untergliedert. Insgesamt beschäftigt die Kommission etwa 19000 Personen.

Der Apparat, über den die Kommission verfügt, ist in sich fragmentiert und eher horizontal als vertikal gegliedert. Die Kommission ist gleichfalls mit den nationalen Verwaltungen verflochten („interlocking"), kann also auch eine national inspirierte Politik bremsen. In ihrer internen Struktur weist die Kommission drei Spezifika auf:

1) Die Kommission ist ein Kollegialsystem, in dem der Präsident bei Unentschiedenheit keine Entscheidungsgewalt über die mit absoluter Mehrheit zu treffenden Entscheidungen hat. So sind die einzelnen Kommissare zu einer breiten Übereinstimmung angehalten. Dies stärkt eher konsensuale als konfrontative (life-or-death-decisions) Strategien. Der Präsident kann je nach Person und Herkunft eine aktive (wie z. B. Walter Hallstein oder Jacques Delors) oder eine passive Rolle einnehmen. Im zweiten Falle spielt er die Rolle eines Maklers, der Verhandlungen koordiniert und leitet. Steht ein „starker" Präsident an der Spitze der Kommission, kann seine Position zur Führungsrolle ausgeweitet werden (vgl. Tab. 4.3).
2) Einzelne Kommissare stehen einem eigenen Verwaltungsstab vor, der für bestimmte Politikbereiche zuständig ist. Sie verfügen aber nicht grundsätzlich über Generaldirektionen, wie dies deren Vergleich mit europäischen Ministerien nahelegen würde. Es gibt auch Kommissare ohne Generaldirektionen, so daß keine klare Zuordnung zwischen Kommissaren und Verwaltungsstäben besteht.
3) Auch die Beziehungen zwischen den einzelnen Generaldirektionen bleiben dem Außenbetrachter undurchsichtig. Hierarchisch strukturierte Generaldirektionen stehen nebeneinander. Oft läßt sich eine „negative Koordination", also eine Politik der kleinen Schritte und halben Maßnahmen als dominierendes Merkmal der Verwaltungspraxis der Kommission ausmachen. Auch bestimmt oft die Rivalität zwischen den Kommissaren vor allem bei nicht klar abgegrenzten Kompetenzbereichen das Politikgeschehen.

Die Kommission besitzt nicht den Apparat, um ihre Initiativfunktion in vollem Umfang wahrnehmen zu können. Um Vorschläge im Rat durchzusetzen, ist ein enger Kontakt zwischen nationalen Repräsentanten und der Kommission nötig. Diesbezüglich spielt das Sekretariat des Rates, das COREPER (siehe oben), eine entscheidende Rolle. Das COREPER bereitet die Vorlagen vor, die vom Rat abgezeichnet werden. Für die Durchsetzung von Beschlüssen ist die Kommission daher im Endeffekt auf nationale Verwaltungen angewiesen.

Die Kommissionsmitglieder sind in nicht unerheblichem Ausmaß von ihren nationalen Regierungen abhängig, da ihre Nomi-

Tab. 4.3: Die Präsidenten der Europäischen Kommission

Name (Amtszeit)	Herkunftsland	Höchste staatliche Funktion vor dem Kommissionsamt	Führungsstil
Walter Hallstein (1958–1967)	Deutschland	Staatssekretär im Auswärtigen Amt	aktiv
Jean Rey (1967–1970)	Belgien	Wirtschaftsminister	passiv
Franco Malfatti (1970–1972)	Italien	Post- und Telekommunikationsminister	passiv
Sicco Mansholt (1972)	Niederlande	Landwirtschaftsminister	passiv
François-Xavier Ortoli (1973–1977)	Frankreich	Finanzminister	passiv
Roy Jenkins (1977–1981)	Großbritannien	Finanzminister	aktiv
Gaston Thorn (1981–1985)	Luxemburg	Premierminister	passiv
Jacques Delors (1985–1994)	Frankreich	Wirtschafts-, Finanz- und Haushaltsminister	aktiv
Jacques Santer (1995–)	Luxemburg	Ministerpräsident	passiv

nierung durch diese erfolgt. Diese Abhängigkeit, die durch die ab 1995 gültige Möglichkeit der Wiedernominierung noch erhöht wird, spricht dafür, daß die Kommission letztendlich nicht so autonom ist wie allgemein angenommen wird. Die Kommission ließe sich daher auch als leitender Makler bezeichnen.

Zwischen Rat und Kommission besteht das Modell einer kompetitiven Demokratie, das dem britischen Westminster-Modell vergleichbar ist. Eine empirische Untersuchung hat gezeigt, daß die vernetzte EG-Politik (interlocking politics) in puncto Reaktions- und Entscheidungsfähigkeit nicht unterlegen ist. Vielmehr können auch Demokratien nach dem Westminster-Modell nicht als innovativer oder reformfreudiger gelten (vgl. Armingeon 1995).

4.4. Das Europäische Parlament (EP)

Das Europäische Parlament (EP) geht historisch aus der „Gemeinsamen Versammlung", dem Abgeordnetengremium der EGKS, hervor. Nach den Römischen Verträgen und der Gründung der EWG und der EURATOM vergrößerte sich die Gemeinsame Versammlung von 78 auf 142 Mitglieder. Ab 1962 nannte sich die Versammlung „Europäisches Parlament". Obwohl die Direktwahl der Parlamentarier von Anbeginn der Gemeinsamen Versammlung anvisiert worden war, fanden die ersten direkten Wahlen zum EP erst 1979 statt. Vorher waren die Europaabgeordneten lediglich von den nationalen Parlamenten delegiert worden. In einem offiziellen Dokument taucht das Europäische Parlament unter dieser Bezeichnung erst mit der Einheitlichen Europäischen Akte 1986 auf. Mit den institutionellen und geographischen Erweiterungen der Europäischen Gemeinschaften wuchs auch die Anzahl der Europaabgeordneten (vgl. Tab. 4.4).

Der Sitz des Parlaments ist auf drei Orte verteilt: Das Sekretariat befindet sich in Luxemburg, Plenartagungen finden (meistens) in Straßburg statt, und die insgesamt zwanzig Ausschüsse des Europaparlaments treten in Brüssel zusammen. Diese unpraktische und im Arbeitsprozeß zeitraubende Aufsplitterung erklärt sich aus der Geschichte des Parlaments. Alle Institutionen der EGKS waren in Luxemburg angesiedelt. Für die Gemeinsame Versammlung ließ sich dort aber kein entsprechend großes Gebäude finden; als Ausweg stellte der in Straßburg ansässige Europarat sein Plenargebäude zur Verfügung. Mit der Gründung

Tab. 4.4: Abgeordnete im Europaparlament (bis 1962 Gemeinsame Versammlung)

Jahr	EG/EU-Mitgliedsländer	Abgeordnete	Wahlbeteiligung in %
1951	6	78	–
1958	6	142	–
1973	9	198	–
1979	9	410	62,4
1984	10	434	59,1
1989	12	518	58,4
1994	12	567	56,5
ab 1995	15	626	–

2004 25 ca. 45%

der EWG und der EURATOM verlagerte sich das Gewicht der Gemeinschaftspolitik nach Brüssel. Dort kamen von nun an auch die Ausschüsse des Parlaments zusammen. Gegen die zunächst als zwangsläufig erachtete Entwicklung, auch Plenarsitzungen und Sekretariat nach Brüssel zu verlegen, wehrten sich Luxemburg und Straßburg aber entschieden, so daß aus der provisorischen Aufteilung ein Dauerzustand wurde (vgl. Bainbridge 1996: 403).

Die Aufgaben und Kompetenzen des Parlaments lassen sich am Text des EG-Vertrags kommentieren:

Art. 137
Das Europäische Parlament besteht aus Vertretern der Völker der in der Gemeinschaft zusammengeschlossenen Staaten; es übt Befugnisse aus, die ihm nach diesem Vertrag zustehen.

Art. 138
(1) Die Abgeordneten der Völker der in der Gemeinschaft vereinigten Staaten im Europäischen Parlament werden in allgemeiner, unmittelbarer Wahl gewählt.
(2) Die Zahl der in jedem Mitgliedsland gewählten Abgeordneten wird wie folgt festgesetzt:

Belgien	25	Italien	87
Dänemark	16	Luxemburg	6
Deutschland	99	Niederlande	31
Finnland	16	Österreich	21
Griechenland	25	Portugal	25
Spanien	64	Schweden	22
Frankreich	87	Vereinigtes Königreich	87
Irland	15		

Die Abgeordneten werden auf fünf Jahre gewählt. Diese fünfjährige Wahlperiode beginnt mit der Eröffnung der ersten Sitzung nach jeder Wahl.
(3) Das Europäische Parlament arbeitet Entwürfe für allgemeine unmittelbare Wahlen nach einem einheitlichen Verfahren in allen Mitgliedstaaten aus [...].

Die Bestimmung von Art. 138(3), nach der die Wahlen zum EP in allen Mitgliedstaaten einem einheitlichen Wahlsystem zu unterliegen haben, wurde bislang nicht in die Tat umgesetzt. Vielmehr werden die Europaabgeordneten im wesentlichen entsprechend dem im eigenen Land geltenden Wahlsystem bei nationalen Parlamentswahlen bestimmt. So wählen etwa die Briten ihre Europarlamentarier nach relativem Mehrheitswahlrecht, in Irland gilt das

Schaubild 4.10: Das Europäische Parlament

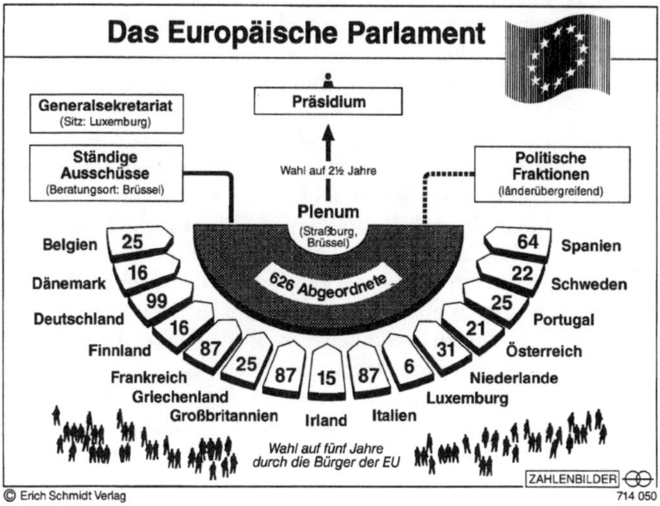

Wahlrecht des *single transferable vote*. Eine Ausnahme von der Regel macht Frankreich, wo die Wahlen zum EP nach einem repräsentativen Wahlsystem stattfinden, während bei den Wahlen zur Assemblée Nationale und zum Senat derzeit ein absolutes Mehrheitswahlrecht gilt.

Art. 138 a
Politische Parteien auf europäischer Ebene sind wichtig als Faktor der Integration in der Union. Sie tragen dazu bei, ein europäisches Bewußtsein herauszubilden und den politischen Willen der Bürger der Union zum Ausdruck zu bringen.

Die tatsächlich zu beobachtende Existenz europäischer Parteien beschränkt sich bislang auf die Zusammenfassung politisch ähnlich gesinnter Europaabgeordneter aus verschiedenen Ländern zu internationalen Fraktionen im EP. Diese verfügen in der Regel über einen Vorsitzenden bzw. eine Vorsitzende, dem jedoch bei weitem nicht dieselben Kompetenzen wie einem Fraktionsvorsitzenden in den nationalen Parlamenten zukommen; auch fällt das Auge der Öffentlichkeit wenig auf einzelne Parlamentarier. Eine

Ausnahme hiervon bildet der Präsident des EP, der im Falle von unklaren Kompetenzzuweisungen als Anwalt des Parlaments gilt. Dieser Posten wurde bis 1997 vom deutschen Sozialdemokraten Klaus Hänsch gehalten (vgl. Tab. 4.5). Auffällig ist, daß die bisherigen Parlamentspräsidenten meistens aus „großen" EG-Ländern stammten.

Das EP setzt sich in der Regel recht heterogen zusammen. Hierfür sind verschiedene Faktoren ausschlaggebend. Zum einen hat – nicht zuletzt auf Grund der Sprachbarriere – eine einheitliche europäische Identität auch im Parlament (noch) nicht Fuß fassen können (vgl. Kapitel 3: „Die europäische Identität"). Dadurch haben sich die Vertreter von verwandten Parteienfamilien besonders in der Mitte des politischen Spektrums nicht zur Bildung gemeinsamer Fraktionen entschließen können. Zum anderen haben die letztlich als gering zu erachtenden Kompetenzen des EP immer wieder zur Folge, daß sie von den Wählern zu „Denkzettelwahlen" für nationale Regierungsparteien umfunktioniert werden. Dadurch schneiden bei Europawahlen häufig Parteien am Rande des politischen Spektrums überdurchschnittlich gut ab. Im Jahre 1995 – nach den Nachwahlen zum Europaparlament in Schweden, Finnland und Österreich – setzte sich das Parlament aus neun Fraktionen zusammen (Tab. 4.6).

Art. 140
Das Europäische Parlament wählt aus seiner Mitte seinen Präsidenten und sein Präsidium.

Die Mitglieder der Kommission können an allen Sitzung teilnehmen

Tab. 4.5: Präsidenten des EP seit 1979 (erste Direktwahl)

Jahr	Präsident des EP (Herkunftsland, politische Ausrichtung)
1979–1982	Simone Veil (Frankreich, Liberale)
1982–1984	Pieter Dankert (Niederlande, Sozialist)
1984–1987	Pierre Pflimlin (Frankreich, Christdemokrat)
1987–1989	Sir Henry Plumb (Großbritannien, Konservativer)
1989–1992	Enrique Baron (Spanien, Sozialist)
1992–1994	Egon Klepsch (Bundesrepublik, Christdemokrat)
1994–1997	Klaus Hänsch (Bundesrepublik, Sozialdemokrat)
1997–	José Maria Gil-Robles (Spanien, Christdemokrat)

und müssen auf ihren Antrag im Namen der Kommission jederzeit gehört werden.

Die Kommission antwortet mündlich oder schriftlich auf die ihr vom Europäischen Parlament oder von dessen Mitgliedern gestellten Fragen.

Der Rat wird nach Maßgabe seiner Geschäftsordnung vom Europäischen Parlament jederzeit gehört.

Tab. 4.6: Zusammensetzung des Europäischen Parlaments nach Fraktionen und Mitgliedstaaten nach der vierten Direktwahl vom 9. bis 12. 6. 1994 und dem Beitritt von Österreich, Finnland und Schweden (Stand Juni 1996)

	SPE	EVP-CD	UFE	LIBE	KVEL/NGL	GRÜNE	REA	EdN	FL	Gesamt
Belgien	6	7	–	6	–	2	1	–	3	25
Dänemark	3	3	–	5	1	–	–	4	–	16
Deutschland	40	47	–	–	–	12	–	–	–	99
Finnland	4	4	–	6	1	1	–	–	–	16
Frankreich	15	12	15	1	7	–	13	13	11	87
Griechenland	10	9	2	–	4	–	–	–	–	25
Großbritannien	63	19	–	2	–	–	2	–	1	87
Irland	1	4	7	1	–	2	–	–	–	15
Italien	18	14	27	6	5	4	2	–	11	87
Luxemburg	2	2	–	1	–	1	–	–	–	6
Niederlande	8	10	–	10	–	1	–	2	–	31
Österreich	8	6	–	1	–	1	–	–	5	21
Portugal	10	1	3	8	3	–	–	–	–	25
Schweden	7	5	–	3	3	4	–	–	–	22
Spanien	22	30	–	2	9	–	1	–	–	64
Gesamt	221	172	56	52	31	25	19	19	31	626

SPE: Fraktion der Sozialdemokratischen Partei Europas; EVP-CD: Fraktion der Europäischen Volkspartei; UFE: Fraktion der Union für Europa; LIBE: Fraktion der Liberalen und Demokratischen Partei Europas; KVEL/NGL: Fraktion Bund der Vereinigten Europäischen Linken; GRÜNE: Fraktion Die Grünen im Europäischen Parlament; REA: Fraktion Radikale Europäische Allianz; EdN: Fraktion Europa der Nationen; FL: Fraktionslose

Quelle: Fischer-Weltalmanach 1997

Art. 143
Das Europäische Parlament erörtert in öffentlicher Sitzung den jährlichen Gesamtbericht, der ihm von der Kommission vorgelegt wird.

Art. 144
Wird wegen der Tätigkeit der Kommission ein Mißtrauensantrag eingebracht, so darf das Europäische Parlament nicht vor Ablauf von drei Tagen nach seiner Einbringung und nur in offener Abstimmung darüber entschieden werden.

Wird der Mißtrauensantrag mit der Mehrheit von zwei Dritteln der abgegebenen Stimmen und mit der Mehrheit der Mitglieder des Europäischen Parlaments angenommen, so müssen die Mitglieder der Kommission geschlossen ihr Amt niederlegen.

Der Text des Art. 140 weist darauf hin, daß das Parlament im Institutionengefüge des „Entscheidungsdreiecks“ neben festgelegten Beteiligungsverfahren (siehe unten) auch informellen Einfluß ausüben kann. Sowohl die Kommission als auch der Rat sind zur Unterrichtung verpflichtet. Seit dem Unionsvertrag verfügt das EP mit der Möglichkeit, die Kommission abzusetzen, über ein Instrument zur Kontrolle der EU-Exekutive. Hinzu kommt, daß das EP – ebenfalls seit Maastricht – nach Art. 158 EGV seine Zustimmung zu der vom Rat ernannten Kommission inklusive des Kommissionspräsidenten geben muß. Bei der Ernennung der neuen Kommission Jacques Santers kritisierte das Parlament dabei einige Kommissare wegen mangelnder Sachkenntnis, die sich im Anhörungsverfahren gezeigt hatte.

Europäischer Parlamentarismus

Im engeren Sinn bezeichnet Parlamentarismus ein parlamentarisches Regierungssystem mit Verantwortlichkeit der Regierung vor dem Parlament. In diesem Rahmen ist das Europaparlament kaum sinnvoll zu erfassen. In der Europäischen Union gibt es keine Regierung, die vor dem EP verantwortlich wäre. Der Parlamentarismus soll daher in einem allgemeineren Sinne betrachtet werden. Damit wird an dieser Stelle auch die für „echte“ parlamentarische Regierungssysteme unumgängliche Frage ausgeblendet, inwieweit Kommission und Rat vor dem Parlament verantwortlich sind.

Der Besonderheit des Europaparlaments kann man sich über die von ihm ausgeübten Funktionen nähern. Die historisch bedeutsamen Kategorien der „elective, teaching, informing, expressive and legislative functions“ (Bagehot 1867) werden in der modernen Politikwissenschaft in Kontroll-, Gesetzgebungs-, Wahl-, Artikulations- und Kommunikationsfunktionen zusammengefaßt (vgl. Beyme 1984).

- *Kontrollfunktion:* Die Kontrolle der Kommission durch das Parlament ist nur begrenzt möglich, wurde aber durch die Maastrichter Verträge erleichtert. So muß die Kommission dem Parlament Rede und Antwort stehen und einen jährlichen Tätigkeitsbericht verfassen. Die Amtszeit der Kommission wurde an die Amtszeit des Parlaments gekoppelt und auf fünf Jahre verlängert. Mit einer Zweidrittelmehrheit kann das EP der Kommission zudem das Mißtrauen aussprechen. In einem solchen Fall müßte – was bisher noch nicht vorgekommen ist – die Kommission kollektiv zurücktreten. Der Ministerrat und der Europäische Rat hingegen bleiben auch nach den Maastrichter Verträgen außerhalb der direkten Kontrolle des Europäischen Parlaments. Allenfalls die Einsetzung von Untersuchungsausschüssen (Art. 138 c EGV), ein Bürgerbeauftragter (Art. 138 e) und die Berichtspflicht des Europäischen Rates gegenüber dem Parlament sorgen für indirekte Kontrollmöglichkeiten.
- *Gesetzgebungsfunktion:* Von einer vollen Gesetzgebungsfunktion des EP kann nicht die Rede sein. Dem Parlament steht nur indirekt ein Initiativrecht zu, indem die Kommission zur Ausarbeitung von Gesetzentwürfen aufgefordert werden kann. Formal verabschiedet werden Rechtsakte der EG/EU nicht im Parlament, sondern im Ministerrat. Das EP genießt das Recht auf Anhörungen und legislative Mitentscheidung im Rahmen des weiter oben schon erörterten Art. 189 c des EG-Vertrages.
- *Wahlfunktion:* Das Europaparlament kann keine „europäische Regierung“ wählen, sondern genießt lediglich ein Ablehnungsrecht bei der Ernennung der Kommission (Investiturbefugnis). In bezug auf seine innere Struktur nimmt das EP seine Wahlfunktion bei der Wahl des Parlamentspräsidiums wahr.
- *Artikulationsfunktion:* Die Europaabgeordneten sind frei, im Europaparlament ihrem Willen Ausdruck zu verleihen. Durch die geringe Transparenz und die letztendlich geringe Aufmerksamkeit, die dem Wirken des EP geschenkt wird, sind Sichtbarkeit und Breitenwirkung der Abgeordnetentätigkeit des Europaparlaments eingeschränkt.
- *Kommunikationsfunktion:* Im Gegensatz zu ihrer eigentlichen

Bedeutung tragen die Europawahlen eher einen nationalen Charakter mit „nationalisierten" Themen. Die bis zum Sommer 1997 laufende Regierungskonferenz wird voraussichtlich die Stellung der Parlaments im europäischen Institutionengefüge zumindest teilweise novellieren, so daß Urteile über die Kommunikationsfunktion verfrüht erscheinen.

Insgesamt scheinen die Funktionen des EP eher mit denjenigen der Opposition in den nationalen Parlamenten vergleichbar zu sein. Während die Kontrollfunktion relativ ausgeprägt ist, bestehen kaum legislative Funktionen. Die Wahlfunktion ist nicht ausschlaggebend, Artikulations- und Kommunikationsfunktion sind nur schwach entwickelt.

Durch das insgesamt nicht gefestige Gefüge, in dem sich das Parlament wie in einem nationalen Kontext selbst definieren könnte, hat das EP eine Stellung sui generis inne. Der dynamische Entwicklungsprozeß, der durch die Verhandlungen um die Maastrichter Verträge fortgesetzt wurde, scheint auf eine allmähliche Parlamentarisierung hinzudeuten (Mitentscheidung bei internationalen Verträgen, Kontrolle der Kommission, Budgetrecht, Aufnahme neuer Mitglieder etc.). Im Laufe seiner Geschichte hat das EP ständig neue Kompetenzen hinzugewinnen können.

Mitwirkung des EP bei Entscheidungen

Die Mitwirkung des Europaparlaments bei der EU-Gesetzgebung kann in fünf Rechtssetzungsverfahren unterteilt werden. Die Vielfalt der Verfahren kann durch die Auslagerung von Konfliktfeldern und die Ausdifferenzierung der Verhandlungsverfahren erklärt werden.

a) Die *Anhörung* unter anderem für Steuer- und Wettbewerbspolitik besteht seit 1957. Beim Anhörungsverfahren legt der Rat dem Europaparlament einen Standpunkt vor, der bei einer Ablehnung durch das EP nicht rechtskräftig werden kann. Hier hat das „Isoglucose-Urteil" des EuGH von 1980 festgestellt, daß das Europaparlament beim Zustandekommen von Rechtsakten nicht übergangen werden kann. Die Anhörung bildet die „sanfteste" Form der Einbeziehung des EP in den europäisch-institutionellen Entscheidungsprozeß.
b) Die *Konzertierung*, die seit 1975 praktiziert wird, beinhaltet Stellungnahmen und Verhandlungen mit dem Rat bei Bud-

Schaubild 4.11: Funktionen und Befugnisse des Europäischen Parlaments

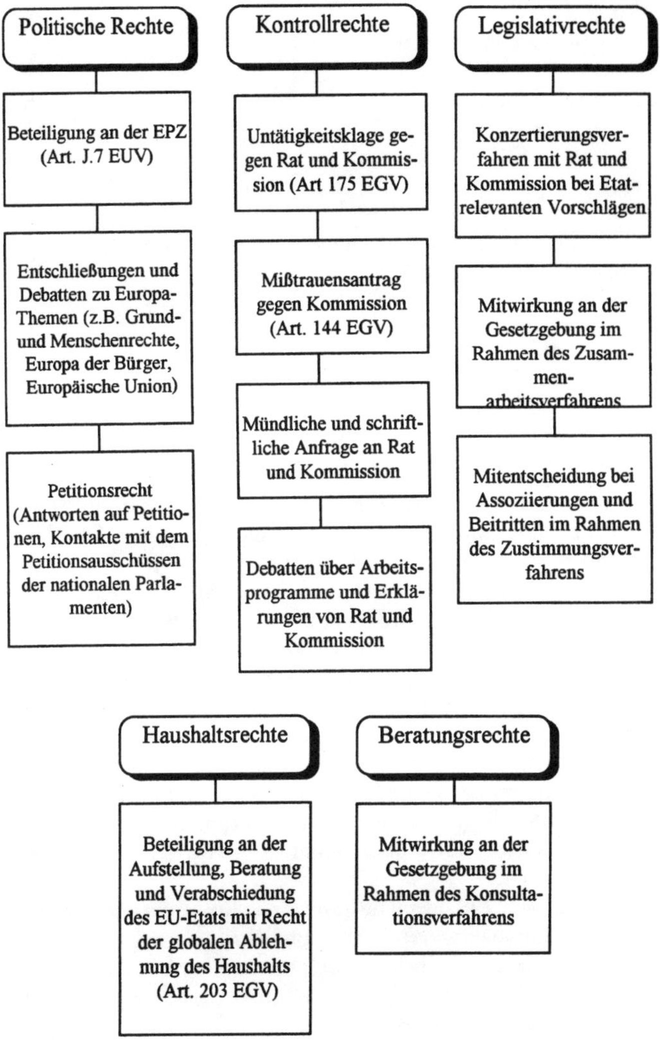

Tab. 4.7: Ergebnisse des Mitentscheidungsverfahrens bis Mai 1995

Vorschläge der Kommission	124
Endgültig angenommen	33
davon	
– ohne Vermittlung	18
– mit Vermittlung	15
Nicht vom EP angenommen	2
davon	
– in dritter Lesung abgelehnt	1
– nach Einigung im Vermittlungsausschuß abgelehnt	1
Abgeschlossene Verfahren	35
davon	
– angenommen	33
– abgelehnt	2

Quelle: Europäische Kommission

getfragen. Die Konzertierung beruht auf einer interministeriellen Vereinbarung und ist vertraglich nicht festgelegt. Durch direkte Verhandlungen zwischen EP und Rat ergibt sich bei der Konzertierung eine etwas stärkere Mitwirkung des Parlaments als bei der Anhörungsprozedur vor allem bei Budgetfragen.

c) *Zusammenarbeit:* Seit der Rechtsakte für den Binnenmarkt aus dem Jahre 1987 kann das Parlament grundsätzlich Stellungnahmen abgeben, die vom Rat zu einem gemeinsamen Standpunkt verarbeitet werden. In einer zweiten Lesung kann das Parlament anstehende Rechtsakte annehmen, abändern oder ablehnen. Abänderungen und Ablehnungen durch das Europaparlament können letztendlich nur durch einstimmige Entscheidungen des Ministerrates überstimmt werden (Art. 189 c EGV – vgl. Kapitel 4.1).

d) Ebenfalls seit 1987 genießt das EP das Recht der *Zustimmung* bei internationalen Verträgen, beim Beitritt neuer Länder sowie bei Assoziierungsverträgen mit Drittstaaten, bei der Gewährung von Mitteln im Rahmen des Strukturfonds sowie bei der Ernennung der Kommission.

e) Das Verfahren der *Mitentscheidung* bei Kultur-, Bildungs-, Ge-

Schaubild 4.12: Haushaltsverfahren

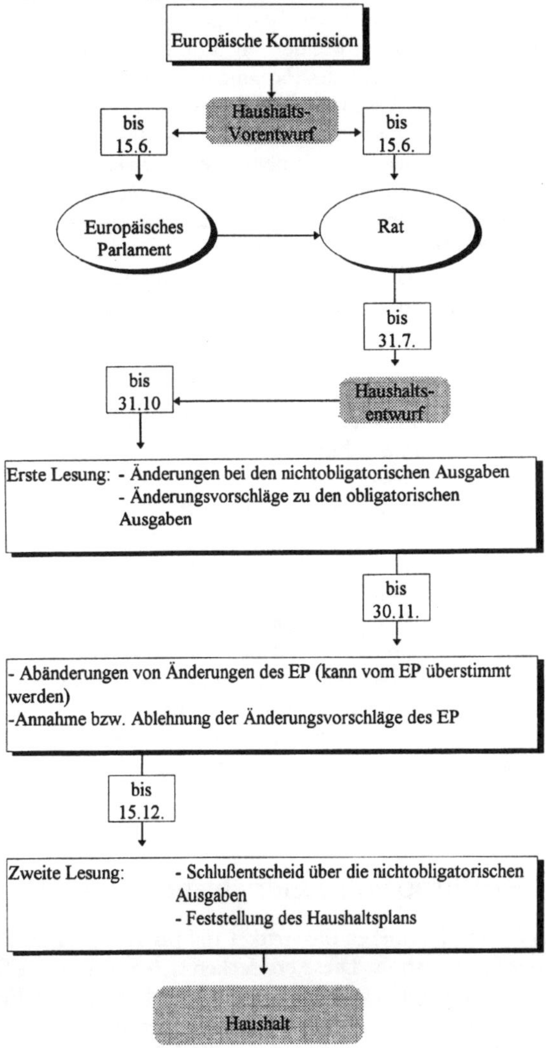

Nach Proske u. a. 1994: 53

sundheits-, Verbraucher- und Umweltschutzfragen nach Art. 189b des EG-Vertrages besteht seit Inkrafttreten der Maastrichter Verträge. In diesen Bereichen genießt das Parlament etwa gleiches Gewicht wie der Rat. Von Bedeutung ist hier der aus je zwölf Vertretern des Parlaments und des Rats bestehende Vermittlungsausschuß. Die Kommission ist im Vermittlungsausschuß ohne Stimmrecht ebenfalls präsent. Letztendlich kann das Europäische Parlament in einer zweiten und dritten Lesung mit absoluter Mehrheit das Zustandekommen von Rechtsakten verhindern. So besteht de facto ein Vetorecht des Parlaments. In den ersten Jahren der Anwendung dieses Verfahrens hat das EP mit den Richtlinienentwürfen für Sprach-Telefondienst und für Biotechnologie lediglich zweimal von seinem Recht Gebrauch gemacht, einen Rechtsakt in letzter Instanz abzulehnen.

In besonderer Weise ist auch das *Haushaltsverfahren* geregelt. Ausgearbeitet wird der Haushaltsentwurf von der Kommission, die ihren Entwurf an den Ministerrat und das Parlament weiterleiten muß. Diesen Entwurf kann das Parlament ablehnen und wie in den Jahren 1979 und 1984 den Rat zur Ausarbeitung einer neuen Fassung auffordern. Die EG-Verträge unterscheiden zwischen obligatorischen und nicht-obligatorischen Ausgaben. Obligatorisch sind aus den Gemeinschaftsverträgen unmittelbar folgende Aufwendungen, z. B. für die Agrarpolitik. Bei solchen obligatorischen Ausgaben kann das EP lediglich Änderungen vorschlagen, die der Rat mit qualifizierter Mehrheit überstimmen kann. Lassen sich Ausgaben hingegen nicht zwingend aus den Gemeinschaftsverträgen ableiten – wie z. B. Verwaltungsausgaben –, kann das Europaparlament die Verteilung ändern oder eine Erhöhung bestimmen.

4.5. Der Europäische Gerichtshof (EuGH)

Im EG-Vertrag markieren die Artikel 164 bis 188 die Zuständigkeiten des Gerichtshofs. Diese erstrecken sich auf die erste Säule des Maastrichter Vertrags. Keine Kompetenz kommt dem EuGH bei der Gemeinsamen Außen- und Sicherheitspolitik der Gemeinschaft (GASP) und bei der Zusammenarbeit in den Bereichen Justiz und Inneres (ZJI) zu.

Art. 164 EGV
Der Gerichtshof sichert die Wahrung des Rechts bei der Auslegung und Anwendung dieses Vertrags.

Das Ziel der Rechtswahrung teilen sich fünfzehn Richter und zur Zeit neun Generalanwälte. Im Gericht erster Instanz, das seit 1989 besteht, sitzen ebenfalls fünfzehn Richter. Obwohl dies in den Verträgen nicht fixiert ist, wird in beiden Kammern jeweils ein Richter pro Mitgliedsland ernannt.

Art. 165 EGV
Der Gerichtshof besteht aus fünfzehn Richtern.

Der Gerichtshof tagt in Vollsitzungen. Er kann jedoch aus seiner Mitte Kammern mit je drei, fünf oder sieben Richtern bilden, die bestimmte vorbereitende Aufgaben erledigen oder bestimmte Gruppen von Rechtssachen entscheiden [...]

Art. 166 EGV
Der Gerichtshof wird von acht Generalanwälten unterstützt. Für die Zeit vom Beitritt bis zum 6. Oktober 2000 wird jedoch ein neunter Generalanwalt ernannt.

Der Generalanwalt hat in völliger Unparteilichkeit und Unabhängigkeit begründete Schlußanträge zu den dem Gerichtshof unterbreiteten Rechtssachen öffentlich zu stellen, um den Gerichtshof bei der Erfüllung seiner in Artikel 164 bestimmten Aufgabe zu unterstützen.

Art. 167 EGV
Zu Richtern und Generalanwälten sind Persönlichkeiten auszuwählen, die jede Gewähr für Unabhängigkeit bieten und in ihrem Staat die für die höchsten richterlichen Ämter erforderlichen Voraussetzungen erfüllen oder Juristen von anerkannt hervorragender Befähigung sind; sie werden von den Regierungen der Mitgliedstaaten im gegenseitigen Einvernehmen auf sechs Jahre bestimmt.

Alle drei Jahre findet eine teilweise Neubesetzung der Richterstellen statt. Sie betrifft abwechselnd je acht und sieben Richter.

Alle drei Jahre findet eine teilweise Neubesetzung der Stellen der Generalanwälte statt. Sie betrifft jedesmal vier Generalanwälte.

Die Wiederernennung ausscheidender Richter und Generalanwälte ist zulässig.

Die Richter wählen aus ihrer Mitte den Präsidenten des Gerichtshofs für die Dauer von drei Jahren. Wiederwahl ist zulässig.

Art. 168 a EGV
(1) Dem Gerichtshof wird ein Gericht beigeordnet, das für Entscheidungen über einzelne [...] Gruppen von Klagen zuständig ist und gegen dessen Entscheidungen ein auf Rechtsfragen beschränktes Rechtsmittel beim Gerichtshof [...] eingelegt werden kann [...].

Schaubild 4.13: Europäischer Gerichtshof

Insgesamt bestehen sechs Verfahrensarten, nach denen die Gerichtsbarkeit in der EG ablaufen kann. Unterschieden werden Vorabentscheidungen (Art. 177 EGV), Vertragsverletzungsverfahren (Art. 169, 170), Nichtigkeitsklagen (Art. 173), Untätigkeitsklagen (Art. 175), Schadenersatzklagen (Art. 178, 215) und Revisionsverfahren. Den Vertragsverletzungsklagen und den Untätigkeitsklagen kommt eine gesonderte Bedeutung zu, da hier Institutionen der Gemeinschaft und Mitgliedstaaten auf juristischem Wege konfrontiert werden. Die Kommission kann den EuGH anrufen, wenn ihrer Ansicht nach ein Staat gegen seine in den europäischen Verträgen festgesetzten Pflichten verstößt. Die betroffenen Staaten müssen vom Antragsgegenstand vorher in Kenntnis gesetzt werden. Auch Mitgliedstaaten können das Gericht anrufen, wenn ein anderes Mitglied gegen Vertragspflichten verstößt. In einem solchen Fall muß sich die Kommission vor einer Anrufung zu einem eventuellen Rechtsbruch befaßt haben. Kommt bei einem entsprechenden Urteil des EuGH ein Mitgliedstaat einer gesetzten Frist nicht nach, kann er zur Zahlung eines Zwangsgeldes oder eines Pauschalbetrages verpflichtet werden.

Art. 169 EGV
Hat nach Auffassung der Kommission ein Mitgliedstaat gegen eine Verpflichtung aus diesem Vertrag verstoßen, so gibt sie eine mit Gründen versehene Stellungnahme hierzu ab; sie hat dem Staat zuvor Gelegenheit zur Äußerung zu geben.

Kommt der Staat dieser Stellungnahme innerhalb der von der Kommission gesetzten Frist nicht nach, so kann die Kommission den Gerichtshof anrufen.

Art. 170 EGV
Jeder Mitgliedstaat kann den Gerichtshof anrufen, wenn er der Auffassung ist, daß ein anderer Mitgliedstaat gegen eine Verpflichtung aus diesem Vertrag verstoßen hat.

Bevor ein Mitgliedstaat wegen einer angeblichen Verletzung der Verpflichtungen aus diesem Vertrag gegen einen anderen Staat Klage erhebt, muß er die Kommission damit befassen [...].

Art. 175 EGV
Unterläßt es das Europäische Parlament, der Rat oder die Kommission unter Verletzung dieses Vertrags, einen Beschluß zu fassen, so können die Mitgliedstaaten und die anderen Organe der Gemeinschaft beim Gerichtshof Klage auf Feststellung dieser Vertragsverletzung erheben.

Diese Klage ist nur zulässig, wenn das in Frage stehende Organ zuvor aufgefordert worden ist, tätig zu werden. Hat es binnen zwei Monaten nach dieser Aufforderung nicht Stellung genommen, so kann die Klage innerhalb einer weiteren Frist von zwei Monaten erhoben werden.

Jede natürliche oder juristische Person kann nach Maßgabe der Absätze 1 und 2 vor dem Gerichtshof Beschwerde darüber führen, daß ein Organ der Gemeinschaft es unterlassen hat, einen anderen Akt als eine Empfehlung oder eine Stellungnahme an sie zu richten [...].

Am Europäischen Gerichtshof wird der supranationale Charakter der ersten Säule der Union besonders deutlich. Der Gerichtshof trifft seine Entscheidungen nicht nur unabhängig von den einzelnen Nationalstaaten, sondern übt diese Befugnis bindend für alle Mitgliedstaaten aus. Haben die Staaten ihre Kompetenzen also einmal an die Gemeinschaft abgegeben, wacht der Gerichtshof darüber, daß Gemeinschaftsentscheidungen auch dann eingehalten werden, wenn sie den Interessen einzelner Staaten zuwiderlaufen. Verschiedene Urteile aus der Geschichte des EuGH zeugen davon, daß dieser im Zweifelsfalle zugunsten der Gemeinschaftsprinzipien entscheidet. Somit kann dem Gerichtshof eine wichtige Rolle bei der Entwicklung der Europäischen Gemeinschaft zugeschrieben werden.

Bei der Ausgestaltung der Rechtsordnung der EG bildeten sich vier Grundsätze heraus, die vom EuGH vertreten werden: Anwendbarkeit, Vorrang des Gemeinschaftsrechts, Schutz der Grundrechte und Schadenersatzpflicht der Mitgliedstaaten (vgl. Philipp 1996).

- Der Vorrang des Gemeinschaftsrechts setzt das durch die europäischen Verträge gesetzte Recht über nationales Recht. Dies soll vor allem sicherstellen, daß das Gemeinschaftsrecht in allen Mitgliedstaaten gleichmäßig gilt bzw. gelten kann. Es würde dem Gemeinschaftsgedanken zuwiderlaufen, wenn bestehendes europäisches Recht in einzelnen Staaten unterlaufen werden könnte.
- Die unmittelbare Anwendbarkeit impliziert, daß sich Einzelpersonen selbst dann auf das Gemeinschaftsrecht berufen können, wenn dieses der nationalen Gesetzgebung widerspricht. Damit kommen in der EU auch Einzelpersonen bestimmte Rechte zu.
- Der Schutz der Grundrechte wird vom EuGH mitbeachtet.
- Die Schadenersatzpflicht der Mitgliedstaaten macht diese regreßpflichtig. Verstößt ein Mitgliedstaat gegen Gemeinschaftsrecht und schädigt dadurch Einzelne, muß er Schadenersatz leisten. Die Schadenersatzpflicht, die heute noch umstritten ist, wird als Instrument der Durchsetzung von Gemeinschaftsrecht gesehen. Die Bundesregierung wurde vor einiger Zeit ein „Opfer“ der Schadenersatzpflicht, als sie gestrandeten deutschen Urlaubern Schadensgelder zahlen mußte. Zuvor hatte sie die EG-Pauschalreiserichtlinie, in der der Versicherungsschutz von Reisenden bei einem eventuellen Konkurs des Reiseveranstalters zur Auflage gemacht worden war, nicht zügig genug umgesetzt.

4.6. Weitere Institutionen der Europäischen Union

Wirtschafts- und Sozialausschuß

Der Wirtschafts- und Sozialausschuß (WSA) besteht seit 1958. Sein Sekretariat befindet sich in Brüssel. Im WSA sind im Rahmen

Schaubild 4.14: Der Wirtschafts- und Sozialausschuß

der EG/EU gesellschaftliche Interessen vertreten. So sind dort Arbeitgeber, Arbeitnehmer, Verbraucher, Selbständige, Umweltschützer etc. repräsentiert. Insofern ist der Wirtschafts- und Sozialausschuß „von seiner Aufgabenstellung her gesehen eine Ständevertretung oder auch eine ständige Lobby-Konferenz" (Brüske 1994: 345). Im Europa der Fünfzehn gehören dem Wirtschafts- und Sozialausschuß 222 Vertreter an, davon kommen 24 aus der Bundesrepublik. Der Wirtschafts- und Sozialausschuß muß vom Rat und von der Kommission in wirtschaftlichen und sozialen Angelegenheiten gehört werden. Es besteht aber keine Verpflichtung zur Berücksichtigung seines Standpunktes von seiten einer der Institutionen des Entscheidungsdreieckes Rat – Kommission – Parlament.

Art. 193 EGV
Es wird ein Wirtschafts- und Sozialausschuß mit beratender Aufgabe errichtet.

Der Ausschuß besteht aus Vertretern der verschiedenen Gruppen des wirtschaftlichen und sozialen Lebens, insbesondere der Erzeuger, der Landwirte, der Verkehrsunternehmer, der Arbeitnehmer, der Kaufleute und Handwerker, der freien Berufe und der Allgemeinheit.

Art. 194 EGV
[...]
Die Mitglieder des Ausschusses werden vom Rat durch einstimmigen Beschluß auf vier Jahre ernannt. [...] Die Mitglieder des Ausschusses sind an keine Weisungen gebunden. Sie üben ihre Tätigkeit in voller Unabhängigkeit zum allgemeinen Wohl der Gemeinschaft aus. [...]

Art. 198 EGV
Der Ausschuß muß vom Rat oder der Kommission in den in diesem Vertrag vorgesehenen Fällen gehört werden. Er kann von diesen Organen in allen Fällen gehört werden, in denen diese es für zweckmäßig erachten. Er kann von sich aus eine Stellungnahme in den Fällen abgeben, in denen der dies für zweckmäßig erachtet. [...]

Die Stellungnahmen des Ausschusses und der zuständigen fachlichen Gruppe sowie ein Bericht über die Beratungen werden dem Rat und der Kommission übermittelt.

Ausschuß der Regionen (AdR)

Der Ausschuß der Regionen (AdR) mit Sitz in Brüssel wurde 1994 ins Leben gerufen. Erwähnt wird der AdR erstmals im Vertrag von Maastricht. Die Initiative zu seiner Gründung ging von den deutschen Bundesländern aus, die der kontinuierlichen Verschiebung ihrer Kompetenzen nach Brüssel ein Gegengewicht entgegensetzen wollten. Die 222 Vertreter (bis 1995 gehörten dem AdR wie dem WSA 189 Vertreter an) entstammen europäischen (Bundes-)Ländern, Regionen und Gemeinden. Dem Ausschuß kommt innerhalb des europäischen Institutionengefüges eine beratende Funktion zu. Er muß bei Fragen der Struktur- und Regionalpolitik, der Kulturförderung, der Berufsbildung etc. gehört werden.

Art. 198 a EGV
Es wird ein beratender Ausschuß aus Vertretern der regionalen und lokalen Gebietskörperschaften, nachstehend „Ausschuß der Regionen“ genannt, errichtet. [...]

Die Mitglieder des Ausschusses sowie eine gleiche Anzahl von Stellvertretern werden vom Rat auf Vorschlag der jeweiligen Mitgliedstaaten durch einstimmigen Beschluß auf vier Jahre ernannt. [...]

Die Mitglieder des Ausschusses sind an keine Weisungen gebunden. Sie üben ihre Tätigkeit in voller Unabhängigkeit zum allgemeinen Wohl der Gemeinschaft aus.

Art. 198 c EGV
Der Ausschuß der Regionen wird vom Rat oder von der Kommission in den in diesem Vertrag vorgesehenen Fällen und in allen anderen Fällen gehört, in denen eines dieser beiden Organe dies für zweckmäßig erachtet. [...]

Wird der Wirtschafts- und Sozialausschuß nach Artikel 198 gehört, so wird der Ausschuß der Regionen vom Rat oder von der Kommission über dieses Ersuchen um Stellungnahme unterrichtet. Der Ausschuß der Regionen kann, wenn er der Auffassung ist, daß spezifische regionale Interessen berührt werden, eine entsprechende Stellungnahme abgeben.

Er kann, wenn er dies für zweckdienlich erachtet, von sich aus eine Stellungnahme abgeben. [...]

Europäischer Rechnungshof

Der Europäische Rechnungshof existiert seit 1977. Als echtes Gemeinschaftsorgan im Sinne einer Erhebung zu einem Hauptorgan der EU gilt der Rechnungshof seit 1994. Dem Rechnungshof unterliegt die Rechnungsprüfung in der Gemeinschaft. Dazu zählen die Kontrolle des Haushaltes, die Überprüfung der EGKS-Anleihen und Darlehen, der Entwicklungshilfe und der Einnahmen und Ausgaben von EU-Institutionen. Der Rechnungshof verfaßt einen Jahresbericht. Zu seiner Kompetenz zählt die Beratung vor allem des Europaparlaments, aber auch der Kommission, durch Stellungnahmen im Bereich aller Einnahmen und Ausgaben der Gemeinschaft. Formal dient der Rechnungshof der Entlastung der Kommission.

Art. 188 a EGV
Der Rechnungshof nimmt die Rechnungsprüfung wahr.

Art. 188 c EGV
(1) Der Rechnungshof prüft die Rechnung über alle Einnahmen und Ausgaben der Gemeinschaft. Er prüft ebenfalls die Rechnung über alle Einnahmen und Ausgaben jeder von der Gemeinschaft geschaffenen Einrichtung, soweit der Gründungsakt dies nicht ausschließt. [...]
(2) Der Rechnungshof prüft die Rechtmäßigkeit und Ordnungsmäßigkeit der Einnahmen und Ausgaben und überzeugt sich von der Wirtschaftlichkeit der Haushaltsführung. [...]
(4) Der Rechnungshof erstattet nach Abschluß eines jeden Haushaltsjahres einen Jahresbericht. [...]

Neue Behörden und Ämter

In den letzten Jahren sind mehrere Institutionen der EU neugeschaffen bzw. umgesiedelt worden. Sie sollen hier nur stichwortartig genannt werden:

- Nach längerem Streit wurde 1994 entschieden, das europäische Währungsinstitut (EWI) und die Europäische Zentralbank (EZB) in Frankfurt am Main anzusiedeln (siehe auch Kapitel 5.4).
- Das Zentrum für die Förderung der Berufsbildung CEDEFOP (Centre européen pour le développement de la formation professionelle) ist das Amt für die Unterstützung der Zusammenarbeit im Bereich der beruflichen (Weiter-)Bildung. Das bereits 1975 gegründete Zentrum ist in den letzten Jahren von Berlin nach Saloniki verlegt worden.
- Die 1990 gegründete Europäische Umweltagentur hat seit einer Entscheidung vom Oktober 1993 ihren Sitz in Kopenhagen. Ihr Aufgabenbereich erstreckt sich auf die Sammlung und Verbreitung von Umweltdaten.
- Die europäische Polizeibehörde EUROPOL wurde zwar schon im EU-Vertrag verankert, erreichte aber erst mit der Europol-Konvention vom Juni 1995 rechtlichen Status. Sitz der Behörde ist Den Haag.
- Die Europäische Bank für Wiederaufbau und Entwicklung (EBRD: European Bank for Reconstruction and Development) wurde 1989 mit dem Ziel gegründet, den mittel- und osteuropäischen Reformstaaten bei der wirtschaftlichen Transformation in die Marktwirtschaft behilflich zu sein. Sitz der EBRD ist London.
- Agentur für die Beurteilung von Arzneimitteln: Sitz in London.
- Agentur für Gesundheitsschutz und Sicherheit am Arbeitsplatz: Sitz in Bilbao.
- Harmonisierungsamt für den Binnenmarkt: Sitz in Alicante.
- Inspektionsbüro für Veterinär- und Pflanzenkontrollen: Sitz in Dublin.
- Europäische Drogenbeobachtungsstelle: Sitz in Lissabon.

Der Vertrag von Amsterdam, der am 18. Juni 1997 von den Staats- und Regierungschefs verabschiedet worden ist, läßt den Maastrichter Vertrag in seiner Grundstruktur bestehen; die Balance der Gewalten ist, wie von den Gründungsmitgliedern gefordert, gewahrt worden; alle drei Organe, Kommission, Rat und Parlament, haben Kompetenzen hinzugewonnen, und die gegenseitige Abhängigkeit von Kommission und Parlament ist enger geworden. Das EU-Regime ist weiter parlamentarisiert worden und ähnelt in seiner Struktur dem Semi-Präsidentialismus insofern, als die europäische Exekutive (Kommission), vom Rat vorgeschlagen, dann von der europäischen Legislative gewählt werden muß. Im einzelnen sind folgende moderate institutionelle Neuerungen beschlossen worden:

Der Präsident der Europäischen Kommission soll eine Art Richtlinienkompetenz erhalten; er ist künftig neben den EU-Regierungen an der Auswahl der Kommissare beteiligt. Über eine Änderung bezüglich der Zahl der Kommissare auch für den Fall der Erweiterung konnte keine Einigung erzielt werden; bei der Zahl von zwanzig Kommissaren soll es vorläufig bleiben. Wenn nach der Jahrhundertwende die ersten neuen Mitgliedstaaten aufgenommen worden sind, soll es zum Grundsatz „ein Mitgliedstaat, ein Kommissar" kommen. Die großen EU-Länder Deutschland, Frankreich Großbritannien, Italien und Spanien müssen dann ihren zweiten Kommissar abgeben. Hinsichtlich der Neugewichtung der Stimmen zwischen großen und kleinen Staaten im Ministerrat soll dann eine Revisionskonferenz einen Konsens suchen. Es bleibt also vorläufig bei den Stimmenverhältnissen im Ministerrat; eine Einigung über eine Neugewichtung konnte nicht erzielt werden. Das Europäische Parlament erhält einige zusätzliche Kompetenzen. Das Mitentscheidungsrecht ist auf fünfundzwanzig Politikfelder ausgedehnt worden, so daß es künftig in etwa drei Vierteln der EU-Gesetzgebung mitentscheidet; dies gilt allerdings nicht in den Bereichen Justiz und Inneres sowie der Gemeinsamen Außen- und Sicherheitspolitik. Auch nach dem Beitritt weiterer Staaten soll die Zahl der Europa-Parlamentarier 700 nicht überschreiten. Das Parlament muß der Benennung des Kommissionspräsidenten durch die Mitgliedstaaten zustimmen.

Die Handlungsfähigkeit der Union soll in der Außen- und Sicherheitspolitik durch folgende Maßnahmen gesteigert werden:

Es wird beim Ministerrat einen Generalsekretär geben, der die EU-Aktivitäten koordiniert und nach außen repräsentiert; er bildet künftig zusammen mit der Präsidentschaft und der Kommission die Troika. Er wird unterstützt durch eine Strategie- und Frühwarneinheit, deren Personal aus dem Generalsekretariat, den Mitgliedstaaten, der Kommission und der WEU rekrutiert werden soll.

Einen ersten Einstieg in Mehrheitsentscheidungen in der GASP bedeutet die Bestimmung, daß Strategieentscheidungen zwar einstimmig getroffen werden müssen, Durchführungsbeschlüsse jedoch mit qualifizierter Mehrheit verabschiedet werden können; es gibt ferner die Möglichkeit der konstruktiven Enthaltung. Ein Staat muß in diesem Fall einen Beschluß nicht ausführen, verhindert ihn aber auch nicht.

Zusammenfassend kann das Institutionensystem der Europäischen Union vor allem aus ihrer Geschichte heraus betrachtet und verstanden werden. Analogien zu nationalen Strukturen bieten sich zwar an, werden aber diesem System sui generis nicht immer gerecht. Als liberal-konstitutionelles Institutionensystem kann es aber dennoch begriffen werden, denn es trägt den beiden wichtigen Elementen des westlichen Konstitutionalismus Rechnung, nämlich dem Schutz individueller Grundrechte und dem Gewaltenteilungsprinzip. Zur Sicherung der Menschenrechte können sowohl die Gerichtshöfe in den Mitgliedstaaten als auch der Europäische Gerichtshof angerufen werden. Das Gewaltenteilungsprinzip schlägt sich in definierten Zuständigkeiten der einzelnen Institutionen und deren gegenseitigen Kontrollen nieder. Inwieweit allerdings ein solches Institutionensystem auch als handlungsfähig und demokratisch legitimiert betrachtet werden kann, soll weiter unten diskutiert werden (vgl. Kapitel 6).

Kapitel 5

Politikbereiche

Auch in der Fassung vom 7. Februar 1992 nehmen die von der Gemeinschaft durchgeführten Politiken im Text des europäischen Vertragswerks einen beträchtlichen Raum ein. 17 Politikbereiche werden vertraglich ausgewiesen (siehe Tab. 5.1).

Tab. 5.1: Politikbereiche im EG-Vertrag (Fassung vom 7. 2. 1992)

Erster Teil: Grundsätze	
Zweiter Teil: Unionsbürgerschaft	
Dritter Teil: Politiken der Gemeinschaft	
Titel I	Warenverkehr
Titel II	Landwirtschaft
Titel III	Freizügigkeit, Dienste und Kapital
Titel IV	Verkehr
Titel V	Wettbewerb
Titel VI	Wirtschafts- und Währungsunion
Titel VII	Handel
Titel VIII	Soziales
Titel IX	Kultur
Titel X	Gesundheit
Titel XI	Verbraucherschutz
Titel XII	Transeuropäische Netze
Titel XIII	Industrie
Titel XIV	Wirtschaftliche und soziale Zusammenarbeit
Titel XV	Forschung und Technologie
Titel XVI	Umwelt
Titel XVII	Entwicklungszusammenarbeit
Weitere Politikbereiche im EU-Vertrag:	
	a) Gemeinsame Außen- und Sicherheitspolitik (GASP);
	b) Zusammenarbeit in den Bereichen Justiz und Inneres.
Vierter Teil: Die Assoziierung der überseeischen Länder	
Fünfter Teil: Die Organe der Gemeinschaft	
Sechster Teil: Allgemeine und Schlußbestimmungen	

Im folgenden sollen ausgewählte Politikbereiche ausführlicher behandelt werden, die als besonders zentral bzw. kontrovers gelten; dazu zählen die der ersten Säule zuzurechnende Agrar- sowie die Wirtschafts- und Währungspolitik, die der zweiten Säule zuordenbare Gemeinsame Außen- und Sicherheitspolitik (GASP) sowie die der dritten Säule angehörende Zusammenarbeit in den Bereichen Justiz und Inneres (ZJI).

5.1. Agrarpolitik

Die Europäische Landwirtschaft unterliegt der gemeinschaftlichen Agrarpolitik, wie sie in den Artikeln 38 bis 47 des EG-Vertrages beschrieben wird. Die Ziele der gemeinsamen Agrarpolitik werden in Artikel 39 EGV dargelegt.

Art. 39 EGV
(1) Ziel der gemeinsamen Agrarpolitik ist es,

a) die Produktivität der Landwirtschaft durch Förderung des technischen Fortschritts, Rationalisierung der landwirtschaftlichen Erzeugung und den bestmöglichen Einsatz der Produktionsfaktoren, insbesondere der Arbeitskräfte, zu steigern;

b) auf diese Weise der landwirtschaftlichen Bevölkerung, insbesondere durch Erhöhung des Pro-Kopf-Einkommens der in der Landwirtschaft tätigen Personen, eine angemessene Lebenshaltung zu gewährleisten;

c) die Märkte zu stabilisieren;

d) die Versorgung sicherzustellen;

e) für die Belieferung der Verbraucher zu angemessenen Preisen Sorge zu tragen. [...]

Bis heute ist der Agrarmarkt der dirigistischste EG-Markt. Die Gründe für diesen Dirigismus sind nicht nur in den EG-Verträgen zu suchen. Politische Erwägungen, eine nationale Bauernschaft mit eigenen regionalen Produkten zu erhalten, spielen eine Rolle, die über das Argument der Versorgungssicherheit hinausgeht. Die Nutzung von Weideland in naturpflegerischer Absicht, wie sie sich z. B. im Bild von Kühen und Schafen als „Rasenmähern" niederschlägt, liegt im mittelbaren Interesse der Landwirtschaftspolitik. Auch soll mit einer stützenden Agrarpolitik der Bevölkerungsmigration vom Land in die Städte entgegengewirkt werden. Nirgendwo werden jedoch die Auswüchse einer dirigistischen Politik so kritisiert wie im Agrarbereich. Marktverzerrung, Abschottung von internationalen Märkten, tier- und umweltschädigende Kapitalkonzentration und die damit verbundene Bevorzugung hochgezüchteter Produkte gegenüber natürlichen Anbaumethoden gelten als unerwünschte Folgen der Agrarpolitik.

Der reglementierte Agrarmarkt kann somit nicht als ein EG-Markt wie jeder andere gelten, sondern ist durch die hohen Subventionen, die Protektion nach außen und allgemein durch die hohe Regelungsdichte im politisch-institutionellen Spektrum verwurzelt. In erster Linie ist dies an EG-weit beobachtbaren starken Bauernverbänden abzulesen, die – früher noch stärker als heute – zu einem wichtigen Wählerreservoir konservativer Parteien zählen. Daß die Bauernverbände vor allem in den agrarisch wichtigen Mitgliedsländern der Union über Mobilisierungskraft verfügen, kann an vielen spektakulären Aktionen der letzten Jahre – Auskippen von Most vor den Brüsseler EU-Gebäuden, Traktorsperren in Bonn und Paris etc. – abgelesen werden. Der dabei vielfach zu verzeichnende Appell der Bauernschaft an eine nationale Identität konfligiert dabei mit dem gemeinschaftlich intendierten Charakter der EG-Politik. Der Aktionismus der Bauernverbände wird durch die (im EG-Vertrag nicht ausdrücklich fixierte) Praxis des Ministerrates, sich zur Neuverhandlung der Agrarpreise jährlich zusammenzusetzen, verstärkt. Bei solchen Verhandlungen steht nicht nur das allgemeine Preisniveau agrarischer Produkte zur Diskussion. Die unterschiedlichen Anbaubedingungen in verschiedenen Ländern haben zur Folge, daß bestimmte Produkte in bestimmten Ländern billiger produziert werden können. Die so bestehenden konkurrierenden Preisinteressen müssen regelmäßig in Brüsseler Nachtsitzungen austariert werden.

Trotz einiger Kehrtwendungen in der Gemeinsamen Agrarpolitik sind deren wichtigste Prinzipien seit den sechziger Jahren konstant geblieben. Sie lauten einheitlicher Markt, Gemeinschaftspräferenz und gemeinsame finanzielle Verantwortung.

1. Der *einheitliche Markt* impliziert einheitliche Preise für Agrarprodukte innerhalb der EG. Das hierzu eingesetzte Instrument ist die Abschaffung von Zöllen und anderen protektionistischen Instrumenten innerhalb der Gemeinschaft. Während aber spätestens seit der Vollendung des Binnenmarktes am 1. Januar 1993 Zölle tatsächlich keine Rolle mehr für den Handel von Agrarprodukten spielen, hat es um die „mengenmäßigen Einfuhrbeschränkungen sowie alle Maßnahmen gleicher Wirkung“ (Art. 30 EGV) immer

wieder Streit gegeben. Aus heutiger Sicht war es vor allem der Europäische Gerichtshof, der häufig im Sinne der Gemeinschaft entschied, damit die Kommission unterstützte und zum Hüter der Verträge wurde.

Das Ziel des einheitlichen Preisniveaus für Agrargüter innerhalb der EG ist selten erreicht worden. Zum einen werden noch heute 70 % aller landwirtschaftlichen Produkte, darunter Getreide, Zucker, Mehlerzeugnisse, Fleisch, Tafelwein sowie viele Obst- und Gemüsesorten, preislich gestützt. Da dies durch Abnahme von Produkten zu festen Preisen geschieht, sind die Preise allenfalls für die Nachfrage gleich. Auf der Angebotsseite wird jedoch nach wie vor zu unterschiedlichen Bedingungen produziert. Zum anderen haben Währungsschwankungen immer wieder auf die Preispolitik im Agrarmarkt ausgestrahlt. Von 1967 bis 1973 beispielsweise waren die internen Verrechnungseinheiten an den Dollar gebunden, zu dem der französische Franc und die deutsche Mark seit 1969 fluktuieren konnten. Die so auseinanderfallenden Interventionspreise mußten EG-intern abgefangen werden. De facto wurden mit nationalen Exportzuschüssen und Importsteuern bei Aufwertungsländern neue Hürden errichtet. Zu deren Beseitigung wurde das Instrument der MCA (= monetary compensatory amounts) erfunden, mit dem den betroffenen Ländern unter die Arme gegriffen wurde. War ein Land von einer Aufwertung betroffen, wurden ihm Unterstützungszahlungen zuteil. Diese vorübergehend gedachte Maßnahme war aber stets mit langen Übergangsperioden verbunden, einerseits weil in dieser Zeit die Auf- und Abwertungsraten beträchtlich waren, andererseits mußten im Ministerrat gegenläufige Interessen verhandelt werden. 1973 ersetzte ein „joint-float", ein Währungskorb eigens zur Berechnung der Agrarpreise, den Dollar als Leitwährung. Dem folgte 1979 der ECU als Währungseinheit des EWS. Das Prinzip der MCA erwies sich trotzdem als langlebig, denn auch im EWS erfolgten immer wieder Anpassungsmaßnahmen (realignments). Im Vorfeld der Verwirklichung des Binnenmarktes, als zudem mit Großbritannien und Italien zwei traditionell abwertungsgefährdete Länder das EWS verließen, wurde der vollständige Abbau der MCAs beschlossen.

2. Das zweite Prinzip der Gemeinsamen Agrarpolitik, die *Gemeinschaftspräferenz*, bedeutet, daß auf den Inlandsmärkten Produkten von Mitgliedsländern Priorität vor Drittländerprodukten

gegeben wird. Hierzu wird ein prohibitiv hoher Importzoll mit einer variablen Zollrate auf Agrarimporte aus Drittländern erhoben (Abschöpfung an der EG-Außengrenze). Es gelangen somit keine Agrarprodukte auf den Binnenmarkt, die mit EG-Produkten konkurrieren könnten.

3. Das dritte Prinzip lautet *gemeinsame finanzielle Verantwortung*. Die gemeinsame Verantwortung manifestiert sich auf zwei Ebenen. Zum einen werden Ausgaben für die Gemeinsame Agrarpolitik von der Gemeinschaft aufgebracht und über den EU-Haushalt finanziert. Zum anderen werden Steuer- und Zolleinnahmen als Gemeinschaftseinnahmen betrachtet. Diese Einnahmen und Ausgaben machen den Europäischen Ausrichtungs- und Garantiefonds für die Landwirtschaft (EAGFL) aus.

Instrumente der Gemeinsamen Agrarpolitik

Neben der Außenabschöpfung verfügt die Gemeinsame Agrarpolitik über weitere Instrumente. Hier ist zunächst die in den Bereich der Marktorganisation fallende Abschöpfung durch Mindestabnehmerpreise (vgl. Schaubild 5.1) zu nennen. Die angebotenen Waren werden bei der Innenabschöpfung zu einem festgesetzten Preis aufgekauft. Es wurden allerdings niemals ausnahmslos alle Marktprodukte abgenommen. Für Zucker, Fleisch, Gemüse wird nur im Rahmen bestimmter Mengen und während bestimmter Jahreszeiten eine Abnahmegarantie gewährleistet. Getreide hingegen wurde bis zur Reform von 1992 vollständig aufgekauft. Bei manchen Produkten werden beide Abschöpfungsmaßnahmen kombiniert eingesetzt. Bei anderen wird lediglich der EG-Markt geschützt, so daß sich das interne Preisniveau ohne bürokratische Eingriffe einpendelt.

Als weiteres Instrument der GAP lassen sich die direkten Produzentensubventionen z. B. bei Olivenöl, Tabak, Baumwolle und der Schafzucht nennen. Diese verringern die Inputpreise. Die Subventionierung wird teilweise mit Abschöpfung kombiniert. Auch existieren für einige Produkte Subventionssätze, die an Anbauflächen oder produzierte Mengen gebunden sind. Seit 1988 sinken beim Überschreiten gewisser Produktionsmengen die Abnehmerpreise, um dem Anreiz zur immer weiteren Ausdehnung der Produktion entgegenzuwirken. Ein letztes die Marktorganisation betreffendes Instrument, das ebenfalls seit 1988 eingesetzt

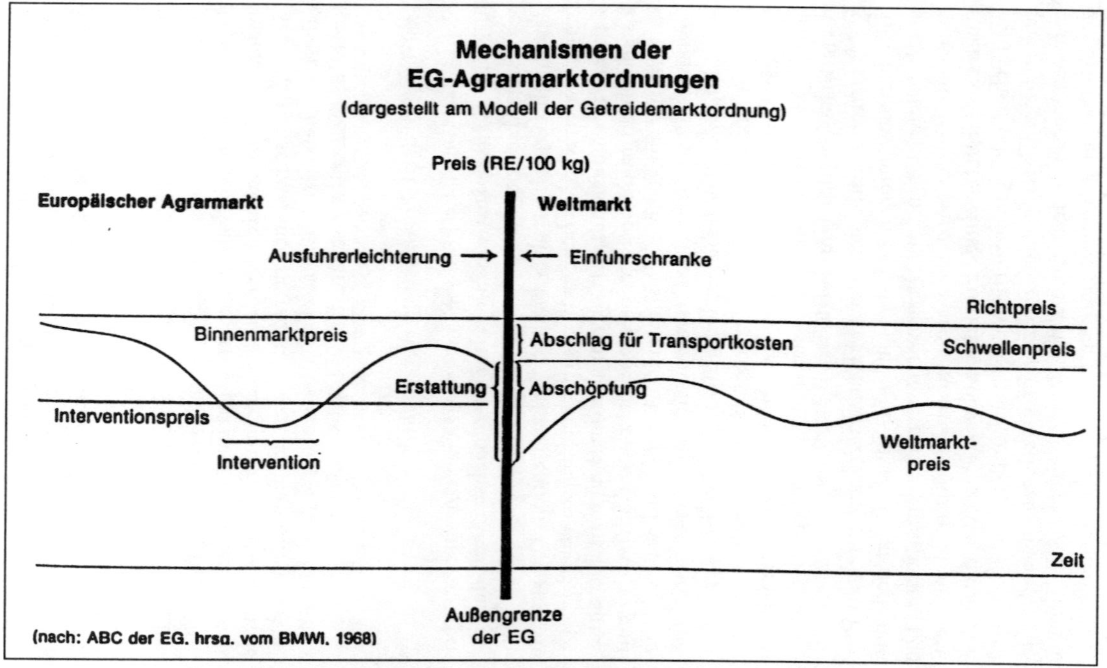

Schaubild 5.1: Mechanismen der EG-Agrarmarktordnung

Synopse 5.1.: Instrumente der Gemeinsamen Agrarpolitik

Instrumente der Marktorganisation	Strukturinstrumente
Abschöpfung durch Mindestabnehmerpreise	Modernisierung landwirtschaftlicher Betriebe
Abschöpfung an der EG-Außengrenze	Schließung unrentabler Betriebe
Direkte Produzentensubventionen	Ausbildung junger Landwirte
Mengen- oder flächengebundene Subventionen	Bewässerungsmaßnahmen in Mittelmeerländern
Stillegungsprämien	ökologische Strukturpolitik (Stillegung, Düngemittel etc.)
	Frühpensionierungsprogramm

Quelle: Folmer u. a. 1995: 18–25

wird, besteht in Stillegungsprämien zur Eindämmung der Überschüsse. Die Gemeinsame Agrarpolitik wird über den EAGFL auch auf struktureller Ebene tätig (vgl. Synopse 5.1).

Gestützt werden die Preise für agrarische Güter durch den 1962 errichteten „Europäischen Ausrichtungs- und Garantiefonds für die Landwirtschaft" (EAGFL). Die künstliche Anhebung von Agrarpreisen kann jedoch nicht als Idee bezeichnet werden, die erst innerhalb der Gemeinschaft gereift wäre. Zur Gründungszeit der EG bestand in keinem Land Europas ein freier Agrarmarkt. In den fünfziger Jahren lagen die Weltmarktpreise in der Regel unter den europäischen Preisen. Daher wurde zu dieser Zeit gleichzeitig um den Berufsstand „Landwirt" und um die zukünftige Versorgungssicherheit gefürchtet. Den Landwirten wurden wie heute im europäischen Rahmen durch die nationale Landwirtschaftspolitik Preise garantiert, die über denjenigen des Weltmarkts lagen. Der Anteil der Agrarproduktion mit garantierten Preisen im Jahre 1957, also noch vor der ersten Implementation einer gemeinsamen Agrarpolitik, lag in vielen Ländern um die 75 % (vgl. Tab. 5.2). Lange Zeit war die EG ein bedeutender Nettoimporteur von land-

Tab. 5.2: Anteil der Agrarproduktion mit Garantiepreisen an der gesamten Agrarproduktion in einigen europäischen Ländern (1957)

Belgien	39 %	Luxemburg	75 %
Frankreich	72 %	Niederlande	79 %
Italien	27 %	Bundesrepublik Deutschland	75 %

Quelle: Folmer u. a. 1995: 11

wirtschaftlichen Produkten. Diese Situation wurde erst durch die ständige Angebotsausweitung der europäischen Agrarproduktion in den siebziger Jahren umgekehrt.

Betrachtet man aus heutiger Sicht die historischen Ziele der Gemeinsamen Agrarpolitik (GAP), die im Zielkatalog des angesprochenen Artikels 39 des EG-Vertrages auftauchen, ergibt sich ein gemischtes Bild. Zweifellos erreicht wurden die Ziele der Erhöhung der landwirtschaftlichen Produktivität und der stabilen Agrarmärkte im Sinne eines stabilen Angebots landwirtschaftlicher Produkte. Obwohl sich jedoch die individuellen Einkommen im Landwirtschaftssektor stetig erhöht haben und zum Teil über dem Landesdurchschnitt liegen (vgl. Tab. 5.3), stehen heute viele Bauern unter starkem Effizienz- und Konkurrenzdruck, der sie nicht selten zur Aufgabe der landwirtschaftlichen Tätigkeit zwingt. Auch das Ziel der „Belieferung der Verbraucher zu angemessenen Preisen“ (Art. 39 EGV) wurde aus heutiger Sicht nur zum Teil erreicht. Die Preise für Agrarprodukte in der EG liegen heute wesentlich über dem Weltmarktniveau; bei einer Öffnung der Märkte wären die meisten Agrarprodukte sicherlich „erschwinglicher“. Insgesamt hat die Gemeinsame Agrarpolitik also einige Ziele erreicht und andere verfehlt. Die Probleme, denen gerade kleine Betriebe mit einer teilweise hohen Verschuldung gegenüberstehen, scheinen für eine starke Tendenz zum durchrationalisierten Großbauernhof zu sprechen. Die Gemeinsame Agrarpolitik hat auch die Spezialisierung der Agrarindustrie zur Folge.

Von Anbeginn sah sich die europäische Agrarpolitik mit der Aufgabe konfrontiert, divergierende Interessen auszugleichen. Frankreich und die Niederlande als Exporteure von Agrarprodukten waren auf die Vergrößerung der Märkte und somit auf eine aktive Agrarpolitik ausgerichtet. Die Bundesrepublik legte mehr

Tab. 5.3: Relative Einkommensposition von Landwirten in Prozent (100 = jeweiliger nationaler Durchschnitt)

Einkommen von Landwirthaushaltenim Vergleich zu Haushalten von Nichtlandwirten	pro Haushalt	pro Haushaltsmitglied
Luxemburg (1985)	143	94
Frankreich (1989)	121	95
Dänemark (1988)	115	81
Bundesrepublik (1988)	110	63
Irland (1987)	105	98
Italien (1988)	145	112
Niederlande (1988)	263	178

Quelle: Folmer u. a. 1995: 50

Tab. 5.4: Anteil der Landwirtschaft am Bruttoinlandsprodukt und an der Bevölkerung in % (1986)

	Anteil der Landwirtschaft und Fischerei am BIP	Erwerbspersonenanteil des landwirtschaftlichen Sektors
Belgien	1,7	2,9
Dänemark	3,4	5,2
Griechenland	13,7	21,8
Spanien	3,7	10,1
Frankreich	3,0	5,9
Irland	8,5	13,7
Italien	2,9	7,9
Luxemburg	1,3	3,0
Niederlande	3,4	3,7
Portugal	5,0	11,5
Deutschland	1,2	3,7
Großbritannien	1,8	2,2
Finnland	4,9	8,6
Österreich	2,3	6,9
Schweden	2,2	3,4

Quelle: Statistisches Jahrbuch für das Ausland 1995: 21,160

Wert auf den Export von Industrieprodukten, daher sollten sich schon in den fünfziger Jahren die Maßnahmen zum Schutz von Märkten in Grenzen halten. Zahlen aus dem Jahre 1986 verdeutlichen, daß die Agrarwirtschaft in den Mitgliedsländern von sehr unterschiedlichen Voraussetzungen ausgeht (Tab. 5.4).

In den sechziger und siebziger Jahren zielte die gemeinsame Agrarpolitik auf Verringerung der agrarisch Beschäftigten bei gleichzeitiger Produktionssteigerung ab. Da parallel dazu die landwirtschaftlich genutzte Fläche absolut zurückging, ist diese Phase von einer starken Steigerung der Produktivität – unter anderem mittels zur Regel werdenden Maschineneinsatzes und durch Flurbereinigungen – gekennzeichnet. Ein Überblick über die Produktionsdaten der Landwirtschaft in der EG seit 1973 zeigt einige interessante Entwicklungen (vgl. für das folgende Folmer u. a. (1995: 26–42)):

- Seit 1973 stieg das Produktionsvolumen der EG9 im Agrarbereich um ca. 1,5 % jährlich (ebd.: 26). Das Wachstum beschränkte sich nicht auf die von der EG unterstützten Bereiche: Die Agrarprobleme der EG/EU bestehen nicht im Angebotsbereich, sondern in der Nachfrage. Seit den achtziger Jahren wird der Produktivitätsfortschritt schwächer. Hier zeigen die EG-Maßnahmen zur Beschränkung des Angebots Wirkung.
- Wird das Angebotswachstum nach Ländern aufgeschlüsselt, bestätigt sich der Eindruck, daß eher traditionelle Produkte für das Wachstum verantwortlich sind (z. B. Schnittblumen in den Niederlanden). Die EG-Subventionen zur Diversifizierung der Angebotsstruktur scheinen bislang wenig Wirkung zu zeigen.
- In den Ländern des Europa der Neun fand von 1973 bis 1990 ein Abfluß von Arbeitskraft aus dem Agrarsektor um mehr als 3 % jährlich statt (ebd.: 34). Da gleichzeitig der Gesamtoutput (um 1,5 % jährlich) stieg, ist der Anstieg der Arbeitsproduktivität auf Qualitätsveränderungen des eingesetzten Kapitals zurückzuführen.
- Das reale Austauschverhältnis (terms of trade) des Agrarsektors zu allen anderen Wirtschaftssektoren der EG9 sank von 1973 bis 1990 im jährlichen Durchschnitt um 4,7 % (ebd.: 38). Die relative Wohlfahrt des Agrarsektors, gemessen am Austauschverhältnis der produzierten Waren, ist also stark gesunken. So erklärt sich, warum heute allein rationalisiert arbeitenden Großbauernhöfen eine dauerhafte Überlebenschance eingeräumt wird.

– In keinem Land der EG werden mehr als etwa ein Viertel der Agrareinkommen allein aus Agrartätigkeit gewonnen. Der typische EG-Landwirt bezieht also einen nicht unbeträchtlichen Teil seines Einkommens entweder durch Zweitbeschäftigung oder durch in anderen Wirtschaftssektoren tätige Familienmitglieder.

Geschichte der GAP

Die Prinzipien der Gemeinsamen Agrarpolitik wurden im Jahre 1958 von der Kommission ausgearbeitet. Die ersten Agrarmarktordnungen konnten Anfang 1962 im Ministerrat verabschiedet werden. Die Politik des leeren Stuhls, die Frankreich in der zweiten Hälfte des Jahres 1965 führte, hatte ihren Grund in den unterschiedlichen Vorstellungen über die Finanzierung der Agrarpolitik. In einem „Memorandum zur Reform der Landwirtschaft in der EG", dem sogenannten Mansholt-Plan, wurde 1968 innerhalb von zehn Jahren eine Verringerung der landwirtschaftlich Beschäftigten auf die Hälfte und die Verminderung der landwirtschaftlich genutzten Fläche um ca. 7 % angestrebt. Seit den späten achtziger Jahren gab es massiven Reformdruck auf die Gemeinsame Agrarpolitik, die sich 1992 – auch im Hinblick auf die Notwendigkeit zu einem Umdenken im Rahmen des GATT – in der sogenannten MacSharry-Reform niederschlug.

Nach den ersten Agrarmarktordnungen, den Turbulenzen der sechziger Jahre und dem Mansholt-Plan war die gemeinschaftliche Agrarpolitik zwar immer wieder von Diskussionen begleitet, zu größeren Reformen sah man sich aber nicht veranlaßt. In den achtziger Jahren, als das Angebot von Agrarprodukten immer weiter stieg und die EG zum Nettoexporteur geworden war, änderte sich dies. 1984 wurde zum erstenmal eine Milchgarantiemengenregelung eingeführt, da Milch-, Butter- und Fleischberge wuchsen. Im Jahre 1988 wurde der Strukturfonds reformiert und eine Obergrenze für die Entwicklung der Ausgaben des EAGFL gezogen („Agrarleitlinie"). 1992 erfolgte dann unter Ray MacSharry, dem EG-Kommissar für Landwirtschaft unter Jacques Delors, eine umfassende Reform.

In dieser sogenannten MacSharry-Reform wurde das System der Preisstützungen weitgehend zurückgenommen und die Interventionspreise gesenkt. Von der Reform der Marktregulierungen waren hauptsächlich Getreide, Ölsaaten, Tabak, Milch und Rindfleisch betroffen. Im einzelnen wurden Verringerungen der Interventionspreise für Getreide um ca. 30 % und für Tierprodukte um 7–15 % beschlossen. Gegen den Widerstand mancher Bauernverbände wurde durch die MacSharry-Reform zu direkten Subventionen einzelner Höfe übergegangen. Die Verbände wollten ihren Bauern nicht allzu offensichtlich demonstrieren, daß sie letztendlich von den Geldern aus Brüssel existentiell abhängig sind. Eine weitere Neuerung betraf die Unterscheidung zwischen großen und kleinen Agrarbetrieben. Große Betriebe mußten, um Subventionen zu erhalten, ihre Anbaufläche um mindestens 15 % verringern.

Die MacSharry-Reform muß auch im Zusammenhang mit der Uruguay-Runde des GATT, die am 15. Dezember 1993 nach siebenjährigen Vehandlungen abgeschlossen werden konnte, gesehen werden. Deren Inkrafttreten (am 1. Juli 1995) wurde erst durch einen Kompromiß beim Ausgleich von Interessengegensätzen zwischen der EU und den USA im sogenannten Blair-House-Abkommen vom November 1992 ermöglicht. Das Blair-House-Abkommen sah mehrere Maßnahmen vor, unter anderem die Kürzung der EG-internen Marktstützung um 20 % gegenüber 1985/86, die Umwandlung der Außenschutz-Maßnahmen in Zölle und deren Kürzung um 36 % bis zum Jahre 2000. Weiterhin sollten – ebenfalls bis zum Jahre 2000 – die Ausgaben für Exporterstattung um 36 % zurückgehen, ab 1995 ein Mindestmarktzugang in Höhe von 3 % des Inlandsverbrauchs gewährt und die Stillegung von Anbauflächen für Ölsaaten und Getreide veranlaßt werden. Die MacSharry-Reform gilt als Grundlage für den Blair-House-Kompromiß. Eine seiner Folgen waren Anpassungsschwierigkeiten der Gemeinsamen Agrarpolitik an die späteren GATT-Absprachen, da marktinterne Beschränkungen neu ausgehandelt werden mußten. Auch läßt bei den ausgehandelten Maßnahmen der technische Fortschritt daran zweifeln, daß Folgen der dirigistischen Politik wie Angebotsüberschüsse und Qualitätsverfall ursächlich angegangen wurden.

Argumente für und gegen die GAP

Die Kritikpunkte an der Gemeinsamen Agrarpolitik sind vielfältig. Zuerst kann an die Belastungen der Nicht-Landwirte gedacht werden. Die Aufwendungen der Gemeinsamen Agrarpolitik nützen nur einer gesellschaftlichen Gruppe, müssen aber von den Konsumenten durch höhere Preise und von der Allgemeinheit durch höhere Steuersätze bezahlt werden. Mit einiger Plausibilität kann davon ausgegangen werden, daß gerade finanzschwache Haushalte, die einen Großteil ihres verfügbaren Einkommens für Lebensmittel ausgeben, überproportional belastet werden. Die Gesamtausgaben für die Gemeinsame Agrarpolitik beliefen sich 1995 auf 37,4 Milliarden ECU. Zwischen 1973 und 1990 wuchs das Agrarbudget der EG im jährlichen Durchschnitt stetig. Die Ausgaben der GAP wuchsen also im Vergleich zum Outputzuwachs weit überproportional. Der EAGFL war in der Geschichte der Gemeinschaft stets für mindestens 56 % aller Gemeinschaftsausgaben verantwortlich (Folmer u. a. 1995: 46).

Innerhalb des Europäischen Ausrichtungs- und Garantiefonds für die Landwirtschaft macht und machte der Garantiefonds mit über 90 % den Löwenanteil aus. Damit übersteigt die Markteingriffspolitik die Strukturpolitik bei weitem. Wenig wohlwollende Beobachter folgern, daß über die Hälfte der Gemeinschaftsgelder

Schaubild 5.2: Agrarhaushalt der EU

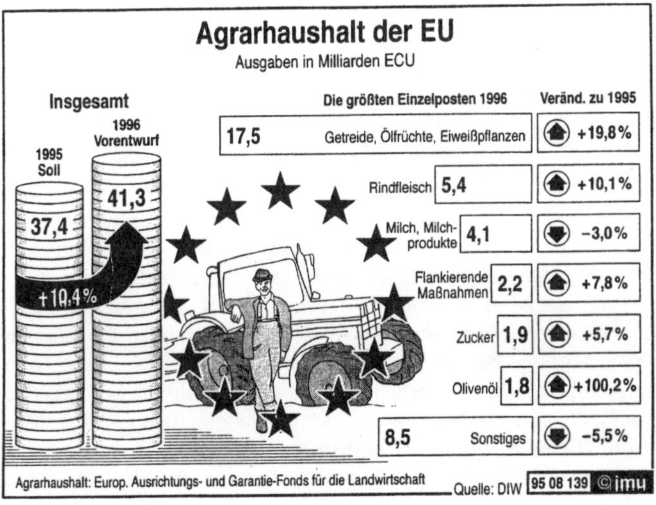

für eine wenig effiziente Politik zugunsten einer einzigen gesellschaftlichen Gruppe aufgewendet wird.

Wirtschaftstheoretiker sehen ein weiteres Problem der Gemeinsamen Agrarpolitik in der Fehlallokation, die durch Außerkraftsetzen der Marktmechanismen fast automatisch eintritt. Zwischen dem Agrarsektor und den anderen Wirtschaftssektoren, aber auch innerhalb des Agrarsektors werden Investitionen nicht in die effizientesten Bereiche gelenkt, da sich in den Bauernverbänden vor allem die Interessen der Großbetriebe durchsetzen. Besonders die Ausrichtung der Agrarpolitik auf Mengen bewirkt ein übermäßiges Bemühen um Bodeneffizienz. Böden, die an und für sich nicht ertragbringend sind, werden „künstlich" als Anbaufläche herangezogen. Später können dann Stillegungsprämien kassiert werden.

Auch findet durch die Gemeinsame Agrarpolitik eine Verzerrung des Weltmarkts statt. Die EG ist zum Exporteur von Agrarprodukten geworden. Die hoch subventionierten europäischen Agrarprodukte können landwirtschaftliche Produkte in Ländern der Dritten Welt zum Schaden der dort einheimischen Landwirtschaft verdrängen. Für Importe ist der europäische Markt abgeschottet. Auch dies benachteiligt in erster Linie Entwicklungsländer, die mit billiger Arbeitskraft in der Landwirtschaft vergleichsweise kostengünstig produzieren können. Die variablen Zollsätze setzen den Preismechanismus vollkommen – und nicht nur teilweise wie bei Importquoten – außer Kraft.

Während mit der Versorgungssicherheit mit Agrarprodukten ein historisches Ziel der gemeinschaftlichen Agrarpolitik erreicht wurde, können die Einkommen der Landwirte trotz aller Transferzahlungen nicht als sicher gelten. Die produktbezogene Unterstützung, wie sie vor allem bis 1992 betrieben wurde, hilft eher den großen Betrieben, deren Überlebenschancen sowieso schon besser sind. Viele kleine Betriebe werden trotz aller Hilfen mittelfristig zum Aufgeben gezwungen, während überdurchschnittlich verdienenden Großbetrieben noch zusätzlich geholfen wird.

Trotz der beträchtlichen Mittel des EAGFL konnte ein einheitlicher innerer Markt für Agrarprodukte – gemessen an gleichen Preisen im EG-Binnengebiet – bisher nicht erreicht werden. Auch kann am Ziel, den einheitlichen Markt über einheitliche Preise zu erreichen, generell Kritik geübt werden. Regional unterschiedliche Produktionsbedingungen, die historisch gewachsen und klimatisch bedingt sein mögen, werden nicht als komparativer Kostenvorteil verstanden. Ein Beispiel: Wenn Tomaten sich in Spanien mit geringerem Aufwand anbauen lassen als in Holland, sollten sie für den Verbraucher auch weniger kosten. Durch Abnahmegarantien und eine agrartechnologische Produktivitätssteigerung, die den Geschmack holländischer Tomaten kontinuierlich vermindert haben, bleibt die Hollandtomate dennoch konkurrenzfähig. Konnten die Preise aber – hauptsächlich wegen der Währungsschwankungen (siehe oben) – trotz allen Aufwandes bisher nicht vollkommen nivelliert werden, so stieg trotzdem die Verwaltungslast. In vielen Bereichen ist die Gemeinsame Agrarpolitik zu kompliziert, um für kleine Bauern transparent zu sein. Organisierte Interessen setzen sich durch. Die faire Anwendung des Regelwerkes ist „fast unmöglich“ (Folmer u. a. 1995: 44). Presseberichten zufolge sind Korruption, Vorteilnahme und Mißbrauch weitverbreitet.

Die möglichen politischen Schlußfolgerungen aus der Kritik an der Gemeinsamen Agrarpolitik ließen sich unter einer „Freihandelsperspektive“ und einer „interventionistischen Perspektive“ subsumieren.

Vertreter der *Freihandelsperspektive* wären in erster Linie bei der Wirtschaftswissenschaft, aber auch bei Verbraucher- oder Steuerzahlerverbänden zu finden – schließlich kostet die Agrarpolitik gerade die Bewohner der europäischen Beitragszahlerländer nicht unerhebliche Beträge. Generell vertrauen die Freihändler auf die wohlfahrtssteigernde Wirkung von Freihandel als Folge des „Theorems des komparativen Kostenvorteils“ von David Ricardo aus dem Jahre 1817. Aus Sicht der Freihandelsperspektive sollte die Gemeinsame Agrarpolitik – vielleicht mit einer Übergangszeit – gänzlich abgeschafft werden. Gleichzeitig sollte der europäische Markt für nichteuropäische Agrarprodukte voll zugänglich gemacht werden. Absehbare Folge eines solchen Schrittes wäre zunächst eine Reallokation der Produktionsfaktoren aus dem Agrarsektor in vorher relativ weniger rentable Sektoren. Da ein beträchtlicher Teil der europäischen Agrarproduktion im Gegensatz zu manchen Anbieterländern technologisiert ist, wäre – anders als bei Ricardo – nicht mit einem vollständigen Verschwinden der europäischen Landwirtschaft zu rechnen. Verbessern würde sich allerdings die Faktorallokation. Auch sprechen Transportkosten und die Verderblichkeit vieler Agrarprodukte gegen ein vollständiges Aussterben des Bauernstandes nach einer solchen Maßnahme. Relativ sicher aber käme es zu einer Expansion der Agrarsektoren in vielen Drittländern, die die Gemeinschaft auf anderen Gebieten unterstützt (z. B. die AKP-Staaten).

Eine weitere unbestreitbare Folge wäre das Fallen der Konsumentenpreise für Agrarprodukte, allein schon wegen des Wegfalls der Stützpreise. Innerhalb der Landwirtschaft käme es wahrscheinlich zu weitreichenden Reallokationen. Bisher subventionierte Bereiche (z. B. Getreide, Massentierhaltung) sähen sich einem Anpassungsdruck ausgesetzt, während gering oder gar nicht subventionierte Produkte fortan bessere Chancen hätten.

Die *Interventionsperspektive* stellt dagegen das Ziel der Bewahrung der Landwirtschaft im europäischen Kulturkreis in den Vordergrund. Vertreter der Interventionsperspektive sind skeptisch, was die heilenden Kräfte des Marktes angeht. Hier steht hauptsächlich die Sicherung des kulturell und historisch wichtigen Bauernstandes im Vordergrund. Ungeachtet des teilweise geringen Bevölkerungsanteiles in der Landwirtschaft sind doch viele Länder rural geprägt. Besonders in Frankreich sieht man in den Bauern weit mehr als nur den potentiellen Anbieter von Agrarprodukten. Zunächst werden bei einer Aufgabe der Gemeinsamen Agrarpolitik extrem niedrige landwirtschaftliche Einkommen erwartet. Dies ist nicht nur aus verteilungspolitischer Perspektive bedenklich. Wiederum zeigt das Beispiel Frankreich – hier könnten aber auch die spanischen Fischer als Beispiel genannt werden –, daß Konflikte auftreten können, die den sozialen Konsens gefährden. Keine Regierung eines demokratischen Staates kann sich auf Dauer massive Proteste einer gesellschaftlichen Gruppe erlauben, wenn deren Anliegen in der Gesamtbevölkerung Sympathien genießen. In der Tat, so könnten Vertreter der Interventionsperspektive weiter argumentieren, hat die hauptsächlich auf Preiseffekte ausgerichtete EG-Agrarpolitik überwiegend negative Resultate hervorgebracht. Eine denkbare Policy-Alternative wäre allerdings eine moderate Angebotspolitik, indem Anreize zur Produktionseinschränkung und direkte Einkommentransfers geleistet werden. Unter bestimmten Bedingungen können aus der interventionistischen Perspektive Quoten in Verbindung mit Strafen bei Mehrproduktion im Vergleich zu direkten Transfers attraktiv sein. Direkte Einkommenstransfers tauchen anders als künstlich überhöhte Produktpreise in auszuweisenden Haushalten auf und stehen somit in der politischen Arena eher zur Debatte.

Auch aus *neofunktionalistischer Sicht* kann der freihändlerischen Argumentationsweise ein schwerwiegendes Argument entgegengehalten werden. Mit der stärkeren Konzentration auf nationale Kostenunterschiede, die ja das wohlfahrtssteigernde Ziel einer Liberalisierung wäre, werden zwangsläufig stärker national orientierte Agrarpolitiken auf den Plan gerufen (vgl. Kjeldahl/ Tracy (Hrsg.) 1994). Statt eines „spill-over-Effektes" auf andere Politikbereiche (und den Gemeinschaftsgeist) geriete eine der wichtigsten gemeinschaftlichen Politiken in die Gefahr eines „spill back". Daher spricht einiges dafür, den zweifellos gegebenen ökonomischen Nachteilen der Gemeinsamen Agrarpolitik die Punkte auf der politischen Habenseite gegenüberzustellen.

Nach den Vorstellungen der Kommission wird die zukünftige Agrarpolitik verstärkt auf liberalistische Praktiken bauen. Im Prinzip sollen politische Ergänzungen des Marktes wie etwa Preisstützungen nicht mehr Eingang in die Gemeinsame Agrarpolitik finden. Gedacht wird aber an die Möglichkeit zu Interventionen für kurzfristige Marktanpassungen.

5.2. Wirtschafts- und Währungspolitik

Der Maastrichter Vertrag sieht die Errichtung einer Wirtschafts- und Währungsunion in der Präambel des EU-Vertrages vor. Dort drücken die Unterzeichner ihre Entschlossenheit aus, „die Stärkung und die Konvergenz ihrer Volkswirtschaften herbeizuführen und eine Wirtschafts- und Währungsunion zu errichten, die im Einklang mit diesem Vertrag eine einheitliche, stabile Währung einschließt". Die Wirtschafts- und Währungspolitik der Gemeinschaft wird allerdings nicht im EU-Vertrag, sondern im EG-Vertrag näher ausgeführt (Titel VI; Art. 102 a bis 109 m). Im engeren Sinne umfaßt die Errichtung der Wirtschafts- und Währungsunion eine zentrale Notenbank, die nach der Festsetzung der Währungskurse eine einheitliche Währung, den Euro, durchsetzt.

Art. 2 EGV

Aufgabe der Gemeinschaft ist es, durch die Errichtung eines Gemeinsamen Marktes und einer Wirtschafts- und Währungsunion sowie durch die Durchführung der in den Artikeln 3 und 3 a genannten gemeinsamen Politiken oder Maßnahmen eine harmonische und ausgewogene Entwicklung des Wirtschaftslebens innerhalb der Gemeinschaft, ein beständiges, nicht-inflationäres und umweltverträgliches

Wachstum, einen hohen Grad an Konvergenz der Wirtschaftsleistungen, ein hohes Beschäftigungsniveau, ein hohes Maß an sozialem Schutz, die Hebung der Lebenshaltung und der Lebensqualität, den wirtschaftlichen und sozialen Zusammenhalt und die Solidarität zwischen den Mitgliedstaaten zu fördern.

Art. 3 a EGV
(1) Die Tätigkeit der Mitgliedstaaten und der Gemeinschaft im Sinne des Artikels 2 umfaßt nach Maßgabe dieses Vertrags und der darin vorgesehenen Zeitfolge die Einführung einer Wirtschaftspolitik, die auf einer engen Koordinierung der Wirtschaftspolitik der Mitgliedstaaten, dem Binnenmarkt und der Festlegung gemeinsamer Ziele beruht und dem Grundsatz einer offenen Marktwirtschaft mit freiem Wettbewerb verpflichtet ist.
(2) Parallel dazu umfaßt diese Tätigkeit nach Maßgabe dieses Vertrags und der darin vorgesehenen Zeitfolge und Verfahren die unwiderrufliche Festlegung der Wechselkurse im Hinblick auf die Einführung einer einheitlichen Währung, der ECU, sowie die Festlegung und Durchführung einer einheitlichen Geld- sowie Wechselpolitik, die beide vorrangig das Ziel der Preisstabilität verfolgen und unbeschadet dieses Zieles die allgemeine Wirtschaftspolitik in der Gemeinschaft unter Beachtung des Grundsatzes einer offenen Marktwirtschaft mit freiem Wettbewerb unterstützen sollen.
(3) Diese Tätigkeit der Mitgliedstaaten und der Gemeinschaft setzt die Einhaltung der folgenden richtungweisenden Grundsätze voraus: stabile Preise, gesunde öffentliche Finanzen und monetäre Rahmenbedingungen sowie eine dauerhaft finanzierbare Zahlungsbilanz.

Artikel 3 a EGV (Wirtschafts- und Währungspolitik), Artikel 4 a EGV (Europäisches System der Zentralbanken) sowie der ebenfalls zitierte Art. 2 befinden sich im Grundsatz-Teil des EG-Vertrages. Daher ist die geplante Wirtschafts- und Währungsunion vertragsrechtlich fest verankert. Neben dem unmittelbaren Ziel der Schaffung einer gemeinsamen Währung unterliegt die Wirtschaftspolitik der Union den allgemeinen Gegebenheiten des Binnenmarktes mit seinen vier Freiheiten.

Geschichtliche Stationen der Wirtschafts- und Währungsunion

Auf dem Weg zu einer gemeinsamen europäischen Währung lassen sich drei wichtige Initiativen verzeichnen: der Werner-Plan, das EWS und der Delors-Bericht. Der Ende der sechziger Jahre in Auftrag gegebene sogenannte Werner-Plan markierte den Willen der europäischen Staats- und Regierungschefs, den nach dem Aus-

Schaubild 5.3: Der Binnenmarkt 1992

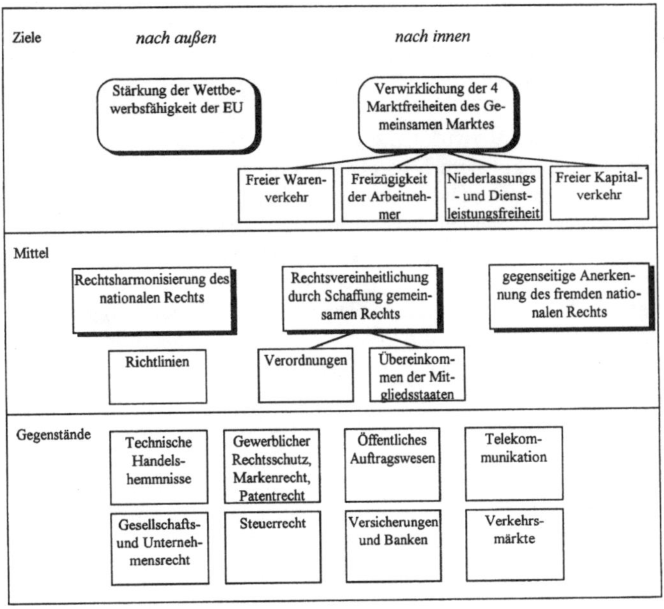

scheiden von General de Gaulle aus dem französischen Präsidentenamt größer gewordenen Spielraum zu einer gemeinschaftlichen Politik zu nutzen. Nachdem die Vorschläge des Werner-Planes sich im Laufe der siebziger Jahre nicht in die Tat umsetzen ließen, bedeutete die Einführung des Europäischen Währungssystems (EWS) im Jahre 1979 einen zweiten Versuch, auf immer wieder für Unruhe sorgende Währungsturbulenzen zu reagieren. Der Delors-Bericht des Jahres 1989 schließlich ließ den Willen erkennen, die unzweifelhaften Erfolge des EWS zu nutzen und über eine gemeinsame Währung zu einer tieferen wirtschaftlichen und politischen Integration zu gelangen.

Werner-Plan

Als Vorstufe zum Werner-Plan gilt ein Memorandum der Kommission aus dem Jahre 1969 „Über die Koordinierung der

Wirtschaftspolitik und die Zusammenarbeit in Währungsfragen" (Europa-Archiv 7/1969, S. 163–173). Im Gegensatz zum Werner-Bericht mahnt dieser sogenannte „Barre-Plan" allerdings lediglich eine Koordinierung mit kurz- und mittelfristigem Horizont an, ohne ausdrücklich auf eine Konvergenz nationaler Politiken hinzuarbeiten.

Ein Plan zur Verwirklichung einer Wirtschafts- und Währungsunion wurde auf dem Den Haager Gipfel im Dezember 1969 in Auftrag gegeben. Die entsprechend eingesetzte Arbeitsgruppe wurde vom damaligen luxemburgischen Premierminister Pierre Werner geleitet und dem Rat am 8. Oktober 1970 vorgelegt (Europa-Archiv 22/1970, S. D 530–546). Der Kern des Werner-Planes sah die Einführung einer Wirtschafts- und Währungsunion in drei Stufen bis zum Jahre 1980 vor. Die erste Stufe wurde zum 1. Januar 1971 festgesetzt, der geplante Beginn der zweiten Stufe zum 1. Januar 1974 verlief während der von Nationalstaaten geprägten Bekämpfung der Rezession 1973/74 im Sande. Schon im Frühjahr 1973 hatte ein Aktionsprogramm der Kommission eine „De-facto-Verlängerung der ersten Stufe" (NZZ, 20. 4. 1973) zur Folge gehabt. Bei der Einführung einer gemeinsamen Währung war der Werner-Bericht davon ausgegangen, dieses Ziel der dritten Stufe könne „in diesem Jahrzehnt [also bis spätestens 1979, F. P.] erreicht werden".

Als wichtigstes Motiv für die Vergemeinschaftung der Geldpolitik diente im Werner-Bericht die Vorstellung, mit einer integrierten Wirtschaftspolitik ließen sich die bestehenden „gesamtwirtschaftlichen Ungleichgewichte in den Mitgliedsländern" abbauen. Nach der Vorstellung des Berichts wirkten sich diese „unmittelbar und ohne Verzögerung auf die Gesamtentwicklung der Gemeinschaft" aus. Der Bericht stellt fest: „Da hinsichtlich der Verwirklichung des Wachstums- und Stabilitätsziels zwischen den Mitgliedstaaten noch deutliche Unterschiede bestehen, ist ohne eine effektive Harmonisierung der Wirtschaftspolitik die Gefahr der Entstehung von Ungleichgewichten weiterhin gegeben."

Nach den Vorschlägen des Werner-Berichtes sollen zentrale Bereiche traditionell nationalstaatlicher Befugnisse harmonisiert werden. Es handelt sich um die Konjunkturpolitik, die Währungspolitik, die Haushaltspolitik sowie die Struktur- und Regionalpolitik. Weiterhin werden im Bericht ein „ausreichender Grad der Steuerharmonisierung", ein „echter gemeinsamer Kapitalmarkt" sowie andere Instrumente mit dem Ziel der ökonomischen Konvergenz der Mitgliedstaaten gefordert.

Eine solch umfassende Neuorientierung erfordert nach Werners Ansicht bedeutsame institutionelle Reformen, unter anderem die Schaffung eines nicht näher bezeichneten integrierten „wirtschaftspolitischen Entscheidungsgremiums" sowie den Aufbau eines „gemeinschaftlichen Zentralbanksystems [...] der Art des ‚Federal Reserve System'". In der Konsequenz heißt dies: „Die Wirtschafts- und Währungsunion erscheint [...] als ein Ferment für die Entwicklung der politischen Union, ohne die sie auf Dauer nicht bestehen kann."

Als Hauptgrund für das Scheitern des Werner-Plans muß der fehlende Wille der Nationalregierungen, zentrale Politikbereiche der Gemeinschaft unterzuordnen, gesehen werden. In Kapitel VI stellt der Bericht fest: „Die Programme für die mittelfristige Wirtschaftspolitik werden mehr und mehr auf gemeinschaftliche Ziele abgestellt werden müssen, deren Verwirklichung einmal von nationaler und zum anderen von gemeinschaftlicher Ebene aus betrieben würde, wobei sich das Schwergewicht langsam auf die Gemeinschaft verschöbe." Eine solche Gewichtsverschiebung ist in den siebziger Jahren nicht erfolgt. Das Auseinanderdriften der EG-Volkswirtschaften infolge der ersten Ölkrise, das heißt der zweiten Nachkriegsrezession Mitte der siebziger Jahre, trug zudem zur der Einsicht bei, daß neben dem politischen Willen auch die wirtschaftliche Konvergenzfähigkeit noch nicht vorhanden war.

Die zwanzig Jahre später mit den Maastrichter Verträgen tatsächlich ins Auge gefaßte Wirtschafts- und Währungsunion bleibt in mancherlei Hinsicht hinter dem Werner-Plan zurück. Vor allem die Betonung einer politischen Union als Voraussetzung einer Wirtschafts- und Währungsunion scheint im Werner-Plan wesentlich konsequenter formuliert. Vor allem der Verzicht der Maastrichter Verträge auf schlüssige Mechanismen zur Bekämpfung der Arbeitslosigkeit – bei Wegfall der nationalen Wirtschaftspolitiken – ist durch Werners Einbeziehung der Sozialpartner kompensiert.

EWS

Nachdem die Vorschläge des Werner-Plans bis in die Mitte der siebziger Jahre nicht umgesetzt worden waren, stellte die Initiative

Übersicht 5.1: Historische Etappen auf dem Weg zur gemeinsamen Währung

1./2. 12. 69	Der EG-Gipfel der Staats- und Regierungschefs in Den Haag fordert Ministerrat und Kommission zur Aufstellung eines Stufenplanes zu einer WWU auf. Ein Ausschuß unter dem Vorsitz von Pierre Werner wird gegründet.
7./8. 10. 70	Der Ausschuß legt seinen Bericht über die schrittweise Verwirklichung der WWU vor (Werner-Plan). Der Plan sieht die Einführung einer gemeinsamen Währung in drei Stufen bis 1980 vor.
22. 3. 1971	Rückwirkende Festsetzung der ersten Stufe auf den 1. Januar 1971 durch den Ministerrat.
21. 3. 1972	Der Europäische Währungsverbund (Währungsschlange) wird gegründet. Der Rat einigt sich darauf, daß die Wechselkurse der Teilnehmerländer nur noch um höchstens 2,25 Prozentpunkte voneinander abweichen. Zusätzlich wird die maximale Abweichung vom Dollar-Leitkurs um ±2,25 Prozentpunkte vereinbart (Tunnel).
12. 3. 1973	Durch die Aufgabe der Tunnellösung können die Verbundwährungen von nun an frei gegen den Dollar floaten.
6. 4. 1973	Der „Europäische Fonds für währungspolitische Zusammenarbeit“ wird in Luxemburg gegründet. Seine Aufgabe ist die Verwaltung des Systems des Wechselkursverbunds der Schlange und des kurzfristigen Währungsbeistands.
1973	Nach dem Zusammenbruch des Systems von Bretton Woods, dem Ölpreisschock und dem Zutagetreten wirtschaftspolitisch gegensätzlicher Standpunkte in den einzelnen Mitgliedstaaten verläuft der erste Anlauf zur WWU im Sande.
7. 7. 1978	Auf Anregung des französischen Staatspräsidenten Giscard d'Estaing und des deutschen Bundeskanzlers Helmut Schmidt beschließt der Europäische Rat in Bremen die Schaffung des Europäischen Währungssystems (EWS).
13. 3. 1979	Mit dem ECU als neuer Europäischer Währungseinheit tritt das EWS in Kraft.
Juni 1988	Einsetzung eines Expertenausschusses unter dem Vorsitz des Kommissionspräsidenten Jacques Delors,

	der Mittel und Wege zu einer schrittweisen Verwirklichung der WWU untersuchen soll.
27. 6. 89	Annahme des Delors-Berichtes, der die Schaffung der WWU in drei Stufen vorsieht, durch den Europäischen Rat in Madrid.
26. 6. 90	Der Europäische Rat in Dublin einigt sich auf die Einberufung einer Regierungskonferenz zur Verwirklichung der WWU.
1. 7. 1990	Beginn der ersten Stufe der WWU: Liberalisierung des Geld- und Kapitalverkehrs zwischen den Mitgliedstaaten; Intensivierung der Koordinierung und Überwachung der Wirtschaftspolitiken der Mitgliedstaaten; Verstärkung der Zusammenarbeit der Notenbanken im Ausschuß der Zentralbankpräsidenten.
7. 2. 1992	Durch die Unterzeichnung der Maastrichter Verträge wird die Schaffung der WWU in drei Stufen bis spätestens Anfang 1999 geregelt.
2. 8. 1993	Nach Turbulenzen innerhalb des EWS erweitern die Wirtschafts- und Finanzminister die Schwankungsbreiten im EWS von 2,25 auf 15 Prozentpunkte.
1. 1. 1994	Eintritt in die zweite Stufe der WWU: Anstreben von Erfolgen in der Konvergenzpolitik; Errichtung des Europäischen Währungsinstituts in Frankfurt als Vorläufer der Europäischen Zentralbank.

Quelle: EU-Informationen Nr. 4 (August 1995) mit leichten Abänderungen

zum Europäischen Währungssystem (EWS) den nächsten Meilenstein der koordinierten Währungspolitik dar. Die „politischen Architekten“ (Gaddum 1995: 200) des EWS, Helmut Schmidt und Valéry Giscard d'Estaing, hatten sich neben der Schaffung eines koordinierten Währungsraums vor allem eine zunehmend konvergente Wirtschaftspolitik der Nationalstaaten versprochen. Durch eine engere Anbindung der europäischen Volkswirtschaften sollten starke Währungsschwankungen vermieden werden. Im Grundsatz sind die Prinzipien des EWS bis heute gültig.

Als Kernstück des EWS gilt der ECU (European Currency Unit). Der ECU ist eine künstliche Währung bzw. eine Verrechnungseinheit, die sich aus dem am jeweiligen Sozialprodukt der EG-Mitgliedstaaten gemessenen Gewicht der nationalen Währungen zusammensetzt. Die Deutsche Mark hält mit etwa 30 % den größten Anteil am Währungskorb und wird deshalb mitunter auch als „Ankerwährung“ des EWS bezeichnet.

Das politische Interesse am EWS richtet sich vor allem auf den Wechselkurs- und Interventionsmechanismus. Dieser orientiert sich an einem Paritätengitter, das die Währungen der Teilnehmerländer in Beziehung zueinander setzt. Innerhalb einer bestimmten Bandbreite (zur Zeit 15 %) dürfen die Währungen bilateral gegeneinander schwanken. Erreichen die Währungen die Ober- oder Untergrenze ihrer Bandbreite, sind die Zentralbanken zu Interventionen verpflichtet. Gerät also z. B. die italienische Lira in die Nähe der Untergrenze des bilateralen Leitkurses zur D-Mark, kaufen die Zentralbanken an den internationalen Devisenmärkten zur Milderung des Abwertungsdrucks Lira. Mit den Jahren sind die europäischen Zentralbanken in diesem System dazu übergegangen, vergleichsweise schwache Währungen schon vor dem Erreichen der kritischen Grenzen zu sichern. Falls einige Zentralbanken nicht über die nötigen Währungsreserven verfügen können, greifen Abkommen über kurz- oder mittelfristigen Beistand. Im allgemeinen werden Zentralbanken jedoch die massive Inanspruchnahme solcher Kredite vermeiden und bei Ab- bzw. Aufwertungsdruck auf eine Änderung der Leitkurse drängen.

Bis heute bleiben Anpassungen der Leitkurse ein potentieller Unruheherd für die Gemeinschaftspolitik. Über Leitkursänderungen entscheidet der Rat der Finanzminister mit qualifizierter Mehrheit. Ein solcher Schritt signalisiert der Außenwelt eine politische Einschätzung über die Wirtschaftsbedingungen in den betroffenen Staaten. In Abwertungsländern hat die wirtschaftliche Entwicklung demzufolge nicht mit anderen Gemeinschaftsländern mithalten können. Regierungen solcher Staaten erleiden unweigerlich einen Prestigeverlust, gegen den es immer Widerstände gibt und gab.

Von 1979 bis 1986 wurden die Leitkurse im EWS relativ häufig geändert. Von 1987 bis September 1992 schloß sich eine Periode an, in der es zu keinerlei Wechselkursanpassungen innerhalb des EWS kam. Diese vermeintliche Stabilität wirkte auf die Beschlußlage zu den Maastrichter Verträgen. Nachdem sich der Europäische Rat durch den Kurs auf eine Währungsunion politisch auf eine immer engere Konvergenz festgelgt hatte, reagierten die Märkte und setzten einige Währungen (vor allem das englische

Pfund und die italienische Lira, aber auch den französischen Franc) unter Druck. Im August 1993 verließen das Pfund und die Lira das EWS, und die Bandbreiten wurden auf 15 % erweitert. Dadurch sind die Mechanismen des EWS zwar nicht außer Kraft gesetzt, de facto handelt es sich jedoch um ein System freier Wechselkurse. Das EWS bleibt nach den Maastrichter Verträgen nicht nur bis zur Einführung der dritten Stufe der WWU in Kraft. Falls – was wahrscheinlich ist – nicht alle EWS-Länder an der Währungsunion teilnehmen, bleibt das – eventuell zu reformierende – EWS für die Nichtteilnehmerländer bestehen.

Delors-Bericht

Den letzten Meilenstein vor dem Abschluß der Maastrichter Verträge markiert der Delors-Bericht aus dem Jahre 1989. Im Vorfeld des Madrider Gipfels im Juni 1989 erarbeitete der damalige Kommissionspräsident Delors mit den Präsidenten der europäischen Zentralbanken und einer Reihe anderer Sachverständigen einen möglichen Fahrplan zur Währungsunion. Ähnlich wie der Werner-Plan umfaßte der anvisierte Weg drei Stufen.

In der ersten Stufe des Delors-Planes, deren Beginn auf den 1. Juli 1990 fixiert wurde, wurde das Ziel der größeren Annäherung der volkswirtschaftlichen Ergebnisse durch die stärkere Koordinierung der Wirtschafts- und Währungspolitik im bestehenden institutionellen Rahmen angeregt. Die zweite Stufe – ab 1994 – wurde als „Übergangs- und Lernphase" bezeichnet. Ein System europäischer Zentralbanken sollte aufgebaut werden, die letzte Verantwortung für währungs- und wirtschaftspolitische Fragen jedoch bei den Nationalstaaten verbleiben. Der Übergang zu unwiderruflich fixierten Wechselkursen sollte parallel zur Übertragung der monetären Kompetenzen auf die Europäische Zentralbank geschehen. Die Ersetzung der nationalen Währungen durch eine einheitliche Gemeinschaftswährung sollte zeitversetzt erfolgen. Die Vorschläge des Delors-Berichtes dienten den Verhandlungen über die Maastrichter Verträge als Grundlage. Deren Unterzeichnung am 7. Februar 1992 stellt folglich für den Bereich der Währungspolitik die vertragsrechtliche Fixierung der Delors-Vorschläge dar.

Synopse 5.2: Werner-Plan, EWS und Delorsplan (WWU) im Vergleich

	Initiator
Werner	Staats- und Regierungschefs der Sechs: Gipfel von Den Haag gibt Auftrag an Werner-Kommission
EWS	Valéry Giscard d'Estaing (Frankreich) und Helmut Schmidt (Bundesrepublik)
WWU	Europäischer Rat von Hannover (1988) beauftragt einen Ausschuß mit der Erarbeitung eines Berichtes (Delors-Bericht 1989)
	Ziele
Werner	konkret: Verwirklichung einer WWU innerhalb eines Jahrzehnts allgemein: Schaffung eines Binnenmarktes auf dem Wege zu einer Wirtschaftsgemeinschaft Europa
EWS	konkret: Überführung des EWS in ein EG-System innerhalb von zwei Jahren (gescheitert) allgemein: engere Aneinanderbindung der europäischen Volkswirtschaften durch die Vermeidung starker Währungsschwankungen
WWU	konkret: Verwirklichung der WWU in drei Stufen (1990, 1994, 1997/99) allgemein: größere Annäherung der Konvergenz durch stärkere Koordinierung der Wirtschafts- und Währungspolitik (Delors-Bericht); politische Union (EU-Vertrag)
	Instrumente
Werner	„Währungsschlange" innerhalb des „Tunnels" zum US-Dollar
EWS	Drei Elemente des EWS: ECU als gewogene Durchschnittswährung; Wechselkurs- und Interventionsmechanismus; Kreditmechanismen zwischen den Zentralbanken
WWU	Überwachung der Haushaltslage einzelner Staaten durch Kommission und Rat (Art. 104 c EGV)
	Institutionen
Werner	Tatsächlich errichtet: Europäischer Fonds für währungspolitische Zusammenarbeit EFWZ (1973) projiziert: gemeinschaftliches „wirtschaftliches Entscheidungsgremium"; „gemeinschaftliches Zentralbanksystem"

	Institutionen
EWS	Rat der Finanzminister; Beratender Währungsausschuß; EFWZ; Kommission mit Beobachterstatus
WWU	Rat; Europäisches Währungsinstitut; mit Einführung der dritten Stufe Europäische Zentralbank; EZB-Rat; Beratender Währungsausschuß; Wirtschafts- und Finanzausschuß; Kommission mit Beratungsfunktion (Art. 109 d EGV)
	Bandbreite der zugelassenen Währungsschwankungen
Werner	2,25 % untereinander; ±2,25 % zum US-Dollar (Tunnel)
EWS	2,25 % in einem Netz bilateraler Leitkurse; zeitweilige Ausnahmen für GB, I, E (6 %); seit August 1993 gilt die Bandbreite von 15 %
WWU	feste Wechselkurse für die Teilnehmer an der WWU; Aufrechterhaltung des EWS für die EG-Länder, die nicht an der WWU teilnehmen
	Politische Integration
Werner	projiziert: Gemeinschaftliche Festlegung von Wirtschaftszielen; Beschlüsse über Konjunkturpolitik, Währungspolitik, Haushaltspolitik auf Gemeinschaftsebene; Steuerharmonisierung; Zusammenarbeit auf dem Gebiet der Struktur- und Regionalpolitik; Konsultation der Sozialpartner
EWS	keine näheren Ausführungen
WWU	Errichtung einer politischen Union (EU-Vertrag); Überwachung der nationalen Haushaltspolitik durch die Gemeinschaft (EG-Vertrag); Übergabe der Geld- und Währungspolitik an die EZB

Die Stabilitätskriterien

Die Konvergenzkriterien bestimmen die öffentliche und wissenschaftliche Diskussion um die Errichtung der Wirtschafts- und Währungsunion maßgeblich. Der EG-Vertrag nennt in Artikel 109 j vier Kriterien, von denen die Teilnahme eines Landes an der gemeinsamen Währung abhängt: Inflationsrate, Einhaltung der Bandbreiten des EWS, Niveau der langfristigen Zinssätze, Finanzlage der öffentlichen Hand.

Art. 109 j EGV
Die Kommission und das EWI berichten dem Rat, inwieweit die Mitgliedstaaten bei der Verwirklichung der Wirtschafts- und Währungsunion ihren Verpflichtungen bereits nachgekommen sind. In ihren Berichten wird auch die Frage geprüft, [...] ob ein hoher Grad an dauerhafter Konvergenz erreicht ist; Maßstab hierfür ist, ob die einzelnen Mitgliedstaaten folgende Kriterien erfüllen:
– Erreichung eines hohen Grades an Preisstabilität, ersichtlich aus einer Inflationsrate, die der Inflationsrate jener – höchstens drei – Mitgliedstaaten nahe kommt, die auf dem Gebiet der Preisstabilität das beste Ergebnis erzielt haben;
– eine auf Dauer tragbare Finanzlage der öffentlichen Hand, ersichtlich aus einer öffentlichen Haushaltslage ohne übermäßiges Defizit im Sinne des Artikels 104 c Abs. 6;
– Einhaltung der normalen Bandbreiten des Wechselkursmechanismus des Europäischen Währungssystems seit mindestens zwei Jahren ohne Abwertung gegenüber der Währung eines andern Mitgliedstaats;
– Dauerhaftigkeit der von dem Mitgliedstaat erreichten Konvergenz und seiner Teilnahme am Wechselkursmechanismus des Europäischen Währungssystems, die im Niveau der langfristigen Zinssätze zum Ausdruck kommt.

Durch das Protokoll zum EU-Vertrag „Über die Konvergenzkriterien nach Artikel 109 j des Vertrags zur Gründung der Europäischen Gemeinschaft" werden die ersten drei der soeben genannten Kriterien numerisch festgelegt (siehe unten). In Artikel 104 c EGV und der Spezifizierung im Protokoll „Über das Verfahren bei einem übermäßigen Defizit" wird das Kriterium der öffentlichen Finanzen in die zwei Referenzwerte „öffentliches Defizit" und „öffentlicher Schuldenstand" unterteilt.

Art. 104 c EGV
(1) Die Mitgliedstaaten vermeiden übermäßige öffentliche Defizite.
(2) Die Kommission überwacht die Entwicklung der Haushaltslage und der Höhe des öffentlichen Schuldenstandes in den Mitgliedstaaten im Hinblick auf die Feststellung schwerwiegender Fehler. Insbesondere prüft sie die Einhaltung der Haushaltsdisziplin anhand von zwei Kriterien, nämlich daran,

a) ob das Verhältnis des geplanten oder tatsächlichen öffentlichen Defizits zum Bruttoinlandsprodukt einen bestimmten Referenzwert überschreitet [...]

b) ob das Verhältnis des öffentlichen Schuldenstandes zum Bruttoinlandsprodukt einen bestimmten Referenzwert überschreitet [...]

Die Referenzwerte werden in einem diesem Vertrag beigefügten Pro-

tokoll über das Verfahren bei einem übermäßigen Defizit im einzelnen festgelegt.
(6) Der Rat entscheidet mit qualifizierter Mehrheit auf Empfehlung der Kommission und unter Berücksichtigung der Bemerkungen, die der betreffende Mitgliedstaat gegebenenfalls abzugeben wünscht, nach Prüfung der Gesamtlage, ob ein übermäßiges Defizit vorliegt.

Insgesamt existieren also fünf Konvergenzkriterien, die vor dem Übergang in die dritte Stufe von der Kommission geprüft und an den Rat weitergegeben werden:

(1) *Inflationsrate:*

Protokoll über die Konvergenzkriterien, EUV:
Das [...] Kriterium der Preisstabilität bedeutet, daß ein Mitgliedstaat eine anhaltende Preisstabilität und eine während des letzten Jahres vor der Prüfung gemessene durchschnittliche Inflationsrate aufweisen muß, die um nicht mehr als 1,5 Prozentpunkte über der Inflationsrate jener – höchstens drei – Mitgliedstaaten liegt, die auf dem Gebiet der Preisstabilität das beste Ergebnis erzielt haben.

(2) *Öffentliches Defizit:*
Die maßgeblichen Aussagen über die öffentlichen Finanzen finden sich in Art. 104 c Abs. 2 EGV. Die Kommission überprüft die Einhaltung der Haushaltsdisziplin daran, ob das Verhältnis des geplanten oder tatsächlichen öffentlichen Defizits zum Bruttoinlandsprodukt den Referenzwert von drei Prozent überschreitet.

Protokoll über das Verfahren bei einem übermäßigen Defizit, EUV:
Die in Art. 104 c Abs. 2 dieses Vertrages genannten Referenzwerte sind:
– 3 % für das Verhältnis zwischen dem geplanten oder tatsächlichen öffentlichen Defizit und dem Bruttoinlandsprodukt zu Marktpreisen [...]

Dieser Wert von drei Prozent wird aber durch Ausnahmebestimmungen relativiert. Nach Artikel 104 c EGV kann das Defizit nämlich auch entweder „erheblich und laufend zurückgegangen [...] und einen Wert in der Nähe des Referenzwerts erreicht" oder diesen „nur ausnahmsweise und vorübergehend überschritten" haben, um als akzeptabel erachtet zu werden.

(3) *Öffentlicher Schuldenstand:* Die Einhaltung der Haushaltsdisziplin wird an der Höhe des Verhältnisses des öffentlichen Schuldenstands zum Bruttoinlandsprodukt überprüft.

Protokoll über das Verfahren bei einem übermäßigen Defizit, EUV:
Die in Art. 104 c Abs. 2 dieses Vertrages genannten Referenzwerte sind:
[...]
– 60 % für das Verhältnis zwischen dem öffentlichen Schuldenstand und dem Bruttoinlandsprodukt zu Marktpreisen.

Die Staatsschuldquote darf also den Referenzwert von 60 % nicht überschreiten. Auch hier jedoch stellt Artikel 104 c EGV fest: „... es sei denn, daß das Verhältnis hinreichend rückläufig ist und sich rasch genug dem Referenzwert nähert."

(4) *Einhaltung der Bandbreiten des EWS:*

Protokoll über die Konvergenzkriterien nach Art. 109 j des Vertrags zur Gründung der Europäischen Gemeinschaft, EUV:
Das [...] Kriterium der Teilnahme am Wechselkursmechanismus des Europäischen Währungssystems bedeutet, daß ein Mitgliedstaat die im Rahmen des Wechselkursmechanismus des Europäischen Währungssystems vorgesehenen normalen Bandbreiten zumindest in den letzten zwei Jahren vor der Prüfung ohne starke Spannungen eingehalten haben muß. Insbesondere darf er den bilateralen Leitkurs seiner Währung innerhalb des gleichen Zeitraums gegenüber der Währung eines anderen Mitgliedstaats nicht von sich aus abgewertet haben.

Bislang wurde vertraglich nicht festgehalten, ob die zum Zeitpunkt der Maastrichter Verhandlungen gültigen 2,25 % oder die seit August 1993 bestehenden 15 % als Referenzwert für „normale Bandbreiten" herangezogen werden.

(5) *Langfristige Zinssätze:*

Protokoll über die Konvergenzkriterien nach Art. 109 j des Vertrags zur Gründung der Europäischen Gemeinschaft, EUV:
Das in Artikel 109 j [...] genannte Kriterium der Konvergenz bedeutet, daß im Verlauf von einem Jahr vor der Prüfung in einem Mitgliedstaat der durchschnittliche langfristige Nominalzinssatz um nicht mehr als 2 Prozentpunkte über dem entsprechenden Satz in jenen – höchstens drei – Mitgliedstaaten liegt, die auf dem Gebiet der Preisstabilität das beste Ergebnis erzielt haben.

Über den Übergang zu unwiderruflich festen Wechselkursen und damit über den Start der gemeinsamen Währung sollten die Staats- und Regierungschefs nach Art. 109 j EGV spätestens zum 31. Dezember 1996 entscheiden. Der Zeitpunkt des Übergangs kann vom Rat nach eigener Entscheidung festgesetzt werden. Ist dieser Zeitpunkt allerdings bis Ende 1997 nicht festgelegt worden, so beginnt die dritte Stufe automatisch am 1. Januar 1999.

Seit dem Madrider Gipfel im Dezember 1995 steht *Euro* als Name für die Gemeinschaftswährung fest. Der endgültigen Namensgebung gingen lange Diskussionen voraus. Die Maastrichter Verträge waren noch davon ausgegangen, die europäische Währung in Anlehnung an das EWS einfach ECU zu nennen. Die französische Regierung hatte dagegen nichts einzuwenden, zumal es einmal eine altfranzösische Münze mit dem Namen Ecu gegeben hatte. Von Helmut Kohl hingegen wurde kolportiert, ihn erinnere „ein Ecu" an „eine Kuh"; ein unwürdiger Name für eine europäische Währung. Helmut Schieber, ein Direktoriumsmitglied der Deutschen Bundesbank, sah den Ecu durch sein Image der Abwertung gegenüber den Starkwährungsländern des EWS als unglücklich an: „Warum sollte dieser schlechte Ruf auf die neue Währung übertragen werden?" (nach Herald Tribune, 12. 7. 1995) Der deutsche Namensvorschlag „Franken" auf der anderen Seite wurde in britischen Kreisen als „Frankenstein" (ebd.) diskreditiert. Auf Grund dieser verfahrenen Situation muß der Madrider Beschluß für den „Euro" als Kompromißlösung gewertet werden.

In Madrid kamen die Staats- und Regierungschefs auch überein, die nationalen Währungen im Jahre 2002 durch das „neue Eurogeld" (FAZ, 16. 12. 1995) zu ersetzen. De facto handelt es sich ab dem Tage der Festsetzung unwiderruflicher Wechselkurse, also nach heutigem Stand dem 1. Januar 1999, bei den europäischen Noten und Münzen nur noch um eine Währung. So wird der tatsächliche Umtausch von nationalen in europäische Banknoten zu einem technischen Detail, einem Detail allerdings mit hoher symbolischer Wirkung.

Über den Beginn der dritten Stufe sollen die Staats- und Regierungschefs als Europäischer Rat im frühen Frühjahr 1998 mit qualifizierter Mehrheit (nach Art. 109j EGV) entscheiden. Gleichzeitig wird festgelegt, wer die ersten Mitglieder der Währungsunion sein werden. Mit dieser Entscheidung für den nach Vertrag spätestmöglichen Termin entfällt gleichzeitig die Bestimmung, daß eine Mehrheit der Mitgliedstaaten die Konvergenzkriterien erfüllen müsse. Jedes einzelne Land wird – auf Grund der Empfehlung der Kommission und der Stellungnahme des Parlaments – auf seine Beitrittsberechtigung überprüft. Nach den Vorstellungen des Vertrags können dann alle diejenigen Staaten, die die Voraussetzungen erfüllen, der Währungsunion beitreten. Allerdings sind harte

Diskussionen für den Fall zu erwarten, daß mehrere und vor allem mehrere „große" EU-Länder die Maastricht-Kriterien verfehlen. Der Rat muß nämlich mit qualifizierter Mehrheit grundsätzlich entscheiden, „ob es für die Gemeinschaft zweckmäßig ist, in die dritte Stufe einzutreten" (Art. 109j Abs. 3).

Damit erlangt das Abstimmungsverhalten qualifizierter Minderheiten große Bedeutung. Hier muß an den Kompromiß des Jahres 1994 erinnert werden, schon ab 23 Gegenstimmen im Rat bis zu einer besseren Lösung weiterzuverhandeln. Die eigentliche qualifizierte Minderheit mit 26 von 87 Stimmen kann erst am Schluß langer und ausgleichender Verhandlungen stehen.

Bei zwei Konstellationen scheint eine Ablehnung des Übergangs zur dritten Stufe vorstellbar. Zum einen existiert unter der Führung von Großbritannien eine Gruppe von Staaten, die den währungspolitischen Teilen des Maastrichter Vertrages in der Vergangenheit zumindest partiell ablehnend gegenüberstand. Sollte diese „Skeptikergruppe" neben Großbritannien (zehn Stimmen im Rat) und Dänemark (drei) etwa auf Finnland (drei), Österreich (vier) und Schweden (vier) anwachsen, ergäbe sich eine reale Option zur Blockade der Währungsunion. Da eine solche Lage allerdings tiefe Gräben aufwerfen würde, muß dieses integrationsskeptische Szenario insgesamt als unwahrscheinlich gelten. Um Ausgleich bemühte nationale Politiker oder auch die Kommission werden eine solche Spaltung der Union zu verhindern wissen. Eine andere Möglichkeit ist indes plausibler. Die vier südlichen Länder der EU, die im Jahre 1996 allesamt keines oder höchstens eines der Stabilitätskriterien erfüllten (vgl. Tab. 5.5), kommen zusammen auf 28 Ratsstimmen. Allein Italien (zehn), Spanien (acht) und entweder Griechenland oder Portugal (je fünf) können infolge des Kompromisses von Korfu Nachverhandlungen über den Eintritt in die dritte Stufe erzwingen. Im Laufe der Jahre 1996 und 1997 haben die Südländer – mit Ausnahme Griechenlands – jedoch beträchtliche Fortschritte erzielen können. Dennoch stößt die tatsächliche Einführung einer gemeinsamen Währung noch auf große innenpolitische Schwierigkeiten.

Tab. 5.5: Die Konvergenzlage 1996 (Schätzung)

	Preise	Haushaltsdefizit	Schuldenstand	Zinsen	Zahl der erfüllten Kriterien[1]
Belgien	1,6	–3,3	130,6	6,7	2
Dänemark	2,2	–1,4	70,2	7,4	3
Deutschland	1,3	–3,9	60,8	6,3	2
Finnland	0,9	–3,3	61,3	7,4	2
Frankreich	2,1	–4,0	56,4	6,6	1
Griechenland	8,4	–7,9	110,6	15,1	0
Großbritannien	3,0	–4,6	56,3	8,0	2
Irland	2,1	–1,6	74,7	7,5	1
Italien	4,7	–6,8	123,4	10,3	0
Luxemburg	1,3	0,9	7,8	7,0	4
Niederlande	1,2	–2,6	78,7	6,3	1
Österreich	1,7	–4,3	71,7	6,5	2
Portugal	3,0	–4,0	71,1	9,4	0
Schweden	1,6	–3,9	78,1	8,5	2
Spanien	3,8	–4,4	67,8	9,5	0
Schwellenwert	2,6	–3,0	60,0	8,7	

[1] Am EWS-Wechselkursmechanismus nehmen im März 1997 nicht teil: Großbritannien, Griechenland Schweden.

Quelle: Konvergenzbericht der Bundesregierung, 14. 3. 1997

Euro-Szenarien

Zwei Fragen drängen sich auf, wenn Szenarien für die projizierte gemeinsame Währung aufgestellt werden. Erstens: wie stabil wird der Euro sein? Und Zweitens: wann und auf welche Weise wird der Euro eingeführt und dann auch tatsächlich gegen die nationalen Banknoten eingetauscht? Grundsätzlich sind vier Szenarien denkbar:

1. Das *Szenario der Hartwährung ab 1999* entspricht dem den Verträgen von Maastricht zugrundeliegenden Denken. Das Statut

der EZB deutet auf eine stabilitätsorientierte Geldpolitik einer unabhängigen Notenbank hin. Durch die strikte Anwendung der Konvergenzkriterien gelangen ausschließlich Länder mit soliden Staatsfinanzen in die Währungsunion. Dadurch gewinnen die Finanzmärkte schnell Vertrauen in den Euro. Die langfristigen Nominalzinsen werden – in Abhängigkeit von der allgemeinen Wirtschaftslage – relativ niedrig sein. Notwendige Bedingungen für das Hartwährungsszenario sind der harte währungspolitische Kurs der EZB und die rigorose Sparpolitik aller nationalen Haushalte.

2. Das *Szenario der Weichwährung ab 1999* geht von der Aufnahme politisch wichtiger, aber finanzpolitisch nicht ausreichend solider Staaten wie etwa Italien aus. Unterstellt wird bei diesem Szenario, daß diese verschuldeten Staaten wegen hoher nationaler Arbeitslosigkeit und drohender sozialer Konflikte den anvisierten harten finanzpolitischen Kurs nicht halten können. Auch wenn die EZB ihren harten währungspolitischen Kurs gegen politischen Druck aus solchen Problemländern halten sollte, könnten die Finanzmärkte eine zunehmende Verschuldung, damit höhere Zinsen und geringere Investitionstätigkeit erwarten. Die Nachfrage nach dem Euro ginge zurück, im Vergleich zum US-Dollar oder zum japanischen Yen würde Abwertung drohen. Durch die Abwertung verteuern sich die Importe, die Preise erhalten Auftrieb, die höhere Inflation bewirkt eine erneute Wachstumsschwäche. Die Bedingungen für das Weichwährungsszenario sind fehlende finanzpolitische Disziplin in den Nationalstaaten und fortdauerndes ungleiches Wachstum in den Ländern mit einer gemeinsamen Währung.

3. Das *Verschiebungsszenario* unterstellt, daß zum von den Maastrichter Verträgen gesetzten Zeitpunkt keines oder nur sehr wenige Länder die Konvergenzbedingungen erfüllen. In einem solchen Fall könnte die politische Einsicht reifen, eine Währungsunion beispielsweise ohne Frankreich, Belgien und bzw. oder Italien mache keinen Sinn. Auch aus ökonomischer Sicht erhöht sich der Nutzen der Währungsunion mit der Größe des währungseinheitlichen Gebiets, denn die Argumente für die gemeinsame Währung beziehen sich sehr wesentlich auf den Wegfall von Transaktionskosten. Nehmen also nur wenige Länder an der Währungsunion teil, verringern sich dementspechend deren mögliche und erhoffte Vorteile.

Eine Verschiebung könnte verschiedene Ursachen haben. Zum gegenwärtigen Zeitpunkt erschwert das schwache wirtschaftliche Wachstum fast allen EG-Regierungen die Einhaltung der Stabilitätskriterien. Die meisten öffentlichen Haushalte nehmen weniger Steuern ein als erwartet. In der Folge verschulden sich die Staaten, das öffentliche Defizit steigt. Keynessche antizyklische Wirtschaftspolitik legt in schwächeren Wachstumsphasen eher eine höhere Verschuldung als zusätzlich restriktiv wirkende Austeritätspolitik nahe. Jede einzelne Regierung steckt also in einem Konflikt zwischen der Reaktion auf eigene hohe Arbeitslosigkeitsraten und der Erfüllung der Maastrichter Bedingungen. So könnten die französischen Streiks im Dezember 1995, die Streiks in Deutschland im Herbst 1996 oder die zunehmend negative Haltung der deutschen Sozialdemokratie Indikatoren für eine politische Bewußtseinsverschiebung sein, die letztendlich in einer Höherbewertung nationaler Politikziele vor integrativen Europa-Motiven resultieren könnten.

Denkbar wäre die in europäischen Gremien bekannte Strategie des *stop-the-clock*, die zuweilen bei mit festen Fristen belasteten Entscheidungen im Rat angewandt wird. Vor dem 1. Juli 1998, dem letztmöglichen Datum für die Entscheidung zum Eintritt in die dritte Stufe, könnte eine Verschiebung von etwa einem Jahr beschlossen werden, ohne an der Substanz der Maastrichter Verträge etwas zu ändern. Denkbar sind aber auch Stufenpläne zur tatsächlichen Einführung der gemeinsamen Währung, sei es bezüglich einer zeitlichen Streckung der dritten Stufe, sei es bezüglich der Einschränkung der ersten Teilnehmer an der Währungsunion, denen einige „Nachzügler" später folgen könnten. Eine weitere Strategie bestünde in der Aufweichung der Kriterien, wonach nicht nur der gegenwärtige Zustand der Ökonomien berücksichtigt würde, sondern auch deren Entwicklung in den letzten Jahren bzw. die beabsichtigten Wirtschaftsprogramme für die Zukunft.

Das psychologische Moment einer Verschiebung darf für den eventuellen Zeitpunkt der Verkündung nicht unterschätzt werden. Mehreren Regierungen (z. B. in Italien, Spanien, teils auch in Frankreich) wird nachgesagt, ihren Konsolidierungskurs Mitte der neunziger Jahre nur wegen der Aussicht auf den Euro zu halten. Entfiele dieses Motiv, könnten die internationalen Märkte auf erneute Verschuldungspolitik spekulieren und aus den entsprechenden Währungen in die Hartwährungen des EWS flüchten. Eine Aufwertung der D-Mark schiene die unweigerliche Folge, Spekulationswellen innerhalb des EWS wären zu erwarten.

4. Das *Ausstiegsszenario* radikalisiert die Projektionen des Verschiebungsszenarios. Zusätzlich zu der Einsicht, kein Land oder nur sehr wenige Länder der EU erfüllten die Maastrichter Bedingungen, setzt sich der Eindruck der Perspektivlosigkeit einer gemeinsamen Währung durch. Mit Hinweisen auf die Undurchführbarkeit des Projektes wird die Wirtschafts- und Währungsunion auf unbestimmte Zeit vertagt oder mit neuen Bedingungen wie etwa gemeinschaftlichen wirtschaftspolitischen Institutionen (europäischer Finanzausgleich, koordinierendes Finanzministerium etc.) verknüpft.

Ein Grünbuch der Europäischen Kommission vom Frühjahr 1995 hat mehrere Szenarien zur technischen Umstellung auf die gemeinsame Währung bis ins Jahr 2002 vorgestellt. In einer etwa einjährigen Phase A werden die Wechselkurse festgezurrt und die Errichtung des Systems der Europäischen Zentralbanken vorbereitet. Phase B beginnt mit der dritten Stufe der WWU. Hier sollen vor allem die technischen Fragen der Umstellung auf Banknoten und Münzen in der Gemeinschaftswährung gelöst werden. Die tatsächliche Umtauschaktion (Phase C) soll vermutlich innerhalb weniger Wochen des Jahres 2002 stattfinden.

Vor allem die Dauer der einzelnen Phasen wird kontrovers diskutiert. Jeder der von der Kommission erwogenen Übergänge weist, auch nach deren eigener Einschätzung, Schwächen auf (NZZ, 31. 5. 1995). Der „Big Bang“, eine Einführung des neuen Geldes über Nacht, sei der Bevölkerung kaum zuzumuten. Eine zweistufige Lösung, die zunächst die Fixierung der Wechselkurse und erst später die Ausgabe der Noten und Münzen vorsieht, steht in gewissem Widerspruch zum EG-Vertrag. Artikel 109l EGV sieht nämlich die „rasche Einführung der ECU als einheitliche Währung“ vor. Da aber die Namensbezeichnung „Ecu“ in diesem Absatz sowieso noch geändert werden muß, könnte vielleicht auch die Bestimmung des „raschen“ Übergangs präzisiert werden.

Auch läßt der reine Vertragstext eine „Marktlösung“, in der sowohl die nationale Währung als auch der Euro eine Zeitlang nebeneinander benutzt werden dürfen, zu. Die Nachfrage nach dem Euro würde mit der Zeit die nationalen Währungen verdrängen, die Umstellungskosten würden optimiert. Nicht ganz klar ist bei dieser möglichen Lösung, ob den Bürgern die Nutzung zweier Währungen zugemutet werden kann.

Ist die Errichtung der WWU sinnvoll?

Die Europäische Wirtschafts- und Währungsunion wird nicht von allen Seiten vorbehaltlos gewünscht. In Politik und Wirtschaft, aber auch von seiten der Wissenschaft werden wie in kaum einer anderen politischen Frage intensive Diskussionen über das Für und Wider geführt. Es lassen sich Argumente für und gegen die WWU aufführen.

Standpunkte „für“ die Errichtung der WWU

Ein Argument für die WWU ist sicherlich, daß es historische Beispiele gelungener Währungsunionen gibt. Der deutsche Zollverein im neunzehnten Jahrhundert unterhielt bei 36 unterschiedlichen Bundesstaaten eine stabile Reichsmark. In den USA mit ihren fünfzig Bundesstaaten existiert eine Währungsunion mit wirtschaftlich heterogenen Teilstaaten. Das Argument prinzipiell funktionsfähiger Währungsbünde gilt generell für föderativ aufgebaute Staaten. In der Bundesrepublik, zweifellos einem Staat mit einer relativ stabilen Währung, belastet das unterschiedliche haushaltspolitische Gebaren der Gliedkörperstaaten nicht die Stabilität der Währung. Zwischen Belgien und Luxemburg besteht seit 1922 eine Wirtschaftsunion. Seit 1944, als der luxemburgische Franc per Dekret dem belgischen gleichgestellt wurde, existiert die belgisch-luxemburgische Währungsunion. Im Jahre 1995 hat das Großherzogtum Luxemburg die niedrigste, Belgien jedoch die höchste Staatsschuldquote in Europa – ein schwerer Schlag für grundsätzliche Kritiker einheitlicher Währungsgebiete. Belgien muß nach dem Selbstverständnis beider Partner für die von ihm aufgenommenen Schulden selbst haften; es entstehen keine wähhrungspolitischen Probleme zwischen den beiden Partnern. Der luxemburgische Wirtschaftsminister Robert Goebbels kommentiert (Europäische Zeitung, 1/1996): Auch „den Schweizer Franken brachte es nie in Gefahr, wenn irgendein Kanton mehr ausgab als er einnahm“. Im Vergleich zur DM bleibt der belgische Franc seit Jahren in etwa konstant. Auch dies spricht gegen das Argument der Maastricht-Gegner, unterschiedlich konvergente Volkswirtschaften könnten keine Währungsunion ohne Schaden für die stabilere Währung eingehen.

Die Prognosefähigkeit der Ansätze, die als unvermeidliche Folge der WWU Inflationsauftrieb sehen, ist nur bedingt gegeben. Ein relevantes ökonomisches Modell, das ohne Kritik von allen akzeptiert würde, existiert auch in der mit relativ harten Annahmen operierenden Volkswirtschaftslehre nicht. Auch haben sich Wirtschaftswissenschaftler bei der Prognose wirtschaftspolitischer Ereignisse immer wieder geirrt. Vor der deutschen Währungsreform argumentierten Volkswirtschaftler gegen die Aufhebung der Bewirtschaftung, der Rationierung und der Preisbindung. Damit sprachen sie sich gegen die freie bzw. soziale Marktwirtschaft zu einem Zeitpunkt aus, der im nachhinein als günstig betrachtet wird. Ein anderes Beispiel liegt kürzer zurück und ist daher noch besser in Erinnerung: Beim Eingehen der Währungsunion wandte sich die Bundesbank heftig gegen den Umtauschkurs der DM zur DDR-Mark von 1:2 (bei einer Grundsumme von 1:1). Der Hinweis, durch diesen Kurs sei die Preisstabilität gefährdet, hat sich im nachhinein als falsch erwiesen. Selbst Ludwig Erhard, bekanntlich selbst Professor der Ökonomie, spottete über die „rationale Vollkommenheit" solcher Expertisen, „deren Erkenntniswert für die praktische Politik zuletzt doch nur bescheiden sein kann, weil wieder einmal die menschlichen und soziologischen Imponderabilien, die Impulse und Energien vergessen" worden seien.

Auf der anderen Seite erzeugt die WWU eine stabile Basis für unternehmerische Kalkulationen. Die Reduktion des Wechselkursrisikos erzeugt wirtschaftliche Stabilität und erhöht den Handel. Die gemeinsame Währung spart den Bürgern Umtauschkosten bei Transaktionen, die innerhalb des Währungsgebietes zwischen verschiedenen Ländern stattfinden. Die Kosten für Informationsbeschaffung und für Währungstauschaktionen verringern sich. Die WWU vereinfacht das Reisen innerhalb Europas. Insgesamt dürfte durch die WWU die Konkurrenzfähigkeit der Unternehmen gegenüber den USA und Ostasien durch eine optimierte Verteilung der Ressourcen im Binnenmarkt gestärkt werden. Produktionsfaktoren werden effizienter eingesetzt. Mit der EZB entsteht ein wirtschaftlicher Akteur mit einer enormen Kapitalausstattung, der in der internationalisierten Wirtschaft europäische Interessen besser schützen kann als einzelne Nationalbanken.

Schon für die Zeit seit den Maastrichter Verträgen hat sich gezeigt, daß die WWU eine heilsame Wirkung auf Ausgabenpolitik und Preisstabilität zeigt. Im Zusammenhang mit dem unter anderen von der Bundesrepublik betriebenen Stabilitätspakt werden traditionell ausgabefreudige Staaten zu strikterer Haushaltsführung angehalten.

Nicht zuletzt stellt die WWU eine wichtige Stufe zur politischen Einheit Europas dar. Durch sie kann eine politische Stabilisierung Europas stattfinden. Im Sinne der funktionalistischen Integrationstheorie kann erwartet werden, daß eine tatsächlich funktionierende Währungsunion weitere Integrationsschritte auf anderen Politikfeldern nach sich ziehen wird. Insbesondere könnte eine weitere Supranationalisierung der Wirtschaftspolitik prognostiziert werden, da mit der gemeinsamen Währung der unionsinterne Koordinationsbedarf wächst (Harder 1997; Busch 1996).

Standpunkte „gegen" die Errichtung der WWU

Unionsintern führe – so ein wichtiges Argument – die Einführung des Euro zu einer „Zwei-Klassen-Gesellschaft", da derzeit nur wenige EU-Mitglieder alle Konvergenzkriterien erfüllten. Die Solidarität zwischen den Mitgliedstaaten, die in der Präambel des EU-Vertrages hochgehalten wird, könnte durch die Einteilung der Union in Mitglieder und Nichtmitglieder der WWU auf eine harte Probe gestellt werden. Dies sei auch schon jetzt, zwei Jahre vor der Einführung des Euro, erkennbar. Obwohl sich nach dem Buchstabentext der Maastrichter Verträge einige Länder keinerlei Hoffnungen auf das Erreichen der dritten Stufe bereits im Jahre 1999 machen dürften, hat bislang außer Griechenland kein Mitgliedstaat die Erwartung geäußert, eventuell erst in einer zweiten Aufnahmerunde an der WWU teilzunehmen. Mahnungen z. B. von seiten deutscher Regierungsmitglieder unter anderem an Spanien oder Italien, „weitere Anstrengungen" zur Einhaltung besonders der finanzpolitischen Konvergenzkriteren zu unternehmen, wurden vielmehr wütend abgewehrt. Zum einen müßten die betroffenen Länder – wie bislang bei einer Abwertung im EWS – mit der Nichtaufnahme einen empfindlichen Ansehensverlust hinnehmen, der mit dem Eingeständnis einherginge, den Produktivitätsfortschritt in der eigenen Volkswirtschaft nicht im gleichen Maße wie die Partnerländer vorangetrieben zu haben. Zum anderen müßten Nichtteilnahmeländer befürchten, sich auf Grund der erwarteten Effizienzgewinne auf Grund der WWU noch weiter vom Kreis der Teilnehmerländer zu entfernen.

Eine andere Befürchtung von Skeptikern der WWU bezieht sich auf die eventuell mangelnde Stabilität des Euro. Durch den Wegfall möglicher Wechselkursanpassungen entfällt für die nationalen Regierungen ein Instrument, auf volkswirtschaftliche Störungen zu reagieren. Mit der Theorie optimaler Währungsgebiete von Robert Mundell läßt sich nachweisen, daß solche Störungen in einem einheitlichen Währungsgebiet durch Lohnflexibilität aufgefangen werden müssen (Mundell 1961). Im Klartext heißt dies: in von Störungen betroffenen Regionen müssen die Reallöhne fallen. Es kann aber als fraglich gelten, ob Reallohnsenkungen in einem Währungsgebiet, in dem zudem nach Vorstellungen der Europäischen Zentralbank eine möglichst niedrige Inflation herrschen soll, durchsetzbar sind. Auch wäre es nach diesen Überlegungen generell wenig vorteilhaft, wenn der europäische Integrationsprozeß hauptsächlich mit für die Bürger negativen Erfahrungen in Verbindung gebracht würde. In diesem Zusammenhang besteht die Frage, ob Geld- und Finanzpolitik à la longue im notwendigen Umfang koordiniert bzw. harmonisiert werden können. Ist dies nicht der Fall, kann die Stabilität des Euro gefährdet sein, falls der Druck aus Bevölkerungsteilen gegen den Lohnverfall zu groß wird.

Nicht zuletzt wird den nationalen Wirtschaften mit den nationalen Währungen ein wichtiges Identifikationssymbol genommen. Vor allem in der Bundesrepublik, die in ihrer Geschichte zweimal eine Hyperinflation durchstehen mußte, wird mit der Deutschen Mark Stabilität und Wohlstand verknüpft. Auch deswegen bleibt die Einstellung der Bundesbürger gegenüber der WWU skeptisch (vgl. Tab. 5.6).

Tab. 5.6: Akzeptanz des Euro bei der deutschen Bevölkerung

Eine gemeinsame europäische Währung statt der D-Mark …	
… fände ich gut	30 %
… fände ich nicht gut	65 %

Quelle: Politbarometer 1/96

5.3. Gemeinsame Außen- und Sicherheitspolitik (GASP)

Die Außen- und Sicherheitspolitik gehört nach wie vor zum intergouvernementalen Politikmuster, sie ist also (noch) nicht vergemeinschaftet. Die letzten Entscheidungen bleiben bei den Mitgliedstaaten, die allenfalls ihre Politik miteinander koordinieren. Aus der Sicht der Einzelstaaten existieren unterschiedliche Verhaltensweisen nebeneinander (vgl. Pfetsch 1994 b: 125):

- Regierungen der Mitgliedstaaten betreiben nach klassischem Muster unabhängig voneinander Außenpolitik (z. B. französische Afrikapolitik).
- Regierungen lassen sich ihre Politik von den EU-Partnern unterstützen (z. B. Falklandpolitik von Großbritannien).
- Es gibt auch gemeinsame Aktionen zwischen selektiv ausgewählten EU-Staaten (z. B. Mittelmeerpolitik der EU-Südstaaten).
- Die Außenpolitik kann auch als gemeinsame koordinierte Politik aller EU-Regierungen geführt werden (z. B. EU-Politik in internationalen Gremien).
- Schließlich werden gemeinsame Standpunkte und Aktionen aller EU-Mitgliedstaaten formuliert und durchgeführt (z. B. Wirtschaftsbeziehungen zu Libyen oder Haiti, Bosnienpolitik).

Da das Ziel der gemeinsamen Außen- und Sicherheitspolitik vor allem auf gemeinschaftlich formulierte und durchgeführte Politik hinausläuft, interessiert in diesem Zusammenhang das zuletzt genannte Verhaltensmuster, dem wir uns in seiner Geschichte zuwenden wollen.

In der Geschichte des europäischen Einigungsprozesses gab es mehrere Anläufe zu einer gemeinschaftlichen Außenpolitik (vgl. auch das Kapitel über die Geschichte des europäischen Einigungsprozesses). Die Pläne des französischen Ministerpräsidenten René Pleven zu einer Europäischen Verteidigungsgemeinschaft (EVG) aus dem Jahre 1952 sind ein Beispiel; später scheiterte die EVG bekanntlich in der französischen Nationalversammlung. Auch der Plan Fouchet II, 1962 vorgelegt, projizierte neben der gemeinschaftlichen Wirtschafts- und Kulturpolitik eine gemeinsame Außenpolitik. Erste konkrete Schritte, die politisch auch umgesetzt wurden, beinhaltet jedoch erst der Bericht des belgischen Diplomaten Etienne Davignon, der im Auftrag des Haager Gipfels von 1969 Vorschläge zu einer verbesserten politischen Zusammenarbeit unterbreitete.

Davignon-Bericht

Der Davignon-Bericht führte zum Aufbau der Europäischen Politischen Zusammenarbeit (EPZ), der Vorläuferin der GASP. Der Bericht wurde am 27. Oktober 1970 in Luxemburg verabschiedet, daher auch die Bezeichnung „Luxemburger Bericht". Nach dem Auftrag der Staats- und Regierungschefs enthielt er Vorschläge darüber, „wie in der Perspektive der Erweiterung der Europäischen Gemeinschaft am besten Fortschritte auf dem Gebiet der politischen Einigung erzielt werden können" (vgl. Europa-Archiv 11-1970: 9). Verfaßt wurde der Bericht in einem Ausschuß, der sich aus den Leitern der politischen Abteilungen der sechs Außenministerien zusammensetzte. Davignon führte den Vorsitz.

In erster Linie strebte der Luxemburger Bericht Konsultationsmechanismen in Fragen der gemeinsamen Außenpolitik an. So sollten künftig auf Initiative des jeweils amtierenden Präsidenten die Außenminister mindestens alle sechs Monate zusammenkom-

Übersicht 5.2: Entwicklungsetappen der Europäischen Politischen Zusammenarbeit (EPZ)

1. 12. 1969	Anstoß zur EPZ auf einem Treffen der Staats- und Regierungschefs in Den Haag
20. 7. 1970	Studienausschuß unter dem Vorsitz von Etienne Davignon; Vereinbarung der Außenminister
7. 9. 1970	Zuleitung des Davignon-Berichtes an die Regierungen
27. 10. 1970	Verabschiedung der Vorschläge aus dem Davignon-Bericht auf einer Ratstagung in Luxemburg
19. 11. 1970	Erstes Konsultationstreffen der EG-Außenminister in München

Quelle: Europa-Archiv 22/1970: D519

men. „Im Falle einer ernsten Krise oder besonderer Dringlichkeit“ konnten außerordentliche Konsultationen zwischen den Regierungen, in dringlichen Fällen auch Konferenzen der Staats- und Regierungschefs einberufen werden. Weiterhin wurde ein Politisches Komitee, das sich aus den Leitern der Politischen Abteilungen der damals sechs Außenministerien zusammensetzte, gebildet. Zur Vorbereitung der Außenministertreffen sollten mindestens viermal jährlich Treffen des Politischen Komitees stattfinden. Die Einsetzung des Komitees wurde anstelle eines gemeinsamen Sekretariats vorgenommen. Ein solches war vorher in den Fouchet-Plänen schon einmal vorgesehen gewesen, wirkte aber den auf nationale Souveränität bedachten Nationalstaaten zu gemeinschaftlich. Das im Luxemburger Bericht erwähnte Sekretariat diente lediglich der materiellen Durchführung der Ratstagungen, übernahm aber keine politischen Aufgaben. Ein ständiges Sekretariat für die Europäische Politische Zusammenarbeit wurde erst 1986 mit der Einheitlichen Europäischen Akte ins Leben gerufen.

Einige Detailbestimmungen des Luxemburger Berichts bilden die Wurzel bis heute bestehender Regelungen. Dies betrifft besonders das nach wie vor zwischenstaatliche Organisationsprinzip der gemeinsamen Außenpolitik. Mit dem Politischen Komitee wurde ein eher intergouvernementales als integratives Gremium geschaffen, das bis heute besteht. Die gebildeten gemeinsamen Arbeitsgruppen widmeten sich eher thematischen als organisatorischen Gesichtspunkten der Außenpolitik. Als eine weitere Neuerung des Davignon-Berichtes hatte jedes Außenministerium einen festen „Gesprächspartner“ zu benennen, der für die Belange der gemeinsamen Außenpolitik als Anlauf diente. Diese Kontaktbeamten wurden fortan – obwohl der Bericht diesen Begriff nicht ausdrücklich vorsah – „Korrespondentengruppe“ genannt.

Der Kommission und der Europäischen Parlamentarischen Versammlung wurden keine echten Teilnahmerechte gewährt. Das Parlament wurde mit der Einrichtung halbjährlicher Kolloquien der Außenminister und der Mitglieder des Politischen Ausschusses des Europäischen Parlaments an der EPZ beteiligt. Die Kommission wurde nach dem Bericht zur Stellungnahme aufgefordert, „sofern die Arbeiten der Minister Auswirkungen auf die Tätigkeit der Europäischen Gemeinschaft haben“.

Kopenhagener Bericht

Das erste Treffen der Außenminister im Rahmen der EPZ erfolgte am 19. November 1970. Die außenpolitische Zusammenarbeit der Mitgliedstaaten entwickelte sich in den folgenden Jahren zunehmend erfolgreich im Rahmen der Davignon-Vorschläge. Der Kopenhagener Bericht, der 1973 als zweiter EPZ-Bericht erschien – der dritte sollte 1981 erfolgen –, konnte so eine Vertiefung der EPZ in Angriff nehmen. Die neun Staats- und Regierungschefs hatten den Bericht im Oktober 1972 auf der Pariser Gipfelkonferenz im Oktober 1972 von den Außenministern angefordert. In dem am 23. Juli 1973 publizierten Text ging es in erster Linie um eine Bilanz der dreijährigen Praxis der politischen Zusammenarbeit. Über den Davignon-Bericht hinausgehende Koordinationsschritte sollten schriftlich fixiert und gegebenenfalls weiter ausgebaut werden. In einem Anhang an den Bericht wurden die Ergebnisse der EPZ seit 1970 zusammengefaßt.

Einige der Neuerungen im Vergleich zum Luxemburger Bericht sind daher nicht als politischer Plan zu verstehen. Vielmehr handelt es sich um Koordinierungsschritte, die sich im Laufe der vergangenen Jahre als organisatorisch notwendig erwiesen hatten. Hierzu zählen z. B. die Erhöhung der Anzahl der jährlichen Außenministertreffen von zwei auf vier (seit dem Pariser Gipfel 1972) sowie viele Einzelheiten der Arbeit des Politischen Komitees und der Korrespondentengruppe.

Die wichtigsten der im Kopenhagener Bericht erfaßten Fortschritte der EPZ betrafen die Verpflichtung der einzelnen Regierungen, vor der Festlegung einer eigenen Haltung immer den EPZ-Konsultationsmechanismus zu nutzen. Weiterhin wurde die EPZ auf eine engere Zusammenarbeit mit den Gemeinschaftsorganen verpflichtet. Im Bericht heißt es zwar:

Art. 12 (Kopenhagener Bericht)
Die Politische Zusammenarbeit, die auf zwischenstaatlicher Ebene Probleme der internationalen Politik behandelt, unterscheidet sich von der Tätigkeit der Gemeinschaft, die auf den von den Mitgliedstaaten im Vertrag von Rom eingegangenen rechtlichen Verpflichtungen beruht, und fügt sich ihr an.

Insgesamt wurde im Kopenhagener Bericht der Tätigkeitsbereich der Gemeinschaftsorgane Kommission und Parlament jedoch ausführlicher abgesteckt, wenn auch nur in geringem Maße erweitert.

Das gemeinsame Ziel von EPZ und EG, „zur Entwicklung des europäischen Einigungsprozesses beizutragen", wurde gestrichen. Als über die Luxemburger Vorschläge hinausgehende Neuerung wurden fortan die Botschaften der Mitgliedstaaten in den Hauptstädten der EG-Mitgliedstaaten, in Drittländern und bei internationalen Organisationen in den Bereich der Zusammenarbeit mit einbezogen.

Das Leitmotiv des zweiten EPZ-Berichtes läßt sich daher mit dem Bemühen umschreiben, den 1970 eingeschlagenen Weg der intergouvernementalen außenpolitischen Koordination enger vernetzt fortzuführen. Ab etwa 1973 machte die Idee einer gemeinsamen Außenpolitik jedoch für einige Jahre kaum noch Fortschritte. So blieb der Bericht von Leo Tindemans über die Europäische Union am 29. Dezember 1975 wirkungslos. In ihm mahnte der damalige belgische Ministerpräsident „eine Außen- und Sicherheitspolitik im Gemeinschaftsrahmen, die gemeinsame Meinungsbildung ‚über unsere spezifischen Verteidigungsprobleme' und eine Zusammenarbeit in der Rüstungsproduktion" (Janning 1994: 306) an. Eine gemeinsame Außenpolitik scheiterte aber in den siebziger Jahren unter anderem am fehlenden Willen der Mitgliedstaaten.

Londoner Bericht

Erst der dritte EPZ-Bericht, den die mittlerweile zehn Außenminister am 13.Oktober 1981 dem Europäischen Rat in London vorlegten, brachte wieder Bewegung in die Bemühungen einer koordinierteren Außenpolitik. Der Bericht enthält einen einleitenden Teil, in dem die Entschlossenheit zu grundsätzlicher außenpolitischer Abstimmung unterstrichen wird, und einen Teil, in dem Maßnahmen zur Verbesserung der politischen Zusammenarbeit aufgeführt sind. Konkrete Bereiche, die im Bericht angesprochen werden, sind unter anderem die Ministertagungen, das Politische Komitee, die Korrespondentengruppe, die Arbeitsgruppen, die Präsidentschaft der EG, die Beziehungen der EPZ zu Drittländern und die Beziehungen zum Europäischen Parlament.

In diesen Bereichen konnten zum Teil Fortschritte erreicht werden. Unter anderem betrafen sie die funktionale Teilung der Ministertagungen. Die formellen Tagungen sollten von nun an der Beschlußfassung dienen, während zusätzliche Tagungen mit vertraulichem Charakter, ohne formelle Tagesordnung und ohne amtliches Dolmetschen, fest vereinbart wurden. Diese vertrauensbildende Maßnahme wurde durch die Erhebung des Politischen Komitees zu einem „der zentralen Organe der Europäischen Politischen Zusammenarbeit“ begleitet. Die Korrespondentengruppe wurde dem Politischen Komitee zu dessen Entlastung zugeordnet. Eine weitere Verstärkung des Koordinationsmechanismus bedeutete die Einbeziehung der Ratspräsidentschaft, indem diese grundsätzlich um operationelle Unterstützung gebeten wurde. Die bis dahin de facto parallel laufenden Belange der Gemeinschaft und der EPZ wurden so zunehmend aufeinander bezogen, zumal der Londoner Bericht zusätzlich die „volle Beteiligung der Kommission der Europäischen Gemeinschaften auf allen Ebenen der Politischen Zusammenarbeit“ vorsah.

Weiterhin stellen die Außenminister im Text „fest, daß die Zehn bei allem bisher Erreichten immer noch weit davon entfernt sind, in der Welt eine ihrem Einfluß insgesamt entsprechende Rolle zu spielen. Sie sind der Überzeugung, daß die Zehn in zunehmendem Maße versuchen sollten, Ereignisse zu gestalten und nicht lediglich darauf zu reagieren“ (Bulletin der EG, Beilage 3/81: 15–19). Mit diesem Zitat wird auf das Versäumnis der EG hingewiesen, in den siebziger Jahren die partikulären Verteidigungs- und Sicherheitsinteressen hauptsächlich Frankreichs mit dem Verteidigungsschirm der NATO in Einklang zu bringen. Bei bedeutenden außenpolitischen Ereignissen und Krisen gelang es daher auch der EPZ häufig nicht, die EG wie z. B. zum Nahost-Konflikt oder zur Südafrika-Politik mit einer außenpolitischen Stimme sprechen zu lassen. Auch konnte in einigen Krisen, wie beispielsweise dem sowjetischen Afghanistan-Einmarsch 1979 oder der Iran-Krise 1979, das nötige außenpolitische Gewicht nicht aufgebracht werden. Bei der Verabschiedung der KSZE-Schlußakte 1975 in Helsinki wußte die EG unter italienischer Ratspräsidentschaft allerdings eine aktive Rolle zu spielen.

Der Weg vom Londoner Bericht zur Einheitlichen Europäischen Akte, dem nächsten substantiellen Entwicklungsschritt der EPZ, wurde von der Genscher-Colombo-Initiative (1981) und der Feierlichen Deklaration des Stuttgarter Gipfels vom 18. Juni 1983 begleitet. Die Genscher-Colombo-Initiative war ein von den deutschen und italienischen Regierungen gemeinsam initiiertes Programm einer „Europäischen Akte“, die unter anderem die EPZ und die EG enger aneinander binden und die Sicherheitspolitik in die EPZ eingliedern sollte. Während andere Punkte der Initiative wie z. B. die Straffung der gemeinschaftlichen Entscheidungsverfahren jedoch nicht durchsetzungsfähig erschienen, fanden diese außenpolitischen Vorstellungen später in der Feierlichen Deklaration von Stuttgart Niederschlag. In der Deklaration wurde zur Aufgabe der EPZ erhoben, die „Positionen der Mitgliedstaaten zu den politischen und wirtschaftlichen Aspekten der Sicherheit" zu koordinieren.

Einheitliche Europäische Akte

In der Einheitlichen Europäischen Akte (EEA) wurde die EPZ erstmals vertraglich festgeschrieben. Aus formaler Sicht handelt es sich bei der EEA um einen gegenseitigen Vertrag der Gemeinschaftsstaaten, in dem die drei europäischen Verträge (EGKS, Euratom und EWG) geändert und die Zusammenarbeit in der Außenpolitik festgeschrieben wird. Die Akte, die ihre hauptsächliche Bedeutung in der Hinführung der Gemeinschaft zu einer Europäischen Union hat, beinhaltet entscheidende Fortschritte von der abgestimmten europäischen Außenpolitik der EPZ hin zur koordinierten Außen- und Sicherheitspolitik der GASP.

Artikel 1 der Akte nimmt Bezug auf die Berichte von Luxemburg (1970), Kopenhagen (1973) und London (1981) sowie die Stuttgarter Feierliche Deklaration (1983). Damit wird die EEA als Station einer kontinuierlichen Fortentwicklung auf dem Gebiet der gemeinsamen Außenpolitik verstanden. Auch inhaltlich führt die Akte die bis dahin zurückgelegten Etappen zusammen. Titel III der EEA stellt die EPZ erstmals auf eine formaljuristische Grundlage. Inhaltlich fixierte die EEA Sachverhalte, die sich in der kontinuierlichen Arbeit der EPZ an praktischer Kooperation eingestellt hatten. Neben dem Bemühen um die Ausarbeitung von Perspektiven für eine gemeinsame EG-Außenpolitik standen das Eintreten für die Formulierung gemeinsamer Standpunkte und die Selbstverpflichtung der einzelnen Staaten, diese Standpunkte national auch durchzusetzen.

In Artikel 30 verpflichten sich die Regierungen auf die Ausarbeitung und Verwirklichung einer europäischen Außenpolitik. Neben Unterrichtung, Konsultation, Abstimmung und Standpunktangleichung, schon bis dato bekannten EPZ-Instrumenten also, fand auch die Durchführung gemeinsamer Maßnahmen Ein-

Synopse 5.3: Übersicht über die inhaltliche Entwicklung der EPZ anhand der Berichte von Luxemburg (1970), Kopenhagen (1973) und London (1981) sowie der Einheitlichen Europäischen Akte EEA (1986)

	Anlaß
Luxemburger Bericht	Auftrag der Staats- und Regierungschefs (Gipfel von Den Haag) an Etienne Davignon (Belgien)
Kopenhagener Bericht	Auftrag der Staats- und Regierungschefs (Pariser Gipfel) an die Außenminister der Neun
Londoner Bericht	Auftrag des Europäischen Rates an die Außenminister der Zehn
EEA	Notwendige Vertragsänderungen auf dem Weg zum Binnenmarkt und zur Europäischen Union
	Ziele
Luxemburger Bericht	II.I: bessere gegenseitige Verständigung durch regelmäßige Unterrichtung und Konsultationen; Abstimmung der Standpunkte
Kopenhagener Bericht	keine neuen Ziele; I: Berufung auf Luxemburger Bericht
Londoner Bericht	weitere Verfestigung und praktische Verbesserung der EPZ
EEA	Art. 30.1: Ausarbeitung und Verwirklichung einer europäischen Außenpolitik
	Instrumente
Luxemburger Bericht	II.II–IV: Außenministertagung mindestens alle sechs Monate; Politisches Komitee; Einsetzung von Arbeitsgruppen
Kopenhagener Bericht	II.1–9,11: Außenministertagungen viermal jährlich; häufigerer Turnus der Treffen des Politischen Komitees, Einrichtung der Korrespondentengruppe; Arbeitsgruppen; mittel- und langfristige Studien; Zusammenarbeit der Botschaften in Drittländern und bei IO
Londoner Bericht	1–10, 13: Unterteilung der Ministertagungen in formelle und informelle Tagungen; Politisches Komitee; Korrespondentengruppe; Arbeitsgruppen; Studien; Zusammenarbeit in Drittländern; Stärkung der Präsidentschaft; Ministertagungen im Krisenfall

	Instrumente
EEA	Art. 30.2: Unterrichtung, Konsultation, Abstimmung und Angleichung der Standpunkte, Durchführung gemeinsamer Maßnahmen
	Stellung der Kommission
Luxemburger Bericht	II.V: Aufforderung zur Stellungnahme bei Auswirkungen der EPZ auf die Tätigkeit der EG
Kopenhagener Bericht	II.12: wird zur Stellungnahme aufgefordert
Londoner Bericht	12: Volle Beteiligung auf allen Ebenen der EPZ
EEA	Art. 30.3: Beteiligung eines Kommissionsmitglieds an den Außenministertreffen; Beteiligung im vollen Umfang
	Stellung des Parlaments
Luxemburger Bericht	II.VI: halbjährliches Kolloquium der Außenminister mit der Politischen Kommission der Parlamentarischen Versammlung; jährliche Mitteilung über Fortschritte der EPZ
Kopenhagener Bericht	II.10: vierteljährliche Kolloquien; Lenkung der Aufmerksamkeit des Politischen Komitees auf außenpolitische Stellungnahmen des Parlaments; jährliche Mitteilung über Fortschritte der EPZ
Londoner Bericht	11: vierteljährliche Kolloquien; Beantwortung von Fragen zur EPZ; Jahresbericht zur EPZ; informelle Treffen; Erklärung der Präsidentschaft nach jeder Tagung des Europäischen Rates
EEA	Art. 30.4: Beteiligung; regelmäßige Unterrichtung durch die Präsidentschaft; gebührende Berücksichtigung der Auffassungen des Parlaments
	Wichtigste Neuerung für die EPZ
Luxemburger Bericht	Einführung der EPZ
Kopenhagener Bericht	Zusammenarbeit in Drittstaaten und bei Internationalen Organisationen
Londoner Bericht	Stärkung der Präsidentschaft
EEA	Einrichtung des EPZ-Sekretariats (Brüssel)

gang in den Vertragstext. Jede einzelne Vertragspartei verpflichtete sich in Art. 30.2.d auf die Vermeidung von Maßnahmen oder Stellungnahmen, die der „Wirksamkeit [der Gemeinschaft] als kohärente Kraft in den internationalen Beziehungen oder in internationalen Organisationen schaden würden".

Die weiterhin viermal jährlich im Rahmen der EPZ stattfindenden Außenministertreffen wurden per Vertragstext durch die Anwesenheit eines Kommissionsmitgliedes angereichert. Dieser Punkt wertete die nach wie vor festgeschriebene Beteiligung der Kommission „in vollem Umfang" auf. Auch das Parlament wurde durch die EEA aufgewertet, wenn auch die Formel, dieses werde „eng an der Europäischen Politischen Zusammenarbeit beteiligt", keine konkreten Mitwirkungsschritte bereithielt. Die „gebührende" Berücksichtigung der Auffassungen des Parlaments sicherte zumindest in Kernfragen einen gewissen Einfluß des Parlaments, den dieses zu eigenen Stellungnahmen nutzte. Eine wichtige Neuerung für die EPZ ist die Einrichtung eines Sekretariats, das am 1. Januar 1987 in Brüssel seine Arbeit aufnahm.

Insgesamt blieb der Vertragstext der EEA trotz mancher konkreter Regelungen recht unverbindlich. Auf der anderen Seite hat die EPZ häufig mit einer Stimme sprechen können. Bei internationalen Konferenzen, z. B. bei den Beratungen um die Schlußakte von Helsinki oder bei Konferenzen der Vereinten Nationen, wurden EG-Gruppen gebildet, die abgestimmte Standpunkte vertraten und als homogen betrachtet wurden. Die Liste der gemeinsamen Standpunkte in außenpolitischen Belangen in den siebziger Jahren, also lange vor der vertragsrechtlichen Fixierung der EPZ durch die EEA, umfaßte gemeinsame Stellungnahmen unter anderem zu Rhodesien, Südafrika, dem Nahen Osten (Camp David, Golan-Höhen, Israel), Afghanistan, Iran, den Beziehungen zwischen der EG und Asien oder zum Terrorismus. Auch zum Konflikt um die Falkland-Inseln zu Beginn der achtziger Jahre, der mit Großbritannien direkt die Belange eines EG-Staates betraf, konnten sich die EG-Außenminister auf eine gemeinsame Position einigen, nachdem die Briten zunächst ohne Rücksicht auf die EPZ vorgegangen waren (siehe Anhang).

Bei allem Gerangel im Inneren der EPZ wurde die EG im Laufe der Zeit von außen zunehmend als einheitlicher Akteur gesehen. Hierfür sprechen unter anderem die 107 Drittstaaten, die im Jahre 1993 bei der EG in Brüssel akkreditiert waren. Bei einigen

Internationalen Organisationen wie der UNO oder der OSZE verfügt die EG/EU über Beobachterposten, in der OECD, dem GATT bzw. der WTO über einen Sonderstatus. EU-Vertretungen, wenn auch häufig in die Botschaftsgebäude eines Mitgliedstaates integriert, befinden sich in 157 Staaten. Auch nach innen unterhält die Kommission Vertretungen in den EG-Mitgliedstaaten, in der Bundesrepublik in Berlin, Bonn und München. Die EG ist im Lichte dieser Gegebenheiten immer mehr als einheitlicher diplomatischer Akteur zu begreifen. Allerdings handelt es sich trotz vielfältiger Regelungen um Zusammenarbeit in Drittstaaten bislang noch um eine Diplomatie ohne eigene Botschaften und daher auch immer noch, wie ein Diktum Henry Kissingers aus dem Jahre 1979 besagt, um eine Außenpolitik „ohne Telefonnummer".

EU-Vertrag/GASP

Der Titel V des EU-Vertrages von 1992 verwandelt die EPZ in die – so von nun an die offizielle Bezeichnung – „Gemeinsame Außen- und Sicherheitspolitik" (GASP). Inhaltlich ist die GASP eine Fortentwicklung des Entwicklungsprozesses vom Davignon-Bericht bis zur EEA. Der Schritt von den außenpolitischen Passagen der EEA zur GASP ist allerdings nicht nur als innerer Entwicklungsschub der Europäischen Gemeinschaft zur Europäischen Union zu verstehen, sondern auch im internationalen Kontext zu sehen. Die Charta von Helsinki aus dem Jahre 1975 hatte die „drei Körbe" Demokratie, Menschenrechte und Gewaltverzicht enthalten. Die Charta von Paris vom 21. November 1990 fügte allen KSZE-Mitgliedern mit der Marktwirtschaft einen vierten „Korb" hinzu. Diese Verbindung einer wirtschaftspolitischen Ordnung mit den Grundlagen der internationalen Beziehungen strahlte auch auf den europäischen Einigungsprozeß aus. In Anbetracht der zunehmenden Globalisierung wirkte eine außenpolitisch wenig handlungsfähige Wirtschaftsmacht nicht zeitgemäß. So sind nicht nur die gemeinschaftsinternen Neuerungen durch die Gemeinsame Außen- und Sicherheitspolitik, sondern vor allem die Tatsache der formalen Aufnahme dieser Politikbereiche in die Verträge der Union als Fortschritt für Europa zu sehen. Eine weitere grundsätzliche Änderung durch die Maastrichter Verträge verbirgt sich im Titel der GASP. Die „Sicherheitspolitik" zählte bis dahin zur prinzipiell uneingeschränkten Verfügung gerade der großen Nationalstaaten.

Trotz dieser tiefgreifenden Änderungen verfolgt die Gemeinschaft mit der GASP ähnliche Ziele wie vorher mit der EPZ. Durch die Einbettung in den Unionsvertrag wirken die Formulierungen allerdings grundsätzlicher als in den EPZ-Berichten und der EEA. GASP-Ziele laut Vertragstext sind:

Art. J.1 EUV

(2) Die Gemeinsame Außen- und Sicherheitspolitik hat zum Ziel
– die Wahrung der gemeinsamen Werte, der grundlegenden Interessen und der Unabhängigkeit der Union;
– die Stärkung der Sicherheit der Union und ihrer Mitgliedstaaten in allen ihren Formen;
– die Wahrung des Friedens und die Stärkung der internationalen Sicherheit entsprechend den Grundsätzen der Charta der Vereinten Nationen sowie den Prinzipien der Schlußakte von Helsinki und den Zielen der Charta von Paris;
– die Förderung der internationalen Zusammenarbeit;
– die Entwicklung und Stärkung von Demokratie und Rechtsstaatlichkeit sowie die Achtung der Menschenrechte und Grundfreiheiten.

(3) Die Union verfolgt diese Ziele
– gemäß Art. J.2 durch Einrichtung einer regelmäßigen Zusammenarbeit der Mitgliedstaaten bei der Führung ihrer Politik;
– gemäß Art. J.3 durch stufenweise Durchführung gemeinsamer Aktionen in den Bereichen, in denen wichtige gemeinsame Interessen der Mitgliedstaaten bestehen.

(4) Die Mitgliedstaaten unterstützen die Außen- und Sicherheitspolitik der Union aktiv und vorbehaltlos im Geist der Loyalität und gegenseitigen Solidarität. Sie enthalten sich jeder Handlung, die den Interessen der Union zuwiderläuft oder ihrer Wirtsamkeit als kohärente Kraft in den internationalen Beziehungen schaden könnte. Der Rat trägt für die Einhaltung dieser Grundsätze Sorge.

Zur Erreichung der außen- und sicherheitspolitischen Ziele gibt es die GASP-Instrumente der Abstimmung zwischen den Mitgliedstaaten, der Formulierung von gemeinsamen Standpunkten (Art. J.2), Gemeinsame Aktionen (Art. J.3) und die Zusammenarbeit der diplomatischen und konsularischen Vertretungen (Art. J.6). In internationalen Organisationen und auf internationalen Konferenzen koordinieren die Mitgliedstaaten ihr Handeln. Bei Gemeinsamen Aktionen mit Ausnahme verteidigungspolitischer Bezüge gelten die Entscheidungsregeln der qualifizierten Mehrheit, wobei Beschlüsse mit einer Mindeststimmenzahl von 62 Stimmen und der Zustimmung von mindestens zehn Mitgliedern gefaßt werden. Verschärfend wirkt die Bestimmung, die gemeinsamen Aktionen seien „für die Mitgliedstaaten bei ihren Stellungnahmen und ihrem Vorgehen bindend“ (Art. J.3.5).

Art. J.4 EUV
(1) Die Gemeinsame Außen- und Sicherheitspolitik umfaßt sämtliche Fragen, welche die Sicherheit der Europäischen Union betreffen, wozu auf längere Sicht auch die Festlegung einer gemeinsamen Verteidigungspolitik gehört, die zu gegebener Zeit zu einer gemeinsamen Verteidigung führen könnte.

In der Verteidigungspolitik wird die WEU fest mit der Europäischen Union verknüpft, indem sie ersucht wird, „die Entscheidungen und Aktionen der Union, die verteidigungspolitische Bezüge haben, auszuarbeiten und durchzuführen“. Da der WEU-Vertrag 1998 abläuft, behält der Maastrichter Vertrag eine spätere Revidierung der GASP-Bestimmungen vor. Neben der WEU, dem „integralen Bestandteil der Europäischen Union“ (Art. J.4.2), orientiert sich die europäische Sicherheitspolitik allerdings auch an der NATO und der OSZE.

Der Außenminister des jeweils den Vorsitz führenden EG-Mitgliedstaates vertritt die Union nach außen und ist im allgemeinen für gemeinsame Aktionen verantwortlich. Unterstützt wird die Präsidentschaft „gegebenenfalls von dem Mitgliedstaat, der den vorhergehenden Vorsitz innehatte, und dem Mitgliedstaat, der den nachfolgenden Vorsitz wahrnimmt“ (Art. J.5). Diese „Troika“-Regelung soll die Kontinuität der EG-Außenpolitik sichern helfen. Auf internationalen Konferenzen und in internationalen

Schaubild 5.4: Die Sicherheitsstruktur Europas

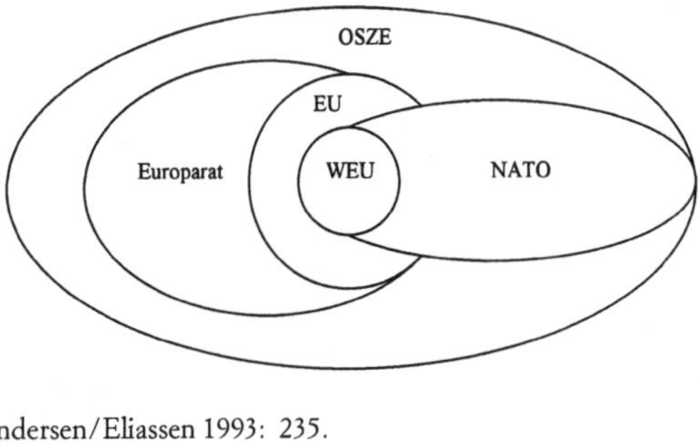

Quelle: Andersen/Eliassen 1993: 235.

Synopse 5.4: Vertragliche Bestimmungen in der Außen- und Sicherheitspolitik (Einheitliche Europäische Akte von 1986 und EU-Vertrag im Vergleich)

Einheitliche Europäische Akte	EU-Vertrag
Ziele	
Art. 30.1: Ausarbeitung und Verwirklichung einer europäischen Außenpolitik	J.1.2: Wahrung der Werte, Interessen und Unabhängigkeit der Union; Stärkung der Sicherheit; Wahrung des Friedens und Stärkung der internationalen Sicherheit; Förderung der internationalen Zusammenarbeit; Entwicklung und Stärkung von Demokratie und Rechtsstaatlichkeit; Achtung der Menschenrechte und Grundfreiheiten
Instrumente	
Art. 30.2: Unterrichtung, Konsultation, Abstimmung und Angleichung der Standpunkte, Durchführung gemeinsamer Maßnahmen, Zusammenarbeit in Drittländern	Art. J.2.3; J.2–6: Einrichtung einer regelmäßigen Zusammenarbeit, stufenweise Durchführung gemeinsamer Aktionen, Abstimmung, gemeinsame Standpunkte, gemeinsame Aktionen, Vertretung durch die Troika, Zusammenarbeit der diplomatischen und konsularischen Vertretungen
Stellung der Kommission	
Art. 30.3: Beteiligung eines Kommissionsmitglieds an den Außenministertreffen; Beteiligung im vollen Umfang	Art. J.9: Beteiligung an den Arbeiten der GASP im vollen Umfang
Stellung des Parlaments	
Art. 30.4: Beteiligung, regelmäßige Unterrichtung durch die Präsidentschaft, gebührende Berücksichtigung der Auffassungen des Parlaments	Art. J.7: Anhörung des EP zu den wichtigsten Aspekten und grundlegenden Weichenstellung der GASP, gebührende Berücksichtigung der Auffassungen des Parlaments, regelmäßige Unterrichtung, Möglichkeit von Nachfragen oder Empfehlungen des EP, jährliche Aussprache des EP

Organisationen besteht eine Unterrichtungspflicht von Mitgliedstaaten über „Fragen von gemeinsamem Interesse". Nach Art. J.5.4 gilt dies auch für die Mitglieder im Sicherheitsrat der Vereinten Nationen, Großbritannien und Frankreich, die „sich abstimmen und die übrigen Mitgliedstaaten im vollen Umfang unterrichten". Bei der Wahrnehmung ihrer Aufgaben setzen sich die Mitglieder des Sicherheitsrates laut Vertrag für die Interessen der Union ein.

An wichtigen Aspekten und zu den „grundlegenden Weichenstellungen der GASP wird das Europäische Parlament durch Anhörungen und Unterrichtung beteiligt (Art. J.7). Mitentscheiden darf es allerdings nur in wenigen Fällen, z. B. bei der Aufnahme neuer Mitglieder in die EG und beim Abschluß internationaler Verträge. Die Kommission wird, wie bis dato in der EPZ, „in vollem Umfang an den Arbeiten im Bereich der GASP beteiligt" (Art. J.9). Der Rat „bestimmt die Grundsätze und die allgemeinen Leitlinien der GASP" (Art. J.8.1). Aufwendungen zur GASP gehen entweder zu Lasten des EG-Haushalts oder zu Lasten der Mitgliedstaaten (Art. J.11).

In den Mechanismus zur Durchführung der Gemeinsamen Außen- und Sicherheitspolitik sind fünf Institutionen eingebunden. Hierzu zählen zunächst als intergouvernementale Komponente der Europäische Rat, der laut Art. J.8 EUV die Grundsätze und die allgemeinen Leitlinien der GASP bestimmt, und der sich nunmehr monatlich unter dem Namen „General Affairs Council" versammelnde Ministerrat. Das COREPER, das Komitee der permanenten Repräsentanten des Rates, tritt als bedeutsames Gremium hinzu. Bei dem Komitee, das aus vielen Mitgliedern des diplomatischen Corps besteht, handelt es sich um einen bürokratischen Koordinierungsausschuß. Im EU-Vertrag wird das COREPER über den Verweis auf Art. 151 EGV nur indirekt erwähnt. Das gemeinschaftliche Gegenstück zum COREPER bildet das Politische Komitee, welches die internationale Lage in den Bereichen der Gemeinsamen Außen- und Sicherheitspolitik verfolgt, durch Stellungnahmen zur Festlegung der Politiken beiträgt und deren Durchführung überwacht.

Neben diesen drei Kerninstitutionen der GASP – Rat, COREPER, Politisches Komitee – kommen zusätzlich der Kommission und dem Parlament Bedeutung zu. Die Kommission, die „in vollem Umfang beteiligt" wird, ist über ein Kommissionsmitglied –

häufig den Kommissionspräsidenten selbst – auf Ministerratssitzungen präsent. Da solche Sitzungen in der Regel geschlossenen Charakter haben, erweist es sich hier als schwierig, den Einfluß der Kommission zu messen.

Die Rolle des Parlaments ist eindeutiger bestimmbar. Laut EU-Vertrag kann das EP Debatten und Anhörungen über die GASP führen, Vorschläge machen, das Budgetrecht ausüben und bei manchen Verträgen mitbestimmen. Außer bei der Mitbestimmung, z. B. bei der Neuaufnahme von Mitgliedern in die EG, kommen ihm also nur wenige substantielle Rechte zu. Das Haushaltsrecht bietet dem Parlament Einflußmöglichkeiten, denn die Verwaltungsausgaben der GASP gehen zu Lasten des EG-Haushalts. Nach Art. J.11.2 kann der Rat allerdings beschließen, operative Ausgaben im Zusammenhang mit gemeinsamen Aktionen an die Mitgliedstaaten weiterzureichen. Es besteht also in diesem Bereich kein echtes Gleichgewicht zwischen den Gewalten.

Das Recht des Parlaments zu Vorschlägen (die nicht befolgt werden müssen) und Anhörungen kann aber unter bestimmten Umständen ebenso wie das Haushaltsrecht an Bedeutung gewin-

Schaubild 5.5: Die Gemeinsame Außen- und Sicherheitspolitik

nen. Wie beim Beschluß zu einer Zollunion zwischen der Gemeinschaft und der Türkei zu beobachten war, werden die mehr auf Einhaltung der Grund- und Menschenrechte pochenden Parlamentarier durchaus beachtet, wenn dem Parlament während des Entscheidungsprozesses an einer bestimmten Stelle Rechte zukommen. Auch sind Konstellationen des log-rolling denkbar, in der das Parlament seine Zustimmung in einer Sache von inhaltlichen Fortschritten in anderen Bereichen abhängig macht, in denen es keine direkten Einflußmöglichkeiten hat. Insgesamt könnte der tatsächliche Einfluß des Parlaments auf die täglichen Geschäfte der GASP größer sein, als der recht restriktive Artikel J.7 EUV dies nahelegt. In Belangen, die wie beispielsweise die französischen Atomversuche auf dem Mururoa-Atoll einzelne Nationalstaaten direkt betreffen, reicht der Arm des Parlaments jedoch noch nicht weit.

Von der Außenpolitik einzelner Mitgliedstaaten gesehen, kann die EU als Rahmen außenpolitischer Aktionen ganz unterschiedliche Bedeutung erlangen. Die GASP, das muß nochmals betont werden, ist intergouvernemental angelegt und somit von den Interessen der Einzelstaaten bestimmt. Die EU ist dabei nur ein – wenn auch immer wichtigerer – Rahmen.

Verträge und Abkommen

Nach dem EG-Vertrag kann die Gemeinschaft verschiedene Arten von Abkommen mit Drittstaaten schließen und so mit einer Stimme im Bereich der Internationalen Beziehungen tätig werden. Unterscheidbar sind Handelsverträge (Art. 113 EGV), die Assoziierungsverträge mit überseeischen Gebieten (Art. 131–136 a EGV), allgemeine Assoziierungsverträge nach Art. 238 EGV, Beitrittsabkommen nach Art. O des EU-Vertrages sowie die vertraglich nicht fixierten Europaabkommen. Die insgesamt etwa fünfzig internationalen Abkommen, die die Gemeinschaft abgeschlossen hat, können in Handels- und Kooperationsabkommen auf der einen Seite und Assoziierungsabkommen auf der anderen Seite klassifiziert werden (Übersicht 5.3).

Die hier aufgeführten Abkommen können – teils regional, teils qualifiziert – weiter unterschieden werden: Assoziierungsabkommen, Handels- und Kooperationsabkommen, Europaabkommen und Aufnahmeabkommen.

Übersicht 5.3: Handels- und Kooperationsabkommen, Assoziierungsabkommen (jeweils Beispiele)

Handels- und Kooperationsabkommen (Handels- und wirtschaftspolitische Zusammenarbeit, Meistbegünstigung, Freihandelsabkommen; Art. 113, 131–136 a, 238 EGV)	Assoziierungsabkommen (mit einer engeren Bindung an die EU), die Rechte und Pflichten beinhalten
mit Staaten Asiens und Lateinamerikas mit ASEAN, GCC, Maghreb-, Maschrek-Staaten Partnerschafts- und Kooperationsabkommen mit GUS-Staaten, Albanien (1992), mit der Russischen Föderation (1994) und der Ukraine (1994)	EWR-Abkommen mit den EFTA-Mitgliedern (Abkommen der ersten Generation) Europaabkommen (Abkommen der zweiten Generation) mit den Staaten Mittel- und Osteuropas: Polen, Tschechien, Ungarn, Slowakei, Bulgarien den baltischen Staaten, Slowenien und Rumänien mit Entwicklungsländern: 1963–69/75 Jaunde 1975, 1979, 1984, 1989 Lomé-Abkommen I–IV mit 69 AKP-Staaten

1. Das Ziel der *bilateralen und multilateralen Handelsabkommen* (Grundlage: Art. 113 EGV) ist die Förderung von Warenverkehr. Handelsabkommen werden im Rahmen der Gemeinsamen Handelspolitik geschlossen. Im Gegensatz zu den außenpolitisch bedeutsameren Assoziierungsabkommen werden die Freihandelsabkommen im Ministerrat mit qualifizierter Mehrheit verabschiedet.

Art. 113 EGV

(1) Die gemeinsame Handelspolitik wird nach einheitlichen Grundsätzen gestaltet; dies gilt insbesondere für die Änderung von Zollsätzen, den Abschluß von Zoll- und Handelsabkommen, die Vereinheitlichung der Liberalisierungsmaßnahmen, die Ausfuhrpolitik und die handelspolitischen Schutzmaßnahmen, zum Beispiel im Fall von Dumping und Subventionen.

(2) Die Kommission unterbreitet dem Rat Vorschläge für die Durchführung der gemeinsamen Handelspolitik.

(3) Sind mit einem oder mehreren Staaten oder internationalen Organisationen Abkommen auszuhandeln, so legt die Kommission dem Rat Empfehlungen vor; dieser ermächtigt die Kommission zur Einleitung der erforderlichen Verhandlungen.

Die Kommission führt diese Verhandlungen im Benehmen mit einem zu ihrer Unterstützung vom Rat bestellten besonderen Ausschuß nach Maßgabe der Richtlinien, die ihr der Rat erteilen kann.

Die einschlägigen Bestimmungen des Artikels 228 [Abkommen mit dritten Staaten oder Organisationen; siehe unten] finden Anwendung.

(4) Bei der Ausübung der ihm in diesem Artikel übertragenen Befugnisse beschließt der Rat mit qualifizierter Mehrheit.

Beispiele für Handelsabkommen sind das Abkommen mit der EFTA aus dem Jahre 1972 sowie weitere bilaterale Abkommen der EG, etwa mit Norwegen (1973) oder Finnland (ebenfalls 1973). Weiterhin existieren Handels- und Kooperationsabkommen, die unter der Schwelle des Freihandelsabkommens bleiben, aber trotzdem Wirtschaftshilfe oder aber Kooperation z. B. im kulturellen Bereich (Bildung, Kunst, Tourismus etc.) zum Thema haben. Beispiele finden sich in Abkommen mit Israel (1975), Rumänien, Jugoslawien (alle 1980), Ungarn (1988), Polen (1989), Bulgarien (1990). Diese Abkommen dienen unterschiedlichen Zielen von der Öffnung bislang unerschlossener Märkte über die Flankierung bilateraler Abkommen bis zur bewußten Setzung außenpolitischer Signale.

Multilaterale Abkommen tragen einen politischeren Charakter. Das Ziel multilateraler Abkommen ist häufig ein erster Schritt zu politisch-wirtschaftlicher Zusammenarbeit in Regionen, in denen keine einheitlich gewachsenen Interessen der einzelnen EU-Staaten bestehen. Multilaterale Abkommen wurden beispielsweise mit den ASEAN-Staaten, den Staaten des RGW sowie den Maghreb- und Maschrekstaaten geschlossen.

2. Die *Assoziierungsabkommen* (Art. 131, 227, 238 EGV) gehen bereits auf die Verhandlungen zum EWG-Vertrag in der Mitte der fünfziger Jahre zurück. Frankreich hatte darauf bestanden, Algerien und die Übersee-Départements vertragsrechtlich dem EWG-Gebiet gleichzustellen. Analog wurde diese Bestimmung auf die meisten angegliederten Territorien von EG-Ländern wie Großbritannien, Dänemark, Belgien und den Niederlanden ausgedehnt. Das Ziel der Assoziierungsabkommen heißt Förderung von Entwicklung. Die Assoziierungsabkommen mit Entwicklungsländern

wurden nicht zuletzt infolge der kolonialen Unabhängigkeit vor allem in Afrika abgeschlossen. So schloß die EG mit den zuletzt 69 AKP-Staaten (Afrika, Karibik, Pazifik) vier sogenannte Lomé-Abkommen (1975, 1979, 1984, 1989). Dem vorausgegangen waren zwei Assoziierungsabkommen der EG mit afrikanischen Staaten in Jaundé (1963 und 1969). Darüber hinaus bestehen weitere bilaterale Abkommen mit Algerien, Marokko, Jemen und Tunesien (alle 1976), mit Ägypten, Jordanien, Libanon und Syrien (alle 1977).

Art. 131 EGV
Die Mitgliedstaaten kommen überein, die außereuropäischen Länder und Hoheitsgebiete, die mit Belgien, Dänemark, Frankreich, Italien, den Niederlanden und dem Vereinigten Königreich besondere Beziehungen unterhalten, der Gemeinschaft zu assoziieren. [...]

Ziel der Assoziierung ist die Förderung der wirtschaftlichen und sozialen Entwicklung der Länder und Hoheitsgebiete und die Herstellung enger Wirtschaftsbeziehungen zwischen ihnen und der gesamten Gemeinschaft.

Entsprechend den in der Präambel dieses Vertrags aufgestellten Grundsätzen soll die Assoziierung in erster Linie den Interessen der Einwohner dieser Länder und Hoheitsgebiete dienen und ihren Wohlstand fördern, um sie der von ihnen erstrebten wirtschaftlichen, sozialen und kulturellen Entwicklung entgegenzuführen.

Art. 238 EGV
Die Gemeinschaft kann mit einem oder mehreren Staaten oder einer oder mehreren internationalen Organisationen Abkommen schließen, die eine Assoziierung mit gegenseitigen Rechten und Pflichten, gemeinsamem Vorgehen und besonderen Verfahren herstellen.

Die wirtschaftliche Assoziierung mit überseeischen Ländern läuft im wesentlichen auf *Freihandelsassoziationen* hinaus. Nach Art. 131 EGV sollen diese Abkommen der Förderung der wirtschaftlichen und sozialen Entwicklung der Assoziierungsländer und der Herstellung enger Wirtschaftsbeziehungen zwischen ihnen und der Gemeinschaft dienen. Beispiele sind Griechenland (1961; dieses Abkommen wurde nach 1967 eingefroren), die Türkei (1963), Malta (1970) und Zypern (1972). Für den Abschluß eines solchen Assoziierungsabkommens muß der Rat nach heutigem Vertragsstand einstimmig beschließen, nachdem die Kommission ein Mandat für die Aushandlung erhalten hat.

3. Mit den *Europa-Abkommen*, auch „Abkommen der zweiten Generation" genannt, verbindet sich das Ziel der Heranführung be-

stimmter Länder an die EU. Wie für die Assoziierungsabkommen ist für die Europa-Abkommen Art. 238 EGV (siehe oben) maßgeblich. Die Europa-Abkommen sind umfangreiche Kooperationsabkommen, die mit einem starken außenpolitischen Signal verbunden sind und mittelfristig einen Beitritt des Kooperationslandes zur Europäischen Union anstreben. In den Jahren 1994 bis 1996 hat die EU Europaabkommen mit Bulgarien, Estland, Litauen, Lettland, Polen, Rumänien, der Slowakei, Tschechien, Slowenien und Ungarn geschlossen. Malta und Zypern, denen Beitrittsverhandlungen im Anschluß an die 1996 in Turin eröffnete Regierungskonferenz in Aussicht gestellt wurden, sind durch eine „Beitrittsassoziierung" (Klunkert 1994: 72) an die EU gebunden. Europa-Abkommen müssen vom Parlament ratifiziert werden.

Art. 228 EGV
Abweichend von Unterabsatz 1 bedarf der Abschluß von Abkommen im Sinne des Artikels 238 [Assoziierung mit dritten Staaten und Organisationen] sowie sonstiger Abkommen, die durch Einführung von Zusammenarbeitsverfahren einen besonderen institutionellen Rahmen schaffen, von Abkommen mit erheblichen finanziellen Folgen für die Gemeinschaft [...] der Zustimmung des Europäischen Parlaments. [...]

Gelten die Europa-Abkommen als „Abkommen der zweiten Generation", so ist das Abkommen zum Europäischen Wirtschaftsraum (EWR-Abkommen) aus dem Jahre 1992 das „Abkommen der ersten Generation". Das EWR-Abkommen hat mit seinen 129 Artikeln sowie weiteren Anhängen und Protokollen die Länder der Europäischen Union mit Island, Liechtenstein und Norwegen verbunden – Finnland, Österreich und Schweden sind zwischenzeitlich EU-Mitglieder geworden. Die Schweiz hatte den EWR-Vertrag ebenfalls unterzeichnet, mußte ihre Mitgliedschaft aber wegen eines abschlägigen Referendums im Dezember 1992 zurückziehen. Der EWR-Vertrag ist ein „Europa-Abkommen" der ersten Generation", weil in ihm weite Teile des *acquis communautaire* auf Nicht-EU-Staaten ausgedehnt werden. Die vier Grundfreiheiten des Binnenmarktes (Freiheit von Gütern, Personen, Dienstleistungen und Kapital) wurden in großen Teilen auf die Länder des EWR übertragen. Ausnahmen gelten bei der Gemeinsamen Agrar- und Fischereipolitik, bei der Wirtschafts- und Währungsunion, der Zusammenarbeit in den Bereichen Justiz und Inneres und bei einigen anderen sektoralen Politiken (vgl. Bainbridge 1996: 182).

Für alle europäischen Staaten steht als Endstufe der Zusammenarbeit mit der EG/EU die Möglichkeit eines Beitritts- oder Aufnahmeabkommens nach Art. O EUV offen.

Art. O EUV
Jeder europäische Staat kann beantragen, Mitglied der Union zu werden. Er reicht seinen Antrag an den Rat; dieser beschließt einstimmig nach Anhörung der Kommission und nach Zustimmung des Europäischen Parlaments, das mit der absoluten Mehrheit seiner Mitglieder beschließt.

Die Aufnahmebedingungen und die durch eine Aufnahme erforderlich werdenden Anpassungen der Verträge, auf denen die Union beruht, werden durch ein Abkommen zwischen den Mitgliedstaaten und dem antragstellenden Staat geregelt. Das Abkommen bedarf der Ratifikation durch alle Vertragsstaaten gemäß ihren verfassungsrechtlichen Vorschriften.

Beitrittswillige Staaten können einen Mitgliedsantrag an den Rat richten. Dieser beschließt dann unter Beachtung der Anhörungs- und Zustimmungsrechte der supranationalen europäischen Institutionen. Die Zustimmungspflicht durch alle Vertragsstaaten soll sicherstellen, daß keine Gemeinschaftsmitglieder durch die Neuaufnahme eines Landes Nachteile erhalten. Im Hinblick auf zukünftige Erweiterungen baut der letzte Satz des Art. O EUV hohe

Schaubild 5.6: Das Scherenmodell der EU-Abkommen

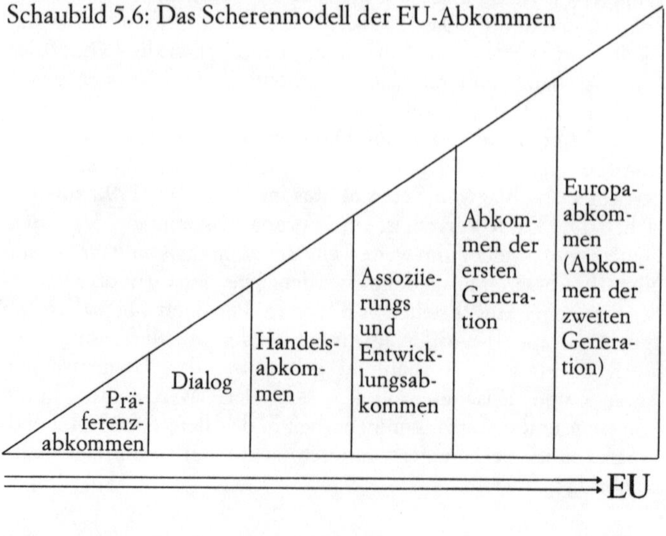

Übersicht 5.4: Europa 1996

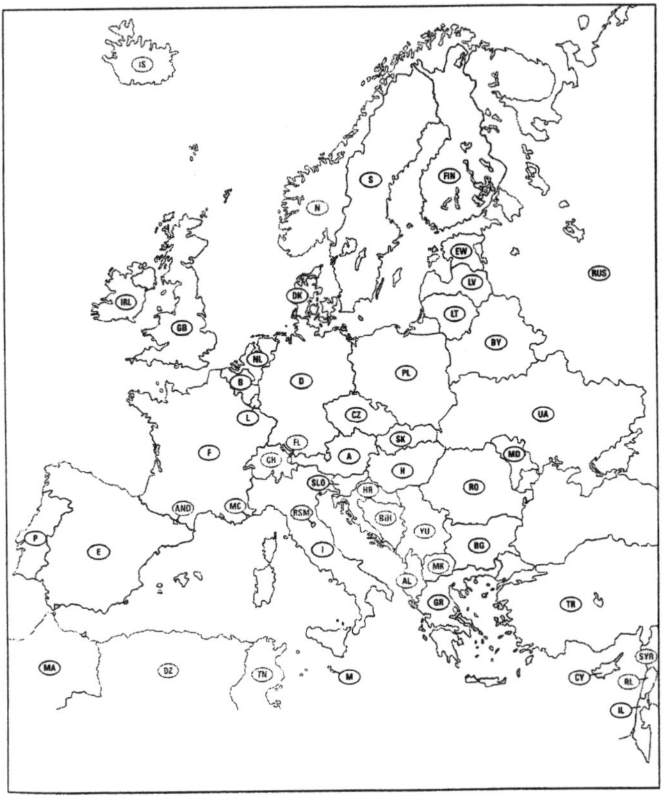

Hürden für zukünftige Mitglieder auf. So werden sich voraussichtlich die im Gemeinschaftsvergleich strukturschwachen Länder gegen zusätzliche Billiglohnkonkurrenz aus Mitteleuropa (Polen, Tschechien, Ungarn) wehren. Gefahr droht bei einer Osterweiterung auch dem Agrarhaushalt der EU. An der europäischen Südostflanke bestehen griechische Vorbehalte gegen eine eventuelle EU-Mitgliedschaft der Türkei. Nach Umfang und Nähe zur Europäischen Union lassen sich die verschiedenen Abkommen auch als eine sich öffnende Schere darstellen (vgl. Schaubild „Scherenmodell").

Übersicht 5.5: Verzeichnis der im Rahmen der GASP angenommenen gemeinsamen Standpunkte nach Art. J.2 EUV (bis Frühjahr 1995)

Libyen	22. 11. 1993	Einschränkung der Wirtschaftsbeziehungen zu Libyen
Sudan	15. 3. 1994	Verhängung eines Embargos für Waffen, Munition und militärische Ausrüstung gegen den Sudan
Haiti	30. 5. 1994	Einschränkung der Wirtschaftsbeziehungen zu Haiti
Ex-Jugoslawien	13. 6. 1994	Verbot der Erfüllung von Ansprüchen gemäß § 9 der Resolution 757 des Sicherheitsrates der Vereinten Nationen
	10. 10. 1994	Aussetzung einiger Einschränkungen des Handels mit der Bundesrepublik Jugoslawien (Serbien und Montenegro)
	10. 10. 1994	Einschränkung der Wirtschafts- und Finanzbeziehungen zu den von bosnisch-serbischen Streitkräften kontrollierten Gebieten der Republik Bosnien-Herzegowina
	23. 1. 1995	Weitere Aussetzung einiger Einschränkungen des Handels mit der Bundesrepublik Jugoslawien (Serbien und Montenegro)
Ruanda	24. 10. 1994	Ziele und Prioritäten der EU in bezug auf Ruanda
Ukraine	28. 11. 1994	Ziele und Prioritäten der EU in bezug auf die Ukraine
Burundi	24. 3. 1995	Burundi

Quelle: Europäische Kommission

Die europäischen Verträge kennen mit den gemeinsamen Standpunkten und den gemeinsamen Aktionen zwei Arten, die gemeinschaftliche Außen- und Sicherheitspolitik festzuklopfen. Sowohl gemeinsame Standpunkte (Art. J.2 EUV) als auch gemeinsame Aktionen (Art. J.3) werden vom Rat festgelegt bzw. beschlossen. Verzeichnisse der im Rahmen der GASP angenommenen Standpunkte und Aktionen finden sich in den Übersichten 5.5 und 5.6.

Aus der spanischen Präsidentschaft in der zweiten Hälfte des Jahres 1995 lassen sich einige Beispiele benennen, die die Praxis der GASP illustrieren. In der *Neuen Trans-Atlantischen Agenda*

Übersicht 5.6: Verzeichnis der im Rahmen der GASP angenommenen gemeinsamen Aktionen nach Art. J.3 EUV

Ex-Jugoslawien	8. 11. 1993	Unterstützung der Beförderung der humanitären Hilfe in Bosnien-Herzegowina
	20. 12. 1993	Ergänzung zum 8. 11. 1993
	7. 3. 1994	Verlängerung der Anwendung des Beschlusses vom 8. 11. 1993
	16. 5. 1994	Anpassung und Verlängerung der Anwendung des Beschlusses vom 8. 11. 1993
	27. 7. 1994	Ergänzung zum 16. 5. 1994
	12. 12. 1994	Verlängerung der Anwendung des Beschlusses vom 8. 11. 1993
	12. 12. 1994	Weitere Unterstützung der Verwaltung der Stadt Mostar
	6. 2. 1995	Ergänzung (Mostar)
Rußland	9. 11. 1993	Entsendung von Beobachtern zu den Parlamentswahlen vom 12. 12. 1993
Südafrika	6. 12. 1993	Unterstützung des demokratischen Übergangs unter Beteiligung der verschiedenen Rassen in Südafrika
Stabilitätspakt	20. 12. 1993	Eröffnungskonferenz
	14. 6. 1994	Fortsetzung
Naher Osten	19. 4. 1994	Unterstützung des Friedensprozesses im Nahen Osten
Kernwaffen	25. 7. 1994	Vorbereitung der für 1995 geplanten Konferenz der Vertragsparteien des Vertrags über die Nichtverbreitung von Kernwaffen
Rüstungsexport	19. 12. 1994	Kontrolle der Ausfuhr von Gütern mit doppeltem Verwendungszweck

Quelle: Europäische Kommission

und dem *USA-EU-Aktionsplan* wurden mehr als hundert gemeinsame Aktionen vereinigt. Diese reichten von den gemeinsamen Aktionen zum Wiederaufbau Bosniens über die Koordination der Auslandshilfe, die Liberalisierung von Handel und Investitionen, vom Kampf gegen Kriminalität und Drogenhandel bis zu einem transatlantischen Kultur- und Studentenaustausch. In der „Euromed-Initiative", die im November 1995 in Barcelona beschlossen wurde, wurde zwischen den fünfzehn EU-Staaten und zwölf Mittelmeeranrainern (plus Israel und Syrien) ein Programm für politische, ökonomische und kulturelle Kooperation vereinbart. Näher ins Auge gefaßt wurden die Bereiche Entwicklungshilfe, Liberalisierung und ökonomische Reformen. Ein weiteres Thema betraf den Dialog zwischen den Regionen (EU–ASEAN; Europa–Arabische Welt). Als weitere Beispiele für ein gemeinsames außenpolitisches Vorgehen können das *Framework Cooperation Agreement* mit den Ländern des Mercosur vom Dezember 1995 und das Votum des Europaparlaments für die Zollunion mit der Türkei genannt werden (vgl. Scherenmodell der EU-Abkommen).

Quantitativ umfassen allein die Trade-and-Aid-Initiativen der EG/EU als ein Instrument der gemeinschaftlichen Außenpolitik ca. 80 Mrd. DM. Für den Zeitraum von 1996 bis 1999 bestehen Verpflichtungen an die Mittelmeerländer im Umfang von 6,5 Mrd. US $, an die mittel- und osteuropäischen Staaten inklusive Rußland und der Ukraine im Umfang von 10 Mrd. US $ und an die AKP-Staaten in Höhe von 16 Mrd. US $. Hinzu kommen große Summen an Palästina zugunsten des nahöstlichen Friedensprozesses und an das ehemalige Jugoslawien in Form von Wiederaufbauhilfe. Allein die Größenordnung der außenpolitisch eingesetzten Finanzhilfen läßt also erkennen, daß die Gemeinschaft zwar noch nicht über eine zentrale Vertretung verfügt, aber dennoch große Schritte im Hinblick auf die von Henry Kissinger eingeforderte Telefonnummer gemacht hat. Mit diesem außenwirtschaftspolitischen Instrumentarium qualifiziert sich die EU als ziviler Handels- und Industriestaat, der in großem Umfang Scheckbuchdiplomatie betreibt.

Die Erweiterungsfrage

Nach der ersten Norderweiterung (Großbritannien, Dänemark, Irland), der Süderweiterung (Griechenland, Portugal, Spanien) und der zweiten Norderweiterung (Schweden, Finnland, Österreich) steht die Frage der Osterweiterung auf dem Programm der EU-Agenda. Polen und Ungarn haben 1994 einen Aufnahmeantrag gestellt, Rumänien ist 1995 nachgefolgt. Europa-Abkommen bestehen darüber hinaus mit der Tschechischen Republik, der Slowakei, Bulgarien und den drei baltischen Staaten. Zählt man zu diesen Beitrittskandidaten und den jetzigen EU-Mitgliedern noch

Malta und Zypern, deren Beitrittsanträge seit 1990 vorliegen, steigt die Zahl der potentiellen Unionsmitglieder auf 26. Mit Slowenien als einem weiteren Antragsteller kommt man bereits auf ein „Europa der 27".

Sollte sich die Gemeinschaft also zu diesem Umfang erweitern, würde sich ihr Charakter qualitativ ändern. Dem steht die grundsätzliche Vorstellung entgegen, auch bei einer Erweiterung solle der *acquis communautaire*, also der Grundbestand des bisher Erreichten, erhalten bleiben. Auch wenn im maßgeblichen Artikel O des EU-Vertrages keine näheren Bestimmungen genannt werden, lassen sich aus den europäischen Verträgen doch einige Aufnahmebedingungen herleiten. Zunächst verheißt die in der Präambel des EG-Vertrages enthaltene Aufforderung an die anderen Völker Europas, sich zu den „hohen Zielen" des Friedens und der Freiheit durch den „Zusammenschluß ihrer Wirtschaftskräfte" zu bekennen, die grundsätzliche Offenheit der Gemeinschaft. Der „immer engere Zusammenschluß der europäischen Völker" (Präambel EGV) wird allerdings durch das Demokratiegebot und die verbindliche Achtung der Menschenrechte und Grundfreiheiten in allen Mitgliedsländern aus Artikel F des EU-Vertrages eingegrenzt.

Art. F EUV

(1) Die Union achtet die nationale Identität ihrer Mitgliedstaaten, deren Regierungssystem auf demokratischen Grundsätzen beruhen.

(2) Die Union achtet die Grundrechte, wie sie in der am 4. November 1950 in Rom unterzeichneten Europäischen Konvention zum Schutze der Menschenrechte und Grundfreiheiten gewährleistet sind und wie sie sich aus den gemeinsamen Verfassungsüberlieferungen der Mitgliedstaaten als allgemeine Grundsätze des Gemeinschaftsrechts ergeben. [...]

Bedenkt man zusätzlich noch den historischen Vorrang ökonomischer Bereiche in der Gemeinschaft, gelangt man zu den Beitrittsrichtlinien, die der Europäische Rat von Kopenhagen im Juni 1993 festgelegt hat:

> Als Voraussetzung für die Mitgliedschaft muß der Beitrittskandidat eine institutionelle Stabilität als Garantie für demokratische und rechtsstaatliche Ordnung, für die Wahrung der Menschenrechte sowie die Achtung und den Schutz von Minderheiten verwirklicht haben; sie erfordert ferner eine funktionsfähige Marktwirtschaft sowie die Fähigkeit, dem Wettbewerbsdruck und den Marktkräften inner-

> halb der Union standzuhalten. Die Mitgliedschaft setzt ferner voraus, daß die einzelnen Beitrittskandidaten die aus einer Mitgliedschaft erwachsenden Verpflichtungen übernehmen und sich auch die Ziele der Politischen Union sowie der Wirtschafts- und Währungsunion zu eigen machen können.

Mit den Ländern Ost- und Mitteleuropas, die einen Beitrittsantrag gestellt haben, kooperiert die Union über das PHARE-Programm. An diesem Programm, das im Jahre 1994 eine Summe von 963,3 Mio. ECU umfaßte, ist die Gemeinschaft mit den anderen Staaten des EWR, den USA, Kanada, Australien, der Türkei, Neuseeland und Japan beteiligt. Die Europäische Kommission leistet die Koordinierung des Programms, die Gemeinschaft kommt für etwa 50 % der Mittel auf. Seit 1994 sind die mittel- und osteuropäischen Staaten einschließlich der baltischen Staaten auch mit der WEU assoziiert. Mit der Russischen Föderation und den anderen Mitgliedern der GUS (und der Mongolei) unterhält die Gemeinschaft darüber hinaus das technische Hilfsprogramm TACIS (Technical Assistance for Central Independant States).

Diese finanziell umfangreichen Programme dienen zum einen der Vorbereitung auf die Beitrittsfähigkeit der einzelnen Länder, wobei vor allem die im Vergleich zur Gemeinschaft geringere Arbeitsproduktivität und die agrarische Struktur der meisten Beitrittskandidaten die größten Probleme verursachen. Daher kann diesen Programmen auch die Funktion zugesprochen werden, beitrittswillige Länder gleichsam hinzuhalten und so der notwendigen Angleichung der Wirtschaftsbedingungen noch etwas Zeit zu lassen. Die Geschichte früherer Erweiterungen zeigt jedenfalls, daß zwischen der Antragstellung und der tatsächlichen Aufnahme eines neuen Mitglieds Jahrzehnte vergehen können.

Die Zustimmung zur Aufnahme eines neuen Mitglieds erfolgt mit Einstimmigkeit im Europäischen Rat. Anschließend muß das Parlament einen solchen Beschluß billigen. Die vertraglichen Schranken für die große Erweiterung können also auch von einzelnen Mitgliedstaaten zur Blockierung genutzt werden. Dies ist angesichts der divergierenden Interessen und Motive der Mitgliedstaaten hinsichtlich der Erweiterung von Bedeutung. Jede Erweiterung verursacht eine Aufweichung des Status quo. Ein Interesse an der Erweiterung haben daher zum einen solche Länder, deren Grundkonzept für die Gemeinschaft eher dem einer Freihandelszone gleicht. Staaten also, die wie etwa Großbritannien oder Dä-

Übersicht 5.7: Europäische Mitglieder in internationalen Organisationen

	OSZE	NATO	Europarat	WEU	EU
Belgien	x	x	x	x	x
Bulgarien	x		x	#	o
BR Deutschland	x	x	x	x	x
Dänemark	x	x	x	@	x
Estland	x		x	#	o
Finnland	x		x	@	x
Frankreich	x	x	x	x	x
Griechenland	x	x	x	x	x
Großbritannien	x	x	x	x	x
Irland	x		x	@	x
Island	x	x	x	+	
Italien	x	x	x	x	x
Jugoslawien					
Lettland	x		x	#	o
Litauen	x		x	#	o
Luxemburg	x	x	x	x	x
Malta	x		x		o
Niederlande	x	x	x	x	x
Norwegen	x	x	x	+	
Österreich	x		x	@	x
Polen	x		x	#	o
Portugal	x	x	x	x	x
Rumänien	x		x	#	o
Russische Föderation	x		x		
Schweden	x		x	@	x
Schweiz	x		x		
Slowakei	x		x	#	o
Slowenien	x		x	#	o
Spanien	x	x	x	x	x
Tschechische Republik	x		x	#	o
Türkei	x	x	x	+	–
Ukraine	x		x		
Ungarn	x		x	#	o
Zypern	x		x		o

Legende: x = Mitglied; o = Beitrittsantrag gestellt;
= assoziierter Partner; + = assoziiertes Mitglied;
@ = Beobachter; – = Beitrittsantrag abgelehnt (1989)

nemark dem Aufbau einer politischen Union reserviert gegenüberstehen, können die Erweiterung zur Abwehr allzu nachhaltiger Integrationsschritte instrumentalisieren. Zum anderen wird mit einer Erweiterung auch den Sicherheitsinteressen der Union und besonders Deutschlands Rechnung getragen. Hier gilt es, zwischen den Gütern Sicherheit und Integration abzuwägen. Da man den mittel- und osteuropäischen Staaten auf Dauer den Beitritt nicht wird verwehren können, läuft die Konfliktlinie innerhalb der Gemeinschaft entlang der unterschiedlichen Vorstellungen über die Struktur der Union. Eine Erweiterung bei gleichzeitiger Vertiefung der gemeinschaftlichen Strukturen – wie es das Ziel der Bundesrepublik ist – erscheint aus dieser Perspektive wenig wahrscheinlich. Bis zum Jahre 2000 wird es kaum zu einer Erweiterung kommen, wenn auch die Regierungskonferenz seit dem März 1996 sich dieser Frage explizit zuwendet.

5.4. Zusammenarbeit in den Bereichen Justiz und Inneres (ZJI)

Im EU-Vertrag bildet Titel VI („Bestimmungen über die Zusammenarbeit in den Bereichen Justiz und Inneres") die Dritte Säule der Europäischen Union. In den maßgeblichen Artikeln K und K.1 bis K.9 werden die Zusammenarbeit in der Rechts- und Innenpolitik, deren Ziele, Verfahren und Institutionen dargelegt. Zusätzlich behandeln zwei Erklärungen aus der Schlußakte zu den Maastrichter Verträgen die Asylfrage und die polizeiliche Zusammenarbeit. Aus dem EG-Vertrag wird die ZJI von Artikel 7 a (Verwirklichung des Binnenmarkts), Art. 8 und 8 a bis 8 c (Unionsbürgerschaft) sowie dem Artikel 100 c (einheitliche Visabestimmungen) betroffen. Außer diesen vertragsrechtlichen Bestimmungen spielen bei der gemeinsamen Rechts- und Innenpolitik das Schengener Abkommen sowie einige Vereinbarungen über die Bildung einer europäischen Polizei (Europol) eine Rolle.

Der EU-Vertrag hebt als Ziel der Zusammenarbeit in den Bereichen Inneres und Justiz von den allgemeinen Zielen der Europäischen Union besonders das Ziel der Freizügigkeit hervor. Artikel K.1 EUV bezieht sich auf neun detailliert aufgelistete Felder gemeinsamen Interesses:

Art. K.1 EUV
Zur Verwirklichung der Ziele der Union, insbesondere der Freizügigkeit, betrachten die Mitgliedstaaten unbeschadet der Zuständigkeiten der Europäischen Gemeinschaft folgende Bereiche als Angelegenheiten von gemeinsamem Interesse:
1. Die Asylpolitik;
2. die Vorschriften für das Überschreiten der Außengrenzen der Mitgliedstaaten durch Personen und die Ausübung der entsprechenden Kontrollen;
3. die Einwanderungspolitik und die Politik gegenüber den Staatsangehörigkeiten dritter Länder:
   a) die Voraussetzungen für die Einreise und den Verkehr von Staatsangehörigen dritter Länder im Hoheitsgebiet der Mitgliedstaaten;
   b) die Voraussetzungen für den Aufenthalt von Staatsangehörigen dritter Länder im Hoheitsgebiet der Mitgliedstaaten, einschließlich der Familienzusammenführung und des Zugangs zu Beschäftigung;
   c) die Bekämpfung der illegalen Einwanderung, des illegalen Aufenthalts und der illegalen Arbeit von Staatsangehörigen dritter Länder im Hoheitsgebiet der Mitgliedstaaten;
4. die Bekämpfung der Drogenabhängigkeit [...];
5. die Bekämpfung von Betrügereien im internationalen Maßstab [...];
6. die justizielle Zusammenarbeit in Zivilsachen;
7. die justizielle Zusammenarbeit in Strafsachen;
8. die Zusammenarbeit im Zollwesen;
9. die polizeiliche Zusammenarbeit zur Verhütung und Bekämpfung des Terrorismus, des illegalen Drogenhandels und sonstiger Formen der internationalen Kriminalität erforderlichenfalls einschließlich bestimmter Aspekte der Zusammenarbeit im Zollwesen, in Verbindung mit dem Aufbau eines unionsweiten Systems zum Austausch von Informationen im Rahmen eines Europäischen Polizeiamts (Europol).

Die neun Bereiche der Zusammenarbeit werden nach Artikel K.2 auf die Rahmenvorgaben der Genfer Menschenrechtskonvention bezogen. Innerhalb dieser völkerrechtlichen Vorgaben agiert der Rat als koordinierendes Gremium der ZJI-Politik. In Artikel K.4 wird dem Rat ein „Koordinierungsausschuß", der aus hohen Beamten besteht, beigeordnet.

Als Instrumente der europäischen Justiz- und Innenpolitik stehen die Erarbeitung gemeinsamer Standpunkte, gemeinsame Maßnahmen und Übereinkommen zur Verfügung. In der Regel wird einstimmig über den Einsatz der Instrumente entschieden (Art. K.4.3). Nach einem entsprechenden Votum kann der Rat Einzelmaßnahmen jedoch auch mit qualifizierter Mehrheit anordnen. Über Maßnahmen zur Durchführung der Übereinkommen wird mit zwei Dritteln der Ratsstimmen entschieden. (Diese Verfahrensvorschriften sind ein schönes Beispiel für Entscheidungsprozeduren in der EU: für zwei fast analoge Bereiche bestehen mit der qualifizierten Mehrheit und der Zweidrittelmehrheit unterschiedliche Quoren. Qualifizierte Mehrheit und Zweidrittelmehrheit unterscheiden sich untereinander jedoch eher symbolisch.) Die gemeinsamen Standpunkte sollen nach Artikel K.5 in internationalen Organisationen und bei internationalen Konferenzen auch von den einzelnen Mitgliedstaaten vertreten werden.

Das Europäische Parlament ist an der konkreten Ausarbeitung der Politik in den Bereichen Justiz und Inneres nicht beteiligt. Ähnlich wie zu Beginn der Europäischen Politischen Zusammenarbeit (EPZ) in den siebziger Jahren hat das Parlament zwar ein vertragliches Recht, gehört und in seinen Auffassungen berücksichtigt zu werden. Außer Anfragen oder Empfehlungen stehen ihm jedoch keine direkten politischen Instrumente zur Verfügung. Falls die im Rahmen des Titels VI EUV betriebene Politik einmal an Umfang zunehmen sollte, könnte das Parlament allerdings über das Haushaltsrecht indirekten Einfluß nehmen. Alle Verwaltungsausgaben der „Dritten Säule" gehen nämlich nach Artikel K.8 zu Lasten des EG-Haushalts. Die Kommission – und auch diese Formulierung erinnert an die EPZ – wird an den Arbeiten im Rahmen der IJZ „in vollem Umfang beteiligt".

Art. K.7 EUV
Dieser Titel steht der Begründung oder der Entwicklung einer engeren Zusammenarbeit zwischen zwei oder mehr Mitgliedstaaten nicht entgegen, soweit sie der nach diesem Titel vorgesehenen Zusammenarbeit nicht zuwiderläuft und diese nicht behindert.

Diese Aussage bezieht sich auf das „‚Pilotprojekt' für die Integration der Justiz- und Innenpolitik in der Europäischen Union" (Rupprecht 1995: 244), das Schengener Abkommen. Diese spezielle Kooperation zwischen einzelnen Mitgliedstaaten, auch als Politikverflechtung unterhalb der EU-Ebene zu bezeichnen, beinhaltet ein im Jahre 1985 im Luxemburger Grenzort Schengen beschlossenes Übereinkommen zwischen Frankreich, der Bundesrepublik Deutschland und den Beneluxstaaten über den stufenweisen Abbau der Kontrollen im Personenverkehr. Bis 1996 sind dem Schengener Abkommen Portugal, Spanien, Österreich, Griechenland und Italien beigetreten. Schweden, Dänemark und Finnland haben ihre Beitrittsabsicht bekundet. Griechenland, Italien und Österreich haben das Übereinkommen zunächst nicht umgesetzt.

Das Ziel der möglichst einheitlichen Kontrollen an den Außengrenzen der Schengen-Staaten stieß von Anfang an auf Sicherheitsbedenken. Der Wegfall von Grenzkontrollen, so befürchtete man, nähme der internationalen Verbrechensbekämpfung ein wichtiges Instrument. Zwar wurden zur verstärkten Zusammenarbeit eine Kommunikationsstruktur zur grenzüberschreitenden Observation und ein gemeinsames automatisiertes Fahndungssystem (Schengener Informationssystem, SIS) geschaffen, aber in der Praxis überwogen bislang die skeptischen Stimmen. Im französischen Präsidentschaftswahlkampf des Jahres 1995 warb der Kandidat Jacques Chirac mit dem Versprechen, die (bereits beschlossenen) Grundsätze des Schengener Abkommens noch einmal zu überprüfen, um Wählerstimmen. Die französische Politik verhinderte bis 1996 die volle Umsetzung der Schengener Bestimmungen. Dabei bediente sie sich verschiedener Argumente. Die nach einem vollständigen Abbau der Grenzkontrollen erschwerte Bekämpfung von Drogensucht und Rauschgiftkriminalität dient der Abgrenzung gegen die liberale Drogenpolitik der Niederlande. Im Rahmen einer Attentatsserie in Paris im Herbst 1995 wurde von hochoffizieller Seite die Durchlässigkeit der belgisch-französischen Grenze beklagt, obwohl die Anschläge offensichtlich aus dem Inneren Frankreichs verübt worden waren. Ein Scheitern gemeinsamer Fahndungsanstrengungen z. B. auf Grund unterschiedlicher Rechtsgrundlagen oder auch sprachlicher Probleme scheint auch tatsächlich denkbar. Welcher deutsche Grenzbeamte spricht schon französisch oder holländisch?

Die Integration der Polizeiarbeit in einer gemeinsamen europäischen Polizei (Europol) hat noch einen langen Weg vor sich. Über die Errichtung von Europol wurde anläßlich des Gipfels von Cannes im Juni 1995 endgültig entschieden. Erste organisatorische Fortschritte wie der Aufbau einer automatisierten Fahndungsdatei nach dem Vorbild der SIS werden durch die grundsätzliche Entscheidung, der Europol keine Ermittlungskompetenzen zuzuweisen, relativiert. Als konkrete Felder für eine länderübergreifende polizeiliche Zusammenarbeit dienen gemeinsame Sorgenkinder der jeweils nationalen inneren Sicherheit: Drogensucht, Drogenkriminalität, organisiertes Verbrechen, illegale Zuwanderung, illegale Arbeit, Rassismus und Fremdenfeindlichkeit. Es bestehen verschiedene Institutionen, die die Anfänge der polizeilichen Zusammenarbeit unterstützen sollen. Dies gilt für die Europäische Beobachtungsstelle für Drogen und Drogensucht in Lissabon, für das Informations-, Reflexions- und Austauschzentrum für Fragen im Zusammenhang mit dem Überschreiten der Außengrenzen (CIREFI), für das Informations-, Reflexions- und Austauschzentrum für Asylfragen (CIREA) und für die Europäische Kommission gegen Rassismus und Intoleranz (ECRI).

Allerdings beruht die Dritte Säule der EU nicht nur auf der Bekämpfung internationaler Verbrecherringe. In vielen Fällen folgen die Schritte zu zunehmender Kooperation in den Bereichen Justiz und Inneres zwingend aus der Vollendung des Binnenmarktes zum 1. Januar 1993. Die dort verankerten vier Verkehrsfreiheiten – für Waren, Dienstleistungen, Kapital und Personen – beschneiden althergebrachte Rechte aller EU-Nationalstaaten. Als eine der wichtigsten, da in die Zukunft weisende Neuerung der Maastrichter Verträge ist die Einführung einer Unionsbürgerschaft zu werten.

Art. B EUV
Die Union setzt sich folgende Ziele: [...]
– die Stärkung des Schutzes der Rechte und Interessen der Angehörigen ihrer Mitgliedstaaten durch Einführung einer Unionsbürgerschaft; [...]

Die Unionsbürgerschaft, die auch in den Zielkatalog des Unionsvertrages (Art. B EUV) aufgenommen wurde, umfaßt nach den Artikeln 8 a bis 8 e des EG-Vertrages vier Kategorien von Rechten: Aufenthaltsrecht, Wahlrecht, Schutzrechte und Petitionsrecht.

Mit dem Aufenthaltsrecht wird in erster Linie das Recht der freien Bewegung in allen EG-Staaten angesprochen. Der entsprechende Art. 8 a EGV spricht dieses Recht allerdings mit einigen Beschränkungen aus.

Art. 8 a EGV
(1) Jeder Unionsbürger hat das Recht, sich im Hoheitsgebiet der Mitgliedstaaten vorbehaltlich der in diesem Vertrag und in den Durchführungsvorschriften vorgesehenen Beschränkungen frei zu bewegen und aufzuhalten.

In der Praxis heißt dies, daß EG-Bürger für den dauerhaften Aufenthalt in einem anderen EG-Staat häufig noch entsprechende behördliche Bescheide brauchen. Ein portugiesischer Arbeitnehmer wird einem deutschen Einwohnermeldeamt sein Beschäftigungsverhältnis nachweisen müssen, und ein deutscher Student muß für eine Daueraufenthaltsgenehmigung in Paris auch tatsächlich immatrikuliert sein.

Eng mit dem Aufenthaltsrecht verbunden ist die Ausländer- und Visapolitik der Union, die infolge des Zuwanderungsdrucks auf die Gemeinschaft harmonisierungsbedürftig ist. Artikel K.1.3 des EU-Vertrages sieht vor, illegale Arbeit zu bekämpfen, Visabestimmungen zu harmonisieren und die Familienzusammenführung sowie den Zugang zu Beschäftigung für Personen aus Drittstaaten als Angelegenheit von gemeinsamem Interesse zu betrachten. In der Praxis stehen diese Bestimmungen für eine restriktive Handhabung. Außer auf vorübergehender Basis können Arbeitnehmer aus Drittstaaten gewöhnlich keine Anstellung in einem EU-Staat finden. In der Regel muß von den anstellenden Unternehmen der Nachweis geführt werden, daß für den entsprechenden Arbeitnehmer kein europäisches „Pendant" gefunden werden kann. Selbständige können sich nur niederlassen, wenn sie eine Steigerung der Wertschöpfung im jeweiligen Inland bewirken. Ebenfalls einschränkend ist die Praxis, Familienzusammenführungen auf nichterwerbsfähige Nächstverwandte zu begrenzen. Das deutsche Ausländerrecht etwa läßt de facto lediglich den Nachzug von minderjährigen Kindern dauerhaft ansässiger Arbeitnehmer aus Drittstaaten zu. In Fragen der Flüchtlings- und Asylpolitik sind grundsätzlich koordinierende Maßnahmen ins Auge gefaßt, die die entstehenden Belastungen gerechter verteilen sollen.

Die Einführung des partiellen *Wahlrechts* für Bürger anderer Staaten gehört zu den großen Neuerungen infolge der Maastrichter Verträge. Das Wahlrecht kann sowohl aktiv als auch passiv ausgeübt werden und bezieht sich auf Kommunalwahlen und auf die Wahlen zum Europäischen Parlament:

Art. 8b EGV

(1) Jeder Unionsbürger mit Wohnsitz in einem Mitgliedstaat, dessen Staatsangehörigkeit er nicht besitzt, hat in dem Mitgliedstaat, in dem er seinen Wohnsitz hat, das aktive und passive Wahlrecht bei Kommunalwahlen, wobei für ihn dieselben Bedingungen gelten wie für die Angehörigen des betreffenden Mitgliedstaats. [...]

(2) [...] Jeder Unionsbürger mit Wohnsitz in einem Mitgliedstaat, dessen Staatsangehörigkeit er nicht besitzt, [besitzt] in dem Mitgliedstaat, in dem er seinen Wohnsitz hat, das aktive und passive Wahlrecht bei den Wahlen zum Europäischen Parlament [...].

Bei den Wahlen zum Europäischen Parlament mußten bei den Wahlen 1994 die Unterlagen noch vom Wähler selbst angefordert werden. Aus diesem Grunde war die Wahlbeteiligung der in EG-Fremdstaaten lebenden Unionsbürger zu diesen Wahlen gering (Boyce 1995).

Die *Schutzrechte* beziehen sich auf den Aufenthalt von EG-Bürgern in Drittstaaten. Nach Art. 8 c EGV genießen Unionsbürger in Staaten, in denen ihr eigenes Land keine Botschaft oder andere Vertretung unterhält, den diplomatischen und konsularischen Schutz jedes anderen Mitgliedstaates. Das *Petitionsrecht*, das letzte der durch den Maastrichter Vertrag eingeführten EU-Bürgerrechte, betrifft das Petitionsrecht beim Europäischen Parlament. Petitionen – zu deren Einreichung jeder Bürger der EU individuell das Recht hat – können auch über den ebenfalls seit Maastricht bestehenden Bürgerbeauftragten der Union beantragt werden.

Insgesamt verläuft die Integration in den Politikfeldern Justiz und Inneres langsam. Die bei den wesentlichen Entscheidungen maßgebliche Einstimmigkeitsregel beschränkt Fortschritte auf den kleinsten gemeinsamen Nenner der fünfzehn Regierungen. Jeglicher tatsächlichen Vergemeinschaftung der Innenpolitik steht Art. K.3 EUV entgegen, der unbeschadet aller weitergehenden Regelungen lediglich das Prinzip „Koordination" als Instrument anerkennt:

Art. K.3 EUV
In den Bereichen des Artikels K.1 unterrichten und konsultieren die Mitgliedstaaten einander im Rat, um ihr Vorgehen zu koordinieren. Sie begründen hierfür eine Zusammenarbeit zwischen ihren zuständigen Verwaltungsstellen.

Zwei institutionelle Schritte könnten die Integration fördern: Die Zuständigkeiten des Europäischen Gerichtshofes könnten auf Fragen des Inneren ausgedehnt werden und, zweitens, der Gemeinschaftshaushalt könnte entsprechend Art. K.8 auch die operativen Ausgaben der ZIJ übernehmen. In beiden Fragen wehren sich einige Nationalstaaten – insbesondere Großbritannien – vehement gegen eine entsprechende Beschneidung nationalstaatlicher Souveränitäten. So erscheint der Übergang von intergouvernementalen zu integrativen Verfahrensweisen noch in weiter Ferne zu liegen. Fortschritte könnte die in Turin eröffnete Regierungskonferenz bringen, die sich eine kritische Betrachtung der

Erfolge in den Bereichen Justiz und Inneres ins Programm geschrieben hat. Insgesamt scheinen substantielle Integrationsschritte aber auch deshalb wenig wahrscheinlich, weil die Vergemeinschaftung der Innen- und Justizpolitik in der Öffentlichkeit als nicht so notwendig empfunden wird wie beispielsweise bei der wesentlich offenkundiger defizitären Gemeinsamen Außen- und Sicherheitspolitik (GASP).

In einigen Politikfeldern ist es nach knapp fünfzehn Monate dauernden Diskussionen im Juni 1997 auf dem EU-Gipfel in Amsterdam zu Änderungen gekommen.

Bezüglich der Wirtschafts- und Währungsunion hat der Amsterdamer Gipfel den Stabilitätspakt, der auf dem Dubliner EU-Gipfel 1996 beschlossen worden war, unverändert verabschiedet.

Der Stabilitätspakt bestimmt Sanktionen für diejenigen Mitgliedstaaten, die den Stabilitätskriterien nach Einführung der WWU nicht nachkommen. Das heißt im einzelnen: In der dritten Stufe der WWU soll verstärkt auf Haushaltsdisziplin geachtet werden, übermäßige Defizite sind zu vermeiden, mittelfristige Stabilitätsprogramme sind vorzulegen, Empfehlungen des Rats sollen an solche Mitgliedstaaten ausgesprochen werden, denen ein Defizit über der 3%-Marke droht; höhere Defizite sind nur bei einem Rückgang der Wirtschaft um mehr als 7 % erlaubt, und schließlich muß ein Staat, der den Empfehlungen des Rats nicht folgt, eine unverzinsliche Einlage leisten, die nach zwei Jahren in eine Geldbuße umgewandelt wird.

Der Stabilitätspakt wurde um den Bereich der *Arbeitsmarktpolitik* erweitert; danach arbeiten die EU-Staaten „auf die Entwicklung einer koordinierten Beschäftigungsstrategie" hin. Der Ministerrat soll auf Vorschlag der Kommission „Leitlinien" erlassen, an die sich die Regierungen halten müssen. Diese sollen künftig einmal im Jahr Berichte über ihre beschäftigungspolitischen Maßnahmen an die Kommission und an den Ministerrat richten und sich gegenüber diesen zentralen Organen rechtfertigen. Die Förderung von Beschäftigung wird in dem Beschäftigungskapitel mit sechs Artikeln als „Angelegenheit von gemeinsamem Interesse" bezeichnet. Die EU-Politik soll „das Ziel eines hohen Beschäftigungsniveaus" berücksichtigen. Mit qualifizierter Mehrheit können „Anreize" zur Förderung der Zusammenarbeit zwischen den Mitgliedstaaten sowie zur Unterstützung ihrer Beschäftigungsmaßnahmen beschlossen werden, „und zwar insbesondere durch den Rückgriff auf Pilotprojekte". Für diese Maßnahmen stehen aber keine neuen Fonds aus Brüssel zur Verfügung; „diese Maßnahmen schließen keinerlei Harmonisierung der Rechtsvorschriften und sonstige Regelungen der Mitgliedstaaten ein". Besserer Umweltschutz, Gesundheits- und Verbraucherschutz, Betrugsbekämpfung sowie Hinweise auf das Subsidiaritätsprinzip runden dieses Kapitel ab.

Bestimmungen für das Europäische Währungssystem II (Verhältnis Teilnehmer–Nichtteilnehmer an der WWU) und der Rechtsrahmen des Euro (Umstellungsmodalitäten) wurden verabschiedet. Die Europäische Investitionsbank wird aufgefordert, Risikokapital für kleinere und mittlere Unternehmen vor allem im Hochtechnologiebereich zur Verfügung zu stellen. Die Kommission wird aufgefordert, Vorschläge zur Verwendung des EGKS-Fonds nach Auslaufen des Vertrags über Kohle und Stahl im Jahre 2002 zu machen.

Bei der *Innen- und Justizpolitik* gibt es ein Koinitiativrecht der Kommission; die EU will diesen Politikbereich weiter „vergemeinschaften". Dazu wird das Schengener Abkommen über den Wegfall der Personenkontrollen an den Binnengrenzen der EU in den Rechtsrahmen der Gemeinschaft eingebracht. Es bleibt auf deutsches Drängen in der Asylpolitik beim Einstimmigkeitsverfahren. Großbritannien und Irland dürfen auf Grund der geographischen Lage weiterhin Grenzkontrollen durchführen. Die Polizeibehörde Europol soll fünf Jahre nach Inkrafttreten des Vertrages mehr Zuständigkeiten erhalten.

Das in den Balkankriegen zutage getretene Handlungsdefizit in der europäischen *Außen- und Sicherheitspolitik* soll durch verstärkte Koordination beim Ministerrat durch Schaffung eines Generalsekretärs oder „Hohen Repräsentanten" gemildert werden. Die Staats- und Regierungschefs sollen allgemeine Leitlinien festlegen, die der Ministerrat mit qualifizierter Mehrheit in konkrete Aktionen umsetzen muß. Beruft sich ein Mitgliedstaat auf sein „vitales" Interesse und verlangt eine einstimmige Beschlußfassung, muß über diese Forderung mit Mehrheit entschieden werden. Es ist zumindest gelungen, die sogenannten Petersberger Aufgaben der WEU (friedenserhaltende und friedensschaffende Maßnahmen sowie humanitäre Hilfe) in den EU-Vertrag zu überführen. Wichtig ist auch die Leitlinienkompetenz des Europäischen Rates über die WEU. Im neuen Vertrag heißt es: „Die Westeuropäische

Union ist integraler Bestandteil der Entwicklung der Union. Sie eröffnet der Union Zugang zu einer operativen Verteidigungskapazität und legt in Verbindung mit der Union die verteidigungspolitischen Aspekte der gemeinsamen Außen- und Sicherheitspolitik [...] fest. Die Union pflegt daher engere institutionelle Beziehungen zur EWU, die zur Integration der WEU in die Union führen könnten, wenn der Europäische Rat so beschließt."

Festgeschrieben oder erweitert wurden einige Politikfelder, so die Beschäftigungspolitik, die aber lediglich stärker koordiniert werden soll; der Mehrheitsentscheid wurde um einige Bereiche wie Sozialpolitik, Rechts- und Verwaltungsvorschriften im Niederlassungsrecht, der Kultur, der Industrie, der Forschung und zu Umweltfragen erweitert; unter nationalem Vorbehalt mit Vetorecht verbleiben nach wie vor die Außen- und Sicherheitspolitik sowie die Asylpolitik.

Hinsichtlich des Konzeptes der *unterschiedlichen Geschwindigkeiten* in der engeren Zusammenarbeit haben sich die EU-Politiker in Amsterdam darauf geeinigt, daß mit qualifizierter mehrheit entschieden werden muß, ob einige Staaten sich enger zusammenschließen können. Analog zum Verfahren in der GASP ist auch bei der flexiblen Integration die Notbremse des nationalen Interesses eingebaut: Ein Mitgliedstaat kann das „vitale Interesse" beschwören, so daß der engere Zusammenschluß zunächst unterbleibt.

Die *Erweiterungsverhandlungen* mit den ersten Beitrittskandidaten können wie vorgesehen Anfang 1998 beginnen.

Kapitel 6

Die Reformdiskussion der EU

Bevor die Reformvorstellungen im einzelnen behandelt werden, soll eine kurze theoretische Einführung in die zentrale Problematik der Handlungsfähigkeit und Legitimation vorausgeschickt werden.

6.1. Ist die Europäische Union handlungsfähig und demokratisch legitimiert? Theoretische Problematisierung

Handlungsfähigkeit und Legitimität sind die beiden zentralen Eigenschaften, die ein politisches Herrschaftssystem nach neuzeitlichem Verständnis besitzen muß. Die Handlungsfähigkeit bezieht sich dabei auf die Fähigkeit eines politischen Systems, autonomen Handlungsspielraum zu haben und auf Krisen schnell reagieren zu können. Die Legitimität bezieht sich vor allem auf die Akzeptanz, die ein politisches Herrschaftssystem von seinen Bürgern erhält. Im EU-System sind nach beiden Dimensionen hin Defizite sichtbar geworden. Weder war die EU in Krisen an ihrer Peripherie handlungsfähig, noch hat sich die Zustimmung der Bevölkerung zur Union erhöht; im Gegenteil: Meinungsbefragungen zeigen eine geringer werdende Akzeptanz seitens der Bürger in den einzelnen EU-Staaten. Die schlechten Noten, die die EU erhält, haben mehrere Ursachen: die ständige Erweiterung der Gemeinschaft hat sie – bei im Prinzip gleichgebliebenen Willensbildungs- und Entscheidungsmechanismen – schwerfälliger gemacht. Die zunehmende Skepsis der Bevölkerung hängt mit den zunehmend undurchsichtigeren und komplizierteren Strukturen und Prozessen zusammen und damit, daß sie sich mit großem Zeitaufwand mit technischen Detailfragen wie z. B. dem Geräuschpegel von Rasenmähern beschäftigt hat und zu den wichtigen großen Problemen, vor denen die EU am Ende dieses Jahrhunderts steht, wie z. B. die Verknappung von Arbeitsplätzen, das Ungleichgewicht von wirtschaftlicher Leistungsfähigkeit und sozialer Gerechtigkeit, keine Lösungen anbieten konnte. Unabhängig von europäischer Staaten- bzw. Gemeinschaftsbildung haben sich zusätzlich Prozesse vollzogen, die vor allem die Handlungsfähigkeit und Akzeptanz nationaler wie regionaler Gemeinschaften tangieren; gemeint sind die sogenannte Globalisierung der weltweit agierenden Wirtschaftseinheiten und die Individualisierungstendenzen in fortgeschrittenen westlichen Industrie- bzw. Informationsgesellschaften.

Globalisierung meint sehr Unterschiedliches: es bezieht sich im weitesten Sinne auf weltweite Interdependenzen jedwelcher Art und gleich welcher Akteure. Zu diesem weiten Begriffsumfang treten einschränkend Interaktionsprozesse nur zwischen Staaten oder nur zwischen gesellschaftlichen Akteure hinzu. Bezogen auf Sachbereiche kann auch eingeschränkt nur die multimediale Technologie, können die Finanz- oder Devisenmärkte gemeint sein oder alle Exportgüter eines Landes. Wir haben es somit mit einem Catch-all-Begriff zu tun, der nach dem Grad der Ausbreitung, nach den Akteuren, nach dem Handelsgut beliebig eng oder weit gefaßt werden kann. In der wachsenden Globalisierungsliteratur herrscht die Ansicht vor, daß solche intergovernementalen und transnationalen Vorgänge zunehmend Einfluß auf die Innenpolitik von Staaten gewonnen und den politischen Handlungsspielraum eingeengt haben (Busch 1996, 9). Dabei variiert die Einschätzung von Globalisierungseffekten je nach Position: freihändlerisch-liberale Ökonomen (Sachs/Warner 1995, Ohmae 1990) sehen Wohlfahrtsgewinne überwiegen, Neomarxisten oder Keynesianer (Strange 1995, Scharpf 1996) befürchten Steuerungs- und Vertrauensverluste für den demokratischen Staat, begleitet von sozialen Krisen; schließlich sehen Vertreter der Regulierungsschule (Boyer/Drache 1996) durchaus Chancen für staatliche Steuerungsfähigkeit.

Die Individualisierungsthese hat ihre Wurzeln in der Aufklärung, die die Autonomie des Individuums zum Ziel sich gesetzt hatte. In dem Maße, in dem die Emanzipation des Individuums fortschreitet, verliert das gemeinschaftsbezogene Handeln an Bedeutung. Unter Individualisierung soll die Auflösung der Bindungswirkung von Großorganisationen und ihre Zersplitterung in kleinere Einheiten bei Abnahme von Solidarität sowie die Auflösung traditioneller Familienstrukturen verstanden werden. Symptome einer solchen Entwicklung sind die Ausdifferenzierung sozialer Großaggregate, Austritte aus Kirchen, Gewerkschaften und Parteien, der Rückgang der Parteienidentifikation und die Zunahme der Wechselwähler etc. In der Folge gewinnen eine Vielzahl von Gruppen an Bedeutung, deren Gewicht zugenommen hat und deren Interessen-Wahrnehmung und -durchsetzung eine Verstärkung der Anforderungen an den Staat bedeuten. Die Politik der Statusgruppen mit Vetokompetenz erschweren die Konsensbildung und lassen nur Minimalpositionen auf dem kleinsten gemeinsamen Nenner zu. Die verfassungsrechtlich zugesicherte Gewährung von Freiräumen für Individuen, von Autonomie für gesellschaftliche Gruppen kann den Handlungsspielraum des Staates dann einschränken, wenn Verbände ihre egoistischen Ziele ohne Rücksicht auf die Gemeinschaft verfolgen (Verbändestaat). Das staatliche Dilemma besteht in dem Spannungsverhältnis, in dem die staatliche Selbstbegrenzung einerseits und die Verpflichtung auf das Allgemeinwohl andererseits stehen. Dieses Dilemma ist nicht neu, hat aber bei sich verschärfenden Verteilungskämpfen an Bedeutung gewonnen.

Spiegelbildlich zur gesellschaftlichen Zersplitterung kann es auch Fragmentierungen zwischen staatlichen oder semistaatlichen Akteuren geben. Regierungen können in westlichen Demokratien durch Koalitionsbildungen und föderale Politikverflechtung blokkiert sein. Katzenstein spricht vom „semisovereign state", Scharpf von der Verflechtungsfalle. Die finanzpolitischen Engpässe zwingen den Staat, Kosten auf private Leistungsträger abzuwälzen. Dies zeigt sich deutlich im Gesundheits-, Bildungs- und Sozialsystem.

Auf diese hier nur kursorisch genannten Herausforderungen haben die Regierungen der Einzelstaaten und die Europäische Union mit unterschiedlichen Instrumentarien reagiert: im innerstaatlichen Bereich sind die kooperativen Verfahren des Aus- und Verhandelns (Korporatismus) verstärkt worden und im internationalen Bereich das „international governance". Danach gewinnen Staaten auch und vor allem wenn sie kooperieren; in interdependenten Zusammenhängen zwischen Staaten und nichtstaatlichen Organisationen können sie gemeinsam etwas zugewinnen (Positiv-Summen-Spiel) und dies nicht nur auf Kosten anderer (Null-Summen-Spiel). International governance meint die Steuerungsfähigkeit einer politischen Gemeinschaft im Zeichen gemeinsamer Ziele der beteiligten staatlichen (Regierungen) und nichtstaatlichen (gesellschaftlichen) Institutionen. International governance meint auch die kooperative Steuerungsfähigkeit der Staaten unter Bedingungen gesellschaftlicher Interdependenz und internationaler Integration. Das Konzept „governance without government" meint internationale Regime, erweitert um jedweden Politikbereich (J. N. Rosenau/E.-O. Czempiel: 1992, 8/9). Die Europäische Union ist ein solches Politiksystem, das allerdings gegenwärtig allzu staatslastig erscheint.

Handlungsfähigkeit und Akzeptanz sind Diskussionspunkte, die auch die Agenda der Reformkonferenzen bestimmen (vgl. Kap. 6.2). In diesem Unterkapitel sollen die beiden wichtigen Dimensionen von allgemeineren theoretischen Gesichtspunkten aus diskutiert werden.

Die Frage der Handlungsfähigkeit

Die Frage der Effizienz des europäischen Institutionensystems wird mit der Handlungsunfähigkeit in politischen Krisen, im Kontext undurchschaubarer und komplexer gewordener Entscheidungsverfahren des europäischen Mehrebenensystems sowie in Verbindung mit der Erweiterungsfrage diskutiert.

Es entspricht dem common sense, daß die Zunahme entscheidungsbefugter Mitglieder einer Gruppe oder Gemeinschaft die Prozesse der Entscheidungsfindung bei unterschiedlichen Interessen – die durchaus unterstellt werden können (vgl. Kap. 2 und Kap. 6.3) – schwieriger gemacht hat. Je größer eine Gemeinschaft an Zahl der Mitglieder, um so langwieriger wird tendenziell der Prozeß der Willens- und Entscheidungsfindung. Auch haben die Entscheidungsergebnisse die Tendenz, konservativ zu sein und nur den kleinsten gemeinsamen Nenner zuzulassen. Sind die Interessen der Mitglieder sehr heterogen und der Gemeinschaftsgeist wenig entwickelt, so wird dieser gemeinsame Nenner sehr schmal und die Dynamik des Politiksystems gebremst (vgl. Pfetsch: 1995, Bd. 2, S. 93 ff.). Aus der Sozialpsychologie stammen Erkenntnisse, wonach die Zahlen zehn bis fünfzehn eine optimale Gruppengröße zur Meinungs- und Willensbildung darstellen. Die EU15 hat diese maximale Zahl erreicht und ist dabei, sich mit der nächsten Erweiterungswelle von diesem Optimum zu entfernen.

Die regionale Vergemeinschaftung in Gestalt der Europäischen Gemeinschaft hat bekanntlich zu einem Transfer nationaler Souveränität an supranationale zwischenstaatliche Institutionen geführt, die der nationalen Entscheidung Kompetenzen entzogen hat. Dies trifft insbesondere für die vergemeinschafteten Politikbereiche wie dem Binnenmarkt innerhalb der Europäischen Union zu. Die Transformation oder Metamorphose im Verhältnis zwischen den Mitgliedstaaten und der Gemeinschaft wird von einigen Theoretikern als bedenklich im Sinne demokratischer Legitimation gesehen (Weiler 1991), von anderen bedenklich hinsichtlich mangelnder Steuerungskapazität und Kontrolle von seiten des Staates gegenüber wirtschaftlichen Verbänden (Scharpf 1994). Wessels (1992) sieht die Mitgliedstaaten deshalb kooperieren, weil sie dabei mehr gewinnen als bei einzelstaatlichem Handeln möglich wäre. Wallace und Wallace (1996, 453 f.) sehen das europäische Staatensystem transformiert durch wirtschaftlich-technologische Handlungsvollzüge und durch die zögerliche Abgabe von einzelstaatlichen Funktionen an die europäischen Institutionen. Solche formalen Übertragungen von Souveränitätsrechten bedeuteten eine Gefahr für die nationale Identität.

Die Europäische Union wurde als dynamisches Mehrebenensystem beschrieben, das die Verlagerung politischer Entscheidungs- und Verhandlungsprozesse besonders deutlich zum Ausdruck bringt. Der Einzelstaat bringt sich in ein Gemeinschaftswerk ein, erhält dafür aber Mitgestaltungsrechte in Politikbereichen, die er als einzelner so nicht selbst hätte beeinflussen können. Diesem positiven Effekt verleiht der Präsident des Europäischen Parlaments, Klaus Hänsch, Ausdruck, wenn er schreibt: „Je weiter die Globalisierung fortschreitet, desto mehr bedeutet europäische Integration für die Nationalstaaten Europas nicht einen Verlust an Souveränität, sondern einen Gewinn. Gemeinsam haben wir mehr Spielräume und mehr Gestaltungsmöglichkeiten." (Hänsch 1997: 3).

Verfassungsrechtlich können durch die Grundgesetzänderungen Kompetenzen auf die EU übergehen. Dies ist auch schon zuvor erfolgt. Es gibt Schätzungen, wonach etwa 80 % der auf den Binnenmarkt bezogenen Entscheidungen EG bzw. EU-Recht geworden sind. Aus der Sicht des Nationalstaats heißt dies, daß ein großer Teil der wirtschaftspolitischen Gesetzgebung auf die Gemeinschaft übergegangen ist. Die Handlungsfähigkeit einzelner Mitgliedstaaten ist in koordinierte Politik übergegangen.

Demokratische Legitimation

Demokratietheoretisch läßt sich die Frage der demokratischen Legitimation folgendermaßen fassen. Wenn Politik als der Bereich definiert werden kann, in dem eine kleinere Gruppe von Handlungsbefugten interessengeleitet für ein größeres Kollektiv in einem begrenzten Territorium bindende Entscheidungen fällt, so können zwei Prozesse benannt werden, die dieses nationale Entscheidungssystem verändert haben. Einmal werden Entscheidungen von Akteuren gefällt, die sich außerhalb nationalstaatlicher Territorien befinden, die aber bindend sind für die Staatsangehörigen; Regierungen bestimmen nicht mehr allein, was richtig, rechtens und was angemessen ist für die Bürger des eigenen Landes. Es sind internationale und transnationale decision-makers hinzugekommen. Zum andern haben nationalstaatliche Entscheidungen Auswirkungen auf Bürger anderer Ländern, ohne daß diese am Willensbildungs- und Entscheidungsfindungsprozeß beteiligt worden wären. Die ökonomischen und ökologischen Auswirkungen auf Nachbarstaaten sind gemeint, und diese haben durch technologische Großentwicklungen zugenommen. Die Durchlässigkeit (Permeabilität) des Staates setzt hier ein und besteht in der *größer gewordenen Diskrepanz zwischen den Entscheidenden und den Entscheidungsbetroffenen*. Mit anderen Worten, der Kreis der Entscheidungsbevollmächtigten ist mit dem Kreis der Entscheidungsbetroffenen nicht mehr deckungsgleich, und damit entsteht ein Legitimations- und Effizienzdefizit, das die demokratischen Staaten destabilisieren kann. Politik hat sich verlagert in zwischenstaatliche, regionale und internationale Arenen; neue Muster der Willensbildung und Entscheidungsfindung haben sich gebildet. Folge davon ist, daß es im Verhältnis zwischen den politischen Akteuren und der Bevölkerung zu einer *Anonymisierung von Verantwortung und Zuständigkeit gekommen* ist. Die Identifizierung von Verantwortlichen und Zuständigen für politische Maßnahmen ist schwieriger, ja in einigen Fällen undurchschaubar geworden; damit entfallen auch Rechtfertigungszwänge und Kontrollmöglichkeiten.

Wie ist nun die Europäische Union nach diesen Überlegungen legitimiert? Zur Beantwortung dieser Frage muß an die Grundlagen liberaler Verfassungssysteme erinnert werden. Der moderne Konstitutionalismus beruht auf den zwei Pfeilern, der Sicherung von Grund- und Menschenrechten und der Kontrolle von Macht. In den europäischen Verträgen sind im Wertekatalog die Grundrechte festgeschrieben. Machtkontrolle geht im europäischen Politiksystem nicht primär von der legislativen Körperschaft als vielmehr vom Institutionensystem insgesamt aus. Kommission und Rat können sich in Schach halten, ebenso der Europäische Gerichtshof, der Rat und die Kommission. Auch das Europäische Parlament hat durch die Einheitliche Europäische Akte und den Maastrichter Vertrag Kontrollrechte hinzugewonnen. Man kann somit sagen, daß Grundvoraussetzungen für die Legitimation nach liberal demokratischer Auffassung gegeben sind. Dies genügt allerdings nicht den Anforderungen demokratischer Legitimität nach nationalstaatlicher Legitimationsauffassung. Die Europäische Union kann somit – wie im übrigen auch sämtliche Internationalen Organisationen – nur mit einem reduzierten Demokratiebegriff erfaßt werden.

6.2. Die Reformdiskussion in der Regierungskonferenz ab 1996

Nach einem Beschluß des Europäischen Rats zur Regierungskonferenz sollen in drei Hauptbereichen Ergebnisse erzielt werden. Erstens muß Europa größere Bedeutung für seine Bürger erhalten; zweitens muß die Union in die Lage versetzt werden, besser zu arbeiten, und auf die Erweiterung vorbereitet werden, und drittens ist die Union mit einer größeren außenpolitischen Handlungsfähigkeit auszustatten. Es lassen sich vier Kernpunkte der Reformdebatte feststellen:

1. Die *Transparenz* der Union muß erhöht werden. Anstehende Verbesserungen können in der Straffung der komplexen rechtlichen Struktur sowie der Vereinfachung der komplizierten Gesetzgebungsverfahren gesehen werden. Nach heutigem Stand sind drei Vertragskomplexe in Europa in Kraft: EGKS/EWG/Euratom, Einheitliche Europäische Akte (EEA) und der Maastrichter EU-Vertrag. EWG-Vertrag und EU-Vertrag erfreuen sich darüber hinaus weitreichender Ergänzungen und Erweiterungen in Form von Neuformulierungen und Zusatzprotokollen. Verantwortlich für dieses Gemenge ist die in der EG-Geschichte immer wieder geübte Praxis, durch Ausklammerung

und Ausweitung zusätzliche integrierte Bereiche zu schaffen, ohne grundsätzliche Reformen durchzuführen. Als Ergebnis weist die Gemeinschaftspolitik ein erhebliches Flexibilitätspotential auf. Auf der anderen Seite besteht keine klare Kompetenztrennung der verschiedenen Gemeinschaftsebenen, die für effiziente Entscheidungsstrukturen notwendig wäre. Die heutige Gemeinschaft ist ein integrativ-supranationales Zwittergebilde.
2. Die *Balance der Kompetenzen* soll eindeutiger und ausgewogener werden. Die Pole, zwischen denen die Reformvorschläge pendeln, lauten Föderalismus/Subsidiarität und Zentralisierung.
3. Durch die zunehmende Zahl der Mitglieder ist die *Effizienz* der EU-Institutionen zusätzlich zur verwinkelten Rechtsstruktur gefährdet. Vor allem im Außen- und Sicherheitsbereich steht die Gemeinschaft häufig am Rande der Handlungsunfähigkeit.
4. Die Gemeinschaft leidet unter einem *demokratischen Legitimationsdefizit*, das sich aus der fehlenden Legitimierung einzelner Gemeinschaftsorgane – besonders der Kommission – und aus der fehlenden Kontrollmöglichkeit der Entscheidungen des Rates durch ein Elektorat.

Aus diesen vier Kernpunkten lassen sich einige Punkte herausfiltern, die aus Sicht aller beteiligten Staaten übereinstimmend als reformbedürftig erkannt werden. So soll die EU erstens „bürgernäher" und damit transparenter werden. Der Moloch der Brüsseler Institutionen soll durchsichtiger, Entscheidungsstrukturen sollen besser nachvollziehbar werden. Zweitens soll die EU „demokratischer" und effizienter werden. Die Institutionen sollen in ein klarer definiertes Verhältnis zueinander treten, das im Idealfall eine gegenseitige Kontrolle gewährleistet. Drittens gilt es, sich auf die durch die anstehende Erweiterung der Gemeinschaft nach Mittel- und Osteuropa erwachsenden Probleme einzustellen. Entscheidungsverfahren besonders im Rat müssen nivelliert werden, um der möglichen Entscheidungsblockade durch Minderheiten entgegentreten zu können.

Insgesamt gibt es bei der Frage um die Reformfähigkeit der Union vier zentrale Konfliktfelder:

1. *Vertiefung versus Erweiterung:* Wie kann die Integration vertieft und gleichzeitig erweitert werden?

2. *Supranationalismus versus Intergouvernementalismus:* Sollen die Politikfelder GASP und ZJI vergemeinschaftet oder der Regierungszusammenarbeit überlassen werden?
3. *Abstimmungsmodus:* Sollen Bereiche, in denen im Rat bislang einstimmig abgestimmt wurde, für Mehrheitsbeschlüsse freigegeben werden?
4. *Differenzierte Integrationsgeschwindigkeit:* Dürfen einige Länder schneller den Integrationsweg beschreiten und so ein „Europa der verschiedenen Geschwindigkeiten" schaffen?

Werner Weidenfeld hat eine mögliche „strategische Antwort" auf die Reformerfordernisse entworfen (vgl. Weidenfeld 1995). Zunächst schlägt der Münchener Politologe eine weitere Parlamentarisierung der Gemeinschaft in zwei Kammern vor. Grundsätzlich bliebe das Modell der Gemeinschaft erhalten, indem die erste Kammer – der Rat – die Mitgliedstaaten und die zweite Kammer – das Parlament – die europäische Bevölkerung repräsentierte. Die Kommission müßte in dieser Konstruktion vom Parlament nominiert und vom Rat bestätigt werden. Zur Gewährleistung der inneren und äußeren Sicherheit müßten die Außen- und Sicherheitspolitik (GASP) und die Innenpolitik (ZJI) vergemeinschaftet und damit auch Mehrheitsentscheidungen unterworfen werden. Diese Reform der Entscheidungsverfahren ginge einher mit einem Ausbau der europäischen Informations- und Planungskapazitäten und einer Verbreiterung der Sicherheits- und Verteidigungsstrukturen Europas. Der Herausforderung durch die Erweiterung der Gemeinschaft schließlich möchte Weidenfeld durch institutionelle Reformen im Rahmen eines „Konzeptes der Differenzierung" begegnen. Beispielhaft werden einige Konsequenzen benannt: So könne nach einer Erweiterung nicht mehr jedes Land ein Kommissionsmitglied stellen, das Rotationssystem beim Ratsvorsitz sei abzuschwächen, und bei der Gewichtung der Ratsstimmen sei die Majorisierung der „großen" Gemeinschaftsmitglieder durch die „kleinen" zu vermeiden.

Neben dem soeben projizierten Zweikammersystem ist noch eine weitere Konstruktion des dualen Parlamentarismus in Europa denkbar. Während Weidenfeld die Bildung der zweiten Kammer durch Vertreter nationaler Regierungen befürwortet, legen die existierenden parlamentarischen Zweikammersysteme in Europa (z. B. Bundesrepublik, Italien, Frankreich) eher nahe, die zweite Kammer aus Vertretern der Bevölkerung zu bilden. Das Parlament, die erste Kammer, könnte direkt gewählt werden, und der „Senat", die zweite Kammer, könnte aus Vertretern der nationalen Parlamente bestehen (vgl. Deubner 1995). Die nachstehende Synopse resümiert, wie nach den drei Politikmodellen des Intergouvernementalismus, der Supranationalität und des Föderalismus wichtige Fragen der Ausgestaltung der Institutionen und des politischen Prozesses zu beantworten sind.

Für den Aspekt der Vertiefung sind mehrere Punkte von Bedeutung. Zunächst müßten die supranationalen Institutionen demokratisiert werden, um der allseits beklagten Intransparenz zu begegnen. Bevor die Union um neue Politikbereiche erweitert wird – beispielsweise die tatsächliche Vergemeinschaftung von GASP und ZJI – sollte die Handlungskompetenz der Exekutivgewalten Komission, Ministerrat und Europäischer Rat überdacht werden. Diese Institutionen müssen weiterhin in der Lage sein, Entscheidungen effizient zu treffen. Weiterhin müßte bei einer Vertiefung die Rolle des Parlaments geprüft werden. Soll das Parlament eine stärker intermediäre Funktion wahrnehmen und eine verstärkte Rolle in einer parlamentarisierten Union spielen? Ein gemeinsames Parlament mit „echten" Kompetenzen wäre sicherlich in der Lage, identitätsbildend für die Union zu wirken. Ein entsprechender Schritt in Richtung Parlamentarisierung der Union würde mehr als alles andere die endgültige Kompetenzverlagerung aus den europäischen Hauptstädten in die gemeinschaftlichen Institutionen verdeutlichen.

Hinter dem Stichwort „Erweiterung" verbirgt sich die Perspektive, die Gemeinschaft mittelfristig auf maximal 27 Staaten auszudehnen. Neben den fünfzehn heutigen Mitgliedern sind zu diesem Kreis zwölf Staaten, die einen offiziellen Aufnahmeantrag gestellt haben, zu zählen: Malta, Zypern, die Tschechische Republik, die Slowakei, Polen, Ungarn, Rumänien, Bulgarien, Slowenien sowie Estland, Lettland und Litauen. Durch die Aufnahme dieser Staaten würde die Heterogenität der in der Union vertretenen Staaten enorm zunehmen (vgl. auch Kapitel 5.3). Daraus erwachsen zwei Gefahren: zum einen steigt das innergemeinschaftliche Konfliktpotential, da besonders die wirtschaftlichen Interessen signifikant divergieren. Zum anderen droht im Falle der Erweiterung ohne institutionelle Reform die Gefahr des Immobilismus, da in der gegenwärtigen Fassung der europäischen Verträge jedes einzelne Mitgliedsland in bestimmten Fragen alle übrigen Staaten blockie-

Synopse 6.1: Intergouvernementalismus, Supranationalität, Föderalismus

Intergouvernementalismus	Supranationalität	Föderalismus
	Zentrale Organe	
Europäischer Rat, Ministerrat	Europäisches Parlament, Kommission	Europäisches Parlament, Kommission
Tendenz: Stärkung nationaler Organe	Tendenz: Stärkung der Gemeinschaftsorgane	Tendenz: Subsidiarität
	Politikbereiche	
keine Vergemeinschaftung der GASP und ZJI	für Vergemeinschaftung von GASP und ZJI	für Vergemeinschaftung von GASP und ZJI
Tendenz: keine Vergemeinschaftung weiterer Politikbereiche	Tendenz: Vergemeinschaftung weiterer Politikbereiche	Tendenz: Vergemeinschaftung weiterer Politikbereiche
	Erweiterung oder Vertiefung	
für Erweiterung; gegen Vertiefung	für Erweiterung und/ oder Vertiefung	für Vertiefung und Erweiterung
	Demokratisierung	
gegen weitere Demokratisierung	für mehr Kompetenzen der Kommission bzw. ER und MR Tendenz: für mehr Effektivität	für weitere Demokratisierung des EP
	Abstimmungsmodus	
für Einstimmigkeit im Rat	für Mehrheitsbeschlüsse im Rat	für Mehrheitsbeschlüsse im Rat
	Differenzierung/verschiedene Geschwindigkeiten	
gegen differenzierte Integration	für differenzierte Integration	eher für differenzierte Integration
	WWU	
eingeschränkt für WWU	für WWU	für WWU
	Tempel oder Baum	
Tempelansatz	Baumansatz	Baumansatz

Tab.6.1: Beiträge zum EU-Haushalt

	1995			1986	
	Nettobeitrag in Mio. ECU	Nettobeitrag in ECU pro Einwohner	BIP in % vom EU-Durchschnitt	Nettobeitrag in Mio. ECU	Nettobeitrag in ECU pro Einwohner
Deutschland	13431	164,6	106,7	3742	61,3
Großbritannien	4720	80,7	98,2	1438	25,3
Niederlande	2005	129,7	100,4	–217	–14,9
Frankreich	1727	29,6	107,2	561	10,1
Schweden	937	105,5	95,3	–	–
Österreich	905	112,9	109,3	–	–
Italien	614	10,7	101,7	195	3,4
Belgien	311	30,6	110,4	284	28,7
Finnland	165	32,3	92,5	–	–
Luxemburg	45	110,6	128,2	59	160,3
Dänemark	–306	–58,6	112,0	–421	–82,2
Irland	–1887	–526,8	85,3	–1230	–374,4
Portugal	–2381	–241,8	67,9	–219	–22,1
Griechenland	–3489	–333,0	60,0	–1273	–127,8
Spanien	–7218	–184,0	76,1	–95	–2,5

Quelle: The Economist, 23. 11. 1996

ren kann. Auf der anderen Seite wüchse mit einer größeren EU auch deren internationales Gewicht und damit – effiziente Handlungsmuster vorausgesetzt – auch die Handlungsfähigkeit nach außen.

Die Staaten, die bei einer Erweiterung der EU in die Union gelangen, verfügen über eine meist agrarische Struktur. Damit wird, sofern die Erweiterung tatsächlich stattfinden wird, sich die Union weiter von der Gemeinschaft der vergleichsweise hochindustrialisierten sechs Gründungsstaaten entfernen. Dies ändert den Charakter der Union nicht nur im Hinblick auf deren Identität (vgl. Kapitel 3). Auch die generelle Art der Haushaltsführung wird dadurch auf den Prüfstand gestellt. Der Agrarhaushalt, der bekanntlich einen Großteil des gesamten EU-Haushaltes ausmacht (vgl. Kapitel 5.1), würde durch eine Fortschreibung der bisherigen Ausgleichszahlungen in die Höhe schnellen. Bereits vor der Erweiterung reicht der Unterschied vom höchsten Nettozahler des Haushalts (der Bundesrepublik) bis zum höchsten Nettoempfänger (Spanien) über 20 Mrd. ECU.

Durch den Beitritt agrarisch orientierter Länder wie Polen, Rumänien oder Bulgarien würde sich die Struktur des EG-Haushalts grundlegend ändern. Nicht nur kämen zusätzliche Belastungen auf die bisherigen Nettozahler zu, auch wäre für bestimmte Länder wie Dänemark oder Irland ein Wechsel vom Empfängerland zum Geberland zu erwarten. Die Osterweiterung berührt also handfeste materielle Interessen einzelner Mitgliedsländer. Daher sind für die vorgesehene vierte Erweiterungsrunde harte Verhandlungen zu erwarten.

6.3. Die Reformpositionen der einzelnen EU-Staaten

In bezug auf die Positionen der einzelnen EU-Staaten gibt ein Weißpapier des Europäischen Parlaments zur Regierungskonferenz 1996 Auskunft (vgl. European Parliament: Intergovernmental Conference Task Force. Volume II „Summary of Positions of the Member States", Luxemburg, March 1996; eine ähnliche Bewertung nehmen auch Jopp/Schmuck (Hrsg.) 1996 vor).

Deutschland

Die Bundesregierung drängt auf Vertiefung, obwohl durch eine Erweiterung um die mittel- und osteuropäischen Länder – die entweder in politischer, ökonomischer oder kultureller Hinsicht Neues für die Gemeinschaft bringen – auch der Bestand des Bisherigen gefährdet wird (Bedrohung des acquis communautaire). Neben effizienzsteigernden Reformschritten – wie etwa der Stärkung der EU-Institutionen – strebt die Bundesrepublik vor allem die Ausweitung der Gemeinschaftsverfahren in den Bereichen der Gemeinsamen Außen- und Sicherheitspolitik (GASP) und der Zusammenarbeit in den Bereichen Justiz und Inneres (ZJI) an. Auch setzt sich die Bundesregierung für die Verwirklichung der Wirtschafts- und Währungsunion in allen ihren Teilen ein.

Synopse 6.2: Positionen und Forderungen deutscher Parteien zur

	grundsätzlicher Standpunkt	formuliertes Ziel	Institutionelle Reform
CDU	Europäische Integration einziger Weg zu Frieden und Prosperität	„Demokratischer europäischer Bundesstaat“	Doppelte Mehrheitsentscheidungen, Stärkung des Kommissionspräsidenten, Einbeziehung der nationalen Parlamente, Stärkung der Ratspräsidentschaft
CSU	Bewahrung der Eigenständigkeit Bayerns	Tendenz zum „Europa der Nationen“	
SPD	Anstreben der politischen Union	„Union Europäischer Völker“	Stärkung des EP
FDP	Ausbau der EU, da der Nationalstaat Sicherheit und Wohlstand nicht mehr gewährleisten kann	„moderner und demokratischer Bundesstaat“ (in Abgrenzung zum zentralistischen Superstaat)	Stärkung des EP

Generell ist die deutsche Seite für eine Stärkung der Gemeinschaftsorgane. Auf und abseits der Regierungskonferenz des Jahres 1996 führen deutsche Politiker die Demokratisierung der EU im Munde. Diese soll unter anderem durch eine Stärkung der Transparenz erreicht werden. Das aus den „Vertretern der Völker der in der Gemeinschaft zusammengeschlossenen Staaten“ (Art. 137 EGV) bestehende Europäische Parlament soll eine wesentlich stärkere institutionelle Position bekommen. Nach deutschen Vor-

zukünftigen Gestalt der EU

	Politikbereiche	Erweiterung/ Vertiefung
CDU	Echte GASP mit ständigem Sitz der EU im UN-Sicherheitsrat	für Erweiterung bei gleichzeitiger Vertiefung
CSU	Uneinigkeit bezüglich der WWU	für rasche Erweiterung (Erweiterung vor Vertiefung)
SPD	Bekämpfung der Arbeitslosigkeit im europäischen Rahmen; flexibler Zeitplan bei der WWU; Ergänzung der GASP durch Entwicklungspolitik; Sozial- und Umweltunion als „vierte Säule der EU"	zögernd für Erweiterung
FDP	echte GASP, gemeinsame Wirtschafts-, Währungs- und Asylpolitik (unter Wahrung des Subsidiaritätsgrundsatzes)	Offen für Mittel- und Osteuropa inklusive Baltikum

stellungen – das heißt in erster Linie nach Regierungsvorstellungen – soll das EP bei der Legislative das gleiche Gewicht wie der Rat erhalten. Deutsche Reformvorschläge für das Parlament umfassen a) ein grundsätzliches Initiativrecht, b) Kompetenzen in der GASP und in der ZJI sowie c) substantielle Mitentscheidungsrechte bei der Besetzung der Kommission und deren Präsidenten. Insgesamt soll das Mitentscheidungsverfahren auf zusätzliche Politikbereiche ausgedehnt werden. Für Fälle der Beteiligung des EP am gemeinschaftlichen Entscheidungsprozeß sehen deutsche Standpunkte in der Regel ein gegenüber den heutigen Regelungen vereinfachtes Verfahren vor. Angestrebt wird eine Reduzierung der vielfältigen Verfahrensmöglichkeiten auf drei Entscheidungsverfahren (Mitentscheidung, Zusammenarbeit, Zustimmung) plus den Prozeduren der Haushaltsgebung.

Auch bezüglich der übrigen Kerninstitutionen der EU sieht Deutschland Reformbedarf. Im Rat sollen Mehrheitsentscheidungen verstärkt angewendet werden. Ebenfalls von deutscher Seite stammt der Vorschlag, hier nach dem Prinzip „doppelter Mehrheiten" zu verfahren. Diese würden eine Mehrheit der gewichteten Stimmen im Rat bei gleichzeitiger Mehrheit der durch diese Stimmen vertretenen Bevölkerungszahl implizieren (>50 % Ratsstimmen; >50 % EU-Bevölkerung). Auch spricht sich die deutsche Regierung für eine Stärkung der EU-Präsidentschaft aus, indem sie hier eine größere Kontinuität fordert. Entsprechende Vorschläge besagen, eine jährliche Präsidentschaft einzurichten, bei der sich immer ein großes mit einem kleinen EU-Land abwechseln würde.

All diese Reformschritte würden letztlich das Gewicht der Gemeinschaftsinstitutionen gegenüber den Nationalstaaten stärken. Im Gegenzug zur verringerten Bedeutung der Nationalstaaten soll das Subsidiaritätsprinzip Vorrang erhalten. Dies bedeutet, daß institutionelle Regelungen Entscheidungskompetenzen immer auf die Ebene des verfaßten staatlichen Gebildes verlegen, auf der sie am sinnvollsten zu lösen sind. Das Bestehen auf dem Subsidiaritätsprinzip deutet auf den deutschen Drang zu Dezentralisierung und der klaren Abgrenzung der Kompetenzen innerhalb des europäischen Institutionensystems hin. Konsequenterweise tritt die Bundesrepublik für eine föderalistische Gemeinschaft ein. Diese Haltung entspricht der Verfassung der Bundesrepublik im Innern, da Artikel 24 GG die Bundesländer an den diese betreffenden europäischen Fragen beteiligt.

Die deutschen Bundesländer haben eigene Vorstellungen zu einer Neufassung der europäischen Verträge entwickelt. Vor allem soll der Ausschuß der Regionen gestärkt werden. Die Länder stehen auf dem Standpunkt, daß die Kompetenzen der EU und der einzelnen Mitgliedstaaten klarer gegeneinander abgegrenzt werden sollen. Diese Vorschläge hängen mit den guten Erfahrungen des deutschen Grundgesetzes zusammen, das mit der expliziten

Zuweisung von ausschließlicher und konkurrierender Gesetzgebung operiert.

Ein Positionspapier der CDU/CSU vom September 1994, das ein „Europa der verschiedenen Geschwindigkeiten" propagiert, hat sich als einflußreich auf die deutsche Position erwiesen. Dies drückt sich unter anderem in der wiederholt geäußerten Forderung aus, nicht das Land mit dem langsamsten Integrationstempo (hier ist Großbritannien gemeint) könne die Entwicklung der EU bestimmen.

Frankreich

Frankreich gilt nicht als Verfechter einer ausdrücklich föderalistischen Europa-Konzeption. Dies galt für Giscard d'Estaing ebenso wie für Mitterrand, der von 1981 bis 1995 als französischer Präsident amtierte. Auch dessen gaullistischer Nachfolger Jacques Chirac gilt nicht als „Föderalist". Eher als eine „finalité fédérale" strebt die französische Politik ein konföderalistisches und in Teilbereichen intergouvernemental strukturiertes Europa an. Die Dominanz nationalstaatlichen Denkens ist in bezug auf Frankreich bislang vor allem im innenpolitischen Bereich erkennbar, so z. B. bei der Umsetzung des Schengener Abkommens. Im Gegenzug dazu tritt Frankreich viel stärker als andere Staaten für eine Integration der Außen- und Sicherheitspolitik ein. Initiativen im Vorfeld der Regierungskonferenz (wie z. B. die Einbeziehung anderer europäischer Staaten unter den französischen Atomschirm) trugen Frankreich zwar bisweilen den Vorwurf des opportunistischen Taktierens ein. Es muß aber eingeräumt werden, daß sich Frankreich als einziger gewichtiger EU-Staat an dieses kontroverse Thema wagte.

Institutionell ist die französische Politik in den letzten Jahren eher gegen eine „Vertiefung" bisher schon integrierter Politikbereiche eingetreten. Maßgebliche Politiker haben sich gegen einen Machtzuwachs von Kommission und Europäischem Parlament ausgesprochen. Als zukunftsweisender sieht Frankreich die Stärkung des Europäischen Rats bzw. der Fachministerräte. Die zentrale Reformkonzeption Frankreichs sieht ein Europäisches Parlament mit einer zweiten Kammer, dem Senat, vor. Dieser Senat soll aus Mitgliedern der nationalen Parlamente bestehen und weiter reichende Kompetenzen als das – weiterhin direkt zu wählende – EP haben. So würde automatisch die Position der Nationalstaaten gestärkt, der Weg der EU zu einem föderalistischen Staatenbund wäre erst einmal verbaut. Dieser französische Vorschlag hätte allerdings den Vorteil, das Demokratiedefizit in der Gemeinschaft abzubauen, ohne dem EP eine Rolle zuzuweisen, der es womöglich zunächst nicht gewachsen wäre.

Auf der Folie dieser institutionellen Grundlage sind andere Reformvorschläge der französischen Seite besser verständlich. Der Rat soll ein Initiativrecht für Rechtsakte bekommen. Bislang liegt dieses Recht allein bei der Kommission; deren Machtbereich würde demnach durch eine solche Maßnahme eingeschränkt. Die Ratspräsidentschaft soll durch die Verlängerung des Vorsitzes auf drei Jahre gestärkt werden; zusätzlich schlägt Frankreich für den Ministerrat zwei Vizepräsidenten vor. Diese Regelung liefe auf die aus der GASP bekannte „Troika“ hinaus. Ein ähnlicher Vorschlag bezieht sich auf das Feld der GASP: dort soll ein Repräsentant der Union ein Mandat für drei bis fünf Jahre erhalten. Um eine straffere Amtsführung der Kommission zu gewährleisten, hält Frankreich eine zahlenmäßige Verringerung der Kommissäre für sinnvoll. Dafür sollen die Kommissäre besser eingegrenzte Aufgabenbereiche erhalten.

Frankreich strebt mit dem reformierten institutionellen Rahmen eine Ausweitung der gemeinschaftlichen Politikbereiche, z. B. auf die Gesundheits-, Sozial-, Energie- und Verbraucherschutzpolitik, an. Strategische Politikbereiche wie Forschungs- und Entwicklungspolitik sowie eine europäische Sicherheitspolitik durch die Aufstellung einer schnellen Eingreiftruppe zählen zum französischen Vorschlagsarsenal. Die WEU soll stärker in die Union eingebunden und gestärkt werden. Entsprechende Entscheidungsprozeduren sollen aufgebaut werden.

Die französische Reformkonzeption zielt insgesamt auf eine Stärkung der intergouvernementalen Institutionen der Union ab. Auf diese Weise versucht Frankreich, die Effizienz der Gemeinschaft zu erhöhen und gleichzeitig die Legitimität der europäischen Politik durch die bleibende nationalstaatliche Grundierung zu erhalten.

Großbritannien

Großbritannien tritt in der Reformdebatte für die Erweiterung der Union ein. Das Land spricht sich scharf gegen die Aufgabe nationaler Souveränitätsrechte aus. Eine Föderalisierung bzw. die Schaffung „Vereinigter Staaten von Europa“ werden von London scharf abgelehnt. Aus britischer Sicht bleibt der Nationalstaat auch in der europäischen Politik die bestimmende Einheit und die nationalen Parlamente die Hauptquelle demokratischer Legitimation. Die Regierung sieht, daß eine differenzierte Integration unumgänglich ist und daß einzelne Mitgliedstaaten auf bestimmten Gebieten schneller voranschreiten wollen als andere.

Der Inselstaat verwahrt sich bei allen europäischen Institutionen gegen die Ausweitung von Befugnissen. Er widersetzt sich jeglicher Ausweitung des Mehrheitsstimmrechts im Rat. Die Effektivität des Rates soll nach britischer Vorstellung durch ein „präsidentielles Team“ erhöht werden. Drei oder vier Mitgliedstaaten sollen gemeinsam für ein oder mehrere Jahre die Präsidentschaft einnehmen. Diese Regelung sollte sich im besonderen auf die GASP erstrecken. In bezug auf die Kommission schlägt die britische Regierung eine Konzentration auf die größeren Staaten vor. Weiterhin sieht man die Aufteilung der Kommission in Mitglieder mit und ohne Stimmrecht als geeignetes Mittel zur Entscheidungskonzentration. Das Parlament sollte nach britischer Meinung eine größere öffentliche Unterstützung, aber keine neuen Rechte erhalten. Da das Parlament seine neuen Rechte aus dem Maastrichter Vertrag nicht verantwortungsbewußt wahrgenommen habe, spricht sich Großbritannien sogar für eine Rücknahme gewisser Rechte des EP aus.

Als Gegner der Zentralisierung setzt Großbritannien auf das Subsidiaritätsprinzip. Die Kommission soll bei der Initiierung von Rechtsakten die Positionen intermediärer Interessensorganisationen (Wirtschaftsverbände, nationale Parlamente etc.) systematischer beachten. Initiativen sollen automatisch als gescheitert erachtet werden, wenn sie nicht innerhalb einer bestimmten Frist in Gesetzesvorhaben umgesetzt worden sind („sunset-clauses“).

Die britische Regierung hat im März 1995 ein Memorandum zur Frage der europäischen Verteidigung vorgelegt. Die Regierungskonferenz soll demnach die Rolle der NATO als Eckpfeiler des europäischen Sicherheitssystems bestätigen. Das Land sieht das nationale Sicherheitsdenken nach wie vor im Zentrum seiner Verteidigungspolitik. Für friedenserhaltende Aktionen, humanitäre Einsätze und für Krisenmanagement von geringem Umfang soll die Westeuropäische Union das geeignete Forum bilden. Das Gebiet der Justiz- und Innenpolitik soll unter Beachtung der Einstimmigkeitsregel intergouvernemental bleiben. Auf dem Feld der Arbeitslosen- und Sozialpolitik gedenkt Großbritannien jegliche Integrationsfortschritte abzulehnen. Schließlich befürwortet Großbritannien mehr Offenheit und Transparenz durch Vereinfachung der in den Verträgen dargelegten Entscheidungsprozeduren.

Benelux-Staaten

In bezug auf die Reform der EG/EU vertreten die Benelux-Länder bei der Regierungskonferenz „Maastricht II" ähnliche Standpunkte. Das grundlegende Ziel heißt „Föderalismus" und speist sich aus lediglich marginal unterschiedlichen Motiven. Alle drei sehen in einem föderal aufgebauten Europa am ehesten den Schutz ihrer kleinen Staaten gewährleistet. Somit treten sie für den Baumansatz ein, der im Gegensatz zum Tempelansatz (vgl. Kapitel 1) alle zentralen Politikbereiche vergemeinschaftet sehen will. Belgien stellt einen Sonderfall dar, weil ihm Europa zum Teil als Ersatz für eine fehlende gesamtnationale Identität dient. Niederländischen Politikern hingegen hat das Bestehen auf föderalen Konzeptionen immer wieder explizit als Mittel zur Verhinderung bzw. Zurückdrängung einer deutsch-französischen Hegemonie innerhalb der Union gedient.

Belgien, die Niederlande und Luxemburg treten sowohl für die Vertiefung als auch für die Erweiterung ein; diese sollen „Hand in Hand" und somit zeitgleich vor sich gehen. Ein differenziertes Fortschreiten soll nur dann zulässig sein, wenn es nicht zur Desintegration führt. Ein Europa „à la carte" wird nicht akzeptiert. Im Hinblick auf die Vertiefung befürworten die drei Länder die Sicherung von Menschenrechten auch in einem Vertragstext, die Gleichberechtigung der in der EU vertretenen Sprachen und Kulturen sowie die Erweiterung des Binnenmarktes um Umwelt-, Sozial- und Beschäftigungspolitik.

Im Vordergrund der institutionellen Reform steht die Stärkung der Effektivität der Entscheidungs- und Verwaltungsprozesse. Ein gemeinsames Memorandum vom 7. März 1996 stellt auch das Subsidiaritätsprinzip und die Frage der Transparenz an prominente Stelle. Dem Prinzip der Subsidiarität soll durch klarere Abgrenzung der Kompetenzen der nationalen und der Gemeinschaftsorgane Ausdruck verliehen werden.

Aus Sicht der Beneluxstaaten soll die Balance zwischen Kommission, Parlament und Rat in etwa erhalten bleiben. Die Macht der Kommission soll nach dem Memorandum gestärkt und ihrer Rolle als „Motor der Gemeinschaft" entsprechen. Im Bereich des ersten Pfeilers soll die Kommission ihr alleiniges Initiativrecht, in den übrigen Pfeilern eine größere Rolle erhalten. Außerdem sollte die Kommission dem Parlament verantwortlich sein. Jedem Land sollte höchstens noch ein Kommissär zustehen. Im Europäischen Parlament soll das Mitentscheidungsverfahren ausgeweitet und vereinfacht werden. Das Parlament soll die Kommission per Wahl einsetzen. Ebenfalls befürwortet wird eine Effektivitätserhöhung der Ratsarbeit, unter anderem durch eine vermehrte Nutzung von qualifizierten Mehrheitsentscheiden. Auch nach einer Erweiterung sollte die Schwelle für eine qualifizierte Mehrheit bei etwa 70 % der gewichteten Stimmen liegen, wobei auch die Bevölkerungszahl in Betracht gezogen werden soll. Das Rotationssystem der Präsidentschaft soll beibehalten werden.

Alle drei Staaten unterstützen Forderungen nach Ausdehnung von Mehrheitsentscheidungen auch in der GASP und der ZJI. Insbesondere der dritte Pfeiler der EU, die Justiz- und Innenpolitik, soll in letzter Instanz vergemeinschaftet werden. Das Schengener Abkommen soll in einen revidierten Vertrag aufgenommen werden. In der Sicherheitspolitik zeigen sich die Niederlande mehr als Belgien und Luxemburg bereit, die NATO als mit der WEU und der GASP vereinbar zu betrachten. Die Sozialpolitik soll besonders nach belgischen Vorstellungen in den Katalog gemeinsamer Politiken aufgenommen werden. Der Plan Delors II zur Wirtschafts- und Währungsunion wird auch von Belgien unterstützt, obwohl es wegen seines hohen Schuldenstandes den verspäteten Eintritt in die dritte Stufe befürchten muß.

Italien

In der Reformdiskussion der neunziger Jahre tritt Italien in bedingtem Umfang gegen ein Europa der verschiedenen Geschwindigkeiten ein. Dies hat zwei Gründe. Zum einen mußte Italien als eines der EWG-Gründungsländer auf Grund seiner wirtschaftlichen Schwäche in den vergangenen Jahren stets an Einfluß einbüßen. Zum anderen muß Italien auf Grund seiner hohen Staatsverschuldung und der Tatsache, daß das Land Probleme bei der Erfüllung der Maastrichter Konvergenzkriterien hat, den Ausschluß von der Teilnehmerliste zum Eintritt in die dritte Stufe der Währungsunion befürchten. Ein Europa der verschiedenen Geschwindigkeiten – bzw. unterschiedliche Integrationsniveaus – sollte aus italienischer Sicht an die Bedingung der Fortdauer institutioneller Einheit in der Union geknüpft werden. Das bedingte Eintreten gegen ein Europa der verschiedenen Geschindigkeiten verstärkt die italienische Verhandlungsposition gegen eine Maßnahme, die die Gemeinschaft in zumindest wirtschaftlich „gute" und „schlechte" EG-Länder teilen könnte. Von großem Belang ist hier, daß die vier Südstaaten – die allesamt den Konvergenzkriterien nicht genügen – beim Übergang in die dritte Stufe der WWU gemeinsam über eine Sperrminorität im Europäischen Rat verfügen. Das Europa der „einen Geschwindigkeit" dient also der italienischen Seite als Instrument, ein weiteres Zurückfallen innerhalb des Gemeinschaftsgefüges zu verhindern.

Bezüglich der konkreten Reformthemen hat sich Italien für die Erweiterung der EU-Kompetenzen in der Außen- und vor allem in der Sozialpolitik ausgesprochen. Das Konzept der Unionsbürgerschaft soll mit Leben erfüllt werden. In zusätzlichen Bereichen wie der Beschäftigungs-, Umwelt-, Währungs- und Sozialpolitik sollte nach italienischen Vorstellungen im Rat mit Mehrheitsvotum entschieden werden können. In bezug auf den Rat wird die „doppelte Mehrheit" unterstützt. Die Kommission soll auch in Zukunft ihre Rolle als „Wächter der Verträge" erfüllen. Die Zahl der Kommissäre soll nicht unter die Zahl der Mitgliedstaaten fallen, wobei den größeren Staaten anstelle eines zweiten Kommissärs ein Stellvertreter beigegeben werden könnte. Das institutionelle Gewicht des Parlaments soll aus italienischer Sicht gestärkt werden, indem diesem ein Initiativrecht bei Gesetzesakten, ein erweitertes Mitentscheidungsrecht und das Ernennungsrecht für alle Kommissionsmitglieder gewährt werden sollte. Insgesamt hält auch Italien eine Vereinfachung der gemeinsamen Entscheidungsprozeduren für sinnvoll.

Demokratisierung bedeutet nach italienischer Vorstellung auch die stärkere Einbeziehung der nationalen Parlamente. Das Subsidiaritätsprinzip sollte klarer zwischen der Union und den Mitgliedstaaten abgrenzen. Insgesamt spricht sich die italienische Politik – und nach dem Wahlsieg im April 1996 scheinbar auch die italienische Linke – gegen die Stärkung intergouvernementaler

Elemente und für eine Vertiefung der Union aus. Die Erweiterungsfrage ist dabei aus italienischer Sicht nicht vordringlich. Die Europäische Union bedeutet insgesamt für Italien auch den Schutz vor der eigenen Instabilität. Im Rahmen der europäischen Integration kann Italien seinen eigenen Handlungsspielraum erweitern.

Dänemark

Die „Agenda für Europa" des dänischen Außenministeriums vom März und das Regierungsmemorandum vom September 1995 verdeutlichen die Grundzüge des dänischen Selbstverständnisses innerhalb der Union. Dort wurde die Subsidiarität zum Grundprinzip erhoben. Begriffliche Schwierigkeiten geben zu denken: Mit der Verwendung des Subsidiaritätsbegriffes wendet sich Dänemark gegen eine Föderalisierung der Gemeinschaft. Die Bundesrepublik Deutschland hingegen sieht einzig in einer föderalistischen Grundordnung die Erreichung des Zieles „Subsidiarität" gewährleistet.

In dem Memorandum wendet sich Dänemark gegen die allgemeine Ausweitung der Mehrheitsregel, wollte diese aber in einigen speziellen Bereichen wie Umwelt, Soziales und Entwicklungshilfe angewandt sehen. In institutioneller Hinsicht zeigt der Memorandumstext eine gewisse Skepsis gegenüber einer erweiterten Rolle des Europäischen Parlaments. Das EP soll aber eine Rolle als Kontrollorgan innerhalb des Gemeinschaftsgefüges behalten. Das Memorandum spricht sich gleichzeitig für die Stärkung der nationalen Parlamente aus. In bezug auf das EP sieht man eher ein Kooperations- als ein Mitbestimmungsverfahren als sinnvoll an. Eine dänische Forderung erstreckt sich auf einen vor dem Parlament verantwortlichen Ombudsmann. Auch der Vorschlag, bestimmte Ratssitzungen öffentlich abhalten zu lassen, soll für mehr Transparenz und Bürgernähe sorgen. Im Rat sollten die Stimmen stärker an die Bevölkerungszahl, die auf eine gewichtete Ratsstimme entfällt, gebunden werden. Die Beibehaltung des gegenwärtigen Rotationsprinzips im Rat hält Dänemark nicht für wünschenwert. Mittels der Verlängerung der Amtszeit und einer eventuellen Wahl eines Unionspräsidenten aus dem Kreis der Staats- und Regierungschefs zieht Dänemark eine stärkere Präsidentschaft in Betracht. In bezug auf die Kommission favorisiert Dänemark die Repräsentation aller Mitgliedstaaten durch mindestens einen Kommissar.

Mittels einer opting-out-Klausel in den Maastrichter Verträgen hat sich Dänemark gegen den unkontrollierten Übergang in die Wirtschafts- und Währungsunion abgesichert. Dieser Schritt (Protokoll zum EU-Vertrag „Über einige Bestimmungen betreffend Dänemark"), in dem die Unverbindlichkeit des Eintritts in die dritte Stufe der WWU festgehalten ist, ist aber nicht mit einer generellen Ablehnung der gemeinsamen Währung gleichzusetzen. Die WWU wird vielmehr als natürliche Ausweitung des Binnenmarktes gesehen. Die EZB gilt als Alternative zur Bundesbank, in der Dänemark keinerlei Mitspracherecht genießt. Unsicher ist aus Sicht der Dänen, wie nach den Maastrichter Verträgen in den Nationalstaaten fiskalpolitisch vorgegangen werden soll. Folglich tritt Dänemark trotz seiner Möglichkeit des „opting-out" für eine strikte Einhaltung aller Konvergenzkriterien ein.

Die heutige dänische Position zu den Reformthemen der Union kann nicht als echte Blockadehaltung – wie dies im Falle Großbritanniens bisweilen getan werden kann – bezeichnet werden. Vorbehalte bestehen auf dänischer Seite gegen eine Vertiefung oder Föderalisierung der EU, nicht aber gegen die Integration allgemein. Das vorherrschende Argument für diese Position hat Dänemark seit dem Beitritt gegenüber der Gemeinschaft vertreten: die Angst vor einer unumkehrbaren Kompetenzverlagerung von Kopenhagen nach Brüssel. Folgerichtig wendet sich das Land gegen eine weiter integrierte Außen- und Sicherheitspolitik. Einer differenzierten Integration steht Dänemark nicht ablehnend gegenüber.

Generell besteht in Dänemark Skepsis gegen weitreichende Reformen der europäischen Institutionenordnung. Eher als auf Vertiefung setzt man auf Erweiterung und Offenheit. Als NATO-Mitglied, das jedoch nicht der WEU angehört, zählt Dänemark zu den Gegnern einer verstärkt europäischen Außen- und Sicherheitspolitik. Das Schengener Abkommen wurde bislang – trotz traditionell offener Grenzen zu allen skandinavischen Ländern – nicht ratifiziert. Insgesamt folgt das Land dem Säulenansatz der Union und kann dem Baumansatz nicht viel abgewinnen, doch sollen verschiedene Politikbereiche wie Sozial-, Konsumenten-, Umwelt- und Beschäftigungspolitik aufgenommen werden. Insbesondere nach dem abgelehnten Referendum befürwortet Dänemark ein offenes Europa, das seinen Bürgern gegenüber größere Nähe zeigt.

Griechenland

Von griechischer Seite liegt ein Dokument mit dem Titel „Towards a Citizen's Europe – Democracy and Development“ vom Januar 1995 vor. Die griechische Regierung sieht darin auf drei Gebieten Reformbedarf: Demokratisierung der europäischen Institutionen, Verstärkung der demokratischen Legitimation bei Gemeinschaftsentscheidungen und die zukünftige Erweiterung. Die Grundtendenz der griechischen Position liegt in der Stärkung der Gemeinschaftsorgane der Europäischen Union.

Nach griechischem Empfinden soll der Europäische Rat seine gegenwärtig existierende Rolle beibehalten. Auch die Kommission soll ihre Befugnisse und Autonomie im bisherigen Umfang behalten. Gegenüber dem Ministerrat wird eine Stärkung der Kommissionskompetenzen angestrebt. Ihre Kompetenzen sollen bei gleichzeitiger Kontrolle durch das Parlament auch auf den Bereich des zweiten und dritten Pfeilers ausgedehnt werden. Die Zahl der Kommissäre soll der Anzahl der Mitgliedstaaten entsprechen. Die Kommission soll zum Schutz kleinerer Staaten mit Einstimmigkeit entscheiden. Im Zusammenspiel mit dem Parlament können Mehrheitsentscheidungen im Rat ausgeweitet werden. Dem Parlament sollten mit dem Initiativrecht und dem Recht zur Ernennung der gesamten Kommission Legislativfunktionen zukommen. Im Rat sollte die Ausweitung des Mehrheitsstimmrechts für mehr Effektivität sorgen. Das Rotationsprinzip soll nach den griechischen Vorschlägen beibehalten werden. Neben einer Staatsbürgerschaft für die „Völker Europas“ strebt das griechische Memorandum auch neue gemeinschaftliche Politiken in den Bereichen Kultur, Erziehung, Soziales und Umwelt an.

Generell spricht sich Griechenland für das Prinzip einer einzigen internationalen Stimme der EU aus. Die GASP sollte aus griechischer Sicht zur Gemeinschaftspolitik und damit gestärkt und ausgebaut werden. Die Mitgliedschaft Griechenlands in der WEU ist fest anvisiert. Der geplante Beitritt wird Griechenland auch insofern fester an das westliche Europa binden, als die Türkei in dieser Organisation lediglich Assoziationsmitglied ist. In Fragen der WEU unterstützt Griechenland die deutsch-französischen Sicherheitspositionen. Auch der dritte Pfeiler (Justiz und Inneres) soll nach dem griechischen Memorandum einer Vergemeinschaftung zugeführt werden.

Grundsätzlich tritt Griechenland für die Prinzipien Subsidiarität und Föderalismus ein. In unserer Unterscheidung bedeutet dies die Ausrichtung auf den Baum-Ansatz. Griechenland lehnt daher das Szenario eines Europa der verschiedenen Geschwindigkeiten ab. Wegen schwerer Versäumnisse in der Konsolidierung der Staatsfinanzen läuft der Südstaat allerdings trotzdem Gefahr, zumindest im Hinblick auf die Wirtschafts- und Währungsunion zunächst in der zweiten Reihe zu bleiben.

Portugal

In einem Dokument des Außenministeriums vom März 1996 weist die portugiesische Regierung darauf hin, daß der europäische Integrationsprozeß nach folgenden Prinzipien fortgeführt werden soll: Gleichheit zwischen allen Mitgliedstaaten, Respektieren kultureller Identität und spezifischer nationaler institutioneller Besonderheiten, politische, ökonomische und soziale Solidarität zwischen den Völkern, Regionen und Mitgliedstaaten der EU. Portugal legt Wert auf die Beibehaltung der institutionellen Balance der EU, die Teilnahmeberechtigung der Staaten bei allen Unionsentscheidungen sowie die Gleichstellungsgarantie für alle Nationalsprachen. Das Solidaritätsprinzip soll vertieft und die ökonomische und soziale Kohäsion Grundlage jeder Reform sein. Als kleines Land wendet sich Portugal gegen ein Europa der verschiedenen Geschwindigkeiten.

Nach portugiesischer Meinung sollten integrative Fortschritte durch graduelles und pragmatisches Vorgehen gekennzeichnet sein. Eine Beibehaltung der institutionellen Balance sei hektischen Reformen vorzuziehen. In jedem Fall sei die nationale Identität zu respektieren. Subsidiarität und Solidarität sollten in ihrem Wortsinne angewandt werden und dadurch die Identität der kleinen Einheiten schützen und das Zentrum mit Gemeinschaftsgefühl stärken. Das Unionsziel der europäischen Staatsbürgerschaft und die damit verbundene größere Bürgernähe der Gemeinschaftsinstitutionen werden von Portugal angemahnt.

Konkret spricht sich Portugal für die Ausweitung der Gemeinschaftspolitik auf zusätzliche Politikbereiche (Umwelt, Energie,

Tourismus, transeuropäische Netzwerke, Soziales, Gesundheit, Erziehung, Arbeitslosenpolitik) aus. Aus der Zustimmung zum Plan Delors II erwuchs die Unterstützung der Wirtschafts- und Währungsunion. Portugal spricht sich gegen ein Europa der zwei Geschwindigkeiten auch im Währungsbereich aus. Als potentieller Nutznießer hat das Land gegen die Ausweitung des EG-Strukturfonds – auf den es gerade im Falle der Teilnahme an der WWU angewiesen wäre – nichts einzuwenden.

Das Föderalismus-Ziel hält Portugal nicht für anstrebenswert. Die Forderungen anderer EG-Staaten, die Kompetenzen des Parlaments entscheidend zu erweitern, werden mit gemischten Gefühlen gesehen. Insgesamt soll das EP seine Position im institutionellen Gefüge behalten und im Bereich des Mitentscheidungsverfahrens eine gewisse Aufwertung erfahren. Die Größe des Parlaments soll auf maximal 700 Mitglieder beschränkt werden. Die Zahl der Kommissionsmitglieder soll der Zahl der Mitgliedstaaten entsprechen. Der Kommissionspräsident könnte vom EP gewählt und nicht wie bisher nur bestätigt werden. Bezüglich der Rolle und der Zusammensetzung der Kommission hält Portugal weitreichende Änderungen nicht für notwendig. Nach portugiesischen Vorstellungen sollte die Effektivität des Rats durch die vermehrte Anwendung von Mehrheitsabstimmungen erhöht werden.

Im Bereich der GASP besteht man aber auf einer Fortdauer der Einstimmigkeitsregelung; hier soll also weiterhin das Prinzip des Intergouvernementalismus gelten. Portugal könnte sich mit einer Personifizierung der auswärtigen Repräsentation abfinden, sofern dieser „Herr oder Frau GASP“ seine (bzw. ihre) Befugnisse im Rahmen der vom Rat gegebenen Kompetenzen ausübt. Die WEU, der Portugal seit 1989 angehört, wird explizit als Pfeiler der NATO, nicht so sehr jedoch als konstitutiver Bestandteil einer europäischen Sicherheitsstruktur gesehen. Die Regierungskonferenz sollte nach portugiesischen Vorstellungen jedoch eine stärkere Verbindung zwischen der EU und der WEU schaffen.

Spanien

In einem Dokument vom März 1995 legt Spanien seine grundsätzlichen Positionen dar. Spanien lehnt ein Europa „à la carte“ ab. Die acquis communautaires sollen unter allen Umständen bewahrt und weiterentwickelt werden. Auch die projizierte Erweiterung darf nicht mit dem Verlust bisheriger Standards einhergehen. Dem Ausschuß der Regionen soll verstärkte Bedeutung zukommen.

Trotz der generellen Sympathie für eine Effizienzsteigerung bei den europäischen Institutionen will Spanien die institutionelle Balance der Gemeinschaft im großen und ganzen erhalten sehen. Der Rat soll nach der Reform häufiger mit qualifiziertem Mehrheitsstimmrecht entscheiden können. Die Gewichtung der Stimmen im Rat soll sich mehr als bisher an der Bevölkerungsgröße orientieren. Die Zahl der Kommissäre könnte nach spanischen Vorstellungen auf die Zahl der Mitgliedstaaten verringert werden, wobei weiterhin zwischen „Voll- und Assistenzkommissaren" unterschieden werden könnte. Eine Gewichtung der Stimmen in der Kommission könne analog der Gewichtung im Rat vorgenommen werden. In bezug auf das Europäische Parlament werden vor allem eine Vereinfachung im legislativen Prozeß und die Beschränkung der Parlamentsmitglieder auf zwischen 650 und 700 vorgeschlagen. Die nationalen Parlamente sollen über Europaausschüsse näher an die Union gekoppelt sein. In dieselbe Richtung geht der spanische Vorschlag von gemeinsamen Sitzungen des EP und der nationalen Parlamente im Bereich der zweiten und der dritten Säule des EU-Vertrags.

In außenpolitischer Hinsicht setzt sich Spanien für die Beibehaltung der nationalen Souveränität in Fragen der Außen- und Sicherheitspolitik ein. Damit besteht Spanien auf einer intergouvernementalen Ausrichtung der GASP. Die WEU wird als europäischer Pfeiler der NATO gesehen. Deutsch-französische Positionen wie z. B. das Euro-Korps werden unterstützt.

Irland

In einem Weißpapier vom März 1996 spricht sich Irland in den meisten strittigen Punkten für die Vertiefung der Gemeinschaft aus. Ein Europa der verschiedenen Geschwindigkeiten soll möglichst vermieden werden, bei möglichen Integrationsfortschritten sollten jedoch pragmatische Vorgehensweisen überwiegen. Es lassen sich irische Positionen für die Wirtschafts- und Währungsunion, für eine europäische Sicherheitspolitik, für eine größere Rolle der EU in internationalen Beziehungen und für die vermehrte Anwendung der Mehrheitsregel im Rat verzeichnen. In dem

Weißpapier wird zu bedenken gegeben, daß ein schärferes Profil der nationalen Parlamente den Bürgern die Entscheidungsprozesse transparenter machen würde.

Der demokratische Charakter der Institutionen soll erhalten und ausgebaut werden. Das Europäische Parlament soll stärker das Mitentscheidungsverfahren anwenden können. Die irische Regierung favorisiert die Vereinfachung der Entscheidungsverfahren. Im Rat sollen Entscheidungen vermehrt mit qualifiziertem Mehrheitsentscheid durchgeführt werden. Irland wehrt sich gegen Pläne anderer Mitgliedstaaten, die Zahl der Kommissionsmitglieder so zu begrenzen, daß kleineren Ländern kein eigener Kommissär mehr zustünde.

Zur Aufrechterhaltung der militärischen Neutralität wird die irische Regierung keine Vorschläge zur Aufnahme in die NATO oder in die WEU machen, denn dies wäre nach der irischen Verfassung an ein Referendum gebunden. Trotzdem sieht Irland die WEU im Zentrum der europäischen Sicherheitspolitik. Generell steht Irland einer Aufhebung der Einstimmigkeitsregel in Fragen der Außen- und Sicherheitspolitik reserviert gegenüber, befürwortet jedoch eine effektivere europäische Außen- und Sicherheitspolitik.

Österreich

Österreich sieht die wesentliche Herausforderung Europas im Bereich der institutionellen Reform. In den 1995 veröffentlichten Richtlinien, die von mehreren Institutionen inklusive der Konferenz der Landeshauptmänner getragen werden, werden folgende Punkte hervorgehoben: Stärkung der demokratischen Legitimität und Transparenz, erhöhte Handlungskapazität in den Bereichen GASP und ZJI sowie die Erhaltung und Stärkung der gemeinschaftlichen Handlungsfähigkeit auch in Anbetracht der bevorstehenden Erweiterung. Der Weg eines „Europa der verschiedenen Geschwindigkeiten" soll an Bedingungen gebunden bleiben und nur in Ausnahmefällen begangen werden. Insbesondere sollte der stärker integrierte Teil der Union für die Peripheriestaaten geöffnet bleiben und seine Ziele mit der gesamten Union abstecken.

In einem Weißbuch, das die österreichische Regierung vor dem Europäischen Ratstreffen in Essen vorlegte, erregte das Fehlen des Sozialbereichs Aufsehen. Vor der Turiner Regierungskonferenz

Übersicht 6.1: Positionen einzelner EU-Staaten zur zukünftigen

	Reform der Institutionen	Entscheidungsverfahren/Abstimmungsregeln
Benelux	Wahrung der Balance von Maastricht; Kommission als „Motor"; Ausweitung der Kompetenzen des Parlaments	Erweiterung des qualifizierten Mehrheitsentscheids bei Berücksichtigung der Bevölkerungszahl; Mehrheitsentscheide auch bei GASP und ZJI
Dänemark	EP lediglich als Kontrollorgan; Stärkung nationaler Parlamente; Stärkung des Rats	Gegen Ausweitung der Mehrheitsregel mit Ausnahmen; Berücksichtigung der Bevölkerungszahl
Deutschland	Stärkung der Gemeinschaftsorgane; Kompetenzerweiterung und Effizienzsteigerung von EP, Rat und Kommission	Ausweitung des Mehrheitsentscheids; doppelte Mehrheiten
Griechenland	Erweiterung der Kompetenzen von Parlament und Kommission; pro Land ein Kommissar	Ausweitung des Mehrheitsentscheids;
Spanien	Verbindung des EP mit nationalen Parlamenten; Verringerung der Zahl der Kommissare bei Gewichtung ihrer Stimmen	Ausweitung des Mehrheitsstimmrechts; doppelte Mehrheiten
Frankreich	Stärkung des Rats durch Initiativrecht und dreijährige Präsidentschaft; Verknüpfung von EP und nationalen Parlamenten; Verringerung der Zahl der Kommissare	verhalten gegenüber Ausweitung der Mehrheitsregel

institutionellen Ordnung der Union

differenzierte Integration	Politikbereiche: WWU, GASP, ZJI, Sozialpolitik etc.	Erweiterung und/ oder Vertiefung?
bedingte Differenzierung; kein "Europa à la carte"	Erweiterung der ersten Säule um Umwelt-, Sozial- und Beschäftigungspolitik	Vertiefung und Erweiterung
nicht gegen differenzierte Integration	Gegen verstärkte GASP; Ausweitung auf Sozial-, Konsumenten-, Umwelt- und Beschäftigungspolitik	Eher Erweiterung als Vertiefung
für „Europa der verschiedenen Geschwindigkeiten"	Ausweitung der Gemeinschaftsverfahren bei GASP und ZJI	Erweiterung und Vertiefung
gegen differenzierte Integration	Vergemeinschaftung der GASP	Erweiterung und Vertiefung
kein „Europa à la carte"	Souveränität der EU in der GASP; WEU als europäischer Pfeiler der NATO	sowohl Vertiefung als auch Erweiterung
für differenzierte Integration	„Monsieur X" der GASP; Ausweitung auf Sozial-, Gesundheits-, Energie- und Verbraucherschutzpolitik; Bindung der WEU an die Union	verhalten gegen Vertiefung

Übersicht 6.1. Fortsetzung

	Reform der Institutionen	Entscheidungs-verfahren/Abstimmungsregeln
Irland	Ausweitung der Kompetenzen des EP; Einbindung der nationalen Parlamente	Ausweitung der Mehrheitsregel
Italien	Stärkung des EP durch Initiativ-, Mitentscheidungs- und Ernennungsrecht; Verbindung von EP und nationalen Parlamenten	Ausweitung des Mehrheitsvotums; doppelte Mehrheiten
Portugal	Beibehaltung der institutionellen Balance	vermehrte Anwendung des Mehrheitsprinzips
Österreich	Beibehaltung des Institutionengefüges	keine Erhöhung der Sperrminorität bei qualifizierten Mehrheitsentscheidungen
Schweden	Erweiterung der Rechte des EP (Initiativ- und Kontrollrecht); stärkere Beteiligung nationaler Parlamente	vermehrte Anwendung des Mehrheitsprinzips; gleiche Repäsentation bei Stimmengewichtung
Finnland	„Assoziation unabhängiger Staaten"; Wahrung der institutionellen Balance; Stärkung des EP; Einbindung nationaler Parlamente; ein Kommissar pro Land	Vermehrte Nutzung des qualifizierten Mehrheitsentscheids in allen drei Pfeilern
Großbritannien	Gegen Ausweitung der Kompetenzen der Gemeinschaftsorgane; Stärkung des Rats bzw. der Präsidentschaft; Konzentration der Kommission auf größere Staaten; differenziertes Stimmrecht in der Kommission	gegen Ausweitung des Mehrheitsstimmrechts

Übersicht 6.1. Fortsetzung

differenzierte Integration	Politikbereiche: WWU, GASP, ZJI, Sozialpolitik etc.	Erweiterung und/ oder Vertiefung?
Vermeidung eines Europa der verschiedenen Geschwindigkeiten	Stärkung der GASP	Vertiefung und Erweiterung
nur bedingt für Europa der verschiedenen Geschwindigkeiten	Erweiterung der EU-Kompetenz in GASP und ZJI; Erweiterung um Beschäftigungs-, Währungs- und Sozialpolitik	Vertiefung und Erweiterung
gegen Europa der zwei Geschwindigkeiten	Ausweitung auf weitere Politikbereiche (Umwelt, Energie, etc.)	Vertiefung und Erweiterung
bedingt für Europa der verschiedenen Geschwindigkeiten	Stärkung der Gemeinschaftsrechte bei GASP und ZJI	Erweiterung und Vertiefung
bedingt für differenzierte Integration	Gemeinsame Arbeits-, Konsumenten- und Umweltpolitik; Einstimmigkeit bei GASP; Einbeziehung der ZJI	Erweiterung bei Erhalt des acquis communautaire
differenzierte Integration in Ausnahmefällen	behutsame Ausweitung vergemeinschafteter Bereiche	Erweiterung
für „variable Geometrie“	gegen jegliche Ausweitung vergemeinschafteter Bereiche	für Erweiterung; gegen Vertiefung

wurde aber auch für diesen Politikbereich eine Eingliederung in die erste Säule der Union gefordert. Auf anderen Gebieten zeigt sich Österreich nach den Worten des Außenministers Alois Mock als „europäischer Kernstaat“. Der Wille zum sofortigen Eintritt in die Wirtschafts- und Währungsunion wurde mehrfach bekundet. Die Voraussetzungen hierfür sind günstig, da das Land mit der Bundesrepublik schon seit langem in einer de-facto-Währungsunion lebt.

Als Neumitglied ist Österreich wohl nicht in der Lage, institutionelle Reformen voranzutreiben. Dennoch bestehen eigene Vorstellungen. Die Rechte des Parlaments sollen in gewissem Umfang erweitert werden, was aber aus österreichischer Sicht eine Reform der legislativen Prozeduren erfordert. Die Bildung einer zweiten Kammer – mit einer Anbindung an die nationalen Parlamente – hält Österreich nicht für sinnvoll. Im Rat soll das Gewicht der kleinen Staaten vor allem nicht verringert werden. Man weist ausdrücklich darauf hin, daß die Sperrminorität bei der qualifizierten Mehrheit nicht erhöht werden darf. Ebenso besteht Österreich auf dem Recht, auch nach einer Verkleinerung der Kommission einen Kommissär stellen zu dürfen. Österreich ruft nach bestimmten Rechten der Kommission in den Bereichen Justiz und Inneres. Auch bei der zweiten Säule (GASP) hält Österreich eine Stärkung der Gemeinschaftsinstitutionen und -prozeduren für wünschenswert.

Angesichts seiner Randlage engagiert sich Österreich besonders in der Erweiterungsfrage (Kaiser 1995: 419–422). In den Dokumenten Österreichs zur Regierungskonferenz spiegelt sich dieses Engagement aber kaum wider. Insgesamt setzt Österreich daher in erster Linie auf die Handlungsfähigkeit der Union im Rahmen der bestehenden Balance. Eine verstärkte Ausrichtung am Subsidiaritätsprinzip und eine erhöhte Entscheidungseffizienz sollen dann dazu dienen, bei der als unvermeidlich angesehenen Erweiterung den acquis communautaire nicht zu gefährden.

Schweden

Eine Aufstellung der schwedischen Ziele bei der Regierungskonferenz 1996 illustriert die Präferenzen des Landes innerhalb der Union (vgl. Huldt 1996). Die hauptsächlichen Sorgen Schwedens kreisen um eine stärkere öffentliche Basis und demokratische Legitimation der Union, um Erweiterung und Subsidiarität, um eine offene und leichter zugängliche sowie effektivere Union sowie um die generelle Stellung kleinerer Staaten innerhalb der Union. Die Politikfelder, auf denen Schweden aktiv zu werden gedenkt, sind die GASP, die Währungsunion und mit der „Beschäftigungs-Union" der Sorgenbereich Arbeitslosigkeit. Auch die offiziellen Dokumente Schwedens zur Regierungskonferenz heben auf diese Problembereiche ab. An der dritten Stufe der Wirtschafts- und Währungsunion wird Schweden wohl zunächst nicht teilnehmen, da das Land derzeit die Kriterien der Staatsverschuldung bei weitem nicht erfüllt. In der Frage der Erweiterung hingegen gilt Schweden als aktives Land, das sich insbesondere für die Heranführung der baltischen Staaten an die Union einsetzt.

Die Erweiterung der Union darf nach schwedischen Vorstellungen nicht zu Lasten der Handlungsfähigkeit und Effektivität gehen. Diese könnten nach schwedischen Vorstellungen unter anderem durch eine stärkere Beteiligung der nationalen Parlamente an den Entscheidungen der Union erhöht werden. Insgesamt sollten die Entscheidungsprozeduren vereinfacht und durchschaubarer gemacht werden. Sowohl in der Kommission als auch im Rat will Schweden das Gewicht der kleineren Staaten – hierzu zählt Schweden, obwohl es über die drittgrößte territoriale Ausdehnung der Gemeinschaft verfügt – nicht verringert sehen. Es läßt sich ein Eintreten für eine gestärkte Rolle des europäischen Parlaments verzeichnen. Dessen verbesserte Initiativ- und Kontrollrechte würden aus schwedischer Sicht auch eine gewisse Gewähr dagegen bieten, daß die großen Gemeinschaftsstaaten durch Allianzen die Interessen der kleinen und mittleren Mitgliedstaaten überfahren.

Schweden spricht sich für die Einbeziehung bzw. für die institutionelle Stärkung der Politikbereiche Arbeit, Konsum und Umwelt aus. Alle diese Bereiche sollen besser in den Verträgen verankert und als vergemeinschaftete Politiken der Union zugeführt werden. Auch die dritte Säule soll stärker in den Gemeinschaftsbereich integriert werden. Insbesondere die Bestimmungen des Schengener Abkommens werden für den gesamten Unionsbereich angestrebt. In der Außen- und Sicherheitspolitik hingegen besteht Schweden auf der Beibehaltung des Einstimmigkeitsprinzips und erklärt, weiterhin der WEU fernzubleiben wie auch den Neutralitätsstatus beizubehalten.

Übersicht 6.2: Positionen der EU-Staaten zur Regierungskonferenz

	D	F	I	B	NL	LUX	GB	IRL	DK	GR	SP	P	S	A	SF
Weniger Kommissionsmitglieder als Mitgliedstaaten	👍	👍	👍	👎	👎	☠	?	👎	👎	👎	👍	👎	👎	👎	👎
Mehr Rechte für das Europäische Parlament	👍	👎	👍	👍	👍	👍	☠	👍	?	👍	👍	👍	👍	👍	👍
Mehr Mehrheitsentscheidungen im Rat	👍	👍	👍	👍	👍	👍	👎	👍	?	👍	👍	👍	?	👍	👍
Neue Stimmengewichtung im Rat	?	👍	👍	👎	👎	☠	👍	👎	?	☠	👍	?	👎	👎	👎
Ausweitung der Mitentscheidungsverfahren EP/Rat	👍	👎	👍	👍	👍	👍	👎	👍	?	👍	👍	?	?	👍	?
Stärkung des Subsidiaritätsprinzips	♥	?	?	👍	👍	👍	👍	?	?	👎	👎	?	?	👍	👍
Stärkung der Umweltpolitik	👍	?	👍	👍	👍	👍	?	👍	👍	👍	👍	👍	♥	👍	👍
Beschäftigungspolitik als Bestandteil des EG-Vertrags	👎	?	👍	👍	👎	👍	☠	👍	👍	👍	👍	👍	♥	♥	👍
Stärkung der GASP	👍	👍	👍	👍	👍	👍	👍	?	?	👍	👍	👍	?	👍	?
Fusion WEU – EU	👍	👍	👍	👍	👍	👍	☠	?	?	👍	👍	?	?	?	?
Vergemeinschaftung einzelner Aspekte der Innen- und Justizpolitik	👍	?	👍	👍	👍	👍	☠	?	?	?	?	👍	👍	👍	?

♥ – unbedingt dafür, 👍 – dafür, ? – prüfen, 👎 – dagegen, ☠ – keinesfalls.

Finnland

In einem Dokument der finnischen Regierung vom 18. September 1995 bezeichnet diese die gewünschte Europäischen Union als „Assoziation unabhängiger Staaten", die sich den Zielen des Wirtschaftswachstums, der geringen Arbeitslosigkeit, des Umweltschutzes und der gemeinsamen Außen- und Sicherheitspolitik widmet. Die finnische Regierung unterstützt dabei die Beibehal-

Synopse 6.3: Zukünftiges Aussehen des Union aus Sicht einzelner Länder

	Intergouvernementale Konföderation	Supranational	Föderation (Union)
Belgien			x
Dänemark	x	(x)	
Deutschland			x
Finnland		x	
Griechenland	(x)	x	
Schweden		x	
Spanien		(x)	x
Frankreich	(x)	x	
Irland		x	(x)
Italien		x	(x)
Luxemburg			x
Niederlande			x
Österreich			x
Portugal		x	
Großbritannien	x		

tung des acquis communautaire. Ein Europa der verschiedenen Geschwindigkeiten wird nur in Ausnahmfällen für sinnvoll gehalten. Außerdem behandelt die finnische Regierung in ihrem Dokument die europäische Staatsbürgerschaft, das institutionelle System sowie verschiedene Politikbereiche.

Eine klarere Definition der europäischen Staatsbürgerschaft soll als Vehikel dienen, die Prinzipien der Transparenz, des Rechtsstaates, der Gleichheit und der sozialen Gerechtigkeit auf europäischer Ebene sichtbar zu machen. Zur allgemeinen Stärkung der Demokratie befürwortet Finnland eine stärkere Rolle sowohl des Europäischen Parlaments als auch der nationalen Parlamente. Eine anzustrebende Kooperation zwischen diesen Körperschaften solle allerdings nicht darüber hinwegtäuschen, daß die nationalen Parlamente weiterhin den zentralen Referenzpunkt der demokratischen Legitimation blieben. Die Unabhängigkeit der Kommission von den Einzelstaaten soll nach finnischen Vorstellungen erhalten bleiben. Finnland möchte weiterhin einen Kommissar pro Land in der Kommission vertreten sehen. Gemäß der Konzeption als „Assoziation unabhängiger Staaten“ soll der Rat weiterhin das zentrale Entscheidungsorgan der Union bleiben. Die Anwendung qualifizierter Mehrheitsentscheidungen könnte jedoch im ersten Pfeiler erweitert und in den beiden übrigen Pfeilern eingeführt werden. Finnlands allgemeine Zufriedenheit mit dem bisherigen Gemeinschaftsgefüge spiegelt sich auch darin wider, daß in bezug auf die übrigen EU-Institutionen (EuGH, Rechnungshof, Wirtschafts- und Sozialausschuß, Ausschuß der Regionen) keine Veränderungen gewünscht werden.

Im Bereich der GASP setzt Finnland auf die Beibehaltung eines intergouvernementalen Grundprinzips. Die allgemeine Effektivität der europäischen Außenpolitik könnte jedoch dadurch erhöht werden, daß eine „globale Herangehensweise" zur Leitlinie außenpolitischer Handlungen gemacht würde. Die GASP soll eine Art gemeinschaftlicher Überbau über das Recht der einzelnen Mitgliedstaaten, im Zweifelsfall eigene Entscheidungen zu treffen, bilden. Die Annäherung der WEU an die GASP wird als eines der zentralen Themen der Regierungskonferenz gesehen.

Zu welchen Ergebnissen hat die Reformdiskussion geführt?

Nach der Einheitlichen Europäischen Akte von 1986 und dem Maastrichter Vertrag von 1992 ist der Vertrag von Amsterdam die dritte größere Vertragsreform. Nach knapp anderthalbjähriger Arbeit durch die Regierungskonferenz zur Revision des Vertrags von Maastricht (begonnen am 29. März 1996) sind auf dem Treffen der Staats- und Regierungschefs der fünfzehn EU-Staaten am 18. Juni 1997 in Amsterdam Entscheidungen gefällt worden, die den Maastrichter Vertrag um einige Punkte im institutionellen Bereich (vgl. S. 166 f.) und im Bereich der Politikfelder (vgl. S. 245 f.) erweitern und ergänzen. Zu der großen Reform in den Problemzonen Legitimation und Handlungsfähigkeit ist es nicht gekommen; insbesondere bleiben die Beschlüsse bezüglich der Vorbereitung auf die Erweiterung weit hinter den Erwartungen zurück, weshalb das publizistische Echo meist sehr negativ ausgefallen ist. Die Politiker, die nach einer langen Nachtsitzung vom 17. zum 18. Juni dieses Ergebnis erreicht haben, waren dagegen verhalten positiv.

Wie der Überblick über die Positionen der einzelnen Mitgliedsländer gezeigt hat (vgl. auch Übersicht 6.2), bestanden vor der Reformkonferenz in so gut wie keinem Politikfeld einheitliche Auffassungen unter den fünfzehn Mitgliedern. In Bereichen mit der höchsten Konvergenz (mehr Rechte für das Parlament, Stärkung der GASP, Ausweitung des Mitentscheidungsverfahrens, Stärkung der Umwelt- und Beschäftigungspolitik) ist es zu Beschlüssen gekommen; dagegen haben Bereiche mit hoher Divergenz (weniger Kommissionsmitglieder, neue Stimmengewichtung im Rat, Stärkung des Subsidiaritätsprinzips) zu keiner oder nur zu deklaratorischer Einigung geführt. Die Balance des Institutionensystems ist sowohl in bezug auf die EU-Organe untereinander als auch in bezug auf das Verhältnis zwischen Gemeinschaftsorganen (Supranationalität) und einzelstaatlichen Vertretungen (Intergouvernementalismus) erhalten geblieben.

Das wichtigste Ergebnis des Amsterdamer Gipfels ist zweifellos die Einigung auf die Modalitäten zur Einführung der Wirtschafts- und Währungsunion; es ist sowohl der die Stabilitätskriterien sichernde Stabilitätspakt verabschiedet und um eine Entschließung zu Wachstum und Beschäftigung erweitert worden als auch die Willensbekundung erfolgt, am Fahrplan der Einführung der gemeinsamen Währung Euro festzuhalten. Mit dieser Stabilitätspolitik verabschieden sich die EU-Staaten weitgehend von der Keynesschen antizyklischen Finanzpolitik und schaffen auch keine Instrumente oder Programme, die die Folgen zunehmenden Wettbewerbs durch Europäisierung bzw. Globalisierung für den Arbeitsmarkt und die Sozialpolitik auffangen würden. Für die Beschäftigungspolitik sind nach wie vor die Mitgliedstaaten verantwortlich.

Institutionelle Reformen sind in größerem Umfang nicht vorgenommen worden; meist konnte eine Einigung auf Grund divergierender Interessen nicht erreicht werden. Gemäßigt gestärkt wurden das Europäische Parlament und der Präsident der Kommission sowie die Koordination der GASP. Eine Flexibilitätsklausel soll es Mitgliedstaaten erlauben, „eine engere Zusammenarbeit zu begründen", wenn andere zurückbleiben.

Zusammenfassend hat der Gipfel von Amsterdam zu folgenden Ergebnissen geführt:

(1) Die ersten Beitrittsverhandlungen können Anfang 1998 beginnen.
(2) Die Weichen für den Euro sind durch Verabschiedung des Stabilitätspaktes gestellt worden.
(3) Die EU intensiviert den Kampf gegen die Arbeitslosigkeit durch stärkere Koordination.

(4) Die Handlungsfähigkeit der EU nach außen ist gestärkt worden. Eine Flexibilitätsklausel soll der EU mehr Dynamik geben.
(5) Substantielle Reformen der EU-Institutionen sind verschoben worden. Die Balance der Gewalten ist gewahrt worden.

6.4. Ausblick

Im Ergebnis hat die europäische Integration eine lange Periode von fünfzig Jahren Frieden zwischen den europäischen Staaten gebracht, die sich an der Gemeinschaftsbildung beteiligt haben. Eine zuvor nicht gekannte wirtschaftliche Prosperität hat sich ausgebreitet. Nach außen hat sich ein in Ansätzen gemeinsames Handeln entwickelt. Westeuropa wurde zu einem Pol der Stabilität, umgeben von Instabilitäten in der Peripherie. Erreicht wurde diese Integration von demokratischen Staaten nach einem Modus, der eine funktionale Gleichheit gewährleisten konnte. Die Stimmengewichtung im Ministerrat wurde z. B. so gewählt, daß keine besondere Gruppe von Staaten (wie große versus kleine, alte versus neue etc.) überstimmt werden kann. Durch Redistribution (Regionalfonds, Strukturfonds) und regionale Teilhabe (Regionalausschuß) wurde versucht, dem Ideal gleicher Lebensverhältnisse gerecht zu werden. Gleichwohl kann die Integration nicht als abgeschlossen gelten. Es handelt sich vielmehr um einen Prozeß, der weitergehen wird, bis eine Balance zwischen den Institutionen gefunden ist. Verlagert haben sich die Themenschwerpunkte. Von politischen und sicherheitspolitischen Überlegungen hat sich das Interesse auf wirtschaftliche und schließlich auf demokratische bzw. partizipatorische Erfordernisse konzentriert.

Als Gebilde eines freiwilligen Zusammenschlusses, das weder durch Druck, Krieg, Unterwerfung oder Beherrschung geschaffen wurde, kann der Europäischen Union ein relativ großer Zusammenhalt prognostiziert werden. Diese Freiwilligkeit hat mehrere Wurzeln, von denen die gemeinsame geschichtliche Erfahrung, das Eigeninteresse der Mitgliedstaaten, die zeitweilige gemeinsame Bedrohung aus dem Osten und die wirtschaftlichen Herausforderungen etwa durch Japan oder die USA zu den wichtigsten zählen. Auch allgegenwärtige Globalisierungstendenzen zu größeren Märkten, die Verdichtung der Lebensräume durch Technik und Technologie, schnellere Transport- und Kommunikationsmittel etc. sind als Antriebskräfte für den europäischen Einigungsprozeß zu sehen.

Drei Probleme, die das konfigurative Selbstverständnis der Union widerspiegeln, müssen in den kommenden Jahren gelöst werden: die eng mit der Frage einer „europäischen Identität" zusammenhängende Legitimitätskrise (Kapitel 3: „Die europäische Identität"), der Bedarf an institutioneller Reform (Kapitel 4: „Das europäische Institutionsystem") und die Frage der Osterweiterung (Kapitel 6: „Ausblick: Europa zwischen Identität und Institutionen").

Chronik des europäischen Einigungsprozesses

1945

4.–11. 2. In Jalta, einem Badeort auf der Schwarzmeerhalbinsel Krim, treffen sich die alliierten Oberbefehlshaber Winston Churchill, Franklin D. Roosevelt und Josif Stalin zu Beratungen über das Nachkriegseuropa (Besetzungszonen in Deutschland; Festschreibung der sowjetischen Geländegewinne).

1946

19. 9. Rede des englischen Premierministers Winston Churchill in Zürich, auf der die Gründung der „Vereinigten Staaten von Europa" gefordert wird.

1947

5. 6. Der amerikanische Staatssekretär George C. Marshall stellt einen Plan zur Leistung von wirtschaftlicher Aufbauhilfe für die vom Krieg betroffenen europäischen Länder vor.

1948

17. 3. Vertrag von Brüssel (auch: Brüsseler Pakt), der Frankreich, Großbritannien und die Benelux-Länder in einem militärischen Beistandsvertrag zugleich gegen Deutschland und gegen die Sowjetunion eint.

16. 4. Gründung der Europäischen Organisation für wirtschaftliche Zusammenarbeit (OEEC), die den Marshallplan umsetzt.

7.–10. 5. Auf einem Kongreß in Den Haag (Haager Kongreß) gründet sich die Europäische Bewegung.

1949

4. 4. Unterzeichnung der Atlantischen Verträge in Washington (Gründung der NATO).

5. 5. Gründung des Europarates in London (Sitz des Europarates: Straßburg) durch Belgien, Dänemark, Frankreich, Großbritannien, Irland, Italien, Luxemburg, Norwegen, die Niederlande und Schweden.

1950

9. 5. Vorschlag des französischen Außenministers Robert Schuman zur Gründung einen Europäischen Gemeinschaft für Kohle und Stahl (Schuman-Plan).

24. 10. Der französische Ministerpräsident René Pleven schlägt die Schaffung einer europäischen Verteidigungsgemeinschaft (EVG) vor.

1951

18. 4. Belgien, die Bundesrepublik Deutschland, Frankreich, Italien, Luxemburg und die Niederlande unterzeichnen in Paris den Vertrag zur Gründung der Europäischen Gemeinschaft für Kohle und Stahl (EGKS).

1952

27. 5. Unterzeichnung des Vertrages zur Gründung der Europäischen Verteidigungsgemeinschaft (EVG) zwischen den sechs die EGKS bildenden Ländern.

23. 7. Inkrafttreten der Verträge über die EGKS.

10. 8. Die Hohe Behörde der EGKS nimmt unter der Leitung von Jean Monnet in Luxemburg ihre Arbeit auf.

10. 9. Gründungssitzung der Gemeinsamen Versammlung der EGKS und Schaffung einer „ad-hoc-Versammlung“ mit dem Ziel, ein Projekt einer Europäischen Politischen Gemeinschaft (EPG) zu erarbeiten.

1953

10. 2. Errichtung eines gemeinsamen Marktes für Kohle, Eisenerz und Schrott.

10. 3. Vorlage und Billigung des Projektes einer Europäischen Politischen Gemeinschaft (EPG) durch die Gemeinsame Versammlung der EGKS.

1. 5. Errichtung eines gemeinsamen Marktes für Stahl.

1954

30. 8. Scheitern der EVG und der damit verbundenen EPG in der französischen Nationalversammlung.

9.–23. 10. Konferenz in Paris, als deren Resultat der Brüsseler Pakt mit der Bundesrepublik Deutschland und Italien erweitert wird; Fortentwicklung zur Westeuropäischen Union (WEU)

1955

5. 5. Beitritt der Bundesrepublik zur NATO.

1./2. 6. Die Außenminister der Sechs beauftragen in Messina ein Komitee unter der Leitung des Belgiers Paul-Henri Spaak mit der Entwicklung einer Wirtschafts- und Atomgemeinschaft.

1956

29. 5. In Venedig Beschluß der sechs Außenminister zur Gründung einer Wirtschafts- und einer Atomgemeinschaft.

26. 6. Verhandlungsbeginn über die Bildung eines gemeinsamen Marktes und einer Atomgemeinschaft.

1957

25. 3. Römische Verträge: die sechs Staaten der EGKS unterzeichnen in Rom die Verträge zur Gründung der Europäischen Wirtschaftsgemeinschaft (EWG) und der Europäischen Atomgemeinschaft (EAG).

1958

1. 1. Inkrafttreten der Römischen Verträge.

7. 1. Walter Hallstein wird zum Präsidenten der EWG ernannt. Präsident der EAG wird der Franzose Louis Armand.

1959

1. 1. Erste Zollsenkung von 10 % innerhalb der EWG.

1960

4. 1. In Stockholm beschließen Dänemark, Großbritannien, Österreich, Norwegen, Portugal, Schweden und die Schweiz die Errichtung der European Free Trade Association (EFTA).

1. 7. Inkrafttreten der EFTA

1. 10. Die Organisation für Europäische Wirtschaftliche Zusammenarbeit (OEEC) wird durch Erweiterung um Kanada und die USA zur Organsation für wirtschaftliche Zusammenarbeit und Entwicklung (OECD).

1961

9. 7. Unterzeichnung des Assoziierungsabkommens mit Griechenland in Athen.

31. 7. Innerhalb weniger Wochen stellen Irland (31. 7.), Großbritannien (9. 8.) und Dänemark (10. 8.) Anträge auf den Beitritt zur EWG.

20. 9. Errichtung des Europäischen Sozialfonds.

2. 11. Präsentation des Planes Fouchet I, in dem unter dem Begriff einer „Union der Staaten“ eine weitergehende politische Integration projektiert wurde.

1962

14. 1. Einigung über die erste Agrarordnung im Ministerrat.

18. 1. Vorlage des Planes Fouchet II, der eine politische Union in den Bereichen Wirtschafts-, Kultur- und Außenpolitik konkretisierte.

17. 4. Scheitern der Verhandlungen über eine Politische Union, denen die beiden Projekte des französischen Gaullisten Christian Fouchet zugrunde gelegen hatten.

30. 4. Beitrittsantrag von Norwegen.

1963

14. 1. Pressekonferenz von Charles de Gaulle, auf der der französische Präsident sich gegen einen Beitritt Großbritanniens zur EWG wendet.

22. 1. Unterzeichnung des deutsch-französischen Freundschaftsvertrages im Elysée-Palast.

20.7. In Jaunde (Kamerun) unterzeichnen die EWG und siebzehn afrikanische Staaten sowie Madagaskar ein Assoziierungsabkommen.

12. 9. Unterzeichnung eines Assoziierungsabkommens zwischen der Türkei und der EWG in Ankara.

1965

8. 4. Unterzeichnung des Vertrages über die Fusion der Exekutivorgane der Europäischen Gemeinschaften EGKS, EWG und Euratom.

1. 7. Infolge von Meinungsverschiedenheiten über die Finanzierung der gemeinsamen Agrarpolitik entscheidet sich Frankreich zu einem insgesamt sieben Monate dauernden Rückzug aus dem Ministerrat (Politik des leeren Stuhls).

1966

28.–30. 1. Mit dem Kompromiß, bei nationalen Fragen von „essentiellem Interesse“ auf die Mehrheitsregel zu verzichten, kehrt Frankreich in den Ministerrat zurück (Luxemburger Kompromiß).

1967

21. 4. Ein Militärputsch in Griechenland führt zum Einfrieren des Assoziierungsabkommens.

10. 5. Großbritannien und Irland, Dänemark (11. 5.) und innerhalb von zwei Monaten Norwegen (25. 7.) und Schweden (28. 7.) stellen zum Teil erneut Anträge auf den Beitritt zur Sechsergemeinschaft.

1. 7. Fusion der Institutionen der EGKS, der EWG und der Euratom zu den Europäischen Gemeinschaften (EG). Zum ersten Präsidenten der EG wird der Belgier Jean Rey.

27. 11. General de Gaulle spricht sich erneut gegen den Beitritt Großbritanniens zum gemeinsamen Markt aus.

19. 12. Im Ministerrat wird die erneute Aufnahme von Erweiterungsverhandlungen verworfen.

1968

1. 7. Achtzehn Monate vor dem dafür vorgesehenen Zeitpunkt werden die Zollunion (Fallen der letzten intragemeinschaftlichen Zölle) und ein gemeinsamer Außenzoll eingeführt.

8. 11. Den Arbeitnehmern in der Gemeinschaft wird Freizügigkeit gewährt.

23. 12. Veröffentlichung des Mansholt-Planes zur Reform der Landwirtschaft in der EG.

1969

4. 3. Unterzeichnung eines Assoziierungsabkommens zwischen Tunesien, Marokko und EG.

17. 7. Der französische Politiker Raymond Barre legt einen Plan zur Kooperation auf dem Gebiet der Geldpolitik vor.

29. 7. Unterzeichnung des zweiten Jaunde-Abkommens.

1./2. 12. Auf dem Gipfel der Staats- und Regierungschefs in Den Haag werden drei weitreichende Beschlüsse getroffen: Aufnahme der Beitrittsverhandlungen mit Großbritannien, Irland, Dänemark und Norwegen; Vollendung des Binnenmarktes; Vertiefung der EG mittels einer Wirtschafts- und Währungsunion bis zum Jahre 1980.

1970

1. 1. Übergang der Kompetenz für Außenhandelspolitik auf die EG.

21./22. 4. Der Ministerrat gesteht der EG das Recht von Eigenmitteln zu und gewährt dem Europäischen Parlament Budgetrechte.

7./8. 10. Der Regierungschef Luxemburgs, Pierre Werner, legt einen Plan zur schrittweisen Verwirklichung der Wirtschafts- und Währungsunion vor (Werner-Plan).

27. 10. Vorlage des Davignon-Berichtes, in dem Konsultationsmechanismen in Fragen der gemeinsamen Orientierung der Außenpolitik vorgeschlagen werden (auch Luxemburger Bericht).

19. 11. Erstes Treffen der EG-Außenminister infolge der Vorschläge von Davignon.

5. 12. Unterzeichnung eines Assoziierungsabkommens mit Malta.

1971

22. 3. Der Ministerrat verabschiedet den Werner-Plan, ohne jedoch juristische oder institutionelle Maßnahmen zu seiner Verwirklichung zu treffen.

15. 4. Die Aufhebung der Goldkonvertibilität des Dollars markiert den Anfang vom Ende des Währungssystems von Bretton Woods.

1. 7. Im Handel mit Entwicklungsländern wird das System der allgemeinen Zollpräferenzen beschlossen.

1972

22. 1. Die EG-Beitrittsverträge von Großbritannien, Dänemark, Irland und Norwegen werden unterzeichnet.

22. 3. Sicco L. Mansholt wird neuer Präsident der Europäischen Kommission.

24. 4. Schaffung der Europäischen Währungsschlange, in deren Rahmen die europäischen Währungen nur noch um 2,25 Prozentpunkte voneinander abweichen dürfen.

10. 5. Die irische Bevölkerung spricht sich in einer Volksabstimmung für den EG-Beitritt aus.

13. 7. Das britische Unterhaus spricht sich für den EG-Beitritt aus.

22. 7. Unterzeichnung eines Freihandelsabkommens zwischen der EG und der EFTA.

26. 9. Die norwegische Bevölkerung lehnt in einem Referendum den EG-Beitritt ab.

2. 10. Die dänische Bevölkerung spricht sich in einem Referendum für den EG-Beitritt aus.

19.–21. 10. Auf dem Gipfel von Paris wird die Weiterführung der EG in eine Politische Union bis zum Ende des Jahrzehnts beschlossen.

19. 12. Unterzeichnung eines Assoziierungsabkommens mit Zypern.

1973

1. 1. Inkrafttreten der EG-Mitgliedschaft Großbritanniens, Dänemarks und Irlands.

1. 1. François-Xavier Ortoli wird zum neuen Präsidenten der Kommission.

11./12. 3. Großbritannien, Irland und Italien entscheiden sich gegen den Eintritt in die Währungsschlange.

3. 4. Gründung des Europäischen Fonds für währungspolitische Zusammenarbeit mit Sitz in Luxemburg.

14. 5. Zwischen Norwegen und der EG wird ein Freihandelsabkommen unterzeichnet.

23. 7. In Kopenhagen verabschieden die EG-Außenminister den zweiten EPZ-Bericht.

5. 10. Zwischen Finnland und der EG wird ein Freihandelsabkommen unterzeichnet.

1974

1\. 4. Großbritannien verlangt Nachverhandlungen bezüglich seiner Zugehörigkeit zum gemeinsamen Markt.

9./10. 12. Auf einem Gipfeltreffen in Paris beschließen die Staats- und Regierungschefs, zukünftig zweimal jährlich als Europäischer Rat zu tagen. Weiterhin werden die im Turnus wechselnde EG-Präsidentschaft für jeweils ein halbes Jahr und die Volkswahl des Europäischen Parlaments beschlossen.

1975

28\. 2. In Lomé (Togo) wird das erste Lomé-Abkommen zwischen der EG und 46 afrikanischen, karibischen und pazifischen Staaten (AKP-Staaten) geschlossen.

10./11. 3. Erstes Treffen des Europäischen Rates in Dublin. Erreichung eines Kompromisses bezüglich der Zahlungsbeiträge Großbritanniens an den EG-Haushalt.

18\. 3. Beschluß zur Errichtung des Europäischen Fonds für Regional-Entwicklung (Regionalfonds).

11\. 5. Unterzeichnung eines Kooperationsabkommens zwischen der EG und Israel.

5\. 6. Mit 68 % spricht sich die Mehrheit der britischen Bevölkerung für einen Verbleib in der EG aus.

12\. 6. Beitrittsantrag Griechenlands zur EG.

1\. 8. Verabschiedung der Schlußakte von Helsinki von der Konferenz für Sicherheit und Zusammenarbeit in Europa (KSZE).

16\. 9. Aufnahme offizieller Beziehungen zwischen der EG und der Volksrepublik China.

29\. 12. Der belgische Premierminister Leo Tindemans legt einen Bericht über die Europäische Union vor, der allerdings keine direkten Folgen hat.

1976

25./27. 4. Unterzeichnung dreier Kooperationsabkommen zwischen der EG und Algerien, Marokko sowie Tunesien.

27\. 7. Beginn der Beitrittsverhandlungen mit Griechenland.

20\. 12. Roy Jenkins wird zum Präsidenten der EG-Kommission ernannt.

1977

18\. 1. Unterzeichnung dreier Kooperationsabkommen zwischen der EG und Ägypten, Jordanien sowie Syrien.

28\. 3. Beitrittsantrag Portugals.

28\. 7. Beitrittsantrag Spaniens.

1978

6. 7. Der Europäische Rat verabschiedet in Bremen die Grundlinien des Europäischen Währungssystems (EWS).

17. 10. Beginn der Beitrittsverhandlungen mit Portugal.

5. 12. Auf einem Treffen des Europäischen Rates in Brüssel wird die Einführung des EWS beschlossen.

1979

5. 2. Beginn der Beitrittsverhandlungen mit Spanien.

13. 3. Nach einem Beschluß des Europäischen Rates in Paris Inkrafttreten des EWS.

28. 5. In Athen Unterzeichnung der Beitrittsakte Griechenlands.

7.–10. 6. In den neun Mitgliedstaaten finden die ersten Volkswahlen zum Europäischen Parlament statt.

17.–20. 7. Erste Tagung eines direkt gewählten Europaparlaments in Straßburg. Zur Präsidentin des Parlaments wird die Französin Simone Veil gewählt.

31. 10. Unterzeichnung des zweiten Lomé-Abkommens.

1980

7./8. 3. Unterzeichnung eines Kooperationsabkommens zwischen der EG und den ASEAN-Staaten in Kuala Lumpur.

2. 4. Unterzeichnung eines Kooperationsabkommens zwischen der EG und Jugoslawien.

28. 7. Unterzeichnung eines Kooperationsabkommens zwischen der EG und Rumänien.

15. 9. Die EG-Außenminister fordern nach dem Militärputsch in der Türkei die Wiederherstellung der demokratischen Ordnung.

1981

1. 1. Mit Griechenland tritt der Europäischen Gemeinschaft ein zehntes Mitglied offiziell bei.

6. 1. Der Luxemburger Gaston Thorn wird zum Präsidenten der EG-Kommission.

13. 10. Der dritte Bericht zur EPZ wird dem Europäischen Rat in London vorgelegt.

19. 11. Die Außenministerkollegen Hans-Dietrich Genscher (Bundesrepublik) und Emilio Colombo (Italien) legen eine Initiative vor, die die Stärkung der EPZ vorsieht (Genscher-Colombo-Initiative).

1982

19. 2. Der Niederländer Pieter Dankert wird zum zweiten Präsidenten des Europäischen Parlaments gewählt.

23. 2. Nach einer entsprechenden Volksabstimmung tritt das seit 1979 von Dänemark autonome Grönland aus der EG aus.

1983

20. 1. Rede des französischen Präsidenten François Mitterrand im Bundestag: „Die Pazifisten sind im Westen, aber die Missiles sind im Osten."

25. 1. Nach sechsjährigen Verhandlungen kann sich der Ministerrat auf eine gemeinsame Fischereipolitik einigen.

17.–19. 6. Der Europäische Rat in Stuttgart nimmt eine „Feierliche Erklärung zur Europäischen Union" an.

4.–6. 12. Auf einer Tagung des Europäischen Rates in Athen können keine Ergebnisse erzielt werden („Fehlschlag von Athen").

1984

14. 2. Das Europäische Parlament nimmt einen Vorschlag des Italieners Altiero Spinelli an, in dem eine Föderalisierung der EG projektiert wird.

14.–17. 6. Die zweiten Europawahlen (434 Abgeordnete) finden statt.

25./26. 6. Auf einer Tagung des Europäischen Rates in Fontainebleau bei Paris wird über den Beitrag Großbritanniens zum EG-Budget entschieden. Weiterhin werden zwei adhoc-Komitees zur Reform der Institutionen (Dooge-Komitee) und zum „Europa der Bürger" (Adonnino-Komitee) gebildet.

24. 7. Der Franzose Pierre Pfimlin wird zum Parlamentspräsidenten gewählt.

8. 12. Unterzeichnung des dritten Lomé-Abkommens.

1985

7. 1. Der Franzose Jacques Delors tritt als neuer Präsident der EG-Kommission sein Amt an.

9. 3. Veröffentlichung des Dooge-Berichtes, der eine Reform der EG-Institutionen im Hinblick auf eine Politische Union zum Inhalt hat.

12. 6. Unterzeichnung der Beitrittsakten Spaniens und Portugals.

14. 6. Veröffentlichung des Weißbuches über die Vollendung des Binnenmarktes bis Ende 1992.

14. 6. Unterzeichnung des ersten Schengener Abkommens über die freie Personenzirkulation in den Beneluxländern, Frankreich und der Bundesrepublik Deutschland.

28./29. 6. Der Europäische Rat beschließt in Mailand, eine die Änderung der Römischen Verträge anstrebende Regierungskonferenz einzuberufen.

22. 7. Beginn der Regierungskonferenz in Luxemburg.

2./3. 12. Der Europäische Rat erzielt in Luxemburg eine grundsätzliche Einigung über die Verabschiedung der Einheitlichen

Europäischen Akte (EEA). Diese soll die Reform des institutionellen Systems, eine Ausweitung der Gemeinschaftskompetenzen sowie einen rechtlichen Rahmen für die außenpolitische Zusammenarbeit initiieren.

1986

1. 1. Der Beitritt Spaniens und Portugals läßt das „Europa der Zehn" zum „Europa der Zwölf" werden.

17./28. 2. Die zwölf Mitgliedstaaten der EG unterzeichnen die Einheitliche Europäische Akte (EEA).

1987

1. 1. In Brüssel nimmt das EPZ-Sekretariat seine Arbeit auf.

20. 1. Der Brite Sir Henry Plumb wird zum Präsidenten des Europäischen Parlaments gewählt.

14. 4. EG-Beitrittsantrag der Türkei.

26. 5. Eine Volksabstimmung in Irland bejaht die Ratifizierung der EEA.

1. 7. Inkrafttreten der Einheitlichen Europäischen Akte (EEA).

1988

11./12. 2. In Brüssel nimmt der Europäische Rat das „Delors-Paket" an, in dessen Rahmen der Strukturfonds verdoppelt und die Eigenmittel der EG auf 1,40 % des europäischen BIP angehoben werden.

29. 3. Die Kommission legt den Cecchini-Bericht vor, der die Nachteile eines Verzichts auf den Binnenmarkt quantifiziert.

25. 6. Unterzeichnung des Kooperationsabkommens zwischen der EG und dem RGW.

26. 9. Mit Ungarn wird ein Handels- und Kooperationsabkommen geschlossen.

1989

15.–18. 6. Dritte Wahl zum Europäischen Parlament (518 Abgeordnete).

26./27. 6. In Madrid nimmt der Europäische Rat den drei Stufen umfassenden Plan zur Wirtschafts- und Währungsunion (WWU) von Jacques Delors an.

29. 6. Spanien tritt dem EWS bei.

17. 7. Beitrittsantrag Österreichs.

26. 7. Der Spanier Enrique Barón Crespo wird zum Präsidenten des Europaparlaments gewählt.

19. 9. Unterzeichnung eines Wirtschaftsabkommens zwischen der EG und Polen.

9. 11. Fall der Berliner Mauer.

8./9. 12. In Straßburg beschließt der Europäische Rat die Einberufung einer Regierungskonferenz hinsichtlich der Wirtschafts- und Währungsunion. Außerdem werden die Gründung der Bank für Wiederaufbau und Entwicklung und die deutsche Wiedervereinigung im Rahmen des europäischen Einigungsprozesses befürwortet.

15. 12. Zwischen der EG und 68 Entwicklungsländern wird das vierte Lomé-Abkommen unterzeichnet.

1990

9. 5. Unterzeichnung eines Kooperationsabkommens zwischen Bulgarien und der EG.

19. 6. Das zweite Schengener Abkommen, das wegen der neuen Grenzöffnungen in Mittel- und Osteuropa notwendig geworden war, wird zwischen den Benelux-Staaten, Frankreich und der Bundesrepublik geschlossen.

1. 7. Inkrafttreten der ersten Stufe der Europäischen Wirtschafts- und Währungsunion.

1. 7. Inkrafttreten der deutschen Wirtschafts- und Währungsunion. Dadurch gelten die Bedingungen des EG-Marktes auf dem Gebiet der DDR.

4. 7. Zypern stellt einen Antrag auf Beitritt zur EG.

16. 7. Antrag Maltas zum EG-Beitritt.

3. 10. In Deutschland wird die Wiedervereinigung vollzogen, fünf neue Länder treten der alten Bundesrepublik bei.

8. 10. Großbritannien tritt dem EWS bei.

15. 12. Eröffnung der zwei Regierungskonferenzen über die Wirtschafts- und Währungsunion sowie die Politische Union auf einem Treffen des Europäischen Rates in Rom.

1991

27. 2. Nach einem Beschluß der Europäischen Kommission können Gemeinschaftsmittel zur Eingliederung der deutschen fünf neuen Bundesländer in den gemeinsamen Markt in Anspruch genommen werden.

24. 6. Der Ministerrat beschließt, daß ab 1997 die Mehrwertsteuer im Zuge der Angleichung der Steuerpolitiken nicht mehr im Verbrauchsland, sondern in Ursprungsland erhoben werden soll.

25. 6. Die Unabhängigkeitserklärungen der jugoslawischen Bundesrepubliken Slowenien und Kroatien lösen erste bewaffnete Kämpfe auf dem Gebiet Jugoslawiens aus (Beginn der Jugoslawienkrise).

25. 6. Beitritt Spaniens und Portugals zum Schengener Abkommen.

1. 7. Antrag Schwedens zum EG-Beitritt.

1. 7. Auflösung des Warschauer Paktes.
22. 10. Die zwölf EG-Mitglieder beschließen zusammen mit den sieben EFTA-Staaten die Bildung eines Europäischen Wirtschaftsraumes (EWR) ab 1993.
10./11. 12. Der Europäische Rat einigt sich in Maastricht auf den Vertrag über die Europäische Union. Die Ablehnung der Sozialcharta durch Großbritannien führt zu einer Ausklammerung dieses Teils in einem nur für die restlichen elf Mitgliedstaaten gültigen Protokoll „Über die Sozialpolitik".
16. 12. Zwischen der EG und Polen, der Tschechoslowakei sowie Ungarn werden drei „Europaabkommen" unterzeichnet.
21. 12. Die Präsidenten von elf der fünfzehn Republiken der Sowjetunion beschließen im weißrussischen Minsk deren Auflösung und die Bildung einer Gemeinschaft Unabhängiger Staaten (GUS).
23. 12. Die Bundesrepublik Deutschland erkennt unilateral die ehemaligen jugoslawischen Republiken Slowenien und Kroatien an.

1992

14. 1. Der deutsche Christdemokrat Egon Klepsch wird zum sechsten Präsidenten des Europäischen Parlaments gewählt.
15. 1. Anerkennung von Slowenien und Kroatien durch die übrigen Staaten der EG.
7. 2. Unterzeichnung des Vertrages über die Europäische Union in Maastricht.
18. 3. Antrag Finnlands auf Beitritt zur EG.
6. 4. Die EG und die USA erkennen Bosnien-Herzegowina als unabhängigen Staat an.
2. 5. Der Vertrag über den Europäischen Wirtschaftsraum wird in Porto unterzeichnet.
20. 5. EG-Beitrittsantrag der Schweiz.
21. 5. Der Ministerrat beschließt eine Reform der Gemeinsamen Agrarpolitik.
21./22. 5. Auf dem deutsch-französischen Gipfel in La Rochelle beschließen François Mitterrand und Helmut Kohl die Aufstellung eines deutsch-französischen Armeekorps.
2. 6. Die dänische Bevölkerung entscheidet sich mit 50,7 % gegen die Ratifizierung der Maastrichter Verträge.
4. 6. Auf einer Sondersitzung in Oslo beschließen die EG-Außenminister, die Umsetzung der Maastrichter Verträge gegebenenfalls auch ohne Dänemark zu vollziehen.
18. 6. Mit 68,7 % ratifiziert die irische Bevölkerung in einem Referendum die Maastrichter Verträge.

17. 9. Nach einer mehrtägigen Krise scheiden die italienische Lira und das britische Pfund aus dem EWS aus.

25. 11. Norwegen stellt den Antrag auf EG-Mitgliedschaft.

6. 12. In einem Referendum sprechen sich 50,3 % der Schweizer gegen den Beitritt zum EWR aus. Damit wird ein EG-Beitritt der Schweiz hinfällig.

11./12. 12. Auf dem Treffen des Europäischen Rates im schottischen Edinburgh werden Straßburg als Sitz des Europäischen Parlaments und Brüssel als Sitz der Europäischen Kommission bestätigt.

1993

1. 1. Vollendung des Binnenmarktes.

1. 2. Unterzeichnung des Europaabkommens mit Rumänien.

1. 2. Beginn der Aufnahmeverhandlungen mit Österreich, Schweden und Finnland, wenig später (5. 4.) gefolgt vom Verhandlungsbeginn mit Norwegen.

17. 3. Inkrafttreten des EWR-Vertrages.

18. 5. In einem zweiten Referendum ratifizieren 56,8 % der Dänen den Vertrag von Maastricht, nachdem mehrere Dänemark betreffende Änderungen in den Vertrag eingebaut worden waren.

21./22. 6. Auf dem Treffen des Europäischen Rates in Kopenhagen wird das Prinzip der Erweiterung nach Mittel- und Osteuropa beschlossen.

1./2. 8. Nach einer neuen monetären Krise werden die Bandbreiten des EWS auf ± 15 % erweitert.

2. 8. Im britischen Unterhaus (house of commons) werden die Maastrichter Verträge ratifiziert.

4. 10. Unterzeichnung der zwei neuausgehandelten Europaabkommen zwischen der EG und der Tschechischen Republik und der Slowakei.

11. 10. Beschluß des bundesdeutschen Verfassungsgerichts (Karlsruhe) zur Verträglichkeit der Maastrichter Verträge mit dem deutschen Grundgesetz.

1. 11. Inkrafttreten des Vertrags über die Europäische Union.

2. 12. Der Deutsche Bundestag nimmt die Maastrichter Verträge an. Damit sind die Verträge in allen EG-Mitgliedstaaten ratifiziert.

9./10. 12. Auf dem Treffen des Europäischen Rates in Brüssel wird den Ausführungen des Weißbuches zu Wettbewerbsfähigkeit, Wachstum und Beschäftigung zugestimmt. Weiterhin wird Frankfurt als Sitz des Europäischen Währungsinstitutes (EWI) festgelegt.

15. 12. Abschluß der Uruguay-Runde des GATT.

1994

1. 1. Geltungsbeginn des Europäischen Wirtschaftsraumes.

1. 1. Mit der Schaffung des EWI, das die Phase der einheitlichen Währung vorbereiten soll, beginnt die zweite Phase der Wirtschafts- und Währungsunion.

5. 5. Das Europäische Parlament entscheidet positiv über den Beitritt der vier Kandidaten Finnland, Norwegen, Schweden und Österreich.

9.–12. 6. Wahl zum Europäischen Parlament (567 Abgeordnete).

12. 6. In einem Referendum sprechen sich 66,5 % der österreichischen Bevölkerung für einen Beitritt zur EU aus.

19. 7. Der deutsche Sozialdemokrat Klaus Hänsch wird zum Präsidenten des Parlaments gewählt.

21. 7. Das Parlament bestätigt die Nominierung des Luxemburger Ministerpräsidenten Jacques Santer zum Präsidenten der Europäischen Kommission ab 1995.

16. 10. Ein Referendum in Finnland erbringt eine Mehrheit von 57 % für den EU-Beitritt.

13. 11. In einem Referendum entscheiden sich die Schweden mit ca. 52 % für den Beitritt zur Union.

27./28. 11. Beim Beitrittsreferendum in Norwegen entscheidet sich eine Mehrheit von 52,2 % gegen den EU-Beitritt.

9.–10. 12. In Essen nehmen erstmals die Ministerpräsidenten und Außenminister Polens, Ungarns, der Tschechischen Republik, der Slowakei, Rumäniens und Bulgariens an einer Sitzung des Europäischen Rats teil.

22. 12. Der Exekutivausschuß der Schengen-Staaten beschließt in Bonn, das Vertragswerk über den Wegfall der Grenzkontrollen am 26. 3. 1995 in Kraft zu setzen.

1995

1. 1. Österreich, Schweden und Finnland treten der EU bei.

9. 1. Österreich tritt dem EWS bei.

23. 1. Die neue Kommission unter ihrem Präsidenten Jacques Santer (Luxemburg) beginnt ihre Amtszeit.

24. 1. Unterzeichnung eines Partnerschaftsabkommens zwischen der EU und Kasachstan.

6. 3. Die Außenminister der EU und der Türkei einigen sich grundsätzlich über die Errichtung einer Zollunion zum 1. 1. 1996.

7. 3. Griechenland wird das zehnte Mitglied der WEU.

17. 3. Auf einer Plenartagung des EP lehnen die Parlamentarier den Abschluß des Vertrags über die Zollunion mit der Türkei ab, solange die Zypern-Frage nicht gelöst sei und die Menschenrechtssituation sich nicht gebessert habe.

26. 3. Das Schengener Abkommen tritt in Deutschland, Belgien, Frankreich, Luxemburg, den Niederlanden, Portugal und Spanien in Kraft.

12. 6. Während einer EU-Außenministerkonferenz werden Europa-Abkommen mit den baltischen Staaten geschlossen.

22. 6. Rumänien stellt als drittes osteuropäisches Land einen offiziellen Aufnahmeantrag an die EU.

12. 7. Die EU und Slowenien schließen ein Europa-Abkommen.

26. 9. Die Innen- und Justizminister verständigen sich auf eine Liste von 101 Staaten, deren Bürger an den EU-Außengrenzen ein Visum vorlegen müssen.

3.–4. 11. Bei einer Ministerkonferenz mit den AKP-Staaten wird die zweite Halbzeit des Lomé-IV-Abkommens (1995–2000) mit 14,6 Milliarden ECU ausgestattet.

8. 12. Litauen beantragt als letztes der drei baltischen Länder den Beitritt zu EU.

11.–15. 12. Nach längerer Debatte spricht sich das EP trotz Bedenken wegen der Menschenrechtssituation mit 343 zu 149 Stimmen für das Inkrafttreten der Zollunion mit der Türkei zum 1. 1. 1996 aus.

15.–16. 12. Auf dem Treffen des Europäischen Rats in Madrid einigen sich die Teilnehmer auf den Namen EURO für die zukünftige gemeinsame Währung. Weiterhin wird ein Freihandelsabkommen mit den Staaten des südamerikanischen Mercosur unterzeichnet.

1996

23. 1. Die Tschechische Republik bewirbt sich formell um die EU-Mitgliedschaft. Damit haben neun mittel- und osteuropäische Staaten den Beitritt beantragt: Polen, Ungarn, Bulgarien, die Slowakei, die Tschechische Republik, Rumänien, Lettland, Estland und Litauen.

25. 1. Trotz des Krieges in Tschetschenien wird Rußland als neununddreißigstes Mitglied in den Europarat aufgenommen.

26. 2. Hans Koschnik, seit April 1995 EU-Administrator für die bosnische Stadt Mostar, gibt sein Mandat zurück.

29. 3. In Turin beginnt die auf fünfzehn Monate anberaumte Regierungskonferenz zur Revision des Vertrages von Maastricht.

3. 4. In einem Maßnahmenkatalog des Agrarministerrates wird das Exportverbot für britische Rinder und Rinderprodukte zur Bekämpfung der Rinderseuche BSE bestätigt.

23. 5. Aus Protest gegen das Exportverbot für britisches Rindfleisch blockiert Großbritannien alle Tagesordnungspunk-

te bei einem Treffen der EU-Innenminister. Auch fortan verweigert Großbritannien seine Kooperation im Ministerrat.

10. 6. Sofort nach der Unterzeichnung eines Assoziierungsabkommens beantragt Slowenien den EU-Beitritt.

21.–22. 6. Auf dem Europäischen Rat in Florenz gibt es einen Kompromiß in Sachen britisches Rindfleisch: innerhalb der EU bleibt der Export an Bedingungen geknüpft, in Länder außerhalb der EU kann Großbritannien in Einzelfällen exportieren.

14. 10. Finnland tritt dem EWS bei.

24. 11. Italien tritt dem EWS wieder bei.

Verzeichnis der Tabellen, Schaubilder, Übersichten und Synopsen

Kapitel 4

Kapitel 5

Kapitel 6

Literaturverzeichnis

Andersen, Uwe, 1984: Europäische Währungspolitik. In: Pipers Wörterbuch zur Politik (Band 3: Europäische Gemeinschaft, herausgegeben von Wichard Woyke). München, pp. 296–304

Andersen, Svein/Eliassen, Kjell A., 1993: Making Policy in Europe. London

Armingeon, Klaus, 1995: The capacity to act: European National Governments and the European commission. Manuskript (International Colloquium on cross-national studies on public policy in the 1980s and 1990s, Bern)

Aron, Raymond, 1967: What is a Theory of International Relations? In: Journal of International Relations, 12/2, 185–206

Bagehot, 1963 (1867): The English Constitution. London

Bainbridge, Timothy, 1996: The Penguin companion to European Union. Harmondsworth

Beutler, Bengt/Bieber, Roland/Pipkorn, Jörn/Streil, Jochen, [3]1987: Die Europäische Gemeinschaft: Rechtsordnung und Politik. Baden-Baden

Beyme, Klaus von, [2]1984: Parteien in westlichen Demokratien. München

Bloom, William, 1990: Personal identity, national identity and international relations. Cambridge

Boyce, Brigitte, 1995: The June 1994 European elections and the politics of the European Parliament. In: Political Affairs, vol. 48, no. 1

Boyer, Robert and Drache, Daniel (eds.), 1996: States against Markets. London/New York

Brüske, Hans-Günther, 1995: Wirtschafts- und Sozialausschuß. In: Werner Weidenfeld/Wolfgang Wessels (Hrsg.): Europa von A–Z. Taschenbuch der europäischen Integration. Bonn, pp. 343–345

Bull, Hedley, 1978: The Anarchical Society. London

Busch, Klaus, 1996: Spill-over-Dynamik und Spill-back-Potential in der europäischen Währungsintegration – ein Beitrag zur Integrationstheorie. In: Markus Jachtenfuchs/Beate Kohler-Koch (Hrsg.): Europäische Integration, Opladen, pp. 281–312

Busch, Andreas, 1996: Globalisation: Theoretical Issues and Measurement. Paper, Conference on Globalisation, Welfare States and Labour Markets, Heidelberg

Coudenhove-Kalergi, Richard Nicolas Graf, 1923: Paneuropa. Wien

Delanty, Gerard, 1995: Inventing Europe. Idea, Identity, Reality. Houndsmills/London

Deubner, Christian, 1995: Deutsche Europapolitik: Von Maastricht nach Kerneuropa. Baden-Baden: Nomos

Erhard, Ludwig, 1957: Wohlstand für Alle. Düsseldorf/Wien

Erhard, Ludwig, 1994: Deutschlands Rückkehr zum Weltmarkt. Düsseldorf/Wien

Fetscher, Iring, 1968: Funk-Kolleg 3. Politikwissenschaft. Frankfurt

Folmer, C./Keyser, M. A./Merbis, M. D./Stolwijk, H. J. J./Veenendaal, P. J. J., 1995: The Common Agricultural Policy beyond the MacSharry Reform. Amsterdam u. a.

Freund, Norbert, 1995: Wahlsystemreform in Italien. In: Werner Link (Hrsg.): Jahrbuch für Politik, vol. 5, no. 1, pp. 43–65

Friedrich, Carl J., 1972: Europa – Nation im Werden? Bonn

Gabriel, Oscar W./Brettschneider, Frank (Hrsg.), 1994: Die EU-Staaten im Vergleich. Strukturen, Prozesse, Politikinhalte. Opladen

Gabriel, Oscar (Hrsg.), 1992: Die EG-Staaten im Vergleich. Strukturen, Prozesse, Politikinhalte. Opladen

Gaddum, Eckart, 1995: Europäisches Währungssystem. In: Werner Weidenfeld/Wolfgang Wessels (Hrsg.): Europa von A–Z. Taschenbuch der europäischen Integration. Bonn, pp. 200–203

Gasteyger, Curt, 1994: Europa zwischen Spaltung und Einigung 1945–1993. Bonn

Gerhardt, Uta, 1996: Die Geburt Europas aus dem Geist der Soziologie. In: Ruperto Carola 2/1996, pp. 24-30

Gilpin, Robert 1981: War and Change in World Politics. New York

Granell, Francisco, 1995: The growth of the EU competences: a neofunctionalist approach. In: Seminar on the Regional Integration Process. Brussels and Paris, 12–15 June 1995 European Union/Southern African Development Community (Hrsg.), CEAN 1995, S. 53–63

Griffith, Richard, 1995: The Dynamics and Stages of European Integration, 1945–1995. In: Seminar on the Regional Integration Process. Brussels and Paris, 12–15 June 1995 European Union/Southern African Development Community (Hrsg.), CEAN 1995, S. 65–84

Haas, Ernst B., 1958: The Uniting of Europe. Political, Social and Economic Forces 1950–1957. Stanford

Haas, Ernst B., 1964: Technocracy, Pluralism, and the New Europe. In: Stephen R. Granbard (ed.): A New Europe? Boston

Haas, Ernst B., 1990: When Knowledge is Power. Berkeley

Hänsch, Klaus: Ein bürgernahes Europa. In: Mobil. Das Magazin der Deutschen Bahn. Nr. 1 Januar/Februar 1997, S. 3

Harder, Bettina von, 1997: Die Interdependenzen zwischen Währungsunion und Politischer Union in der Europäischen Union des Maastrichter Vertrages. Frankfurt

Hick, Alan, 1990: Die Europäische Bewegung. In: Wilfried Loth (Hrsg.), 1990: Die Anfänge der europäischen Integration 1945–1950. Bonn, pp. 237–244

Holland, Martin, 1993: European Community Integration. London

Huldt, Bo, 1996: Schweden und die Europäische Union. In: Aus Politik und Zeitgeschichte B 10/96, pp. 18–25

Janning, Josef, 1994: Sicherheits- und Verteidigungspolitik. In: Werner Weidenfeld/Wolfgang Wessels (Hrsg.): Europa von A–Z. Taschenbuch der europäischen Integration. Bonn: Bundeszentrale für politische Bildung, pp. 302–307

Jopp, Mathias/Schmuck, Otto (Hrsg.), 1996: Die Reform der Europäischen Union. Analysen – Positionen – Dokumente zur Regierungskonferenz 1996/97. Bonn

Kaiser, Jakob, 1946: Deutschland und die Union. Berlin

Kaiser, Wolfram, 1995: Austria in the European Union. In: Journal of Common Market Studies, vol. 33, S. 411–425

Karppinen, Antti, 1996: Finnland in der Europäischen Union. In: Aus Politik und Zeitgeschichte, B 10/96, pp. 27–38

Keohane, Robert O., 1984: After Hegemony: Cooperation and Discord in Political Economy. Princeton

Keohane, Robert O./Hoffmann, Stanley (Hrsg.), 1991: The New European Community. Decisionmaking and Institutional Change. Boulder

Kerkhofs, Jan, 1994: Les Valeurs des Européens. In: Robert Picht (Hrsg.): L'identité Européenne. Analyses & Propositions pour le renforcement d'une Europe Pluraliste. Trans European Policy Studies Association, pp. 35–60

Kissinger, Henry A., 1994: Diplomacy. New York: Simon & Schuster

Kjeldahl, R./Tracy, M. (Hrsg.), 1994: Renationalisation of the Common Agricultural Policy? La Hutte

Klaas, Helmut, 1978: Die Entstehung der Verfassung für Rheinland-Pfalz. Boppard

Klessmann, Christoph, 1993: Verflechtung und Abgrenzung – Umrisse einer gemeinsamen deutschen Nachkriegsgeschichte. In: K. Schönhoven/D. Staritz (Hrsg.): Sozialismus, Nr. 908, pp. 486–499

Klunkert, Sabine, 1995: Assoziierungspolitik. In: Werner Weidenfeld/Wolfgang Wessels (Hrsg.): Europa von A–Z. Bonn: Bundeszentrale für poltische Bildung, pp. 71–73

Kreile, Michael (Hrsg.), 1992: Die Integration Europas. Opladen (PVS-Sonderheft 23/1992)

Landau, Alice, 1995: L'Union européenne face à ses péripheries. In: Revue Internationale de Politique Compareé, vol. 2

Laufer, Heinz, 1974: Der Föderalismus in der Bundesrepublik Deutschland. Stuttgart

Lehmbruch, Gerhard, 1967: Proporzdemokratie. Politisches System und politische Kultur in der Schweiz und in Österreich. Tübingen

Leibfried, Stephan/Pierson, Paul, 1996. In: Wallace, Helen/Wallace, William: Policy-Making in the European Union. Oxford, S. 185–207

Lepsius, Rainer M., 1991: Nationalstaat oder Nationalitätenstaat als Modell für die Weiterentwicklung der Europäischen Gemeinschaft. In: Rudolf Wildenmann (Hrsg.): Staatswerdung Europas? Optionen für eine Europäische Union. Baden-Baden, S. 19–40

Lewis, David W. P., 1993: The Road to Europe. History, Institutions and Prospects of European Integration, 1945–1993. New York u. a.

Lindberg, Leon, 1963: The Political Dynamics of European Integration. Stanford

Lindberg, Leon N./ Scheingold, A., 1970: Europe's Would-Be Polity. New Jersey

Lodge, Juliet, ^{2}1993: The European Community and the Challenge of the Future. London

Logne, Ruth, ^{2}1965: Die amerikanische Auslandshilfe seit dem zweiten Weltkrieg. In: Handbuch der Finanzwissenschaft. Band IV. Tübingen, S. 209–231

Loth, Wilfried, 1980: Die Teilung der Welt 1941–1955. München

Loth, Wilfried, 1990: Der Weg nach Europa. Geschichte der europäischen Integration 1939–1957. Göttingen

Loth, Wilfried (Hrsg.), 1990: Die Anfänge der europäischen Integration 1945–1950. Bonn

Loth, Wilfried, 1992: Die Deutschen und das Projekt der europäischen Einigung. In: Wolfgang J. Mommsen (Hrsg.): Der lange Weg nach Europa. Historische Betrachtungen aus gegenwärtiger Sicht. Berlin, pp. 39–69

Masclet, Jean-Claude, ^{6}1994: L'union politique de l'Europe. Paris

Mitrany, David, 1975: The Functional Theory of Politics. London

Morgenthau, Hans J., ^{3}1966 (1948): Politics Among Nations. The Struggle for Power and Peace. New York

Münch, Richard, 1993: Das Projekt Europa. Zwischen Nationalstaat, regionaler Autonomie und Weltgesellschaft. Frankfurt

Mundell, Robert, 1961: A Theory of Optimum Currency Areas. In: American Economic Review, vol. 51, S. 657–665

Nicoll, William/Salmon, Trevor C., 1994: Understanding the New European Community. New York u. a.

Novalis (Friedrich von Hardenberg), 1965: Schriften. 2 Bände. Das philosophische Werk. Darmstadt

Ohmae, Kenichi, 1990: The Borderless World. New York

Ossowska, Maria/Ossowski, Stanislaw, 1936: The Science of Science. In: Organon. Warschau und In: Minerva, Autumn 1964, Vol. III, Nr. 1

Pelinka, Anton, 1996: Österreich: EU-Mitgliedschaft als Katalysator. In: Aus Politik und Zeitgeschichte, B 10/96, pp. 10–17

Pfetsch, Frank R., 1981: Einführung in die Außenpolitik der Bundesrepublik. Opladen

Pfetsch, Frank R., 1985: Verfassungspolitik der Nachkriegszeit. Darmstadt

Pfetsch, Frank R., 1993: Die Außenpolitik der Bundesrepublik Deutschland 1949–1992. München

Pfetsch, Frank R., 1994 a: Internationale Politik. Stuttgart

Pfetsch, Frank R., 1994 b: Tensions in Sovereignty: Foreign Policies of EC Members Compared. In: Walter Carlsnaes/Steve Smith (Hrsg.): European Foreign Policy. London, pp. 120–137

Pfetsch, Frank R., 1995: The Development of European Institutions. In: Seminar on the Regional Integration Process. Brussels and Paris, 12–15 June 1995 European Union/Southern African Development Community (Hrsg.), CEAN 1995, S. 187–205

Pfetsch, Frank R., 1995: Träger – Mittel – Ziele. Politisches Handeln heißt entscheiden. Eine politische Theorie der Entscheidung in Gremien. In: F. R. Pfetsch: Handlung und Reflexion. Theoretische Dimensionen des Politischen. Darmstadt, S. 80–124

Philipp, Otmar, 1996: Rechtssicherheit für die gesamte Gemeinschaft. In: Das Parlament Nr. 42, 11. 10. 1996

Platzer, Hans-Wolfgang, 1992: Lernprozeß Europa. Die EG und die neue europäische Ordnung. Bonn

Powell, Walter W., 1988: Neither Market nor Hierarchy: Network Forms of Organization. In: Barry M. Shaw and Larry L. Cummings (eds.): Research in Organizational Behavior, Vol. 12

Proske, Christine/Vieser, Susanne/Fritzler, Marc, 1994: Stichwort EU. München

Rometsch, D./Wessels, Wolfgang, 1994: The Commission and the Councils of Ministers. In: Geoffrey Edwards/David Spence (Hrsg.): The European Commission. London

Rosenau, J. N./E.-O. Czempiel, 1992: Governance without Government: Order and Change in World Politics. Cambridge

Rupprecht, Reinhard, 1995: Justiz und Inneres. In: Werner Weidenfeld/Wolfgang Wessels (Hrsg.): Europa von A–Z. Taschenbuch der Europäischen Integration. Bonn, pp. 243–248

Sachs, Jeffrey/Warner, Andrew, 1995: Economic Reform and the Process of Global Integration. In: Brookings Papers on Economic Activity 1/1995

Scharpf, Fritz W., 1987: Sozialdemokratische Krisenpolitik in Europa. Frankfurt

Scharpf, Fritz W., 1993: Positive und negative Kooperation in Verhandlungssystemen. In: Adrienne Héritier (Hrsg.): Policy-Analyse. PVS-Sonderheft 24/1993. Opladen

Scharpf, Fritz W., 1994: Mehrebenenpolitik im vollendeten Binnenmarkt. In: Staatswissenschaft und Staatspraxis 5/4, 475–502

Scharpf, Fritz W., 1996: Politische Optionen im vollendeten Binnenmarkt. In: Markus Jachtenfuchs/Beate Kohler-Koch (Hrsg.): Europäische Integration. Opladen S. 109–140

Schmid, Carlo, 1979: Erinnerungen. Bern/München

Schmidt, Manfred G., 1995: Wörterbuch zur Politik. Stuttgart

Schmuck, Otto, 1994: Europäisches Parlament. In: Werner Weidenfeld/Wolfgang Wessels (Hrsg.), 1994: Europa von A–Z. Taschenbuch der europäischen Integration. Bonn, S. 186–193

Schneider, Heinrich, 1990: Alleingang nach Brüssel. Österreichs EG-Politik. Bonn

Schwabe, Klaus, 1990: Die Rolle der USA. In: Wilfried Loth (Hrsg.), 1990: Die Anfänge der europäischen Integration 1945–1950. Bonn, pp. 171–187

Scotto, Marcel, 1994: Les institutions européennes. Paris

Seeler, Hans-Joachim, 1992: Die Europäische Einigung und das Gleichgewicht der Mächte. Der historische Weg der Europäischen Staaten zur Einheit. Baden-Baden

Seitz, Konrad, 1992: Die japanisch-amerikanische Herausforderung. In: Aus Politik und Zeitgeschichte, B. 10–11, S. 3–15

Shackelton, Michael, 1991: The European Community between three ways of life. In: Journal of Common Market Studies. Vol. XXIX, No. 6, Dec. S. 575–601

Smith, Anthony D., 1992: National Identity and European Unity. In: International Affairs, vol. 68, no. 1, S. 55–76

Stein, A. A., 1990: Why Nations Cooperate. Circumstance and Choice in International Relations. Ithaka

Strange, Susan, 1995: The Limits of Politics. In: Government and Opposition 30, S. 291–311

Strohmeier, Rudolf (Hrsg.), 1994: Die Europäische Union. Ein Kompendium aus deutscher Sicht. Opladen

Teske, Horst, 1990: Europäische Gemeinschaft. Aufgaben, Organisation, Arbeitsweise. Bonn

Theimer, Walter, 1988: Geschichte des Sozialismus. Tübingen
Toulemon, Robert, 1994: La Construction européenne. Paris
Tracy, M., [3]1989: Government and Agriculture in Western Europe, 1880–1999. New York
Wallace, Helen (Hrsg.), 1991: The Wider Western Europe. Reshaping the EC/EFTA Relationship. London
Wallace, Helen/Wallace, William, 1996: Policy-Making in the European Union. Oxford
Wallace, Helen/Wallace, William (Hrsg.), 1996: Policy-Making in the European Union. Oxford
Waltz, Kenneth A., 1979: Theory of International Politics. Reading
Weidenfeld, Werner/Wessels, Wolfgang (Hrsg.), 1995: Europa von A–Z. Taschenbuch der europäischen Integration. Bonn
Weidenfeld, Werner, 1985: Europa – aber wo liegt es? In: Werner Weidenfeld (Hrsg.): Die Identität Europas. Bonn, S. 13–41
Weidenfeld, Werner/Janning, Josef (Hrsg.), 1993: Europe in Global Change. Strategies and Options for Europe. Gütersloh
Weidenfeld, Werner, 1995: Europas Zukunft klären. Das vernebelte Profil der Reformdebatte. In: Internationale Politik 9/1995, S. 17–22
Weidenfeld, Werner (Hrsg.), 1994: Europa '96. Reformprogramm für die Europäische Union. Strategien und Optionen für Europa. Gütersloh
Wessels, Wolfgang, 1992: Staat und (westeuropäische) Integration: Fusionsthese. PVS Sonderheft 23, 36–61
Williams, Allan M., 1991: The European Community. Cambridge
Woyke, Wichard (Hrsg.), 1984: Europäische Gemeinschaft. Problemfelder – Institutionen – Politik. Pipers Wörterbuch zur Politik, Band 3. München

Personen- und Sachregister